일一사瀉 천千리里

3급

상공회의소 한자시험

실전모의고사

강유경 저

대한상공회의소 국가공인 한자자격검정

새희망

기초 이론 학습

01 부수란 무엇인가?

부수란 자전에서 한자를 찾는데 필요한 기본 글자이자, 한자 구성의 기본 글자로서 214자로 되어 있다. 부수는 한자를 문자 구조에 따라 분류·배열할 때 그 공통 부분을 대표하는 근간이 되는 글자의 구실을 한다. 부수자들은 각각 의미 기능을 가지고 있다. 그러므로 부수자를 알면 모르는 한자의 뜻을 쉽게 추측할 수 있다. 부수가 한자를 구성하는 위치에 따라 분류해 보면 다음과 같다.

변 왼쪽 부분을 차지하는 부수

人	亻_ 인변 價 個 代 使
水	氵_ 삼수변 減 江 決 流
手	扌_ 재방변 技 指 打

방 오른쪽 부분을 차지하는 부수

刀	刂_ 칼도방 到 列

머리 윗부분에 놓여 있는 부수

竹	대죽머리 答 筆
艸	艹_초두머리 苦 落
宀	갓머리 家 官

발 아랫부분에 놓여 있는 부수

皿	그릇명발 益
火	灬_ 불화발 熱 然

엄호 위와 왼쪽을 싸는 부수

广	엄호 廣

받침 왼쪽과 아래를 싸는 부수

廴	민책받침 建
辶	책받침 過 達

에운담 둘레를 감싸는 부수

囗	큰입구몸 圖 四 固

제부수 한 글자가 그대로 부수인 것

角 車 見 高 工 口 金 己 女 大 力 老 里 立 馬 面 毛 木 目 文 門 米 方 白 父 非
飛 鼻 比 士 山 色 生 夕 石 小 水 首 手 示 食 臣 身 心 十 羊 魚 言 用 牛 雨 月
肉 音 邑 衣 二 耳 人 一 日 入 子 自 長 鳥 赤 田 足 走 竹 至 止 靑 寸 齒 土 八
風 行 香 血 火 黃 黑

초급 한자를 부수별로 정리하면 다음과 같다.(반복된 한자는 제부수 한자임)

一	한 일	一 不 上 七 下 世 三
丨	뚫을 곤	中
丶	점 주	主
乙	새 을	九
亅	갈고리 궐	事
二	두 이	二 五
亠	돼지해머리	京 交 亡
人	亻_ 사람 인	人 價 個 代 使 仕 今 令 仙 備 他 以 休 來 信 位 偉 作 低 住 例 保 俗 修 便 傳 億 仁
儿	걷는사람 인	元 兄 光 充 先 兒
入	들 입	入 內 全 兩
八	여덟 팔	八 公 六 共 兵 典
冂	멀 경	再
冫	이수변	冬 冷
凵	위터진 입 구	出
刀	刂_ 칼 도	到 列 分 利 別 初 前 則
力	힘 력	力 加 功 助 勉 動 勇 務 勞 勤 勝 勢
匕	비수 비	北 化
十	열 십	十 南 協 午 卒 半 千
厂	민엄호	原
厶	마늘모	去 參
又	또 우	反 友 受 取
口	입 구	口 可 古 句 史 右 名 吉 同 名 合 向 告 君 命 和 品 問 商 唱 單 善 喜
囗	큰입구	圖 四 固 回 因 國 園
土	흙 토	土 基 堂 城 在 地 場 增 報
士	선비 사	士
夊	천천히 걸을 쇠	夏
夕	저녁 석	夕 多 外 夜
大	큰 대	大 奉 夫 天 太 失
女	계집 녀	女 婦 姓 始 如 好 婚
子	아들 자	子 季 孫 學 字 存 孝

宀	갓머리 家 官 客 守 安 宅 完 定 宗 室 容 宿 害 密 富 實 察 寒
寸	마디 촌 寸 寺 尊 對
小	작을 소 小 少
尸	주검 시 展 屋
山	메 산 山 島
巛	개미허리 川
工	장인 공 工 巨 左
己	몸 기 己
巾	수건 건 常 師 席 市 希
干	방패 간 年 平 幸
广	엄호 廣 序 度 庭
廴	민책받침 建
弋	주살 익 式
弓	활 궁 强 弱 引 弟
彡	터럭 삼 形
彳	두인변 德 得 往 律 後 復
心	忄_ 마음 심 心 急 念 怒 感 必 志 忠 快 思 性 恩 患 悲 惡 情 惠 想 愛 意 慶 應
戈	창 과 成 戰
手	扌_ 손 수 手 技 指 授 接 擧 才 打 拜
戶	지게 호 所
攴	攵_ 등글월문 敬 收 數 改 放 故 敎 政 效 救 敗 敵
文	글월 문 文
斗	말 두 料
斤	도끼 근 新
方	모 방 方 族
日	날 일 日 景 早 明 星 是 昨 時 春 晝 暗
曰	가로 왈 曲 書 最 會
月	달 월 月 期 朝 服 望 有
木	나무 목 木 果 林 東 材 村 相 校 橋 根 極 案 業 植 榮 樂 樹 末 本
欠	하품 흠 歌 次
止	그칠 지 止 正 步 武 歲 歷

歹	죽을사변 死
殳	갖은등글월문 殺
毋	말 무 母 每
比	견줄 비 比
毛	터럭 모 毛
氏	각시 씨 民
气	기운 기 氣
水	氵_ 물 수 水 減 江 決 流 深 洞 治 溫 浴 油 注 漁 洋 法 氷 波 淸 漢 湖 海 活 洗 消 滿 求 河 永
火	灬_ 불 화 火 熱 然 無
爪	손톱 조 爭
父	아비 부 父
牛	소 우 牛 物 特
犬	犭_ 개 견 獨
玉	구슬 옥 玉 王 理 現
生	날 생 生 産
用	쓸 용 用
田	밭 전 田 界 男 由 留 番 畵
疒	병질 엄 病
癶	필발머리 登 發
白	흰 백 白 百 的
皿	그릇 명 益
目	눈 목 目 眼 省 着 直 眞
矢	화살 시 短 知
石	돌 석 石 硏
示	보일 시 示 禁 福 神 祖 祝 禮
禾	벼 화 科 私 秋 移 稅 種
穴	구멍 혈 空 窓 究
立	설 립 立 競 童 章
竹	대 죽 竹 答 笑 筆 第 節 等 算
米	쌀 미 米 精
糸	실 사 結 約 給 素 紙 絶 終 經 統 綠 線
网	罒_ 그물 망 罪
羊	양 양 羊 美 義

羽	깃 우 習
老	늙을 로 老 考 者
耳	귀 이 耳 聞 聖 聲
肉	고기 육 肉 能 育
臣	신하 신 臣
自	스스로 자 自
至	이를 지 至 致
臼	절구 구 興
舟	배 주 船
艮	그칠 간 良
色	빛 색 色
艸	艹_ 풀 초 苦 落 英 葉 藝 藥 花 草 萬
虍	범호 號
血	피 혈 血 衆
行	다닐 행 行
衣	옷 의 衣 表 製
襾	덮을 아 要 西
見	볼 견 見 觀 視 親
角	뿔 각 角 解
言	말씀 언 言 計 記 訓 訪 設 說 詩 試 話 誠 語 調 認 議 識 課 論 請 讀 變 談
豆	콩 두 豊
貝	조개 패 貴 賣 買 財 貯 貨 貧 責 賞 質 賢
赤	붉을 적 赤
走	달아날 주 走 起
足	발 족 足 路
身	몸 신 身
車	수레 거 · 차 車 輕 軍
辰	별 진 農
辵	辶_ 책받침 過 達 送 運 遠 逆 造 通 退 選 速 進 道 近
邑	阝_ 고을 읍 邑 郡 都 部 鄕
酉	닭 유 醫
里	마을 리 里 野 量 重

부수	뜻과 음	한자
金	쇠 금	金 銀
長	긴 장	長
門	문 문	門 間 開
阜	阝_언덕 부	陸 陰 限 防 陽
隹	새 추	難 雄 集
雨	비 우	雨 雪 電 雲
靑	푸를 청	靑
非	아닐 비	非
面	낯 면	面
韋	다룸 가죽 위	韓
音	소리 음	音
頁	머리 혈	頭 順 願 題
風	바람 풍	風

부수	뜻과 음	한자
飛	날 비	飛
食	밥 식	食 養 飮
首	머리 수	首
香	향기 향	香
馬	말 마	馬
骨	뼈 골	體
高	높을 고	高
魚	고기 어	魚 鮮
鳥	새 조	鳥
黃	누를 황	黃
黑	검을 흑	黑
鼻	코 비	鼻
齒	이 치	齒

02 한자의 짜임

한자의 짜임이란 수만 자가 되는 한자를 그 성립된 구조 유형에 따라 여섯 가지로 분류한 육서를 말한다. 육서에는 상형 · 지사 · 회의 · 형성 · 전주 · 가차가 있다.

1. 상형

구체적인 사물의 모양을 본떠서 글자를 만드는 원리를 상형이라 한다.

木	나무의 모양을 본뜸
山	산의 모양을 본뜸
石	언덕 밑에 돌이 굴러 떨어진 모양을 본뜸
人	사람의 모습을 본뜸
入	사람이 허리를 굽히고 동굴 안으로 들어가는 형태를 본뜸
子	아이의 모습을 본뜸
鳥	새의 모양을 본뜸
川	시내의 모습을 본뜸

2. 지사

수나 위치 등 형태가 없는 추상적인 관념이나 사물을 가리키는 글자를 만드는 원리를 지사라 한다.

一 二 三 四 七 八 九 十 上 下

末	**木(나무) + 一 (끝부분 표시) :** 나무를 나타내는 木과 끝부분을 표시하는 一이 합해서 이루어진 지사 문자로 끝을 뜻함
本	**木(나무) + 一 (끝부분 표시) :** 나무를 나타내는 木과 끝부분을 표시하는 一이 합해서 이루어진 지사 문자로 근본이나 뿌리를 뜻함

3. 회의

이미 만들어진 두 개 이상의 글자에서 뜻을 모아 새로운 글자를 만드는 원리를 회의라 한다.

林	木 + 木 : 木이 나란히 결합하여 나무가 많이 있는 숲의 뜻을 나타내는 회의 문자

孝	老 + 子: 老와 子가 결합하여 아들이 부모를 머리 위에 받들고 있는 모양의 회의 문자

4. 형성

이미 만들어진 글자를 결합하여 한쪽은 뜻을, 다른 한쪽은 음을 나타내는 글자를 만드는데, 이런 원리를 형성이라 한다.

형성자는 한자의 70%를 차지하여 대개의 한자는 두 개 이상의 문자가 뜻 부분과 음 부분으로 구성되어 있다. 형성자는 뜻 부분에서 그 글자의 뜻을 생각할 수 있고, 음 부분에서 그 글자의 음을 추리할 수 있어 알고 있는 한자를 바탕으로 새로운 한자의 뜻과 음을 쉽게 짐작할 수 있다.

景	日(뜻), 京(음)
界	田(뜻), 介(음)
功	力(뜻), 工(음)
空	穴(뜻), 工(음)
課	言(뜻), 果(음)
洞	水(뜻), 同(음)
頭	頁(뜻), 豆(음)
想	心(뜻), 相(음)
城	土(뜻), 成(음)

5. 전주

이미 만들어진 한자만으로는 문화 문명의 발달로 무수히 늘어나는 사물과 개념을 다 표기할 수 없게 되었다. 그러자 기존의 문자 중에서 유사한 뜻을 가진 한자를 다른 뜻으로 전용하게 되었는데, 이를 전주라고 한다.

道	본래 '발로 걸어다니는 길'의 뜻인데, 의미가 확대되어 '道德, 道理'에서의 '道'와 같이 '정신적인 길'이라는 뜻으로도 쓰임
惡	본래 '악하다'는 뜻으로 음은 '악', 악한 것은 모두 미워하기 때문에 '憎惡, 惡寒'의 '惡'는 '미워하다'라는 뜻과 '오'라는 음으로 쓰임

6. 가차

이미 만들어진 漢字를 원래 뜻에 관계없이 음만 빌어다가 쓰는 것으로 위와 같이 외래어 표기에 많이 사용되며, 의성어나 의태어 표기에도 쓰인다.

France	佛蘭西(불란서)
Asia	亞細亞(아세아)
Buddha	佛陀(불타)
England	英國(영국)
Itarly	伊太利(이태리)
Paris	巴利(파리)

03 한자어의 짜임

두 자 이상의 한자가 결합하여 한 단위의 의미체를 형성할 때는 반드시 기능상의 관계를 가지게 된다.
한자어의 짜임은 그러한 기능상의 관계를 설명한 것이다.
한자어의 짜임은 문법적 기능에 따라 다음과 같이 분류할 수 있다.

1. 주술 관계

주체가 되는 말(주어)과 서술하는 말(서술어)이 결합된 한자어로 서술어는 행위 · 동작 · 상태 등을 나타내고, 주어는 그 주체가 된다. 주어를 먼저 해석하고, 서술어를 나중에 해석하여 '~가(이) ~함'으로 풀이한다.

月出	월출 – 달이 뜸 出은 月의 동작을 서술
日出	일출 – 해가 뜸 出은 日의 동작을 서술
人造	인조 – 사람이 만듦 造는 人의 동작을 서술
夜深	야심 – 밤이 깊음 深은 夜의 상태를 서술
年少	연소 – 나이가 젊음 少은 年의 상태를 서술
骨折	골절 – 뼈가 부러짐 折은 骨의 상태를 서술

2. 술목 관계

서술하는 말(서술어)과 서술의 목적 · 대상이 되는 말(목적어)이 결합된 한자어로, 서술어는 행위나 동작을 나타내고, 목적어는 대상이 된다. 목적어를 먼저 해석하고, 서술어를 나중에 해석하여 '~를(을) ~ 함'이라고 풀이한다.

卒業	졸업 – 학업을 마침 業은 卒의 목적 · 대상이됨
作文	작문 – 글을 지음 文은 作의 목적 · 대상이됨
修身	수신 – 몸을 닦음 身은 修의 목적 · 대상이됨
讀書	독서 – 글을 읽음 書는 讀의 목적 · 대상이됨
交友	교우 – 벗을 사귐 友는 交의 목적 · 대상이됨
敬老	경로 – 늙은이를 공경함 老는 敬의 목적 · 대상이됨

3. 술보 관계

서술하는 말(서술어)과 이를 도와 부족한 뜻을 완전하게 해주는 말(보어)이 결합된 한자어로, 서술어는 행위나 동작을 나타내고, 보어는 서술어를 도와 부족한 뜻을 완전하게 해 준다. 보어를 먼저 해석하고 서술어를 나중에 해석하여 '~이(가) ~함'. '~에 ~함' 으로 풀이한다.

有名	유명 – 이름이 있음 名은 有의 뜻을 완전하게 해 줌
無敵	무적 – 적이 없음 敵은 無의 뜻을 완전하게 해 줌
無罪	무죄 –허물이 없음 罪는 無의 뜻을 완전하게 해 줌
無法	무법 – 법이 없음 法은 無의 뜻을 완전하게 해 줌
有能	유능 – 능력이 있음 能은 有의 뜻을 완전하게 해 줌
有限	유한 – 한계가 있음 限은 有의 뜻을 완전하게 해 줌

4. 수식 관계

꾸며주는 말(수식어)과 꾸밈을 받는 말(피수식어)이 결합된 한자어로, 앞에 있는 한자가 뒤에 있는 한자를 꾸미거나 한정하는 역할을 한다. 구성되는 한자의 성분에 따라 다음과 같이 나눌 수 있다.

1 관형어 + 체언

관형어가 체언을 수식하는 관계로 짜여진 한자어로, '~한 ~', '~하는 ~' 로 해석한다.

靑山	청산 – 푸른 산 靑은 山을 꾸미는 말
落葉	낙엽 – 떨어지는 잎 落은 葉을 꾸미는 말
白雲	백운 – 흰 구름 白은 雲을 꾸미는 말
幼兒	유아 – 어린 아이 幼는 兒를 꾸미는 말

2 부사어 + 용언

부사어가 용언을 한정하는 관계로 짜여진 한자어로, '~ 하게 ~함' 으로 해석한다.

必勝	필승 – 반드시 이김 必은 勝을 꾸미는 말
急行	급행 – 급히 감 急은 行을 꾸미는 말
過食	과식 – 지나치게 먹음 過는 食을 꾸미는 말
徐行	서행 – 천천히 감 徐는 行을 꾸미는 말

5. 병렬 관계

같은 성분의 한자끼리 나란히 병렬되어 짜여진 것으로 이것은 다시 '대립', '유사', '대등' 으로 나눌 수 있다.

1 유사 관계

서로 비슷한 뜻을 가진 한자로 이루어진 한자어로, 두 글자의 종합된 뜻으로 풀이한다.

事業	사업 – 일 事와 業의 뜻이 서로 같음
衣服	의복 – 옷 衣와 服의 뜻이 서로 같음
樹木	수목 – 나무 樹와 木의 뜻이 서로 같음
恩惠	은혜 – 고마운 혜택 恩과 惠의 뜻이 서로 같음
溫暖	온난 – 따뜻함 溫과 暖의 뜻이 서로 같음
海洋	해양 – 큰 바다 海와 洋의 뜻이 서로 같음

2 대립 관계

서로 반대되는 의미를 가진 한자가 만나 이루어진 한자어로 '~와(과) ~', '~하고 ~함' 으로 해석한다.

上下	상하 – 위아래 上과 下의 뜻이 서로 반대
大小	대소 – 크고 작음 大와 小의 뜻이 서로 반대
黑白	흑백 – 검은 빛과 흰 빛 黑과 白의 뜻이 서로 반대
强弱	강약 – 강함과 약함 强과 弱의 뜻이 서로 반대
貧富	빈부 – 가난함과 넉넉함 貧과 富의 뜻이 서로 반대
內外	내외 – 안과 밖 內와 外의 뜻이 서로 반대

3 대등 관계

서로 대등한 의미를 가진 한자가 만나 이루어진 한자어로 '~와 ~' 로 해석한다.

花鳥	화조 – 꽃과 새 花와 鳥의 뜻이 서로 대등
松竹	송죽 – 소나무와 대나무 松과 竹의 뜻이 서로 대등
父母	부모 – 아버지와 어머니 父와 母의 뜻이 서로 대등
子女	자녀 – 아들과 딸 子와 女의 뜻이 서로 대등
兄弟	형제 – 형과 동생 兄과 弟의 뜻이 서로 대등
正直	정직 – 바르고 곧음 正과 直의 뜻이 서로 대등

04 필순의 기본 원칙

필순의 기본 원칙이란 하나의 글자를 쓰고자 할 때 그 글자를 이루어가는 기본적인 순서를 말한다.

1. 왼쪽에서 오른쪽으로, 위에서 아래로 쓴다.

川	내 천	총 3획
	丿 丿丨 川	

三	석 삼	총 3획
	一 二 三	

2. 가로획과 세로획이 교차할 때에는 가로획을 먼저 쓴다.

十	열 십	총 2획
	一 丨 十	

土	흙 토	총 3획
	一 丨 土	

3. 삐침과 파임이 만날 때는 삐침을 먼저 쓴다.

人	사람 인	총 2획
	丿 人	

父	아비 부	총 4획
	丿 八 ク 父	

4. 왼쪽과 오른쪽의 모양이 같을 때는 가운데를 먼저 쓴다.

山	메 산	총 3획
	丨 凵 山	

水	물 수	총 4획
	亅 刁 氺 水	

5. 안과 바깥쪽이 있을 때는 바깥쪽을 먼저 쓴다.

日	날 일	총 4획
	丨 冂 冃 日	

內	안 내	총 4획
	丨 冂 冂丿 內	

6. 꿰뚫은 획은 나중에 쓴다.

中	가운데 중	총 4획
	丨 ㄇ 口 中	

車	수레 거 · 차	총 7획
	一 厂 冖 冃 日 亘 車	

7. 오른쪽 위의 점은 나중에 찍는다.

代	대신 대	총 5획
	丿 亻 亻一 代 代	

武	군인 무	총 8획
	一 二 干 于 正 止 武 武	

8. 삐침이 짧고 가로획이 길면 삐침을 먼저 쓴다.

右	오른쪽 우	총 5획
	丿 ナ ナ 右 右	

9. 삐침이 길고 가로획이 짧으면 가로획을 먼저 쓴다.

左	왼 좌	총 5획
	一 ナ ナ 左 左	

05 반의어 목록

한자의 뜻이 서로 상대·반의의 관계를 갖는 한자들이다.

佳(아름다울 가) 美(아름다울 미)	醜(더러울 추)
假(거짓 가)	眞(참 진)
加(더할 가) 益(더할 익) 增(더할 증) 添(더할 첨)	減(덜 감) 省(덜 생) 損(덜 손) 除(덜 제)
可(옳을 가)	否(아닐 부)
干(방패 간)	戈(창 과)
甘(달 감) 樂(즐길 락)	苦(쓸 고)
剛(굳셀 강)	柔(부드러울 유)
江(강 강)	山(메 산)
降(내릴 강)	登(오를 등) 昇(오를 승)
康(편안 강) 寧(편안 녕) 安(편안 안)	危(위태할 위)
强(강할 강)	弱(약할 약)
開(열 개)	閉(닫을 폐)
皆(다 개)	個(낱 개)
客(손 객)	主(주인 주)
巨(클 거) 大(큰 대) 偉(클 위) 泰(클 태) 太(클 태) 弘(클 홍)	小(작을 소) 微(작을 미)
乾(하늘 건)	坤(땅 곤) 地(땅 지)

乾(마를 건) 枯(마를 고) 燥(마를 조)	濕(젖을 습) 潤(불을 윤)
軟(연할 연)	堅(굳을 견) 硬(굳을 경) 固(굳을 고) 確(굳을 확)
遣(보낼 견) 送(보낼 송)	迎(맞을 영)
結(맺을 결)	釋(풀 석) 解(풀 해)
潔(깨끗할 결)	汚(더러울 오)
京(서울 경)	鄕(시골 향)
輕(가벼울 경)	重(무거울 중)
慶(경사 경)	弔(조상할 조)
經(지날 경)	緯(씨줄 위)
競(다툴 경)	和(화할 화) 協(화합할 협)
古(예 고) 昔(예 석) 舊(예 구)	新(새 신) 今(이제 금)
姑(시어미 고)	婦(며느리 부)
高(높을 고) 隆(높을 륭) 崇(높을 숭) 尊(높을 존) 卓(높을 탁)	卑(낮을 비) 低(낮을 저)
曲(굽을 곡) 屈(굽힐 굴)	直(곧을 직) 貞(곧을 정)
骨(뼈 골)	肉(고기 육)

空(빌 공) 虛(빌 허)	滿(찰 만)
公(공평할 공)	私(사사 사)
寡(적을 과) 少(적을 소)	多(많을 다)
敎(가르칠 교)	學(배울 학)
拘(잡을 구) 操(잡을 조) 執(잡을 집) 捉(잡을 착) 捕(잡을 포)	放(놓을 방)
群(무리 군) 黨(무리 당) 徒(무리 도) 隊(무리 대) 等(무리 등) 類(무리 류) 輩(무리 배) 衆(무리 중)	獨(홀로 독) 孤(외로울 고)
君(임금 군)	臣(신하 신)
窮(궁할 궁) 困(곤할 곤) 貧(가난할 빈)	富(부자 부) 裕(넉넉할 유)
克(이길 극) 勝(이길 승)	敗(패할 패) 負(질 부)
近(가까울 근)	遠(멀 원) 悠(멀 유)
飢(주릴 기) 餓(주릴 아)	飽(배부를 포)

給(줄 급) 賜(줄 사) 與(줄 여) 贈(줄 증) 授(줄 수)	受(받을 수)
速(빠를 속) 急(급할 급)	緩(느릴 완) 遲(더딜 지) 徐(천천히 서)
起(일어날 기)	伏(엎드릴 복)
吉(길할 길)	凶(흉할 흉)
暖(따뜻할 난) 溫(따뜻할 온)	冷(찰 랭) 寒(찰 한)
難(어려울 난)	易(쉬울 이)
男(사내 남)	女(계집 녀) 娘(여자 낭)
內(안 내)	外(바깥 외)
奴(종 노)	婢(계집종 비)
旦(아침 단) 朝(아침 조)	夕(저녁 석)
單(홑 단)	複(겹칠 복)
短(짧을 단)	長(긴 장)
斷(끊을 단) 切(끊을 절) 絶(끊을 절)	絡(이을 락) 繼(이을 계) 聯(연이을 련) 連(이을 련) 續(이을 속) 承(이을 승) 接(이을 접)
畓(논 답)	田(밭 전)
淑(맑을 숙) 淡(맑을 담) 雅(맑을 아) 淸(맑을 청)	濁(흐릴 탁)
答(대답 답)	問(물을 문)
貸(빌릴 대)	借(빌 차)

冬(겨울 동)	夏(여름 하)
同(한가지 동)	異(다를 이)
東(동녘 동)	西(서녘 서)
洞(밝을 통) 明(밝을 명)	冥(어두울 명) 暗(어두울 암) 昏(어두울 혼)
動(움직일 동)	靜(고요할 정)
頭(머리 두) 首(머리 수)	尾(꼬리 미)
鈍(둔할 둔)	銳(날카로울 예) 敏(민첩할 민)
得(얻을 득) 獲(얻을 획)	失(잃을 실)
去(갈 거) 赴(다다를 부) 往(갈 왕)	來(올 래)
略(간략할 략)	詳(자세할 상)
劣(못할 렬)	優(뛰어날 우) 秀(빼어날 수)
老(늙을 로)	少(적을 소)
勞(일할 로)	使(하여금 사)
了(마칠 료) 終(마칠 종) 卒(마칠 졸) 罷(마칠 파) 末(끝 말)	初(처음 초) 始(비로소 시)
陸(뭍 륙)	海(바다 해)
利(이로울 리)	害(해할 해)
離(떠날 리)	合(합할 합)
莫(없을 막)	存(있을 존) 在(있을 재)
默(잠잠할 묵)	騷(떠들 소)
民(백성 민)	官(벼슬 관)

無(없을 무)	有(있을 유)
散(흩을 산)	社(모일 사) 會(모일 회) 集(모을 집)
忙(바쁠 망)	閑(한가할 한)
滅(멸할 멸) 亡(없을 망)	興(일 흥) 盛(성할 성)
賣(팔 매) 販(팔 판)	買(살 매)
免(면할 면)	司(맡을 사) 委(맡길 위) 任(맡길 임) 托(맡길 탁)
消(사라질 소) 隱(숨을 은)	現(나타날 현) 著(나타날 저) 顯(나타날 현)
冥(어두울 명)	昭(밝을 소) 哲(밝을 철)
哭(울 곡) 鳴(울 명) 泣(울 읍)	笑(웃음 소)
母(어미 모)	父(아비 부)
茂(무성할 무) 繁(번성할 번) 盛(성할 성)	衰(쇠할 쇠)
密(빽빽할 밀)	疎(성길 소) 稀(드물 희)
攻(칠 공) 擊(칠 격) 拍(칠 박) 伐(칠 벌) 征(칠 정) 討(칠 토) 打(칠 타)	保(지킬 보) 守(지킬 수) 防(막을 방) 衛(지킬 위)
薄(엷을 박)	厚(두터울 후)

班(나눌 반) 分(나눌 분) 析(쪼갤 석)	合(합할 합)
背(등 배)	腹(배 복)
白(흰 백) 素(흴 소)	玄(검을 현) 黑(검을 흑)
罰(벌할 벌)	賞(상줄 상)
別(다를 별) 殊(다를 수) 異(다를 이) 差(다를 차)	如(같을 여) 若(같을 약) 肖(같을 초)
兵(병사 병) 卒(군사 졸)	將(장수 장) 帥(장수 수)
殃(재앙 앙) 災(재앙 재) 禍(재앙 화)	福(복 복)
夫(지아비 부)	妻(아내 처) 婦(지어미 부)
浮(뜰 부)	潛(잠길 잠) 沈(잠길 침) 浸(잠길 침)
北(북녘 북)	南(남녘 남)
崩(무 질 붕)	建(세울 건)
妃(왕비 비)	王(임금 왕) 皇(황제 황)
悲(슬플 비) 哀(슬플 애) 嗚(슬플 오) 慨(슬퍼할 개)	悅(기쁠 열) 歡(기쁠 환) 喜(기쁠 희)

卑(낮을 비) 賤(천할 천)	尊(높을 존) 貴(귀할 귀)
客(손 객) 賓(손 빈)	主(주인 주)
死(죽을 사) 殺(죽일 살)	生(날 생) 活(살 활)
捨(버릴 사)	拾(주울 습)
斜(비낄 사) 傾(기울 경)	平(평평할 평)
上(윗 상)	下(아래 하)
暑(더울 서) 熱(더울 열)	涼(서늘할 량) 冷(찰 랭) 寒(찰 한)
先(먼저 선)	後(뒤 후)
善(착할 선)	惡(악할 악)
成(이룰 성)	敗(패할 패)
水(물 수)	火(불 화)
手(손 수)	足(발 족)
順(순할 순)	逆(거스를 역)
身(몸 신) 體(몸 체)	心(마음 심)
伸(펼 신)	縮(줄일 축)
深(깊을 심)	淺(얕을 천)
我(나 아) 予(나 여) 余(나 여) 吾(나 오)	汝(너 여)
兒(아이 아) 童(아이 동)	丈(어른 장)

惡(미워할 오) 憎(미워할 증)	愛(사랑 애) 好(좋을 호) 慈(사랑 자)
抑(누를 억) 壓(누를 압)	解(풀 해) 釋(풀 석)
午(낮 오) 晝(낮 주)	夜(밤 야)
翁(늙은이 옹)	幼(어릴 유)
雨(비 우)	晴(갤 청)
陰(그늘 음)	陽(볕 양)
引(끌 인)	推(밀 추)
因(인할 인)	果(열매 과)
入(들 입)	出(날 출)
自(스스로 자)	他(다를 타)
前(앞 전)	後(뒤 후)
左(왼 좌)	右(오른쪽 우)
朝(아침 조)	夕(저녁 석)
進(나아갈 진)	退(물러날 퇴)
投(던질 투)	打(칠 타)
兄(형 형)	弟(아우 제)

06 동음 이의어

한자어의 음은 같으나 뜻이 다른 한자어들이다.

ㄱ

음	한자어	뜻
가격	加擊	때려 침.
	價格	돈으로 나타낸 상품의 값
가계	家系	대대로 이어온 한 집안의 전통
	家計	집안 살림을 꾸려나가는 방도나 형편
각색	名色	갖가지 빛깔. 여러 가지
	脚色	소설·시 등을 각본으로 만듦.
간지	干支	천간과 지지
	間紙	장정이 접어서 된 책의 종이가 얇아 힘이 없을 때, 접은 각 장 속에 넣어 받치는 종이
감수	甘受	질책, 고통, 모욕 따위를 달게 받음.
	監修	책의 저술 편찬을 지도·감독하는 일, 또는 그 사람
강하	江河	강과 큰 내
	降下	위에서 아래로 내림, 내려감. 높은 데서 낮은 데로 내려감, 내려옴.
강화	强化	모자라는 점을 보완하여 보다 더 튼튼하게 함, 또는 튼튼하여짐.
	講和	전쟁 상태에 있던 나라가 전투를 중지하고, 평화로운 상태로 돌아가는 일
개량	改良	고치어 좋게 함.
	改量	토지를 다시 측량함.
개명	改名	이름을 고침, 또는 그 고친 이름
	開明	사람의 지혜가 열리고 문화가 발달함.
건조	乾燥	습기나 물기가 없는 마른 상태
	建造	건물이나 배 따위를 세우거나 만듦.
결의	決意	뜻을 정하여 굳게 가짐, 또는 그 뜻
	結義	남남끼리 의리로써 형제·자매와 같은 관계를 맺음.
경기	競技	기술의 낫고 못함을 서로 겨루는 일
	景氣	매매나 거래 따위에 나타난 경제 활동의 상황
경로	敬老	노인을 공경함.
	經路	지나는 길
경향	京鄕	서울과 시골
	傾向	마음이나 형세 따위가 어떤 방향으로 기울어 쏠림, 또는 그런 방향
고가	古家	지은 지 퍽 오래된 집
	高價	값이 비쌈. 비싼 값
고수	固守	굳게 지킴.
	高手	수가 높음, 또는 그 사람
공명	功名	공을 세워 널리 알려진 이름
	共鳴	남의 사상이나 의견 따위에 동감함.
	公明	사사로움이나 편벽 됨이 없이 공정하고 명백함.
공사	公私	공적인 일과 사사로운 일
	工事	토목이나 건축 등에 관한 일
	公社	정부가 설립한 공공 기업체로서 경제상 독립되어 있는 공법상의 법인
공수	空輸	항공 수송의 준말
	攻守	공격과 수비
공용	公用	공공의 목적으로 사용함.
	共用	공동으로 씀.

과거	科擧	벼슬아치를 뽑기 위하여 보던 시험
	過去	지나간 때
과실	果實	열매 · 과일
	過失	잘못이나 허물
교훈	校訓	학교의 교육 이념을 표현한 말
	敎訓	사람으로서 나아갈 길을 가르치고 깨우침, 또는 그 가르침.
구명	救命	사람의 목숨을 구함.
	究明	사리나 원인 따위를 깊이 연구하여 밝힘.
국사	國史	나라의 역사
	國事	나라의 중대한 일. 나라 전체에 관련되는 일
군민	郡民	행정 구역인 군 안에 사는 사람
	軍民	군인과 민간인
군수	郡守	군의 행정 사무를 맡아보는 책임자
	軍需	군사상의 수요, 곧 군사상으로 필요한 물자
군신	君臣	임금과 신하
	軍神	군인의 무운을 지켜준다는 신
급수	級數	우열에 따라 매기는 등급
	給水	물을 공급함, 또는 그 물
기술	記述	문장으로 적음.
	技術	어떤 일을 정확하고 능률적으로 해내는 솜씨
기인	奇人	기이한 사람
	起因	무슨 일을 일으키는 원인이됨, 또는 그 원인

ㄷ

단신	單身	혼자의 몸
	短信	짤막한 보도
대가	代價	물건을 산 값으로 치르는 돈
	大家	학문이나 기예 등 전문 분야에 조예가 깊은 사람
대신	代身	대리자
	大臣	군주 국가에서 장관을 이르는 말
대풍	大豊	곡식이 썩 잘된 풍작, 또는 그러한 일
	大風	큰 바람
동지	冬至	24절기의 하나. 연중 밤이 가장 긴 날
	同志	뜻을 같이 하는 일, 또는 그런 사람

ㅁ

무사	無事	아무 일이 없음.
	武士	옛날에 무도를 닦아서 전쟁이나 군대 등에 종사하던 사람
	無死	야구에서 아직 아웃된 사람이 한 사람도 없는 상황
무용	武勇	무예와 용맹
	無用	소용이 없음. 쓸모 없음.

ㅂ

반도	叛徒	반란을 꾀하거나, 반란을 일으킨 무리
	半島	대륙에서 바다 쪽으로 길게 뻗어 나와 3면이 바다인 육지
발전	發電	전기를 일으킴.
	發展	세력 따위가 성하게 뻗어나감.
방면	方面	어떤 장소나 지역이 있는 방향
	放免	육체적 · 정신적으로 얽매인 상태에 있던 것을 풀어 줌.
방문	訪問	남을 찾아봄.
	房門	방으로 드나드는 문
백미	白眉	여러 사람 중에서 가장 뛰어난 사람. 많은 것 중에서 가장 뛰어난 것

음	한자	뜻
	白米	흰 쌀
변경	邊境	나라와 나라의 경계가 되는 변두리 지역
	變更	바꾸어 고침.
병가	病暇	병으로 말미암은 휴가
	兵家	병법에 밝은 사람
병력	兵力	병사 · 병기 등의 총체로서의 군대의 힘
	病歷	이제까지 걸렸던 병의 경력
병사	病死	병에 걸려 죽음.
	兵士	군사
보고	寶庫	보물처럼 귀중한 것이 간직되어 있는 곳
	報告	주어진 임무에 대하여 그 결과나 내용을 말이나 글로 알림.
보수	補修	상하거나 부서진 부분을 손질하여 고침.
	保守	오랜 습관이나 제도 등을 소중히 여겨 그대로 지킴.
본성	本姓	본디의 성
	本性	본디의 성질. 타고난 성질
부자	富者	살림이 넉넉한 사람
	父子	아버지와 아들
비행	飛行	항공기 따위가 하늘을 날아다님.
	非行	도리나 도덕 또는 법규에 어긋나는 행위

ㅅ

음	한자	뜻
사수	射手	총포나 활 따위를 쏘는 사람
	死守	목숨을 걸고 지킴.
사원	寺院	절
	社員	회사에 근무하는 사람
사전	辭典	낱말을 모아 일정한 순서로 배열하여 발음, 뜻, 용법, 어원 등을 해설한 책
	事典	여러 가지 사항을 모아 일정한 순서로 배열하여 설명한 책
사후	事後	일이 끝난 뒤
	死後	죽은 뒤
산출	算出	계산해 냄.
	產出	물건이 생산되어 나오거나 물건을 생산해 냄.
상가	喪家	초상난 집
	商街	상점이 많이 늘어서 있는 거리
선두	先頭	첫머리
	船頭	배의 앞머리
성명	姓名	성과 이름
	聲明	일정한 사항에 관한 견해나 태도를 여러 사람에게 공개하여 발표하는 일
세계	世系	한 집안이나 왕실 대대의 계통
	世界	지구 위의 모든 지역
속성	速成	빨리 이루어짐, 또는 빨리 이룸.
	屬性	사물의 본질을 이루는 고유한 특징이나 성질
수도	首都	한 나라의 중앙 정부가 있는 도시
	水道	상수도의 준말. 상수도와 하수도를 두루 일컫는 말
수상	水上	물 위
	受賞	상을 받음.
수세	水洗	물로 씻음.
	守勢	적을 맞아 지키는 태세, 또는 힘이 부쳐서 밀리는 형세
수식	修飾	겉모양을 꾸밈.
	數式	숫자나 문자를 계산 신호로 연결하여 수학적으로 뜻을 가지게 한 것
수업	修業	학업이나 기예를 닦음.
	授業	학교 같은 데서 학업이나 기술을 가르쳐 줌.
	受業	학업이나 기술의 가르침을 받음.

수학	修學	학업을 닦음.
	數學	수량 및 도형의 성질이나 관계를 연구하는 학문
시가	市價	상품이 시장에서 팔리는 값
	詩歌	시
	市街	도시의 큰 거리, 또는 번화한 거리
	時價	가격이 바뀌는 상품을 거래할 때의 가격
시공	施工	공사를 시행함.
	時空	시간과 공간
시급	時急	시간적으로 매우 급함.
	時給	임금을 시간당 얼마씩으로 정하여 일한 시간에 따라 계산해 주는 일
시인	是認	옳다고 여기거나 그러하다고 인정함.
	詩人	시를 짓는 사람
시장	市場	여러 가지 상품을 사고파는 장소
	市長	시를 대표하고 시의 행정을 관장하는 직, 또는 그 직에 있는 사람
식수	植樹	나무를 심음.
	食水	식용으로 쓰는 물
신선	神仙	선도를 닦아 신통력을 얻은 사람
	新鮮	새롭고 산뜻함. 채소나 생선 따위가 싱싱함.
신임	信任	믿고 일을 맡김.
	新任	새로 임명함, 또는 그 사람
실명	失明	눈이 어두워짐. 시력을 잃음.
	實名	실제의 이름
심산	心算	속셈
	深山	깊은 산

ㅇ

약소	弱小	약하고 작음.
	略少	적고 변변하지 못함.
양자	養子	입양으로 아들이 된 사람
	兩者	두 사람, 또는 두 사물
역사	力士	뛰어나게 힘이 센 사람
	歷史	인간 사회가 거쳐온 변천의 모습, 또는 그 기록
원로	遠路	먼 길
	元老	관직이나 나이 · 덕망 따위가 높고 나라에 공로가 많은 사람
유명	有名	이름이 있음. 이름이 알려져 있음.
	遺命	임금이나 부모 등이 임종할 때 내리는 분부
의사	意思	무엇을 하려고 하는 생각이나 마음
	醫師	의술과 약으로 병을 고치는 직업에 종사하는 사람
	義士	의리와 지조를 굳게 지키는 사람. 나라와 민족을 위해 의로운 행동으로 목숨을 바친 사람
이해	利害	이익과 손해
	理解	사리를 분별하여 앎. 말이나 글의 뜻을 깨쳐 앎.
인도	人道	사람이 다니는 길, 지켜야 할 도리
	引導	가르쳐 일깨움. 길을 안내함.
인정	人情	사람이 본디 지니고 있는 온갖 감정
	認定	옳다고 믿고 정함.
일일	一日	하루
	日日	매일
입신	立身	사회적으로 기반을 닦고 출세함.
	入神	신의 경지에 이른다는 뜻으로 지혜나 기술이 신묘한 지경에 이름.

ㅈ

음	한자	뜻
자신	自身	제 몸
	自信	자기의 값어치나 능력을 믿음, 또는 그런 마음
장부	丈夫	다 자란 건장한 남자
	帳簿	금품의 수입과 지출을 기록하는 일, 또는 그 책
재고	再考	한번 정한 일을 다시 한번 생각함.
	在庫	창고에 있음.
적수	赤手	맨손
	敵手	서로 엇비슷한 상대
전력	電力	전기의 힘
	前歷	과거의 경력
	戰力	전투나 경기 따위를 할 수 있는 능력
전문	全文	글의 전체
	專門	어떤 한 가지 일을 오로지 연구하거나, 한 가지 일에 마음을 쏟아 함.
전사	戰死	전쟁터에서 싸우다가 죽음.
	戰士	싸우는 사람
	戰史	전쟁의 사적을 기록한 역사
정도	正道	올바른 길. 바른 도리
	定都	도읍을 새로 정함.
정식	正式	규정대로의 바른 방식
	定食	식당이나 음식점 따위에서 일정한 식단에 따라 차리는 음식
존속	存續	계속 존재함.
	尊屬	부모나 그 항렬 이상의 친족
주관	主管	책임지고 맡아봄. 주장하여 관리함.
	主觀	여러 현상을 의식하며 사물을 생각하는 마음의 움직임.
주의	注意	마음에 새겨 조심함.
	主義	사상, 학설 또는 사물의 처리 방법 따위에서 변하지 않는 일정한 이론이나 태도, 또는 방침이나 주장

ㅊ

음	한자	뜻
차도	差度	병이 조금씩 나아가는 일
	車道	차가 주로 다니게 마련한 길

ㅌ

음	한자	뜻
타자	打字	타자기로 종이 위에 글자를 찍음.
	打者	야구에서 상대편 투수의 공을 치는 공격진의 선수
투석	投石	돌을 던짐, 또는 그 돌
	透析	반투막을 사용하여 콜로이드 고분자 용액을 정제하는 일, 또는 그 방법

ㅎ

음	한자	뜻
회의	會議	여럿이 모여 의논함, 또는 그 모임
	會意	한자 육서의 하나. 둘 이상의 한자를 뜻으로 결합시켜 새 글자를 만든 방법

사자성어

街談巷說 가담항설
거리나 항간에 떠도는 소문

佳人薄命 가인박명
아름다운 여자는 수명이 짧음.

刻骨難忘 각골난망
은혜가 뼈에 새겨져 잊혀지지 않음.

刻骨銘心 각골명심
어떤 일을 뼈에 새길 정도로 마음속 깊이 새겨 두고 잊지 아니함.

刻骨痛恨 각골통한
뼈에 사무칠 만큼 원통하고 한스러움, 또는 그런 일

各人各色 각인각색
사람마다 각기 다름.

角者無齒 각자무치
뿔이 있는 짐승은 이가 없다. 한 사람이 여러 가지 재주나 복을 다 가질 수 없다는 말

刻舟求劍 각주구검
배에 금을 긋고 칼을 찾음. 낡은 생각만 고집하며 이를 고치지 않는 어리석고 미련한 모습

看雲步月 간운보월
낮에는 구름을 바라보고 밤에는 달빛 아래 거닌다는 뜻. 고향을 그리워하는 마음

感慨無量 감개무량
마음속에서 느끼는 감동이나 느낌이 끝이 없음, 또는 그 감동이나 느낌

甘言利說 감언이설
비위를 맞추는 달콤한 말

感之德之 감지덕지
분에 넘치는 듯 싶어 매우 고맙게 여기는 모양

甲男乙女 갑남을녀
갑이란 남자를 뜻하고 을이란 여자를 뜻하므로, 평범한 사람들을 이르는 말

江湖煙波 강호연파
강이나 호수 위에 안개처럼 뽀얗게 이는 기운, 또는 그 수면의 잔물결

改過遷善 개과천선
지난날의 잘못이나 허물을 고쳐 올바르고 착하게 됨.

居安思危 거안사위
편안하게 있을 때 위태로움을 생각하라. 근심 걱정이 없을 때 미리 준비하고 대비하라는 뜻

擧案齊眉 거안제미
밥상을 눈썹과 가지런하도록 공손히 들어 남편 앞에 가지고 간다. 남편을 깍듯이 공경함

格物致知 격물치지
사물의 이치를 확실히 앎. 사물의 본질이나 이치를 끝까지 연구하여 지식에 도달함.

隔世之感 격세지감
오래지 않은 동안에 몰라보게 변하여 아주 다른 세상이 된 것 같은 느낌

擊壤老人 격양노인
태평한 생활을 즐거워하여 노인이 땅을 치며 노래함.

牽强附會 견강부회
말을 억지로 끌어 붙임.

見利忘義 견리망의
이익을 보면 의리를 잊음.

見利思義 견리사의
이익보다 의를 먼저 생각함.

犬馬之勞 견마지로
신하가 임금 앞에 자신의 노력을 낮춤.

見物生心
견물생심
어떠한 실물을 보게 되면 그것을 가지고 싶은 욕심이 생김.

見危致命
견위치명
나라의 위태로움을 보고 목숨을 버림.

堅忍不拔
견인불발
굳게 참고 견디어 마음이 흔들리지 않음.

決死反對
결사반대
죽기를 각오하고 있는 힘을 다하여 반대함.

結者解之
결자해지
맺은 사람이 풀어야 한다. 처음에 일을 벌여 놓은 사람이 끝을 맺어야 한다는 말

結草報恩
결초보은
죽어 혼령이 되어서도 은혜를 잊지 않고 갚음.

兼人之勇
겸인지용
몇 사람을 당할 정도로 용맹함.

輕擧妄動
경거망동
경솔하여 생각 없이 망령되게 행동함, 또는 그런 행동

傾國之色
경국지색
임금이 혹하여 국정을 게을리함으로써 나라를 위기에 빠뜨리게 할 미인

傾城之美
경성지미
한 성(城)을 기울어뜨릴만한 미색(美色)

敬而遠之
경이원지
겉으로는 존경하는 체하면서 속으로는 멀리함.

驚天動地
경천동지
하늘을 놀라게 하고 땅을 뒤흔든다는 뜻으로, 세상을 몹시 놀라게 함.

敬天愛人
경천애인
하늘을 숭배하고 인간을 사랑함.

鷄卵有骨
계란유골
달걀에도 뼈가 있다. 운수가 나쁜 사람은 좋은 기회를 만나도 일이 잘 안됨을 이르는 말

鷄鳴狗盜
계명구도
비굴하게 남을 속이는 하찮은 재주, 또는 그런 재주를 가진 사람을 이르는 말

桂玉之歎
계옥지탄
식량 구하기가 계수나무 구하듯이 어렵고, 땔감을 구하기가 옥을 구하기만큼 어려움.

孤軍奮鬪
고군분투
외로이 떨어져 있는 군사가 많은 수의 적군과 용감하게 잘 싸움. 남의 도움을 받지 아니하고 힘에 벅찬 일을 잘해 나감.

高臺廣室
고대광실
매우 크고 좋은 집

孤立無援
고립무원
주변에 아무도 없는 외톨이

鼓腹擊壤
고복격양
배를 두드리며 흙덩이를 침. 곧 의식(衣食)이 풍족한 상황

姑息之計
고식지계
당장 편한 것만을 택하는 꾀나 방법. 한때의 안정을 얻기 위하여 임시로 둘러맞추어 처리하는 계책

苦肉之策
고육지책
적을 속이기 위하여 자신의 괴로움을 무릅쓰고 꾸미는 계책

孤掌難鳴
고장난명
혼자서는 일하기 어려움.

苦盡甘來
고진감래
쓴 것이 다하면 단 것이 온다는 뜻으로, 고생 끝에 즐거움이 옴을 이르는 말

骨肉相爭
골육상쟁
가까운 혈족끼리 서로 싸움.

公明正大
공명정대
하는 일이나 태도가 사사로움이나 그릇됨 이 없이 아주 정당하고 떳떳함.

空前絕後 공전절후
전에도 없었고 앞으로도 없음.

空卽是色 공즉시색
세상의 모든 사물은 실체가 아님.

公平無私 공평무사
공평하여 사사로움이 없음.

誇大妄想 과대망상
자신의 능력, 재산 따위의 현재를 실제보다 크게 과장하여 사실인 것처럼 믿는 일, 또는 그런 생각

過大評價 과대평가
실제보다 지나치게 높이 평가함, 또는 그런 평가

過小評價 과소평가
사실보다 작거나 약하게 평가함.

過失相規 과실상규
향약의 네 가지 덕목 가운데 하나. 나쁜 행실을 하지 못하도록 서로 규제함.

過猶不及 과유불급
정도를 지나침은 미치지 못함과 같다는 뜻으로 중용(中庸)이 중요함.

矯角殺牛 교각살우
빈대 잡으려다 초가삼간 태운다. 곧 조그마한 일을 하려다 큰 일을 그르친다는 뜻

巧言令色 교언영색
교묘한 말로 남을 속임. 남의 환심을 사려고 아첨하는 교묘한 말과 보기좋게 꾸미는 얼굴빛

教外別傳 교외별전
석가의 설교 외에 석가가 마음으로써 따로 깊은 뜻을 전함.

交友以信 교우이신
친구를 믿음으로써 사귐.

教學相長 교학상장
가르치는 사람과 배우는 사람이 서로의 학업을 증진시킴

九曲肝腸 구곡간장
굽이굽이 서린 창자라는 뜻으로, 깊은 마음속 또는 시름이 쌓인 마음속을 비유

口蜜腹劍 구밀복검
입으로는 꿀을 담고 뱃속으로는 칼을 지녔다. 입으로는 친절하나 속으로는 해칠 생각을 품음.

九死一生 구사일생
아홉 번 죽을 뻔하다 한 번 살아난다. 죽을 고비를 여러 차례 넘기고 겨우 살아남.

口尙乳臭 구상유취
하는 언동이 아직 어림.

九牛一毛 구우일모
많은 양 중에서 극히 적은 양

九折羊腸 구절양장
꼬불꼬불하게 어린 양의 창자라는 뜻으로, 길이 몹시 험하게 꼬불꼬불함.

國泰民安 국태민안
나라가 태평하고 백성이 편안함.

群鷄一鶴 군계일학
닭의 무리 가운데서 한 마리의 학이란 뜻. 여럿 가운데서 가장 뛰어난 사람

君臣有義 군신유의
임금과 신하 사이의 도리는 의리에 있음.

群雄割據 군웅할거
여러 영웅이 각기 한 지방씩 차지하고 위세를 부림.

君爲臣綱 군위신강
신하는 임금을 섬기는 것이 근본임.

窮餘之策 궁여지책
궁한 나머지 생각다 못하여 짜낸 계책

權謀術數 권모술수
목적 달성을 위하여 수단과 방법을 가리지 아니하는 온갖 모략이나 술책

權不十年
권불십년
권세는 십 년을 가지 못한다는 뜻으로, 아무리 높은 권세라도 오래가지 못함.

勸上搖木
권상요목
나무 위에 오르라고 권하고는 오르자마자 아래서 흔들어 댐.

勸善懲惡
권선징악
착한 일을 권장하고 악한 일을 징계함.

克己復禮
극기복례
자기의 욕심을 누르고 예의 범절을 따름.

極惡無道
극악무도
더할 나위없이 악하고 도리에 완전히 어긋나 있음.

近墨者黑
근묵자흑
먹을 가까이 하면 검게 된다. 좋지 못한 사람과 가까이 하면 악에 물들게 됨.

錦上添花
금상첨화
비단 위에 꽃을 놓는다는 뜻으로, 좋은 일이 겹침을 비유

今昔之感
금석지감
예와 지금의 차이가 심함.

今時初聞
금시초문
바로 지금 처음으로 들음.

金科玉條
금과옥조
금이나 옥처럼 귀중히 여겨 꼭 지켜야 할 법칙이나 규정

金蘭之契
금란지계
금이나 난초와 같이 귀하고 향기로움을 풍기는 친구 사이의 사귐.

金蘭之交
금란지교
쇠를 자를 수 있을 만큼 단단하고 난초 처럼 향기나는 친구 사이

金石之交
금석지교
쇠와 돌처럼 굳은 사귐.

金城湯池
금성탕지
쇠로 만든 성과, 그 둘레에 파놓은 뜨거운 물로 가득찬 못이라는 뜻으로, 방어 시설이 잘되어 있는 성

錦衣夜行
금의야행
비단옷을 입고 밤길을 다닌다는 뜻으로, 아무 보람이 없는 일을 함을 이르는 말

錦衣玉食
금의옥식
비단옷과 흰 쌀밥이라는 뜻으로, 호화스럽고 사치스러운 생활을 이르는 말

錦衣還鄕
금의환향
비단옷을 입고 고향에 돌아온다는 뜻으로, 출세를 하여 고향에 돌아옴을 비유

金枝玉葉
금지옥엽
불면 꺼질까 쥐면 터질까 아주 귀한 집안의 소중한 자식

氣高萬丈
기고만장
펄펄 뛸 만큼 대단히 성이 남. 일이 뜻대로 잘될 때, 우쭐하여 뽐내는 기세가 대단함.

起死回生
기사회생
거의 죽을 뻔하다가 도로 살아남.

奇想天外
기상천외
착상이나 생각 따위가 쉽게 짐작할 수 없을 정도로 기발하고 엉뚱함.

既往之事
기왕지사
이미 지나간 일

騎虎之勢
기호지세
호랑이를 타고 달리는 형세, 이미 시작한 일을 중도에서 그만둘 수 없는 경우

吉凶禍福
길흉화복
길흉과 화복을 아울러 이르는 말

落落長松
낙락장송
가지가 길게 축축 늘어진 키가 큰 소나무

落木寒天
낙목한천
나뭇잎이 다 떨어진 겨울의 춥고 쓸쓸한 풍경, 또는 그런 계절

落花流水
낙화유수
떨어지는 꽃과 흐르는 물이라는 뜻으로, 가는 봄의 경치를 이르는 말

難攻不落
난공불락
공격하기가 어려워 쉽사리 함락되지 아니함.

亂臣賊子
난신적자
나라를 어지럽히는 불충한 무리

難兄難弟
난형난제
서로 엇비슷함. 막상막하

南男北女
남남북녀
우리 나라에서 남자는 남쪽 지방이 잘나고 여자는 북쪽 지방이 고움을 이르는 말

男女老少
남녀노소
남자와 여자, 늙은이와 젊은이란 뜻. 모든 사람을 이르는 말

男女有別
남녀유별
유교에서 남자와 여자 사이에 분별이 있어야 함을 이르는 말

內憂外患
내우외환
나라 안팎의 여러 가지 어려움.

內柔外剛
내유외강
겉으로 보기에는 강하게 보이나 속은 부드러움.

怒氣衝天
노기충천
성이 하늘을 찌를듯이 머리끝까지 치받쳐 있음.

怒發大發
노발대발
몹시 노하여 펄펄 뛰며 성을 냄.

綠楊芳草
녹양방초
푸른 버드나무와 향기로운 풀

綠衣紅裳
녹의홍상
연두 저고리와 다홍 치마. 젊은 여인의 옷차림

論功行賞
논공행상
공적의 크고 작음 따위를 논의하여 그에 알맞은 상을 줌.

弄瓦之慶
농와지경
딸을 낳은 기쁨을 이르는 말

弄璋之慶
농장지경
아들을 낳은 기쁨, 또는 아들을 낳은 일을 이르는 말

累卵之勢
누란지세
새알을 쌓아 놓은 듯한 위태로운 형세

累卵之危
누란지위
새알을 쌓아 놓은 것 같이 몹시 위태로움.

能小能大
능소능대
모든 일에 두루 능함.

多多益善
다다익선
많을수록 더욱 좋음.

多事多難
다사다난
여러 가지 일도 많고 어려움이나 탈도 많음.

多才多能
다재다능
재주와 능력이 여러 가지로 많음.

多情多感
다정다감
정이 많고 감정이 풍부함.

斷機之教
단기지교
학업을 중도에 폐함은 짜던 베를 끊는 것과 같아 아무 이득이 없음.

斷金之交
단금지교
매우 정의가 두터운 사이의 교제

單刀直入
단도직입
혼자서 칼 한 자루를 들고 적진으로 곧장 쳐들어간다. 여러 말을 늘어놓지 않고 바로 요점이나 본문제를 말함.

黨同伐異
당동벌이
일의 옳고 그름은 따지지 않고 뜻이 같은 무리끼리는 서로 돕고 그렇지 않은 무리는 배척함.

大驚失色
대경실색
몹시 놀라 얼굴빛이 하얗게 질림.

大器晩成
대기만성
큰 그릇을 만드는 데는 시간이 오래 걸린다. 크게 될 사람은 늦게 이루어짐.

代代孫孫
대대손손
오래도록 내려오는 여러 대

大同團結
대동단결
여러 집단이나 사람이 어떤 목적을 이루려고 크게 한 덩어리로 뭉침.

大同小異
대동소이
큰 차이 없이 거의 같음.

大明天地
대명천지
아주 환하게 밝은 세상

大聲痛哭
대성통곡
큰 소리로 몹시 슬프게 곡을 함.

大言壯語
대언장어
주제에 맞지 않게 큰 소리침.

大義滅親
대의멸친
대의를 위해서 사사로움을 버림.

桃園結義
도원결의
의형제를 맺음을 이르는 말

道聽途說
도청도설
길거리에 떠돌아다니는 뜬 소문

塗炭之苦
도탄지고
몹시 고생스러움. 진구렁에 빠지고 숯불에 타는 고생

獨不將軍
독불장군
무슨 일이든 자기 생각대로 혼자서 처리하는 사람

讀書三到
독서삼도
독서하는 데는 눈으로 보고, 입으로 읽고, 마음으로 깨우쳐야 함.

獨也靑靑
독야청청
남들이 모두 절개를 꺾는 상황 속에서도 홀로 절개를 굳세게 지키고 있음.

同價紅裳
동가홍상
같은 값이면 다홍치마(좋은 것)를 택함.

同苦同樂
동고동락
괴로움도 즐거움도 함께 함.

東問西答
동문서답
물음과는 전혀 상관없는 엉뚱한 대답

同病相憐
동병상련
같은 병의 환자끼리 서로 가엾게 여김. 같은 처지의 사람끼리 서로 비슷한 아픔을 느낌.

東奔西走
동분서주
동쪽으로 뛰고 서쪽으로 뛴다. 사방으로 이리저리 몹시 바쁘게 돌아다님.

同床異夢
동상이몽
같은 자리에 자면서 다른 꿈을 꾼다. 겉으로는 같이 행동하면서도 속으로는 각각 딴생각을 하고 있음.

東西古今
동서고금
동양과 서양, 옛날과 지금을 통틀어 이르는 말

東西南北
동서남북
동쪽, 서쪽, 남쪽, 북쪽이라는 뜻으로, 모든 방향을 이르는 말

同姓同本
동성동본
성(姓)과 본관이 모두 같음.

同時多發
동시다발
같은 때나 시기에 많이 발생함.

冬溫夏淸
동온하청
부모에게 효도함. 겨울은 따뜻하게 여름은 시원하게 해드림.

同族相殘
동족상잔
동족끼리 서로 헐뜯고 싸움.

登高自卑
등고자비
천리길도 한 걸음부터. 높은 곳에 오르려면 낮은 곳에서부터 올라가듯이 무슨 일이든 순서가 있음.

燈下不明
등하불명
등잔 밑이 어둡다는 뜻으로, 가까이에 있는 물건이나 사람을 잘 찾지 못함.

燈火可親
등화가친
가을이 되어 독서하기에 좋음.

良藥苦口
양약고구
좋은 약은 입에 쓰나 병에 이롭다. 충언(忠言)은 귀에 거슬리나 자신에게 이로움.

戀慕之情
연모지정
사랑하여 그리워하는 정

馬耳東風
마이동풍
남의 말을 대충 들음.

莫逆之友
막역지우
아주 허물 없는 벗. 서로 거역하지 아니하는 친구. 아주 허물없는 사이

萬古常靑
만고상청
오랜 세월을 두고 변함없이 늘 푸름

萬古不變
만고불변
아주 오랜 세월 동안 변하지 아니함.

萬里長天
만리장천
아득히 높고 먼 하늘

萬事休矣
만사휴의
모든 것이 헛수고로 돌아감을 이르는 말

晩時之歎
만시지탄
시기에 늦어 기회를 놓쳤음을 안타까워하는 탄식

罔極之恩
망극지은
끝없이 베풀어 주는 혜택이나 고마움.

亡羊之歎
망양지탄
달아난 양을 쫓는데 갈림길이 많아서 잃어버리고 탄식한다. 학문의 길이 다방면이어서 진리를 깨닫기가 어려움을 한탄함.

茫然自失
망연자실
멍하니 정신을 잃음.

望雲之情
망운지정
객지에서 부모를 생각하는 마음

麥秀之歎
맥수지탄
고국의 멸망을 한탄함

孟母斷機
맹모단기
맹자의 어머니가 아들이 학업을 중단하고 돌아왔을 때, 짜던 베를 칼로 자름. 어머니의 엄격한 자녀 교육을 이름.

孟母三遷
맹모삼천
맹자의 어머니가 맹자를 가르치기 위하여 세 번 이사함.

面從腹背
면종복배
면전에서는 따르나 뱃속으로는 배반함.

滅私奉公
멸사봉공
사를 버리고 공을 위해 희생함.

明鏡止水
명경지수
맑은 거울과 고요한 물. 잡념과 가식과 헛된 욕심 없이 맑고 깨끗한 마음

名山大川
명산대천
이름난 산과 큰 내

名實相符
명실상부
이름과 실상이 서로 꼭 맞음.

明若觀火
명약관화
불을 보듯 뻔함.

目不忍見
목불인견
눈앞에 벌어진 상황 따위를 눈뜨고는 차마 볼 수 없음.

目不識丁
목불식정
낫 놓고 'ㄱ' 자도 모름. 아주 무식함.

武陵桃源
무릉도원
신선이 살았다는 전설적인 곳

無不通知
무불통지
무슨 일이든지 환히 통하여 모르는 것이 없음.

無所不爲
무소불위
하지 못하는 일이 없음.

無用之物
무용지물
쓸모없는 물건이나 사람

無爲徒食
무위도식
하는 일 없이 놀고 먹음.

無腸公子
무장공자
담력이나 기개가 없는 자

聞一知十
문일지십
하나를 듣고 열을 앎.

門前成市
문전성시
찾아오는 사람이 많아 문 앞이 시장을 이루다시피 함.

物外閑人
물외한인
세상에 욕심이 없고 한가하게 지내는 사람

美辭麗句
미사여구
아름다운 말로 듣기 좋게 꾸민 글귀

博覽强記
박람강기
여러 가지의 책을 널리 많이 읽고 기억을 잘 함.

博而不精
박이부정
여러 방면으로 널리 아나 정통하지는 못함

拍掌大笑
박장대소
손뼉을 치며 크게 웃음.

博學多識
박학다식
학식이 넓고 아는 것이 많음.

拔本塞源
발본색원
나쁜 것의 뿌리를 뽑음.

發憤忘食
발분망식
분발하여 끼니를 잊고 노력함.

傍若無人
방약무인
곁에 사람이 없는 것 같다. 거리낌 없이 함부로 행동함.

背水之陣
배수지진
적과 싸울 때 강이나 바다를 등지고 진을 침. 목숨을 걸고 어떤 일에 대처하는 경우

背恩忘德
배은망덕
은덕을 저버림.

百家爭鳴
백가쟁명
많은 학자나 문인 등이 자기의 학설이나 주장을 자유롭게 발표하여, 논쟁하고 토론하는 일

白骨難忘
백골난망
죽어서 백골이 되어도 잊을 수 없다는 뜻. 남에게 큰 은덕을 입었을 때 고마움의 뜻으로 이르는 말

百年佳約
백년가약
남녀가 부부가 되어 평생을 함께 하겠다는 아름다운 언약

百年大計
백년대계
먼 앞날까지 미리 내다보고 세우는 크고 중요한 계획

百年河淸 백년하청
시간이 가도 해결의 기미가 없음.

百萬長者 백만장자
재산이 매우 많은 사람, 또는 아주 큰 부자

白面書生 백면서생
오직 글만 읽고 세상사에 경험이 없는 사람

百發百中 백발백중
백번 쏘아 백번을 맞힌다. 총이나 활 따위를 쏠 때마다 겨눈 곳에 다 맞음.

白雲孤飛 백운고비
멀리 떠나는 자식이 어버이를 그리워함.

白衣民族 백의민족
흰옷을 입은 민족이라는 뜻으로, '한민족' 을 이르는 말

百戰老將 백전노장
많은 전투를 치른 노련한 병사. 세상 일을 많이 치러서 모든 일에 노련한 사람

百戰百勝 백전백승
싸울 때마다 다 이김.

百折不屈 백절불굴
여러 번 꺾어져도 굽히지 않음.

伯仲之間 백중지간
서로 우열을 가리기 힘든 사이

伯仲之勢 백중지세
서로 어금버금한 형세. 누가 못하고 누가 낫다고 할 수 없을 정도로 서로 비슷함.

百八煩惱 백팔번뇌
사람이 지닌 108가지의 번뇌

百害無益 백해무익
해롭기만 하고 하나도 이로운 바가 없음.

別有天地 별유천지
우리가 살고 있는 이 세상 밖의 다른 세상. 특별히 경치가 좋거나 분위기가 좋은 곳

兵家常事 병가상사
전쟁에서 이기고 지는 일은 흔히 있는 일임. 실패하는 일은 흔히 있으므로 낙심할 것이 없다는 말

夫婦有別 부부유별
남편과 아내 사이의 도리는 서로 침범하지 않음을 이름.

父爲子綱 부위자강
아버지와 자식 사이에 지킬 떳떳한 도리

父子有親 부자유친
아버지와 아들 사이에는 친애해야 함을 이르는 말

父傳子傳 부전자전
아버지가 아들에게 대대로 전함.

夫唱婦隨 부창부수
부부의 화합을 뜻하는 말로 예로부터 남편이 부르면 부인이 따른다는 말

不老長生 불로장생
늙지 아니하고 오래 삶.

不立文字 불립문자
문자나 말로써 도를 전하지 아니함. 불가의 뜻이 마음에서 마음으로 전해짐.

不問可知 불문가지
묻지 아니하여도 알 수 있음.

不遠千里 불원천리
천 리 길도 멀다고 여기지 않음.

不恥下問 불치하문
자기보다 아래 사람에게 배우는 것을 부끄럽게 여기지 않음.

不偏不黨 불편부당
아주 공평하여 어느 한쪽으로 치우치지 아니함.

附和雷同
부화뇌동
줏대가 없이 남의 말에 쉽게 따름.

北窓三友
북창삼우
거문고, 술, 시(詩)를 아울러 이르는 말

不可思議
불가사의
사람의 생각으로는 미루어 헤아릴 수 없이 이상하고 야릇함.

不勞所得
불로소득
직접 일을 하지 아니하고 얻는 수익

不問曲直
불문곡직
잘잘못을 묻지 않고 함부로 행함.

不知其數
부지기수
헤아릴 수가 없을 만큼 많음, 또는 그렇게 많은 수효

朋友有信
붕우유신
벗 사이에는 믿음이 있어야 함을 이름.

非一非再
비일비재
같은 현상이나 일이 한두 번이나 한둘이 아니고 많음.

貧者一燈
빈자일등
가난한 사람이 바치는 하나의 등(燈). 물질의 많고 적음보다 정성이 중요함을 비유

氷炭之間
빙탄지간
얼음과 숯불의 사이. 서로 화합할 수 없는 사이

四顧無親
사고무친
의지할 만한 사람이 아무도 없음.

士農工商
사농공상
예전에, 백성을 나누던 네 가지 계급으로 선비, 농부, 공장(工匠), 상인

四面春風
사면춘풍
누구에게나 좋게 대하는 일, 또는 그런 사람을 비유적으로 이르는 말

四方八方
사방팔방
여기저기 모든 방향이나 방면

四分五裂
사분오열
여러 갈래로 갈기갈기 찢어짐. 질서 없이 어지럽게 흩어지거나 헤어짐.

沙上樓閣
사상누각
모래 위에 세운 누각. 기초가 튼튼하지 못하여 오래 견디지 못할 일이나 물건

事親以孝
사친이효
어버이를 섬김에 효도로써 함.

四通八達
사통팔달
도로나 교통망, 통신망 따위가 이리저리 사방으로 통함.

事必歸正
사필귀정
모든 일은 반드시 바른 길로 돌아감.

四海兄弟
사해형제
온 세상 사람이 모두 형제와 같다는 뜻으로, 친밀함을 이르는 말

山紫水明
산자수명
산은 자줏빛으로 선명하고 물은 맑다. 경치가 아름다움.

山戰水戰
산전수전
산에서도 싸우고 물에서도 싸웠다. 세상의 온갖 고생과 어려움

山川草木
산천초목
산과 내와 풀과 나무라는 뜻으로, 자연을 이르는 말

殺身成仁
살신성인
자기의 몸을 희생하여 인(仁)을 이룸.

三三五五
삼삼오오
서너 사람 또는 대여섯 사람이 떼를 지어 다니거나 무슨 일을 함, 또는 그런 모양

三旬九食
삼순구식
서른 날에 아홉 끼니밖에 못 먹음. 가난하여 끼니를 많이 거름.

三餘之功 삼여지공
독서하기에 가장 좋은 '겨울밤'을 일컬음.

三人成虎 삼인성호
세 사람이 짜면 거리에 범이 나왔다는 거짓말도 꾸밀 수 있다. 근거 없는 말이라도 여러 사람이 말하면 곧이듣게 됨.

三從之道 삼종지도
예전에, 여자가 따라야 할 세 가지 도리. 어려서는 아버지를, 결혼해서는 남편을, 남편이 죽은 후에는 자식을 따라야 함.

三尺童子 삼척동자
키가 석 자 정도밖에 되지 않는 어린 아이 철없는 어린 아이를 이름.

三遷之教 삼천지교
맹자의 교육을 위하여 어머니가 세 번이나 집을 옮긴 일. 교육에는 환경이 중요함을 이름.

三寒四溫 삼한사온
아시아의 동부, 북부에서 나타나는 겨울 기온의 변화. 7일을 주기로 사흘 동안 춥고 나흘 동안 따뜻함.

相思不忘 상사불망
서로 그리워하여 잊지 못함.

桑田碧海 상전벽해
뽕나무밭이 변하여 푸른 바다가 됨. 세상 일이 덧없이 변함.

塞翁之馬 새옹지마
인생에 있어서의 길흉 화복은 항상 바뀌어 미리 헤아릴 수 없음.

生老病死 생로병사
사람이 나고 늙고 병들고 죽는 네 가지 고통

生面不知 생면부지
서로 한 번도 만난 적이 없어서 전혀 알지 못하는 사람, 또는 그런 관계

生死苦樂 생사고락
삶과 죽음, 괴로움과 즐거움을 통틀어 이르는 말

先見之明 선견지명
어떤 일이 일어나기 전에 미리 앞을 내다보고 아는 지혜

先公後私 선공후사
공적인 것을 앞세우고 사적인 것은 뒤로 함.

善男善女 선남선녀
착하고 어진 사람들

雪上加霜 설상가상
눈 위에 서리가 덮인 격으로, 불행한 일이 연거푸 일어남.

說往說來 설왕설래
서로 변론을 주고받으며 옥신각신함, 또는 말이 오고 감.

世上萬事 세상만사
세상에서 일어나는 온갖 일

小貪大失 소탐대실
작은 것을 탐하다가 큰 것을 잃음.

束手無策 속수무책
손을 묶은 것처럼 어찌할 도리가 없어 꼼짝 못함.

率先垂範 솔선수범
남보다 앞장서서 행동해서 몸소 다른 사람의 본보기가 됨.

送舊迎新 송구영신
묵은 해를 보내고 새해를 맞음.

壽福康寧 수복강녕
오래 살고 복을 누리며 건강하고 평안함.

手不釋卷 수불석권
손에서 책을 놓을 사이 없이 열심히 공부함.

修身齊家 수신제가
몸과 마음을 닦아 수양하고 집안을 다스림.

水魚之交 수어지교
고기와 물과의 관계처럼 떨어질 수 없는 특별한 친분

脣亡齒寒
순망치한
옆사람이 망하면 이웃이 함께 위험함.

乘勝長驅
승승장구
싸움에 이긴 형세를 타고 계속 몰아침.

是是非非
시시비비
여러 가지의 잘잘못을 옳고 그름을 따지며 다툼.

始終如一
시종여일
처음부터 끝까지 변함없이 한결같음.

始終一貫
시종일관
일 따위를 처음부터 끝까지 한결같이 함.

識字憂患
식자우환
학식이 있는 것이 오히려 근심을 사게 됨.

信賞必罰
신상필벌
공이 있는 자에게는 상을 주고, 죄가 있는 사람에게는 벌을 준다. 상과 벌을 공정하고 엄중하게 하는 일

身言書判
신언서판
사람 됨을 판단하는 네 가지 기준, 즉 몸, 말, 글, 판단력

神出鬼沒
신출귀몰
귀신같이 나타났다가 사라진다. 움직임을 알 수 없을 만큼 자유자재로 나타나고 사라짐.

實事求是
실사구시
사실에 토대를 두어 진리를 탐구하는 일

深思熟考
심사숙고
깊이 잘 생각함.

深山幽谷
심산유곡
깊은 산속의 으슥한 골짜기

心心相印
심심상인
마음과 마음에 서로를 새김.

十伐之木
십벌지목
열 번 찍어 안 넘어가는 나무 없음.

十中八九
십중팔구
열 가운데 여덟이나 아홉 정도로 거의 대부분이거나 틀림없음.

我田引水
아전인수
제 논에 물대기. 자기에게만 이롭게 함.

惡戰苦鬪
악전고투
매우 어려운 조건을 무릅쓰고 힘을 다하여 고생스럽게 싸움.

安分知足
안분지족
편안한 마음으로 제 분수를 지키며 만족할 줄을 앎.

安貧樂道
안빈낙도
가난한 생활을 하면서도 편안한 마음으로 도를 즐겨 지킴.

眼下無人
안하무인
방자하고 교만하여 사람을 모두 얕잡아 봄.

愛國愛族
애국애족
자기 나라와 겨레를 사랑함.

哀而不悲
애이불비
속으로는 슬프지만 겉으로는 슬픔을 나타내지 아니함.

哀而不傷
애이불상
슬퍼하되 도를 넘지 아니함.

愛之重之
애지중지
매우 사랑하고 소중히 여기는 모양

藥房甘托
약방감초
무슨 일이나 빠짐없이 낌. 반드시 끼어야 할 사물

弱肉强食
약육강식
약한 자가 강한 자에게 먹힌다. 강한 자가 약한 자를 희생시켜서 번영하거나, 약한 자가 강한 자에게 끝내는 멸망됨.

羊頭狗肉
양두구육
양의 고기를 내놓고 사실은 개고기를 판다. 겉으로는 그럴 듯하게 내세우나 속엔 음흉한 딴 생각이 있음.

梁上君子
양상군자
들보 위의 사람, 즉 도둑

兩者擇一
양자택일
둘 중에서 하나를 고름.

魚東肉西
어동육서
제사상을 차릴 때, 생선 반찬은 동쪽에 놓고 고기 반찬은 서쪽에 놓는 일

魚頭肉尾
어두육미
물고기는 머리 쪽이 맛이 있고, 짐승 고기는 꼬리 쪽이 맛이 있음.

語不成說
어불성설
말이 조금도 사리에 맞지 아니함.

漁父之利
어부지리
조개와 도요새가 서로 버티는 통에 어부가 둘을 다잡아 이득을 봄.

億兆蒼生
억조창생
수많은 백성

焉敢生心
언감생심
감히 생각도 못함.

言語道斷
언어도단
너무 어처구니가 없어 할 말이 없음.

言中有骨
언중유골
말 속에 뼈가 있다는 뜻으로, 예사로운 말 속에 단단한 속뜻이 들어 있음.

言行一致
언행일치
말과 행동이 서로 같음, 또는 말한 대로 실행함.

嚴妻侍下
엄처시하
아내에게 쥐여사는 남편의 처지를 놀림조로 이르는 말

如履薄氷
여리박빙
얇은 얼음을 밟는 것 같다. 몹시 위험하여 조심함을 이르는 말

女必從夫
여필종부
아내는 반드시 남편을 따라야 한다는 말

易地思之
역지사지
처지를 바꾸어서 생각하여 봄.

緣木求魚
연목구어
나무에 올라 물고기를 구하듯 불가능한 일을 하려고 함.

連戰連勝
연전연승
싸울 때마다 계속하여 이김.

榮枯盛衰
영고성쇠
인생이나 사물의 번성함과 쇠락함이 서로 바뀜.

五穀百果
오곡백과
온갖 곡식과 과실

五里霧中
오리무중
짙은 안개 속에 있어 방향을 알 수 없음과 같이 무슨 일에 대해서 알 길이 없음.

烏飛梨落
오비이락
까마귀 날자 배 떨어진다. 아무 관계도 없는 일인데 때가 같아서 관계가 있는 것처럼 의심을 받게 됨.

吾鼻三尺
오비삼척
내 코가 석자. 자기 사정이 급하여 남을 돌볼 겨를이 없음.

傲霜孤節
오상고절
서릿발이 심한 속에서도 굴하지 아니하고 외로이 지키는 절개. 국화(菊花)를 이르는 말

烏合之卒
오합지졸
까마귀가 모인 것처럼 질서가 없이 모인 병졸. 임시로 모여들어서 규율이 없고 무질서한 병졸 또는 군중

玉骨仙風
옥골선풍
살빛이 희고 고결하여 신선과 같은 풍채

屋上架屋
옥상가옥
지붕 위에 또 지붕을 만든다. 흔히 물건이나 일을 부질없이 거듭함.

溫故知新
온고지신
옛것을 익혀서 그것으로 미루어 새 것을 깨달음.

曰可曰否
왈가왈부
어떤 일에 대하여 옳거니 옳지 아니하거니 하고 말함.

王侯將相
왕후장상
제왕, 제후, 장수, 재상을 아울러 이르는 말

樂山樂水
요산요수
산수(山水)의 자연을 즐기고 좋아함.

搖之不動
요지부동
흔들어도 꼼짝하지 아니함.

勇氣百倍
용기백배
격려나 응원 따위에 자극을 받아 힘이나 용기를 더 냄.

龍頭蛇尾
용두사미
용의 머리 뱀의 꼬리. 출발은 좋으나 대충 끝남.

龍味鳳湯
용미봉탕
맛이 매우 좋은 음식을 비유적으로 이르는 말

愚公移山
우공이산
마음만 단단히 먹으면 큰 일도 이룸.

右往左往
우왕좌왕
이리저리 왔다갔다 하며 일이나 나아가는 방향을 종잡지 못함.

優柔不斷
우유부단
어물어물 망설이기만 하고 결단성이 없음.

牛耳讀經
우이독경
쇠귀에 경 읽기. 아무리 가르치고 일러 주어도 알아듣지 못함.

遠禍召福
원화소복
화를 멀리 하고 복을 부름.

月下老人
월하노인
부부의 인연을 맺어 준다는 전설상의 늙은이

危機一髮
위기일발
위급함이 매우 절박한 순간

有口無言
유구무언
입이 있어도 할 말이 없음. 변명을 못함.

有名無實
유명무실
이름만 그럴듯하고 실속은 없음.

流芳百世
유방백세
꽃다운 이름이 후세에 널리 전해짐.

有備無患
유비무환
미리 준비가 되어 있으면 걱정할 것이 없음.

唯我獨尊
유아독존
세상에서 자기 혼자 잘났다고 뽐내는 태도.

類類相從
유유상종
가재는 게 편. 같은 무리끼리 서로 사귐.

草綠同色
초록동색
풀빛과 녹색은 같다. 이름은 달라도 성질이나 내용은 같음.

悠悠自適
유유자적
속세를 떠나 아무 속박 없이 조용하고 편안하게 삶.

有終之美
유종지미
한번 시작한 일을 끝까지 잘하여 끝맺음이 좋음.

隱忍自重
은인자중
마음속에 감추어 참고 견디면서 몸가짐을 신중하게 행동함.

吟風弄月
음풍농월
맑은 바람과 밝은 달을 대상으로 시를 짓고 흥취를 자아내어 즐겁게 놂.

疑心暗鬼
의심암귀
마음속에 의심이 생기면 갖가지 무서운 망상이 잇달아 일어나 불안해짐.

異口同聲
이구동성
입은 다르나 목소리는 같다. 여러 사람의 말이 한결같음.

以卵投石
이란투석
계란으로 바위 치기. 아주 약한 것으로 강한 것에 대항하려는 어리석음

耳目口鼻
이목구비
귀 · 눈 · 입 · 코를 아울러 이르는 말. 귀 · 눈 · 입 · 코를 중심으로 한 얼굴의 생김새

以心傳心
이심전심
말이나 글로 전하지 않고 마음에서 마음으로 전함.

以熱治熱
이열치열
열은 열로써 다스림. 힘은 힘으로 물리침.

利用厚生
이용후생
기구를 편리하게 쓰고 먹을 것과 입을 것을 넉넉하게 하여, 국민의 생활을 나아지게 함.

二律背反
이율배반
꼭 같은 근거를 가지고 정당하다고 주장되는 서로 모순되는 두 명제 관계

泥田鬪狗
이전투구
진흙탕에서 싸우는 개. 자기의 이익을 위하여 비열하게 다툼.

二八青春
이팔청춘
16세 무렵의 꽃다운 청춘, 또는 혈기 왕성한 젊은 시절

離合集散
이합집산
헤어졌다가 모였다가 하는 일

因果應報
인과응보
과거 또는 전생의 선악의 인연에 따라 뒷날의 길흉화복을 받음.

人面獸心
인면수심
사람의 얼굴을 하고 있으나 마음은 짐승과 같다. 마음이나 행동이 몹시 흉악함.

人命在天
인명재천
사람의 목숨은 하늘에 달려 있다. 목숨의 길고 짧음은 사람의 힘으로 어쩔 수 없음.

人事不省
인사불성
제 몸에 벌어지는 일을 모를 만큼 정신을 잃은 상태

人死留名
인사유명
사람은 죽어서 이름을 남긴다. 사람의 삶이 헛되지 아니하면 그 이름이 길이 남음.

人山人海
인산인해
사람이 산을 이루고 바다를 이루었다. 사람이 수없이 많이 모인 상태

人海戰術
인해전술
우수한 화기보다 다수의 병력을 투입하여 적을 압도하는 전술

一刻千金
일각천금
아무리 짧은 시간이라도 천금과 같이 귀중함.

一擧兩得
일거양득
한 가지 일로 두 가지 이득을 취함.

一口二言
일구이언
한 입으로 두 말을 한다. 한 가지 일에 대하여 말을 이랬다저랬다 함.

一刀兩斷
일도양단
칼로 무엇을 대번에 쳐서 두 도막을 냄. 어떤 일을 머뭇거리지 아니하고 선뜻 결정함.

他山之石
타산지석
다른 산에서 나는 작은 돌로도 자신의 구슬을 갈 수 있다. 남의 하찮은 언행일지라도 자신의 품성을 높이는 데 교훈으로 삼을 수 있음.

一望無際
일망무제
한눈에 바라볼 수 없을 정도로 아득하게 멀고 넓어서 끝이 없음.

一脈相通
일맥상통
사고방식, 상태, 성질 따위가 서로 통하거나 비슷해짐.

日暮途遠
일모도원
해는 졌고 길은 멂, 즉 뜻하는 바는 큰 데 너무 늦어 달성이 어려움.

一問一答
일문일답
한 번 물음에 대하여 한 번 대답함.

一罰百戒
일벌백계
한 사람을 벌주어 백 사람을 경계한다. 경각심을 불러 일으키기 위하여 본보기로 한 사람에게 엄한 처벌을 함.

一絲不亂
일사불란
한 오리 실도 엉키지 아니함. 질서가 정연하여 조금도 흐트러지지 아니함.

一石二鳥
일석이조
돌 한 개를 던져 새 두 마리를 잡는다는 뜻으로, 동시에 두 가지 이득을 봄.

一心同體
일심동체
한마음 한 몸이라는 뜻으로, 서로 굳게 결합함을 이르는 말

一魚濁水
일어탁수
한 마리의 물고기가 물을 흐린다. 한 사람의 잘못으로 여러 사람이 피해를 입게 됨.

一言半句
일언반구
한 마디 말과 반 구절이라는 뜻으로, 아주 짧은 말을 이르는 말

一以貫之
일이관지
하나의 방법이나 태도로써 처음부터 끝까지 한결같음. 모든 것을 하나의 원리로 꿰뚫어 이야기함.

一日三省
일일삼성
매일 세 번 자신을 반성함.

一日三秋
일일삼추
하루가 삼 년 같다는 뜻으로, 몹시 애태우며 기다림을 이르는 말

一字無識
일자무식
글자를 한 자도 모를 정도로 무식함, 또는 그런 사람

一長一短
일장일단
일면의 장점과 다른 일면의 단점을 통틀어 이르는 말

一場春夢
일장춘몽
봄날의 한바탕 꿈처럼 헛된 영화

一朝一夕
일조일석
하루 아침과 하루 저녁이란 뜻으로, 짧은 시일을 이르는 말

一進一退
일진일퇴
한 번 앞으로 나아갔다 한 번 뒤로 물러섰다 함.

一觸卽發
일촉즉발
조금만 닿아도 곧 폭발할 것 같은 모양. 막 일이 일어날 듯하여 위험한 지경

日就月將
일취월장
날로 달로 나아감. 학문이 날로 달로 나아감.

一波萬波
일파만파
금새 사방으로 번져 나감.

一片丹心
일편단심
한 조각의 붉은 마음이라는 뜻으로, 진심에서 우러나오는 변치 아니하는 마음

一筆揮之
일필휘지
단숨에 그리거나 씀.

一喜一悲
일희일비
한편으로는 기뻐하고 한편으로는 슬퍼함. 또는 기쁨과 슬픔이 번갈아 일어남.

臨機應變
임기응변
그때그때 처한 사태에 맞추어 즉각 그 자리에서 결정하거나 처리함.

立身揚名
입신양명
출세하여 이름을 세상에 떨침.

自强不息
자강불식
스스로 힘써 행하여 쉬지 않음.

自激之心
자격지심
자기가 한 일에 대하여 스스로 미흡하게 여기는 마음

自給自足 자급자족
필요한 물자를 스스로 생산하여 충당함.

自問自答 자문자답
스스로 묻고 스스로 대답함.

子孫萬代 자손만대
오래도록 내려오는 여러 대

自手成家 자수성가
물려받은 재산이 없이 자기 혼자의 힘으로 집안을 일으키고 재산을 모음.

自業自得 자업자득
자기가 저지른 일의 결과를 자기가 받음.

自由自在 자유자재
거침없이 자기 마음대로 할 수 있음.

自中之亂 자중지란
같은 편끼리 하는 싸움

自初至終 자초지종
처음부터 끝까지의 과정

自暴自棄 자포자기
절망에 빠져 자신을 스스로 포기하고 돌아보지 아니함.

自畵自讚 자화자찬
자기가 그린 그림을 스스로 칭찬한다는 뜻으로, 자기가 한 일을 스스로 자랑함.

作心三日 작심삼일
단단히 먹은 마음이 사흘을 가지 못한다는 뜻으로, 결심이 굳지 못함을 이름.

張三李四 장삼이사
장씨 세 사람과 이씨 네 사람. 이름이나 신분이 특별하지 아니한 평범한 사람들

長幼有序 장유유서
어른과 어린이 사이에는 엄격한 차례가 있고 복종해야 할 질서가 있음.

赤手空拳 적수공권
맨손과 맨주먹이라는 뜻으로, 아무것도 가진 것이 없음을 이르는 말

適材適所 적재적소
알맞은 인재를 알맞은 자리에 씀.

電光石火 전광석화
번갯불이나 부싯돌의 불이 번쩍거리는 것과 같이 짧은 시간이나 재빠른 움직임

前代未聞 전대미문
이제까지 들어본 적이 없는 일

前途有望 전도유망
앞으로 잘 될 희망이 있음. 장래가 유망함.

前無後無 전무후무
전에도 없었고 앞으로도 없음.

全心全力 전심전력
온 마음과 온 힘

前人未踏 전인미답
이제까지 아무도 발을 들여놓거나 도달한 사람이 없음.

前程萬里 전정만리
앞길이 구만 리 같음.

轉禍爲福 전화위복
화가 바뀌어 복이 됨.

切齒腐心 절치부심
몹시 분하여 이를 갈면서 속을 썩임.

漸入佳境 점입가경
갈수록 재미있음.

朝令暮改 조령모개
아침에 명령을 내리고 저녁에 다시 고침.

朝變夕改
조변석개
아침 저녁으로 뜯어 고침.

鳥足之血
조족지혈
새 발의 피라는 뜻으로, 매우 적은 분량을 비유적으로 이르는 말

足脫不及
족탈불급
맨발로 뛰어도 따라가지 못한다. 능력, 역량, 재질 따위가 두드러져 도저히 다른 사람이 따라가지 못할 정도

存亡之秋
존망지추
존속과 멸망, 또는 생존과 사망이 결정되는 아주 절박한 경우나 시기

縱橫無盡
종횡무진
자유자재로 행동하여 거침이 없는 상태

坐不安席
좌불안석
앉아도 자리가 편안하지 않다. 마음이 불안하거나 걱정스러워서 한 군데에 가만히 앉아 있지 못하고 안절부절 못하는 모양

坐井觀天
좌정관천
우물에 앉아서 하늘을 본다. 견문이 좁음을 뜻함.

左之右之
좌지우지
이리저리 제 마음대로 휘두르거나 다룸.

左衝右突
좌충우돌
마구 찌르고 부딪침. 아무에게나 또는 아무 일에나 함부로 맞닥뜨림.

主客一體
주객일체
주체와 객체가 하나가 됨.

晝耕夜讀
주경야독
낮에는 밭을 갈고 밤에는 책을 읽음.

走馬看山
주마간산
수박 겉 핥기. 말을 타고 달리면서 산수를 본다. 바쁘게 대충 보며 지나감을 일컫는 말

柱石之臣
주석지신
주춧돌(주석)이 될 만한 신하

晝夜長川
주야장천
밤낮으로 쉬지 아니하고 연달음.

酒池肉林
주지육림
호화로운 술잔치

竹馬故友
죽마고우
어릴 때, 대나무말을 타고 놀며 같이 자란 친구

衆寡不敵
중과부적
적은 수로 많은 사람을 당하기 어려움.

衆口難防
중구난방
여러 사람의 말을 막기가 어려움.

指鹿爲馬
지록위마
윗사람을 속여 마음대로 함.

支離滅裂
지리멸렬
이리저리 흩어지고 찢기어 갈피를 잡을 수 없음.

地上天國
지상천국
하늘에서 찾을 것이 아니라 이 현실 사회에서 세워야 한다는 완전한 이상 세계

至誠感天
지성감천
정성이 지극하면 하늘도 감동함. 어떤 일을 정성껏 하면 좋은 결과를 맺음.

伯牙絕絃
백아절현
친한 친구의 죽음을 슬퍼함.

指呼之間
지호지간
손짓하여 부를 만한 가까운 거리

盡忠報國
진충보국
충성을 다하여 나라의 은혜를 갚음.

進退兩難
진퇴양난
앞으로 나아가기도 어렵고 뒤로 물러나기도 어려움.

進退維谷
진퇴유곡
앞으로 나아가도 뒤로 물러나도 골짜기만 있음. 어쩔 수 없는 궁지에 빠진 상태

此日彼日
차일피일
이날저날 미룸.

天高馬肥
천고마비
하늘이 높고 말이 살찐다는 뜻으로, 하늘이 맑고 모든 것이 풍성함을 이르는 말

千慮一得
천려일득
천 번을 생각하여 하나를 얻는다. 어리석은 사람이라도 많은 생각을 하면 그 과정에서 한 가지쯤은 좋은 것이 나올 수 있음.

千慮一失
천려일실
천 번 생각에 한 번 실수. 슬기로운 사람이라도 여러 가지 생각 가운데에는 잘못되는 것이 있을 수 있음.

千萬多幸
천만다행
아주 다행함.

天生緣分
천생연분
하늘이 정하여 준 연분

千辛萬苦
천신만고
천 가지 매운 것과 만 가지 쓴 것. 온갖 어려운 고비를 다 겪으며 심하게 고생함.

天壤之差
천양지차
하늘과 땅 사이와 같이 엄청난 차이

天人共怒
천인공노
하늘과 땅이 함께 분노한다는 뜻.

千載一遇
천재일우
절호의 기회

千差萬別
천차만별
여러 가지 사물이 모두 차이가 있고 구별이 있음.

千篇一律
천편일률
시문의 격조(格調)가 모두 비슷하여 특성이 없음. 여럿이 개별적 특성이 없이 모두 엇비슷함.

天下第一
천하제일
세상에 견줄 만한 것이 없이 최고임.

徹頭徹尾
철두철미
처음부터 끝까지 철저함.

青山流水
청산유수
산에 맑은 물이라는 뜻으로, 막힘없이 썩 잘 하는 말을 비유적으로 이르는 말

青天白日
청천백일
하늘이 맑게 갠 대낮. 맑은 하늘에 뜬 해

清風明月
청풍명월
맑은 바람과 밝은 달

初志一貫
초지일관
처음에 세운 뜻을 끝까지 밀고 나감.

寸鐵殺人
촌철살인
간단한 말로 핵심을 찔러 감동시킴.

秋風落葉
추풍낙엽
가을 바람에 떨어지는 나뭇잎. 어떤 형세나 세력이 갑자기 기울어지거나 헤어져 흩어지는 모양

出告反面
출곡반면
밖에 나갈 때 가는 곳을 반드시 아뢰고, 되돌아와서는 반드시 얼굴을 보여 드림.

取捨選擇
취사선택
여럿 가운데서 쓸 것은 쓰고 버릴 것은 버림.

醉生夢死
취생몽사
술에 취하여 자는 동안에 꾸는 꿈 속에 살고 죽는다. 한평생을 아무 하는 일 없이 흐리멍텅하게 살아감.

七去之惡
칠거지악
예전에, 아내를 내쫓을 수 있는 이유가 되었던 일곱 가지 허물

卓上空論
탁상공론
현실성이 없는 허황한 이론이나 논의

貪官汚吏 탐관오리
백성의 재물을 탐내어 빼앗는, 행실이 깨끗하지 못한 관리

泰山北斗 태산북두
존경받는 인물

太平聖代 태평성대
태평스런 시절

破廉恥漢 파렴치한
염치를 모르는 뻔뻔한 사람

破顔大笑 파안대소
매우 즐거운 표정으로 활짝 웃음

破竹之勢 파죽지세
대를 쪼개는 기세라는 뜻으로, 적을 거침없이 물리치고 쳐들어가는 기세

八道江山 팔도강산
팔도의 강산이라는 뜻으로, 우리 나라 전체의 강산을 이르는 말

八方美人 팔방미인
어느 모로 보나 아름다운 사람. 여러 방면에 능통한 사람을 비유적으로 이르는 말

敗家亡身 패가망신
집안의 재산을 다 써 없애고 몸을 망침.

平地突出 평지돌출
변변치 못한 집에서 인물이 나옴.

抱腹絶倒 포복절도
배를 끌어안고 넘어질 정도로 몹시 웃음.

表裏不同 표리부동
겉과 속이 다름.

風樹之嘆 풍수지탄
효도를 다하지 못하고 어버이를 여읜 자식의 슬픔을 비유한 말

風前燈火 풍전등화
바람 앞에 놓인 등불, 사물이 매우 위태로운 처지에 놓여 있음을 비유하는 말

皮骨相接 피골상접
살가죽과 뼈가 맞붙을 정도로 몹시 마름.

彼此一般 피차일반
두 편이 서로 같음.

匹夫之勇 필부지용
깊은 생각 없이 혈기만 믿고 함부로 부리는 소인의 용기

匹夫匹婦 필부필부
한 쌍의 지아비와 지어미

下石上臺 하석상대
아랫돌 빼서 윗돌 괴기. 임시 변통으로 이리저리 둘러맞춤을 이르는 말

鶴首苦待 학수고대
학의 목처럼 길게 늘여 고대함.

含憤蓄怨 함분축원
분하고 원통한 마음을 품음.

咸興差使 함흥차사
일을 보러 밖에 나간 사람이 오래도록 돌아오지 않을 때 하는 말

恒茶飯事 항다반사
항상 있어서 이상하거나 신통할 것이 없는 일

行方不明 행방불명
곳이나 방향을 모름.

虛禮虛飾 허례허식
예절, 법식 등을 겉으로만 번드레하게 하는 일

虛送歲月 허송세월
하는 일 없이 세월만 헛되이 보냄

虛張聲勢
허장성세
실속이 없으면서 허세만 떠벌림.

軒軒丈夫
헌헌장부
외모가 준수하고 풍채가 당당한 남자

賢母良妻
현모양처
어진 어머니이면서 착한 아내

螢雪之功
형설지공
갖은 고생을 하며 부지런히 학문을 닦아서 성공함.

螢窓雪案
형창설안
반딧불이 비치는 창과 눈(雪)이 비치는 책상. 어려운 가운데서도 학문에 힘씀.

形形色色
형형색색
형상과 빛깔 따위가 서로 다른 여러 가지

浩然之氣
호연지기
하늘과 땅 사이에 가득찬 넓고 큰 원기. 거침 없이 넓고 큰 기개

好衣好食
호의호식
좋은 옷을 입고 좋은 음식을 먹음.

胡蝶之夢
호접지몽
나비가 된 꿈. 물아(物我)의 구별을 잊음을 비유하는 말

昏定晨省
혼정신성
저녁에는 부모님의 잠자리를 정하고, 아침에는 부모님께서 안녕히 주무셨는지를 살핌.

弘益人間
홍익인간
널리 인간을 이롭게 함. 단군의 건국 이념

花蛇添足
화사첨족
불필요함. 사족

花容月態
화용월태
꽃같은 용모에 달같은 몸매

花朝月夕
화조월석
경치 좋은 시절, 즉 봄과 가을

回賓作主
회빈작주
주장하는 사람의 의견을 무시하고 자기 마음대로 함.

會者定離
회자정리
만난 자는 반드시 헤어짐. 모든 것이 무상함을 나타내는 말

後生可畏
후생가외
후배들이 선배들보다 훌륭하게 될 수 있는 가능성이 있어 두려운 존재가 될 수 있음.

厚顔無恥
후안무치
뻔뻔스러워 부끄러워할 줄 모름.

後悔莫及
후회막급
후회해도 도리 없음.

凶惡無道
흉악무도
성질이 거칠고 사나우며 도의심이 없음.

興亡盛衰
흥망성쇠
흥하고 망함과 성하고 쇠함.

興盡悲來
흥진비래
즐거운 일이 다하면 슬픈 일이 닥쳐온다. 세상 일은 순환되는 것임을 이르는 말

喜怒哀樂
희로애락
기쁨과 노여움과 슬픔과 즐거움

1 실전 모의고사(정답 및 해설)

정답

1 ②	2 ③	3 ①	4 ②	5 ②
6 ①	7 ①	8 ②	9 ④	10 ⑤
11 ⑤	12 ①	13 ④	14 ⑤	15 ④
16 ⑤	17 ①	18 ①	19 ③	20 ①
21 ②	22 ④	23 ⑤	24 ④	25 ⑤
26 ④	27 ②	28 ③	29 ④	30 ⑤
31 ②	32 ③	33 ①	34 ⑤	35 ①
36 ③	37 ⑤	38 ①	39 ④	40 ②
41 ①	42 ②	43 ④	44 ①	45 ②
46 ⑤	47 ②	48 ①	49 ③	50 ③
51 ②	52 ④	53 ①	54 ②	55 ③
56 ①	57 ④	58 ①	59 ③	60 ②
61 ③	62 ②	63 ④	64 ③	65 ①
66 ⑤	67 ③	68 ①	69 ②	70 ④
71 ⑤	72 ①	73 ⑤	74 ④	75 ②
76 ③	77 ③	78 ③	79 ①	80 ①
81 ⑤	82 ②	83 ③	84 ⑤	85 ④
86 ②	87 ①	88 ①	89 ③	90 ⑤
91 ④	92 ②	93 ①	94 ②	95 ④
96 ②	97 ①	98 ⑤	99 ②	100 ①
101 ②	102 ③	103 ②	104 ①	105 ⑤
106 ⑤	107 ②	108 ③	109 ④	110 ⑤
111 ②	112 ④	113 ①	114 ⑤	115 ②
116 ①	117 ⑤	118 ⑤	119 ①	120 ③

제1영역 漢字

1~2 다음 필순(筆順)에 대한 설명에 가장 알맞은 한자는 어느 것입니까?

1. 위에서 아래로 쓴다.

① 一(한 일) 一
❷ 言(말씀 언) 丶 亠 亠 亠 言 言 言
③ 以(써 이) 丨 レ レ 以 以
④ 川(내 천) 丿 川 川
⑤ 中(가운데 중) 丨 口 口 中

2. 가로획과 세로획이 교차할 때는 가로획을 먼저 쓴다.

① 二(두 이) 一 二
② 心(마음 심) 丶 心 心 心
❸ 十(열 십) 一 十
④ 江(강 강) 丶 氵 氵 汀 江 江
⑤ 亡(망할 망) 丶 亠 亡

3~4 다음 한자(漢字)의 획수(劃數)는 모두 몇 획입니까?

3. 求(구할 구) 氺(아래물수)부 2획 총7획
一 十 寸 才 求 求 求

4. 方(모 방) 方(모 방)부 0획 총4획
丶 亠 亠 方

5~6 다음 한자(漢字)의 부수(部首)는 무엇입니까?

5. 多(많을 다): 夕부 3획

① 又(또 우) ❷ 夕(저녁 석)
③ 丿(삐침 별) ④ 多(많을 다)
⑤ 口(입 구)

6. 寺(절 사): 寸부 3획

❶ 寸(마디 촌) ② 艹(초두머리)
③ 土(흙 토) ④ 亅(갈고리 궐)
⑤ 一(한 일)

7~8 다음 한자(漢字)와 그 조자(造字)의 방식이 같은 한자는 어느 것입니까?

7. 上(윗 상): 지사

❶ 下(아래 하) 지사　② 片(조각 편)
③ 品(물건 품)　④ 休(쉴 휴)
⑤ 木(나무 목)

8. 火(불 화) : 상형
① 理(다스릴 리)　❷ 月(달 월) 상형
③ 性(성품 성)　④ 美(아름다울 미)
⑤ 漁(고기잡을 어)

9~14 다음 한자(漢字)의 음(音)은 무엇입니까?

9. 虎(범 호)

10. 次(버금 차)

11. 勤(부지런할 근)

12. 聞(들을 문)

13. 觀(볼 관)

14. 患(근심 환)

15~19 다음의 음(音)을 가진 한자는 무엇입니까?

15. 대
① 交(사귈 교)　② 曲(굽을 곡)
③ 科(과목 과)　❹ 代(대신 대)
⑤ 烏(까마귀 오)

16. 한
① 革(가죽 혁)　② 解(풀 해)
③ 千(일천 천)　④ 初(처음 초)
❺ 限(한할 한)

17. 집
❶ 集(모을 집)　② 宅(집 택)
③ 賢(어질 현)　④ 會(모일 회)
⑤ 味(맛 미)

18. 가
❶ 街(거리 가)　② 難(어려울 난)
③ 來(올 래)　④ 里(마을 리)
⑤ 能(능할 능)

19. 금
① 弓(활 궁)　② 其(그 기)
❸ 禁(금할 금)　④ 斗(말 두)
⑤ 滿(찰 만)

20~24 다음 한자(漢字)와 음(音)이 같은 한자는 어느 것입니까?

20. 單(홑 단)
❶ 短(짧을 단)　② 德(큰 덕)
③ 半(반 반)　④ 授(줄 수)
⑤ 退(물러날 퇴)

21. 毛(터럭 모)
① 究(연구할 구)　❷ 母(어미 모)
③ 非(아닐 비)　④ 可(옳을 가)
⑤ 史(역사 사)

22. 傳(전할 전)
① 銀(은 은)　② 所(바 소)
③ 移(옮길 이)　❹ 典(법 전)
⑤ 別(다를 별)

23. 野(들 야)
① 算(셈할 산)　② 視(볼 시)
③ 定(정할 정)　④ 致(이를 치)
❺ 夜(밤 야)

24. 場(마당 장)
① 春(봄 춘)　② 判(판단할 판)
③ 片(조각 편)　❹ 將(장수 장)
⑤ 血(피 혈)

25~30 다음 한자(漢字)의 뜻은 무엇입니까?

25. 强(강할 강)

26. 加(더할 가)

27. 童(아이 동)

28. 害(해할 해)

29. 列(벌일 렬)

30. 湖(호수 호)

31~35 다음의 뜻을 가진 한자(漢字)는 무엇입니까?

31. 터
① 吉(길할 길)　❷ 基(터 기)
③ 官(벼슬 관)　④ 百(일백 백)
⑤ 唱(부를 창)

32. 세다
① 元(으뜸 원)　② 友(벗 우)
❸ 計(셀 계)　④ 才(재주 재)
⑤ 洗(씻을 세)

33. 무리
❶ 衆(무리 중)　② 姓(성 성)
③ 油(기름 유)　④ 船(배 선)
⑤ 素(본디 소)

34. 가게
① 宗(으뜸 종) ② 止(그칠 지)
③ 話(말씀 화) ④ 路(길 로)
❺ 店(가게 점)

35. 집
❶ 宙(집 주) ② 順(순할 순)
③ 實(열매 실) ④ 醫(의원 의)
⑤ 齒(이 치)

36~40 다음 한자(漢字)와 뜻이 비슷한 한자는 어느 것입니까?

36. 屋(집 옥)
① 志(뜻 지) ② 研(갈 연)
❸ 家(집 가) ④ 界(지경 계)
⑤ 備(갖출 비)

37. 爭(다툴 쟁)
① 每(매양 매) ② 陽(볕 양)
③ 弟(아우 제) ④ 表(겉 표)
❺ 競(다툴 경)

38. 權(권세 권)
❶ 勢(형세 세) ② 世(인간 세)
③ 玉(구슬 옥) ④ 陸(뭍 륙)
⑤ 力(힘 력)

39. 本(근본 본)
① 相(서로 상) ② 章(글 장)
③ 祖(할아비 조) ❹ 根(뿌리 근)
⑤ 祝(빌 축)

40. 達(통달할 달)
① 訪(찾을 방) ❷ 到(이를 도)
③ 自(스스로 자) ④ 夫(지아비 부)
⑤ 高(높을 고)

제2영역 語彙

41~45 다음 한자어(漢字語)와 발음(發音)이 같은 한자어는 어느 것입니까?

41. 改名(고칠 개, 이름 명): 이름을 고침
❶ 開明(열 개, 밝을 명): 사람의 지혜가 열리고 문화가 발달함
② 家計(집 가, 셀 계): 집안 살림을 꾸려나가는 방도나 형편
③ 君臣(임금 군, 신하 신): 임금과 신하
④ 各個(각각 각, 낱 개): 하나하나 낱낱
⑤ 發見(필 발, 볼 견): 알려지지 아니한 것을 찾아 냄

42. 決意(결단할 결, 뜻 의): 결정한 의지
① 頭角(머리 두, 뿔 각): 머리의 끝. 여럿 중에서 특히 뛰어난 학식이나 재능
❷ 結義(맺을 결, 옳을 의): 남남끼리 의리로 친족같은 관계를 맺음.
③ 時間(때 시, 사이 간): 어떤 시각에서 다른 시각까지의 동안
④ 慶祝(경사 경, 빌 축): 기쁘고 좋은 일을 축하함
⑤ 米飮(쌀 미, 마실 음): 쌀을 묽게 쑨 죽

43. 經路(지날 경, 길 로): 지나가는 길. 거쳐온 길
① 救急(구원할 구, 급할 급): 위급한 상황에 놓여있는 사람을 구하는 일
② 奉仕(받들 봉, 섬길 사): 남을 위하여 자신의 이해를 돌보지 않고 몸과 마음을 다하여 일함
③ 永遠(길 영, 멀 원): 계속하여 끝이 없음
❹ 敬老(공경할 경, 늙을 로): 노인을 공경함
⑤ 過失(지날 과, 잃을 실): 부주의로 저지른 잘못

44. 放免(놓을 방, 면할 면): 붙잡아 가두어 두었던 사람을 놓아줌
❶ 方面(모 방, 낯 면): 어떤 장소나 지역이 있는 방향
② 印朱(도장 인, 붉을 주): 도장을 찍는데 쓰는 붉은 빛의 재료
③ 哀惜(슬플 애, 아낄 석): 슬프고 아까움
④ 細密(가늘 세, 빽빽할 밀): 가늘고 조밀함
⑤ 扶持(도울 부, 가질 지): 어렵게 보존하거나 유지하여 나감

45. 乾燥(하늘(마를) 건, 마를 조): 습기나 물기가 없는 마른 상태
① 追擊(쫓을 추, 칠 격): 뒤쫓아 가며 공격함.
❷ 建造(세울 건, 지을 조): 건물이나 배 따위를 세우거나 만듦
③ 格調(격식 격, 고를 조): 사람의 품격과 취향
④ 敦篤(도타울 돈, 도타울 독): 인정이 두터움
⑤ 缺點(이지러질 결, 점 점): 잘못되거나 부족하여 완전하지 못한 점

46~47 다음 괄호 속 한자(漢字)의 음(音)이 다르게 발음 되는 것은 어느 것입니까?

46. ① (易)姓(바꿀 역, 성 성): 나라의 왕조가 바뀜

② (易)數(바꿀 역, 셈 수): 음양으로 길흉화복을 미리 아는 술법
③ 交(易)(사귈 교, 바꿀 역): 물건을 서로 파는 일
④ (易)學(바꿀 역, 배울 학): 주역의 괘를 해석하여 음양 변화의 원리와 이치를 연구하는 학문
❺ 平(易)(평평할 평, 쉬울 이): 까다롭지 않고 쉬움

47. ① 自(省)(스스로 자, 살필 성): 스스로 반성함
❷ (省)略(덜 생, 간략할 략): 한 부분을 덜어서 간략히 함
③ 反(省)(돌이킬 반, 살필 성): 자기 자신의 잘못을 스스로 돌이켜 살핌
④ (省)墓(살필 성, 무덤 묘): 조상의 산소를 찾아가서 돌봄
⑤ 內(省)(안 내, 살필 성): 자신을 돌이켜 살펴봄

48~57 다음 단어들의 '□'에 공통으로 들어갈 알맞은 한자(漢字)는 어느 것입니까?

48. □白(흰 백), □別(다를 별), 報(갚을(알릴) 보)□
❶ 告(고할 고) ② 陸(뭍 륙)
③ 仁(어질 인) ④ 法(법 법)
⑤ 良(어질 량)
* 告白(고백), 告別(고별), 報告(보고)

49. □難(어려울 난), □樂(즐길 락), □行(다닐 행)
① 勞(일할 로) ② 考(생각할 고)
❸ 苦(쓸 고) ④ 步(걸음 보)
⑤ 便(편할 편)
* 苦難(고난), 苦樂(고락), 苦行(고행)

50. 分(나눌 분)□, 內(안 내)□, 外(바깥 외)□
① 冷(찰 랭) ② 勉(힘쓸 면)
❸ 科(과목 과) ④ 務(힘쓸 무)
⑤ 有(있을 유)
* 分科(분과), 內科(내과), 外科(외과)

51. 夜(밤 야)□, □復(회복할 복), □體(몸 체)
① 留(머무를 류) ❷ 光(빛 광)
③ 談(말씀 담) ④ 界(지경 계)
⑤ 敗(패할 패)
* 夜光(야광), 光復(광복), 光體(광체)

52. □民(백성 민), □守(지킬 수), 市(시장 시)□
① 致(이를 치) ② 至(이를 지)
③ 列(벌일 렬) ❹ 郡(고을 군)
⑤ 料(헤아릴 료)
* 郡民(군민), 郡守(군수), 市郡(시군)

53. 女(계집 녀)□, □令(하여금 령), 青(푸를 청)□
❶ 軍(군사 군) ② 京(서울 경)
③ 農(농사 농) ④ 島(섬 도)
⑤ 表(겉 표)
* 女軍(여군), 軍令(군령), 青軍(청군)

54. □用(쓸 용), 感(느낄 감)□, 禮(예도 례(예))□
① 藝(재주 예) ❷ 服(옷 복)
③ 早(이를 조) ④ 製(지을 제)
⑤ 兩(두 량)
* 服用(복용) 感服(감복) 禮服(예복)

55. □室(집 실), □和(화할 화), □順(순할 순)
① 耳(귀 이) ② 右(오른쪽 우)
❸ 溫(따뜻할 온) ④ 位(자리 위)
⑤ 浴(목욕할 욕)
* 溫室(온실) 溫和(온화) 溫順(온순)

56. □絶(끊을 절), 厚(두터울 후)□, □罪(허물 죄)
❶ 謝(사례할 사) ② 浮(뜰 부)
③ 也(어조사 야) ④ 甚(심할 심)
⑤ 卯(토끼 묘)
* 謝絶(사절) 厚謝(후사) 謝罪(사죄)

57. 敍(펼 서)□, 著(나타날 저)□, 陳(베풀 진)□
① 賓(손 빈) ② 班(나눌 반)
③ 吏(관리 리) ❹ 述(펼 술)
⑤ 紫(자줏빛 자)
* 敍述(서술) 著述(저술) 陳述(진술)

58~65 다음 한자어(漢字語)와 뜻이 반대(反對)이거나 상대(相對)되는 한자어는 어느 것입니까?

58. 入學(들 입, 배울 학): 학교에 들어가 학생이 됨
❶ 卒業(마칠 졸, 일 업): 규정된 교과 또는 학과를 마침
② 視線(볼 시, 줄 선): 눈이 가는 방향
③ 故鄕(연고 고, 시골 향): 나서 자란 곳
④ 音聲(소리 음, 소리 성): 사람의 발음기관에서 나오는 소리
⑤ 血肉(피 혈, 고기 육): 피와 살, 자기 자식

59. 出生(날 출, 날 생): 세상에 태어남
① 財産(재물 재, 낳을 산): 소유한 재물
② 助長(도울 조, 길 장): 의도적으로 어떠한 경향이 더 심하여 지도록 북돋음
❸ 死亡(죽을 사, 망할 망): 사람이 죽음
④ 電熱(번개 전, 더울 열): 전류가 흐를 때 전기저항에 의하여 생기는 열
⑤ 末席(끝 말, 자리 석): 끝자리

60. 仙界(신선 선, 지경 계): 신선이 산다는 곳
① 養魚(기를 양, 고기 어): 물고기를 기름
❷ 俗世(풍속 속, 인간 세): 신앙의 세계에 대하여 이 세상을 일컫는 말
③ 弱小(약할 약, 작을 소): 약하고 작음
④ 先祖(먼저 선, 할아비 조): 먼 대의 조상
⑤ 恩惠(은혜 은, 은혜 혜): 베풀어 주는 혜택

61. 兒童(아이 아, 아이 동): 어린아이
① 政治(정사 정, 다스릴 치): 나라를 다스리는 일
② 取得(가질 취, 얻을 득): 자기의 소유로 만들거나 가짐
❸ 成人(이룰 성, 사람 인): 이미 성인 된 사람
④ 話題(말씀 화, 제목 제): 이야깃거리
⑤ 獨唱(홀로 독, 부를 창): 혼자 노래를 부름

62. 青松(푸를 청, 소나무 송): 푸른 소나무
① 寒流(찰 한, 흐를 류): 한 대 지방에서 적도 쪽으로 흐르는 찬 바닷물의 흐름
❷ 老松(늙을 로(노), 소나무 송): 늙은 소나무
③ 客愁(손 객, 근심 수): 객지에서 느끼는 쓸쓸함, 시름
④ 天壽(하늘 천, 목숨 수): 타고난 수명
⑤ 我執(나 아, 잡을 집): 자신만의 생각에 집착하여 타인의 의견이나 입장을 고려하지 않는 것

63. 尊待(높을 존, 기다릴 대): 존경하는 말투로 대함
① 賢淑(어질 현, 맑을 숙): 어질고 정숙함
② 純眞(순수할 순, 참 진): 마음이 순박하고 진실함
③ 乘馬(탈 승, 말 마): 말타기
❹ 下待(아래 하, 기다릴 대): 업신여기어 소홀히 대우함
⑤ 推仰(밀 추, 우러를 앙): 높이 받들어 우러러봄

64. 完熟(완전할 완, 익을 숙): 열매 따위가 무르익음
① 掠奪(노략질할 략(약), 빼앗을 탈): 폭력으로 빼앗음
② 糧穀(양식 량(양), 곡식 곡): 양식으로 쓰이는 곡식
❸ 未熟(아닐 미, 익을 숙): 열매 따위가 아직 익지 않음
④ 制御(지을(절제 할) 제, 거느릴 어): 상대편을 억눌러 마음대로 다룸
⑤ 脫營(벗을 탈, 경영할 영): 군인이 자기가 속한 병영에서 무단으로 빠져나와 도망함

65. 上昇(윗 상, 오를 승): 낮은 데서 위로 올라감
❶ 下降(아래 하, 내릴 강) : 밑으로 내려감
② 區域(구분할 구, 지경 역): 갈라놓은 지역
③ 誤譯(그르칠 오, 번역할 역): 잘못 번역함
④ 劣勢(못할 렬(열), 형세 세): 힘이나 형세 따위가 상대보다 떨어짐
⑤ 透映(사무칠 투, 비칠 영): 광선을 통과시켜 비침

66~70 다음 성어(成語)에서 '□'에 들어갈 알맞은 한자(漢字)는 어느 것입니까?

66. 決(결단할 결)死(죽을 사)□對(대할 대)
① 道(길 도) ② 到(이를 도)
③ 圖(그림 도) ④ 島(섬 도)
❺ 反(돌이킬 반)
決死反對(결사반대): 죽기를 각오하고 있는 힘을 다하여 반대함

67. 敎(가르칠 교)學(배울 학)相(서로 상)□
① 場(마당 장) ② 章(글 장)
❸ 長(길 장) ④ 再(두 재)
⑤ 田(밭 전)
敎學相長(교학상장): 가르치고 배우는 과정에서 스승과 제자가 함께 성장함

68. 結(맺을 결)草(풀 초)□恩(은혜 은)
❶ 報(갚을(알릴) 보) ② 保(지킬 보)
③ 本(근본 본) ④ 寺(절 사)
⑤ 洗(씻을 세)
結草報恩(결초보은): 죽은 뒤에라도 은혜를 잊지 않고 갚음

69. 公(공평할(공변될) 공)□正(바를 정)大(큰 대)
① 面(낯 면) ❷ 明(밝을 명)
③ 鳥(새 조) ④ 參(참여할 참)
⑤ 便(편할 편)
公明正大(공명정대): 하는 일이나 태도가 사사로움이나 그릇됨이 없이 아주 정당하고 떳떳함

70. □花(꽃 화)流(흐를 류(유))水(물 수)
① 令(하여금 령) ② 榮(영화 영)
③ 唱(부를 창) ❹ 落(떨어질 락(낙))
⑤ 宙(집 주)
落花流水(낙화유수): 떨어지는 꽃과 흐르는 물, 가는 봄의 경치를 이름

71~75 다음 성어(成語)의 뜻풀이로 적절한 것은 어느 것입니까?

71. 見(볼 견)利(이로울 리)思(생각 사)義(옳을 의)
見利思義(견리사의): 이익을 보면 의를 먼저 생각함

72. 花(꽃 화)朝(아침 조)月(달 월)夕(저녁 석)
花朝月夕(화조월석): 경치가 좋은 때

73. 語(말씀 어)不(아닐 불)成(이룰 성)說(말씀 설)

語不成說(어불성설): 말이 조금도 사리에 맞지 않는다.

74. 敬(공경 경)天(하늘 천)愛(사랑 애)人(사람 인)

敬天愛人(경천애인): 하늘을 숭배하고 인간을 사랑함

75. 多(많을 다)情(뜻 정)多(많을 다)感(느낄 감)

多情多感(다정다감): 정이 많고 감정이 풍부함

76~80 다음의 뜻을 가장 잘 나타낸 성어(成語)는 어느 것입니까?

76. 이리저리 오락가락하다.

① 竹(대 죽)馬(말 마)故(연고 고)友(벗 우)
竹馬故友(죽마고우): 대말을 타고 놀던 벗, 어릴 때부터 같이 놀며 자란 벗

② 一(한 일)字(글자 자)無(없을 무)識(알 식)
一字無識(일자무식): 글자를 한 자도 모를 정도로 무식함. 또는 그런 사람

❸ 右(오른쪽 우)往(갈 왕)左(왼 좌)往(갈 왕)
右往左往(우왕좌왕): 이리저리 왔다 갔다 하며 일이나 나아가는 방향을 종잡지 못함

④ 弱(약할 약)肉(고기 육)强(강할 강)食(밥(먹을) 식)
弱肉强食(약육강식): 약한 자가 강한 자에게 먹힌다, 강한 자가 약한 자를 희생시켜서 번영하거나, 약한 자가 강한 자에게 끝내는 멸망됨

⑤ 骨(뼈 골)肉(고기 육)相(서로 상)爭(다툴 쟁)
骨肉相爭(골육상쟁): 가까운 혈족끼리 서로 싸움

77. 이전에도 없었고 앞으로도 없음.

① 父(아비 부)子(아들 자)有(있을 유)親(친할 친)
父子有親(부자유친): 오륜(五倫)의 하나. 아버지와 아들 사이의 도리는 친애에 있음을 이름

② 以(써 이)心(마음 심)傳(전할 전)心(마음 심)
以心傳心(이심전심): 마음과 마음으로 서로 뜻이 통함

❸ 空(빌 공)前(앞 전)絶(끊을 절)後(뒤 후)
空前絶後(공전절후): 비교할만한 것이 이전에도 없었고 앞으로도 없음

④ 有(있을 유)口(입 구)無(없을 무)言(말씀 언)
有口無言(유구무언): 입은 있어도 말은 없다, 변명할 말이 없거나 변명을 못함

⑤ 父(아비 부)傳(전할 전)子(아들 자)傳(전할 전)
父傳子傳(부전자전): 아들의 성격이나 생활 습관 따위가 아버지로부터 대물림된 것처럼 같거나 비슷함.

78. 불을 보듯이 명백하다.

① 男(사내 남)女(계집 녀)老(늙을 로(노))少(적을 소)
男女老少(남녀노소): 남자와 여자, 늙은이와 젊은이, 모든 사람을 이름

② 北(북녘 북)斗(말 두)七(일곱 칠)星(별 성)
北斗七星(북두칠성): 큰곰자리에서 국자 모양을 이루며 가장 뚜렷하게 보이는 일곱 개의 별

❸ 明(밝을 명)若(같을 약)觀(볼 관)火(불 화)
明若觀火(명약관화): 불을 보듯 분명하고 뻔함

④ 能(능할 능)小(작을 소)能(능할 능)大(큰 대)
能小能大(능소능대): 모든 일에 두루 능함

⑤ 大(큰 대)明(밝을 명)天(하늘 천)地(땅 지)
大明天地(대명천지): 아주 환하게 밝은 세상.

79. 오래도록 내려오는 여러 대

❶ 代(대신 대)代(대신 대)孫(손자 손)孫(손자 손)
代代孫孫(대대손손): 오래도록 내려오는 여러 대

② 百(일백 백)萬(일만 만)長(길 장)者(놈 자)
百萬長者(백만장자): 재산이 매우 많은 사람. 또는 아주 큰 부자.

③ 不(아닐 불)勞(일할 로)所(바 소)得(얻을 득)
不勞所得(불로소득): 직접 일을 하지 아니하고 얻는 수익. 이자, 배당금, 지대(地代) 따위.

④ 三(석 삼)三(석 삼)五(다섯 오)五(다섯 오)
三三五五(삼삼오오): 서너 사람 또는 대여섯 사람이 떼를 지어 다니거나 무슨 일을 함. 또는 그런 모양.

⑤ 四(넉 사)面(낯 면)春(봄 춘)風(바람 풍)
四面春風(사면춘풍): 누구에게나 좋게 대하는 일

80. 같은 때나 시기에 많이 발생함

❶ 同(한가지 동)時(때 시)多(많을 다)發(필 발)
同時多發(동시다발): 같은 시기에 여러 가지가 발생함

② 單(홑 단)刀(칼 도)直(곧을 직)入(들 입)
單刀直入(단도직입): 혼자서 칼 한 자루를 들고 적진으로 곧장 쳐들어간다, 여러 말을 늘어놓지 아니하고 바로 요점이나 본문제를 중심적으로 말함

③ 別(다를 별)有(있을 유)天(하늘 천)地(땅 지)
別有天地(별유천지): 특별히 경치가 좋거나 분위기가 좋은 곳

④ 愛(사랑 애)國(나라 국)愛(사랑 애)族(겨레 족)
愛國愛族(애국애족): 나라와 자기 민족을 사랑하는 것.

⑤ 讀(읽을 독)書(글 서)三(석 삼)到(이를 도)
讀書三到(독서삼도): 독서를 하는 세 가지 방법. 입으로 다른 말을 아니 하고 책을 읽는 구도(口到), 눈으로 다른 것을 보지 않고 책만 잘 보는 안

도(眼到), 마음속에 깊이 새기는 심도(心到)

제3영역 讀解

81~86 다음 문장에서 한자어(漢字語)의 음(音)은 무엇입니까?

81. 민주주의의 특징은 나라의 일을 맡아볼 대표자를 選擧(가릴 선, 들 거)를(을) 통해 뽑는 일이다.

82. 廣告(넓을 광, 고할 고)를(을) 들을 때에는 그 정보가 정확한지, 허위와 과장은 없는지 판단하며 들어야 한다.

83. 수현이는 課外(공부할 과, 바깥 외)로 피아노를 배우고 있다.

84. 모든 사람은 平等(평평할 평, 무리 등)하다.

85. 연날리기는 사람들의 마음을 드높게 해 주는 오래된 民俗(백성 민, 풍속 속) 놀이의 하나이다.

86. 음성 언어는 소리의 속성 때문에 말하는 이와 듣는 이가 對面(대할 대, 낯 면)한 상태에서 사용된다.

87~92 다음 문장에서 밑줄 친 한자어(漢字語)의 뜻풀이로 적절한 것은 어느 것입니까?

87. 남의 말에 意見(뜻 의, 볼 견)을 같이하여 찬성하는 말을 할 때에 '맞장구치다' 라는 말을 쓴다.
* 어떤 일에 대한 생각

88. 피로를 回復(돌아올 회, 회복할 복)하기 위해서는 적당한 휴식과 충분한 영양 섭취, 수면, 목욕 등이 필요하다.
* 이전 상태로 돌리다

89. 낙동강 河口(물 하, 입 구)의 을숙도는 많은 철새들이 찾아드는 것으로 유명하다.
* 강의 어귀

90. 강화도는 한강 어귀에 있어 교통과 國防(나라 국, 막을 방)(으)로도 중요한 구실을 한다.
* 국가의 방비

91. 고종 황제는 네덜란드 헤이그에서 열린 만국 평화회의에 特使(특별할 특, 하여금(부릴) 사)를(을) 파견하여 일제의 침략을 세계 여러 나라에 알리고자 했다.
* 특별히 보내는 사자

92. 幸福(다행 행, 복 복)과 불행을 느낀다는 것은 우리가 살아 있는 생명체로서 감정을 가지고 있기 때문이다.
* 만족하여 불만이 없음

93~95 다음 문장에서 빈칸에 들어갈 가장 적절한 한자어(漢字語)는 어느 것입니까?

93. 친절한 사람은 이웃에게 □□과 용기를 불어넣어 준다.
❶ 希望(바랄 희, 바랄 망) 기대하여 바람
② 充滿(채울 충, 찰 만) 가득하게 참
③ 充望(채울 충, 바랄 망) * 한자어 아님
④ 希亡(바랄 희, 망할 망) * 한자어 아님
⑤ 念頭(생각 념(염), 머리 두): 마음속

94. 전시회를 관람을 하기 전에 □□ 책자를 읽으면, 작품에 대한 정보를 가질 수 있다.
① 安内(편안 안, 안 내) * 한자어 아님
❷ 案内(책상 안, 안 내): 인도하여 알려줌
③ 若内(같을 약, 안 내) * 한자어 아님
④ 安來(편안 안, 올 래) * 한자어 아님
⑤ 安住(편안 안, 살 주): 한곳에 자리를 잡고 편안히 삶

95. 박씨를 심자 얼마 후 싹이 나고, 박 넝쿨 이 흥부네 □□ 지붕을 덮었다.
① 草可(풀 초, 옳을 가) * 한자어 아님
② 初加(처음 초, 더할 가) * 한자어 아님
③ 草加(풀 초, 더할 가) * 한자어 아님
❹ 草家(풀 초, 집 가): 볏짚, 밀짚, 갈대 등으로 지붕을 이은 집
⑤ 村家(마을 촌, 집 가): 시골 마을에 있는 집

96~98 다음 문장에서 한자어(漢字語)의 한자 표기(漢字表記)가 바르지 않은 것은 어느 것입니까?

96. 온라인 ① 生活(날 생, 살 활) 상황에서는 ❷自新(스스로 자, 새 신)과 ③ 相對(서로 상, 대할 대)의 모습이 드러나지 않기 때문에 바람직하지 못한 ④言語(말씀 언, 말씀 어)가 마구 ⑤ 使用(하여금 사, 쓸 용)되기도 한다.
* 自新 → 自身(스스로 자, 몸 신)

97. 직지는 2001년 9월 4일, '유네스코 세계 기록 유산' 으로 ❶ 善定(착할 선, 정할 정)되어 ② 現存(나타날 현, 있을 존)하는 금속 ③ 活字本(살 활, 글자 자, 근본 본) 가운데 ④ 世界(인간 세, 지경 계)에서 ⑤ 最古(가장 최, 예 고) 임을 인정받았다.

* 善定 → 選定(가릴 선, 정할 정)

98. ① 自身(스스로 자, 몸 신)의 ② 貴重(귀할 귀, 무거울 중)함을 알고, 자신이 하는 일에 보람을 느끼며, 자신의 ③ 能力(능할 능, 힘 력)과 ④ 素質(본디 소, 바탕 질)에 따라 맡겨진 일을 ❺ 姓實(성 성, 열매 실)히 해야 한다.

* 姓實 → 誠實(정성 성, 열매 실)

99~101 다음 문장에서 밑줄 친 단어(單語)를 한자(漢字)로 바르게 쓴 것은 어느 것입니까?

99. 시원하게 뚫린 도로 옆으로 파란 이파리를 흔드는 가로수들이 한결 싱그러워 보였다.
① 價路(값 가, 길 로)
❷ 街路(거리 가, 길 로)
③ 街勞(거리 가, 일할 로)
④ 歌路(노래 가, 길 로)
⑤ 價勞(값 가, 일할 로)

100. 농구에서는 수비를 피해 자기 편 선수에게 공을 연결해 주는 것이 중요하다.
❶ 守備(지킬 수, 갖출 비)
② 水飛(물 수, 날 비)
③ 首比(머리 수, 견줄 비)
④ 修比(닦을 수, 견줄 비)
⑤ 修備(닦을 수, 갖출 비)

101. 오늘날에는 우리들의 일상 생활에 필요한 물건의 매매가 거의 시장을 통해서 이루어지고 있다.
① 市長(시장 시, 길 장)
❷ 市場(시장 시, 마당 장)
③ 詩場(시 시, 마당 장)
④ 詩章(시 시, 글 장)
⑤ 事由(일 사, 말미암을 유)

102~104 다음 문장에서 밑줄 친 단어(單語)나 어구(語句)의 뜻을 가장 잘 나타낸 한자(漢字) 또는 한자어(漢字語)는 어느 것입니까?

102. 보통 때 텔레비전을 보시지 않던 할머니께서 북한의 이산 가족 방문단이 온 날부터는 매일 텔레비전을 보십니다.
① 平生(평평할 평, 날 생)
② 特別(특별할 특, 다를 별)
❸ 平素(평평할 평, 본디 소)
④ 平少(평평할 평, 적을 소)
⑤ 特少(특별할 특, 적을 소)

103. 소녀가 다가가자 놀란 암탉은 병아리들을 몰고 달아나기 시작하였어요.
① 接線(접할 접, 줄 선)
❷ 接近(접할 접, 가까울 근)
③ 接木(접할 접, 나무 목)
④ 接對(접할 접, 대할 대)
⑤ 間接(사이 간, 접할 접)

104. 사람들은 멋있고 아름다운 우표를 만들기 위하여 노력합니다.
❶ 製作(지을 제, 지을 작)
② 題作(제목 제, 지을 작)
③ 第作(차례 제, 지을 작)
④ 弟作(아우 제, 지을 작)
⑤ 造作(지을 조, 지을 작)

105~107 다음 글을 읽고 물음에 답하시오.

105. ㉠'수집'의 '집'과 같은 한자를 사용한 한자는?
① 淸風(맑을 청, 바람 풍)
② 最後(가장 최, 뒤 후)
③ 共助(함께 공, 도울 조)
④ 移住(옮길 이, 살 주)
❺ 雲集(구름 운, 모을 집)

106. ㉡'발표'와 ㉢'필요'의 한자 표기를 바르게 짝지은 것은?
① 發表(필 발, 겉 표)−受要(받을 수, 요긴할 요)
② 發便(필 발, 편할 편) − 主要(주인 주, 요긴할 요)
③ 發見(필 발, 볼 견) − 重要(무거울 중, 요긴할 요)
④ 發明(필 발, 밝을 명)−必要(반드시 필, 요긴할 요)
❺ 發表(필 발, 겉 표) − 必要(반드시 필, 요긴할 요)

107. ㉣音樂(소리 음, 음악 악)의 독음으로 바른 것은?
① 안락 ❷ 음악
③ 편안 ④ 음향
⑤ 음성

108~110 다음 글을 읽고 물음에 답하시오.

108. ㉠'해마다'의 한자 표기가 바른 것을 고르시오.
① 往年(갈 왕, 해 년)
② 今年(이제 금, 해 년)
❸ 每年(매양 매, 해 년)
④ 來年(올 래(내), 해 년)
⑤ 後年(뒤 후, 해 년)

109. ㉡'지냈다'의 문맥상의 뜻을 가장 잘 나타낸 것을 고르시오.
① 行事(다닐 행, 일 사)
② 擧事(들 거, 일 사)

③ 進行(나아갈 진, 다닐 행)
❹ 擧行(들 거, 다닐 행)
⑤ 先行(먼저 선, 다닐 행)

110. ㉢~㉦(직접, 백성, 농사, 흉년, 은혜) 중에서 한자 표기가 바르지 않은 것은?
① 直接(곧을 직, 접할 접)
② 百姓(일백 백, 성 성)
③ 農事(농사 농, 일 사)
④ 凶年(흉할 흉, 해 년)
❺ 因惠(인할 인, 은혜 혜)
* 因惠 → 恩惠(은혜 은, 은혜 혜)

111~115 다음 글을 읽고 물음에 답하시오.

111. ㉠'침략'과 ㉡'기습'의 한자 표기가 바른 것은?
① 針略(바늘 침, 간략할 략) – 寄習(부칠 기, 익힐 습)
❷ 侵略(침노할 침, 간략할 략) – 奇襲(기이할 기, 엄습할 습)
③ 沈掠(잠길 침, 노략질할 략) – 奇習(기이할 기, 익힐 습)
④ 寢掠(잘 침, 노략질할 략) – 氣習(기운 기, 익힐 습)
⑤ 侵掠(침노할 침, 노략질할 략) – 旣習(이미 기, 익힐 습)

112. ㉢~㉦(전쟁, 일제, 민족, 고통, 강요)의 한자 표기가 바르지 않은 것은?
① ㉢ 戰爭(싸움 전, 다툴 쟁)
② ㉣日帝(날 일, 임금 제)
③ ㉤ 民族(백성 민, 겨레 족)
❹ ㉥ 姑痛(시어미 고, 아플 통)
⑤ ㉦ 强要(강할 강, 요긴할 요)
* 姑痛(시어미 고, 아플 통) → 苦痛(쓸 고, 아플 통)

113. ㉧'군수'의 한자 표기가 바른 것을 고르시오.
❶ 軍需(군사 군, 쓰일 수)
② 郡守(고을 군, 지킬 수)
③ 軍輸(군사 군, 보낼 수)
④ 軍隨(군사 군, 따를 수)
⑤ 郡輸(고을 군, 보낼 수)

114. ㉨~㉬(物資, 生産, 基地, 資源, 食糧)의 독음이 바른 것은?
① ㉨ 物資(물건 물, 재물 자)–물주
② ㉩ 生産(날 생, 낳을 산)–생성
③ ㉪ 基地(터 기, 땅 지)–진지
④ ㉫ 資源(재물 자, 근원 원)–지원
❺ ㉬ 食糧(먹을 식, 양식 량)–식량

115. ㉭'약탈'의 한자 표기가 바른 것은?
① 略奪(간략할 략(약), 빼앗을 탈)
❷ 掠奪(노략질할 략(약), 빼앗을 탈)
③ 略脫(간략할 략(약), 벗을 탈)
④ 掠脫(노략질할 략(약), 벗을 탈)
⑤ 躍奪(뛸 약, 빼앗을 탈)

116~120 다음 글을 읽고 물음에 답하시오.

116. ㉠'어느 정도'의 뜻을 가장 잘 나타낸 것은?
❶ 多少(많을 다, 적을 소)
② 誰何(누구 수, 어찌 하)
③ 大小(큰 대, 작을 소)
④ 月給(달 월, 줄 급)
⑤ 假令(거짓 가, 하여금 령)

117. ㉡'허용'의 한자 표기가 바른 것은?
① 虛容(빌 허, 얼굴 용)
② 許用(허락 허, 쓸 용)
③ 祝賀(빌 축, 하례할 하)
④ 虛用(빌 허, 쓸 용)
❺ 許容(허락 허, 얼굴 용)

118. ㉢~㉦(공식적, 인정, 원칙, 사용, 제한)의 한자 표기가 바르지 않은 것은?
① ㉢ 公式的(공평할(공변될) 공, 법 식, 과녁 적)
② ㉣ 認定(알 인, 정할 정)
③ ㉤ 原則(언덕 원, 법칙 칙)
④ ㉥ 使用(하여금(부릴) 사, 쓸 용)
❺ ㉦ 制恨(지을(절제할) 제, 한 한)
* 制恨 → 制限(지을(절제할) 제, 한할 한)

119. ㉧'형태'의 '형'자와 같은 한자를 사용한 한자어는?
❶ 圓形(둥글 원, 형상 형)
② 刑事(형벌 형, 일 사)
③ 喜悲(기쁠 희, 슬플 비)
④ 朋友(벗 붕, 벗 우)
⑤ 兄弟(형 형, 아우 제)

120. ㉨'상관'의 한자 표기가 바른 것은?
① 相觀(서로 상, 볼 관)
② 常關(항상(떳떳할) 상, 관계할 관)
❸ 相關(서로 상, 관계할 관)
④ 喪觀(잃을 상, 볼 관)
⑤ 相官(서로 상, 벼슬 관)

2 실전 모의고사(정답 및 해설)

정답

1	⑤	2	②	3	③	4	②	5	①
6	③	7	②	8	③	9	⑤	10	④
11	①	12	②	13	⑤	14	②	15	①
16	⑤	17	③	18	⑤	19	②	20	④
21	②	22	③	23	⑤	24	③	25	④
26	⑤	27	②	28	③	29	⑤	30	③
31	⑤	32	③	33	②	34	⑤	35	③
36	⑤	37	①	38	③	39	④	40	⑤
41	②	42	③	43	③	44	④	45	②
46	②	47	②	48	②	49	①	50	②
51	④	52	③	53	②	54	①	55	①
56	②	57	③	58	③	59	②	60	④
61	④	62	①	63	④	64	③	65	③
66	①	67	②	68	②	69	⑤	70	④
71	①	72	③	73	③	74	⑤	75	④
76	③	77	②	78	③	79	①	80	②
81	①	82	②	83	②	84	⑤	85	①
86	③	87	②	88	③	89	④	90	④
91	①	92	⑤	93	⑤	94	④	95	①
96	②	97	①	98	①	99	③	100	①
101	④	102	①	103	④	104	③	105	④
106	⑤	107	⑤	108	①	109	②	110	①
111	⑤	112	③	113	④	114	⑤	115	④
116	④	117	②	118	④	119	③	120	③

제1영역 漢字

1~2 다음 필순(筆順)에 대한 설명에 가장 알맞은 한자는 어느 것입니까?

1. 위에서 아래로 쓴다.

① 服(옷 복) 丿 刀 月 月 月 肌 服

② 勝(이길 승) 丿 刀 月 月 月 月 月 月 月 胅 勝 勝

③ 仙(신선 선) 丿 亻 仆 仙 仙

④ 短(짧을 단) 丿 𠂉 ⺈ 午 矢 矢 矢 知 知 短 短 短

❺ 案(책상 안) 丶 丶 宀 安 安 安 安 案 案 案

2. 오른쪽 위의 점은 나중에 찍는다.

① 堂(집 당) 丨 丨 丨 丷 尚 尚 尚 尚 堂 堂 堂

❷ 式(법 식) 一 二 二 工 式 式

③ 拜(절 배) 丿 二 三 手 手 手 手 手 拜

④ 番(차례 번) 一 丶 丷 平 平 釆 釆 釆 番 番 番 番

⑤ 習(익힐 습) 丁 丁 习 习 羽 羽 羽 習 習 習 習

3~4 다음 한자(漢字)의 획수(劃數)는 모두 몇 획입니까?

3. 郡(고을 군) 阝=邑(고을 읍)부 7획 총10획

ㄱ ㅋ ㅋ 尹 尹 君 君 君 君 郡

4. 勉(힘쓸 면) 力(힘 력)부 7획 총 9획

丿 ⺈ ⺈ 각 각 争 免 免 勉

5~6 다음 한자(漢字)의 부수(部首)는 무엇입니까?

5. 開(열 개): 門부 4획

❶ 門(문 문)　② 才(재주 재)

③ 干(방패 간)　④ 日(날 일)

⑤ 犬(개 견)

6. 決(결단할 결): 水(氵)부 4획

① 古(예 고)　② 木(나무 목)

❸ 水(물 수)　④ 土(흙 토)

⑤ 口(입 구)

7~8 다음 한자(漢字)와 그 조자(造字)의 방식이 같은 한자는 어느 것입니까?

7. 魚(고기 어): 상형

① 順(순할 순)　❷ 雨(비 우) 상형

③ 列(벌일 렬)　④ 逆(거스릴 역)

⑤ 加(더할 가)

8. 鳥(새 조): 상형
① 園(동산 원) ② 戰(싸움 전)
❸ 足(발 족) 상형 ④ 移(옮길 이)
⑤ 例(법식 례)

9~14 다음 한자(漢字)의 음(音)은 무엇입니까?

9. 察 (살필 찰)

10. 唱 (부를 창)

11. 統 (거느릴 통)

12, 血 (피 혈)

13. 效 (본받을 효)

14. 希 (바랄 희)

15~19 다음의 음(音)을 가진 한자는 어느 것입니까?

15. 구
❶ 究(연구할 구) ② 近(가까울 근)
③ 廣(넓을 광) ④ 去(갈 거)
⑤ 洞(골 동)

16. 두
① 半(반 반) ② 價(값 가)
③ 分(나눌 분) ④ 奉(받들 봉)
❺ 頭(머리 두)

17. 빙
① 色(빛 색) ② 每(매양 매)
❸ 氷(얼음 빙) ④ 都(도읍 도)
⑤ 鮮(고울 선)

18. 시
① 冷(찰 랭) ② 算(셈할 산)
③ 章(글 장) ④ 育(기를 육)
❺ 施(베풀 시)

19. 복
① 寸(마디 촌) ❷ 福(복 복)
③ 的(과녁 적) ④ 位(자리 위)
⑤ 榮(영화 영)

20~24 다음 한자(漢字)와 음(音)이 같은 한자는 어느 것입니까?

20. 島(섬 도)
① 由(말미암을 유) ② 勞(일할 로)
③ 路(길 로) ❹ 度(법도 도)
⑤ 烏(까마귀 오)

21. 使(하여금 사)
① 滿(찰 만) ❷ 思(생각 사)
③ 西(서녘 서) ④ 考(생각할 고)
⑤ 勇(날랠 용)

22. 歲(해 세)
① 受(받을 수) ② 始(비로소 시)
❸ 洗(씻을 세) ④ 根(뿌리 근)
⑤ 句(글귀 구)

23. 舞(춤출 무)
① 元(으뜸 원) ② 約(약속할 약)
③ 住(살 주) ④ 夏(여름 하)
❺ 務(힘쓸 무)

24. 情(뜻 정)
① 貝(조개 패) ② 次(버금 차)
❸ 庭(뜰 정) ④ 支(지탱할 지)
⑤ 充(채울 충)

25~30 다음 한자(漢字)의 뜻은 무엇입니까?

25. 增(더할 증)

26. 竹(대 죽)

27. 直(곧을 직)

28. 秋(가을 추)

29. 取(가질 취)

30. 應(응할 응)

31~35 다음의 뜻을 가진 한자(漢字)는 어느 것입니까?

31. 가죽
① 黃(누를 황) ② 千(일천 천)
③ 患(근심 환) ④ 限(한할 한)
❺ 皮(가죽 피)

32. 접하다
① 表(겉 표) ② 快(쾌할 쾌)
❸ 接(접할 접) ④ 豊(풍성할 풍)
⑤ 弟(아우 제)

33. 빌다
① 養(기를 양) ❷ 祝(빌 축)
③ 因(인할 인) ④ 助(도울 조)
⑤ 外(바깥 외)

34. 하늘

① 易(바꿀 역) ② 慶(경사 경)
③ 基(터 기) ④ 千(일천 천)
❺ 天(하늘 천)

35. 어렵다
① 神(귀신 신) ② 實(열매 실)
❸ 難(어려울 난) ④ 席(자리 석)
⑤ 起(일어날 기)

36~40 다음 한자(漢字)와 뜻이 비슷한 한자는 어느 것입니까?

36. 話(말씀 화)
① 不(아닐 불) ② 師(스승 사)
③ 溫(따뜻할 온) ④ 左(왼 좌)
❺ 談(말씀 담)

37. 經(지날 경)
❶ 過(지날 과) ② 退(물러날 퇴)
③ 片(조각 편) ④ 香(향기 향)
⑤ 村(마을 촌)

38. 圖(그림 도)
① 火(불 화) ② 號(이름 호)
❸ 畵(그림 화) ④ 仙(신선 선)
⑤ 孫(손자 손)

39. 兵(병사 병)
① 婦(며느리 부) ② 亡(망할 망)
③ 德(큰 덕) ❹ 卒(마칠(병졸) 졸)
⑤ 固(굳을 고)

40. 守(지킬 수)
① 光(빛 광) ② 男(사내 남)
③ 責(꾸짖을 책) ④ 湖(호수 호)
❺ 保(지킬 보)

제2영역 語 彙

41~45 다음 한자어(漢字語)와 발음(發音)이 같은 한자어는 어느 것입니까?

41. 代身(대신 대, 몸 신): 다른 것으로 먼저 것을 바꿔 채움. 남의 일을 대행함.
① 對答(대할 대, 대답 답): 묻는 말에 자기의 뜻을 나타냄.
❷ 大臣(큰 대, 신하 신): 조선 때에 정승을 달리 이르던 말.
③ 達成(통달할 달, 이룰 성): 뜻한 바를 이룸.
④ 對談(대할 대, 말씀 담): 두 사람 또는 여러 사람이 어떤 일에 대하여 서로 의견을 주고받음.
⑤ 務實(힘쓸 무, 열매 실): 참되도록 힘씀

42. 力士(힘 력(역), 선비 사): 뛰어나게 힘이 센 사람.
① 法律(법 법, 법칙 률): 국민이 지켜야 할 법의 규율
② 陸地(뭍 륙(육), 땅 지): 물에 잠기지 않은 땅덩이
❸ 歷史(지날 력(역), 역사 사): 인간 사회가 거쳐온 변천의 모습, 또는 그 기록
④ 料理(헤아릴 료(요), 다스릴 리): 맛있는 음식을 만드는 일
⑤ 所聞(바 소, 들을 문): 들려오는 떠도는 말

43. 禮意(예도 례(예), 뜻 의): 경의를 표하는 마음
① 木馬(나무 목, 말 마): 나무로 만든 장난감 말
② 名馬(이름 명, 말 마): 이름난 말, 훌륭한 말
❸ 禮義(예도 례(예), 옳을 의): 예절과 의리
④ 禮節(예도 례(예), 마디 절): 예의와 절도, 예의범절
⑤ 部曲(떼 부, 굽을 곡): 신라에서 고려시대까지 있던 특수말단행정구역

44. 喪家(잃을 상, 집 가): 사람이 죽어 장례를 치르는 집
① 聲價(소리 성, 값 가): 좋은 평판, 이름 값
② 尙古(높일(오히려) 상, 예 고): 옛날의 문물이나 사상, 제도 등을 귀하게 여김
③ 史家(역사 사, 집 가): 역사가의 준말
❹ 商街(장사 상, 거리 가): 상점이 늘어서 있는 거리
⑤ 遺産(남길 유, 낳을 산): 사후에 남겨놓은 재산

45. 加擊(더할 가, 칠 격): 때리거나 침
① 歌曲(노래 가, 굽을 곡): 시가 등을 가사로 한 성악곡
❷ 價格(값 가, 격식 격): 물건의 값
③ 攻擊(칠 공, 칠 격): 나아가 적을 침
④ 可恐(옳을 가, 두려울 공): 두려워 할 만함
⑤ 大蓋(큰 대, 덮을 개): 일의 원칙으로 말하건대

46~47 다음 괄호 속 한자(漢字)의 음(音)이 다르게 발음되는 것은 어느 것 입니까?

46. ① 發(車)(필 발, 수레 차): 자동차, 기차, 전동차 따위가 떠남.
❷ 人力(車)(사람 인, 힘 력, 수레 거): 사람의 힘으로 끄는 수레.
③馬(車)(말 마, 수레 차): 말이 끄는 수레.
④下(車)(아래 하, 수레 차): 차에서 내림.
⑤ 客(車)(손 객, 수레 차): 여객을 태우는 찻간.

47. ① 回(復)(돌아올 회, 회복할 복): 이전의 상태로 돌아옴.

❷ (復)活(다시 부, 살 활): 다시 살아남.
③ (復)職(회복할 복, 직분 직): 다시 본디의 자리로 돌아옴.
④ (復)舊(회복할 복, 예 구): 예전의 상태로 회복함.
⑤ (復)元(회복할 복, 으뜸 원): 원래대로 회복함

48~57 다음 단어들의'□'에 공통으로 들어갈 알맞은 한자(漢字)는 어느 것입니까?

48. □門(문 문), □族(겨레 족), 作(지을 작)□
① 早(이를 조) ❷ 家(집 가)
③ 晝(낮 주) ④ 後(뒤 후)
⑤ 日(날 일)
* 家門(가문), 家族(가족), 作家(작가)

49. □感(느낄 감), 共(함께 공)□, □行(다닐 행)
❶ 同(한가지 동) ② 注(부을 주)
③ 動(움직일 동) ④ 孝(효도 효)
⑤ 年(해 년)
* 同感(동감), 共同(공동), 同行(동행)

50. 防(막을 방)□, □品(물건 품), 對(대할 대)□
① 令(하여금 령) ❷ 備(갖출 비)
③ 賞(상줄 상) ④ 志(뜻 지)
⑤ 事(일 사)
* 防備(방비), 備品(비품), 對備(대비)

51. □食(밥(먹을) 식), 朝(아침 조)□, 協(화합할 협)□
① 夕(저녁 석) ② 力(힘 력)
③ 禁(금할 금) ❹ 會(모일 회)
⑤ 終(마칠 종)
* 會食(회식), 朝會(조회), 協會(협회)

52. □能(능할 능), 天(하늘 천)□, □致(이를 치)
① 宗(으뜸 종) ② 材(재목 재)
❸ 才(재주 재) ④ 走(달릴 주)
⑤ 每(매양 매)
* 才能(재능), 天才(천재), 才致(재치)

53. □由(말미암을 유), □律(법칙 률), □主(주인 주)
① 他(다를 타) ❷ 自(스스로 자)
③ 船(배 선) ④ 序(차례 서)
⑤ 力(힘 력)
* 自由(자유), 自律(자율), 自主(자주)

54. 調(고를 조)□, □合(합할 합), □解(풀 해)
❶ 和(화할 화) ② 讀(읽을 독)
③ 理(다스릴 리) ④ 貯(쌓을 저)
⑤ 外(바깥 외)
* 調和(조화), 和合(화합), 和解(화해)

55. □國(나라 국), □人(사람 인), 友(벗 우)□
❶ 愛(사랑 애) ② 韓(한국 한)
③ 情(뜻 정) ④ 婦(며느리 부)
⑤ 至(이를지)
* 愛國(애국), 愛人(애인), 友愛(우애)

56. □婚(혼인할 혼), □産(낳을 산), 打(칠 타)□
① 權(권세 권) ❷ 破(깨뜨릴 파)
③ 生(날 생) ④ 席(자리 석)
⑤ 停(머무를 정)
* 破婚(파혼), 破産(파산), 打破(타파)

57. □罪(허물 죄), 侵(침노할 침)□, 初(처음 초)□
① 第(차례 제) ② 入(들 입)
❸ 犯(범할 범) ④ 級(등급 급)
⑤ 徵(부를 징)
* 犯罪(범죄), 侵犯(침범), 初犯(초범)

58~65 다음 한자어(漢字語)와 뜻이 반대(反對)이거나 상대(相對)되는 한자어는 어느 것입니까?

58. 理性(다스릴 리(이), 성품 성): 사물의 이치를 논리적으로 생각하는 마음의 작용.
① 性品(성품 성, 물건 품): 사람의 됨됨이.
② 合理(합할 합, 다스릴 리): 이치에 맞음
❸ 感性(느낄 감, 성품 성): 느낌을 받아들이는 성질
④ 知性(알지, 성품 성): 사물을 알고 판단하는 능력
⑤ 角木(뿔 각, 나무 목): 네모지게 켠 나무

59. 成功(이룰 성, 공 공): 뜻을 이룸
① 出世(날 출, 인간 세): 사회적으로 높이 되거나 유명해짐
❷ 失敗(잃을 실, 패할 패): 일이 뜻한 바대로 되지 못함.
③ 立身(설 립(입), 몸 신): 사회적으로 인정을 받고 높이 됨
④ 成果(이룰 성, 실과 과): 이루어 내거나 이루어진 결과
⑤ 流失(흐를 류(유), 잃을 실): 물에 떠내려가 없어짐

60. 溫水(따뜻할 온, 물 수): 따뜻한 물
① 惡手(악할 악, 손 수): 장기나 바둑에서 잘못 놓은 나쁜 수
② 高手(높을 고, 손 수): 수가 높음, 또는 그 사람
③ 重水(무거울 중, 물 수): 중수소와 산소로 된, 보통의 물보다 분자량이 큰 물
❹ 冷水(찰 랭(냉), 물 수): 차가운 물
⑤ 加重(더할 가, 무거울 중): 더 무겁게 함

61. 對話(대할 대, 말씀 화): 서로 마주 대하여 이야기함
① 談話(말씀 담, 말씀 화): 공적인 사람이나 단체가 어떤 문제에 대한 태도, 입장을 밝히는 말
② 無言(없을 무, 말씀 언): 말이 없음
③ 論爭(논할 론(논), 다툴 쟁): 말이나 글로 서로의 의견을 주장하며 다툼
❹ 獨白(홀로 독, 흰 백): 혼자서 중얼거림
⑤ 藝能(재주 예, 능할 능): 연극, 영화, 음악 등 예술에 관한 기예

62. 過去(지날 과, 갈 거): 지나간 때
❶ 未來(아닐 미, 올 래): 아직 다가오지 않은 때
② 現在(나타날 현, 있을 재): 이제, 지금
③ 經過(지날 경, 지날 과): 시간이 지나감
④ 到來(이를 도, 올 래): 이름, 닥쳐옴
⑤ 減少(덜 감, 적을 소): 덜어서 적게 함

63. 別居(다를(나눌) 별, 거할 거): 따로 삶
① 居住(거할 거, 살 주): 일정한 곳에 자리를 잡고 머물러 삶
② 作別(지을 작, 다를(나눌) 별): 서로 헤어짐
③ 流失(흐를 류(유), 잃을 실): 물에 떠내려가 없어짐
❹ 同居(한가지 동, 거할 거): 한 집에 같이 삶
⑤ 賢命(어질 현, 목숨 명): 윗사람을 높이어 그의 명령을 이르는 말

64. 傑作(뛰어날 걸, 지을 작): 매우 뛰어난 작품
① 大作(큰 대, 지을 작): 내용이 방대하고 규모가 큰 작품
② 作品(지을 작, 물건 품): 만든 물건
❸ 拙作(옹졸할 졸, 지을 작): 자기의 작품을 겸손히 이르는 말, 보잘것없는 작품
④ 名作(이름 명, 지을 작): 뛰어난 작품
⑤ 特殊(특별할 특, 다를 수): 특별히 다름

65. 急行(급할 급, 다닐 행): 급히 감
① 速行(빠를 속, 다닐 행): 빨리 감
② 行人(다닐 행, 사람 인): 지나가는 사람
❸ 緩行(느릴 완, 다닐 행): 느리게 감
④ 步行(걸음 보, 다닐 행): 걸어가는 일
⑤ 普通(넓을 보, 통할 통): 특별하지 아니하고 평범함

66~70 다음 성어(成語)에서 '□'에 들어갈 알맞은 한자(漢字)는 어느 것입니까?

66. □前(앞 전)成(이룰 성)市(시장 시)
❶ 門(문 문) ② 交(사귈 교)
③ 大(큰 대) ④ 死(죽을 사)
⑤ 聞(들을 문)
門前成市(문전성시): 찾아오는 사람이 많아 집 문 앞이 시장을 이루다시피 함

67. 一(한 일)口(입 구)□言(말씀 언)
① 一(한 일) ❷ 二(두 이)
③ 三(석 삼) ④ 再(두 재)
⑤ 利(이로울 리)
一口二言(일구이언): 한 입으로 두 말을 한다, 한 가지 일에 대하여 말을 이랬다저랬다 함

68. 自(스스로 자)□自(스스로 자)大(큰 대)
① 南(남녘 남) ❷ 高(높을 고)
③ 刀(칼 도) ④ 容(얼굴 용)
⑤ 帝(임금 제)
自高自大(자고자대): 스스로 자기를 치켜세우며 잘난 체하고 교만함

69. 名(이름 명)山(메 산)大(큰 대)□
① 務(힘쓸 무) ② 序(차례 서)
③ 舞(춤출 무) ④ 案(책상 안)
❺ 川(내 천)
名山大川(명산대천): 이름난 산과 큰 내

70. 北(북녘 북)□三(석 삼)友(벗 우)
① 石(돌 석) ② 快(쾌할 쾌)
③ 號(이름 호) ❹ 窓(창 창)
⑤ 打(칠 타)
北窓三友(북창삼우): 거문고, 술, 시(詩)를 아울러 이르는 말.

71~75 다음 성어(成語)의 뜻풀이로 적절한 것은 어느 것입니까?

71. 東(동녘 동)西(서녘 서)南(남녘 남)北(북녘 북)
東西南北(동서남북): 온 방향

72. 一(한 일)擧(들 거)兩(두 량(양))得(얻을 득)
一擧兩得(일거양득): 한 가지 일을 하여 두 가지 이익을 얻는다.

73. 難(어려울 난)兄(형 형)難(어려울 난)弟(아우 제)
難兄難弟(난형난제): 두 사물이 비슷하여 낫고 못함을 정하기 어렵다.

74. 同(한가지 동)姓(성 성)同(한가지 동)本(근본 본)
同姓同本(동성동본): 성과 본이 모두 같다.

75. 萬(일만 만)里(마을 리)長(길 장)天(하늘 천)
萬里長天(만리장천): 아득히 높고 먼 하늘

76~80 다음의 뜻을 가장 잘 나타낸 성어(成語)는 어느 것입니까?

76. 매우 많은 것 가운데 극히 적은 수
① 萬(일만 만)不(아닐 불)失(잃을 실)一(한 일)
萬不失一(만불실일): 조금도 과실이나 틀림이 없음
② 立(설 립(입))春(봄 춘)大(큰 대)吉(길할 길)
立春大吉(입춘대길): 입춘을 맞이하여 길운을 기원하며 벽이나 문짝 따위에 써 붙이는 글귀
❸ 九(아홉 구)牛(소 우)一(한 일)毛(터럭 모)
九牛一毛(구우일모): 아홉 마리의 소 가운데 박힌 하나의 털, 매우 많은 것 가운데 극히 적은 수를 이름
④ 不(아닐 불)立(설 립)文(글월 문)字(글자 자)
不立文字(불립문자): 불도의 깨달음은 마음에서 마음으로 전하는 것이므로 말이나 글에 의지하지 않는다는 말.
⑤ 萬(일만 만)古(예 고)不(아닐 불)變(변할 변)
萬古不變(만고불변): 아주 오랜 세월 동안 변하지 아니함.

77. 쉬운 지식을 배워 어려운 이치를 깨닫는다.
① 九(아홉 구)死(죽을 사)一(한 일)生(날 생)
九死一生(구사일생): 아홉 번 죽을 뻔하다 한 번 살아난다, 죽을 고비를 여러 차례 넘기고 겨우 살아남
❷ 下(아래 하)學(배울 학)上(윗 상)達(통달할 달)
下學上達(하학상달): 아래를 배워 위에 도달한다, 쉬운 지식을 배워 어려운 이치를 깨달음을 이름
③ 今(이제 금)時(때 시)初(처음 초)聞(들을 문)
今時初聞(금시초문): 바로 지금 처음으로 들음.
④ 三(석 삼)日(날 일)天(하늘 천)下(아래 하)
三日天下(삼일천하): 어떤 지위에 발탁·기용되었다가 며칠 못 가서 떨어지는 일을 비유
⑤ 無(없을 무)不(아닐 불)通(통할 통)知(알지)
無不通知(무불통지): 무슨 일이든지 환히 통하여 모르는 것이 없음

78. 먼 앞날까지 미리 내다보고 세우는 크고 중요한 계획
① 三(석 삼)人(사람 인)成(이룰 성)虎(범 호)
三人成虎(삼인성호): 세 사람이 짜면 거리에 범이 나왔다는 거짓말도 꾸밀 수 있다, 근거 없는 말이라도 여러 사람이 말하면 곧이듣게 됨
② 不(아닐 불)遠(멀 원)千(일천 천)里(마을 리)
不遠千里(불원천리): 천 리 길도 멀다고 여기지 않음
❸ 百(일백 백)年(해 년)大(큰 대)計(셀 계)
百年大計(백년대계): 먼 앞날까지 미리 내다보고 세우는 크고 중요한 계획
④ 不(아닐 불(부))知(알 지)其(그 기)數(셈 수)
不知其數(부지기수): 헤아릴 수가 없을 만큼 많음. 또는 그렇게 많은 수효.
⑤ 言(말씀 언)行(다닐 행)一(한 일)致(이를 치)
言行一致(언행일치): 말과 행동이 하나로 들어맞음. 또는 말한 대로 실행함

79. 싸울 때마다 계속하여 이김
❶ 連(이을 련(연))戰(싸움 전)連(이을 련(연))勝(이길 승)
連戰連勝(연전연승): 싸울 때마다 계속하여 이김
② 四(넉 사)方(모 방)八(여덟 팔)方(모 방)
四方八方(사방팔방): 여기저기 모든 방향이나 방면
③ 凶(흉할 흉)惡(악할 악)無(없을 무)道(길 도)
凶惡無道(흉악무도): 성질이 거칠고 사나우며 도의심이 없음
④ 白(흰 백)衣(옷 의)民(백성 민)族(겨레 족)
白衣民族(백의민족): 흰옷을 입은 민족, '한민족'을 이르는 말. 예로부터 우리 민족이 흰옷을 즐겨 입은 데서 유래
⑤ 千(일천 천)萬(일만 만)多(많을 다)幸(다행 행)
千萬多幸(천만다행): 아주 다행함

80. 살빛이 희고 고결하여 신선과 같은 풍채
① 百(일백 백)戰(싸움 전)百(일백 백)勝(이길 승)
百戰百勝(백전백승): 싸울 때마다 다 이김
❷ 玉(구슬 옥)骨(뼈 골)仙(신선 선)風(바람 풍)
玉骨仙風(옥골선풍): 살빛이 희고 고결하여 신선과 같은 풍채
③ 淸(맑을 청)風(바람 풍)明(밝을 명)月(달 월)
淸風明月(청풍명월): 맑은 바람과 밝은 달.
④ 人(사람 인)命(목숨 명)在(있을 재)天(하늘 천)
人命在天(인명재천): 사람의 목숨은 하늘에 달려 있다, 목숨의 길고 짧음은 사람의 힘으로 어쩔 수 없음
⑤ 全(온전할 전)心(마음 심)全(온전할 전)力(힘 력)
全心全力(전심전력): 온 마음과 온 힘을 한곳에 모아 씀.

제3영역 讀解

81~86 다음 문장에서 한자어(漢字語)의 음(音)은 무엇입니까?

81. 국민 의례로 국기에 대한 경례와 愛國歌(사랑 애, 나라 국, 노래 가) 제창을 하였다.

82. 즉석 음식이나 加工(더할 가, 장인 공) 식품을 즐겨 먹다 보면 편리한 것만 찾게 되고, 성격이 조급해지

기 쉽다.

83. 독도에는 갈매기들이 섬 전체가 하얗도록 알을 낳고, 各種(각각 각, 씨 종) 새들이 둥지를 틀고 새끼를 기른다.

84. 동해안은 여름철의 수온이 황해나 남해보다 낮아 해수욕을 즐길 수 있는 期間(기약할 기, 사이 간)이 짧다.

85. 상대에 따라 적절한 말을 쓰지 않으면 예의에 어긋날 뿐만 아니라, 듣는 사람의 感情(느낄 감, 뜻 정)을 상하게 할 수도 있다.

86. 모든 사람은 다 高貴(높을 고, 귀할 귀)한 존엄성을 지니고 있으므로 사람을 차별하거나 괴롭히면 안 된다.

87~92 다음 문장에서 밑줄 친 한자어(漢字語)의 뜻풀이로 적절한 것은 어느 것입니까?

87. 시간을 잘 활용하는 사람만이 成功(이룰 성, 공 공)할 수 있다.
* 뜻을 이루다.

88. 능력을 최대로 발휘할 수 있는 기회를 公平(공평할 공, 평평할 평)하게 주는 것이 평등이다.
* 한쪽에 치우치지 않고 공정하다.

89. 보다 크고 좋은 집을 가지고 싶어하는 것이 사람들의 共通(함께 공, 통할 통)된 마음이다.
* 여럿 사이에 두루 통용되거나 관계되다.

90. '아니 땐 굴뚝에 연기 날까'라는 속담은 원인이 있어야 結果(맺을 결, 실과 과)(이)가 생긴다는 뜻이다.
* 결말의 상태

91. 씨름은 먼 옛날부터 행하여 오던 우리의 固有(굳을 고, 있을 유)한 민족 경기의 하나이다.
* 본디부터 있는 특별한

92. 복지 사회는 국민들 스스로 그런 사회를 만들고자 하는 의욕을 가질 때 可能(옳을 가, 능할 능)할 수 있다.
* 할 수 있음

93~95 다음 문장에서 빈칸에 들어갈 가장 적절한 한자어(漢字語)는 어느 것입니까?

93. 우리 겨레의 가장 큰 □□은(는) 통일된 국가를 이룩하는 일이다.
① 科業(과목 과, 일 업): 과거를 보는데 필요한 학업
② 過業(지날 과, 일 업) * 한자어 아님
③ 過題(지날 과, 제목 제) * 한자어 아님
④ 官業(벼슬 관, 일 업): 관영사업
❺ 課題(공부할 과, 제목 제): 처리하거나 해결해야 할 문제

94. 책을 읽으면 즐거움이나 □□, 지식, 정보 등을 얻을 수 있으므로, 독서는 매우 중요하다.
① 交訓(사귈 교, 가르칠 훈) * 한자어 아님
② 谷效(골 곡, 본받을 효) * 한자어 아님
③ 校訓(학교 교, 가르칠 훈): 학교의 교육이념을 간단히 표현한 말
❹ 敎訓(가르칠 교, 가르칠 훈): 가르치고 깨우침
⑤ 校效(학교 교, 본받을 효) * 한자어 아님

95. 국민의 □□가 받아들여지는 것이 민주 정치의 특징이다.
❶ 要求(요긴할 요, 구할 구): 필요하여 달라고 함
② 浴九(목욕할 욕, 아홉 구) * 한자어 아님
③ 要句(요긴할 요, 글귀 구) * 한자어 아님
④ 要救(요긴할 요, 구원할 구) * 한자어 아님
⑤ 浴救(목욕할 욕, 구원할 구) * 한자어 아님

96~98 다음 문장에서 한자어(漢字語)의 한자 표기(漢字表記)가 바르지 않은 것은 어느 것입니까?

96. ① 安全(편안 안, 온전할 전) 보장 ❷ 里事會(마을 리, 일 사, 모일 회)는 국제분쟁을 ③ 解決(풀 해, 결단할 결)하여 ④ 世界(인간 세, 지경 계)의 ⑤ 平和(평평할 평, 화할 화)와 안전을 지키기 위한 일을 한다.
*里事會 → 理事會(다스릴 리, 일 사, 모일 회)

97. 청나라는 명나라를 무너뜨리기 위하여 ❶ 祖鮮(할아비 조, 고울 선)에 ② 大量(큰 대, 헤아릴 량)의 ③ 兵士(병사 병, 선비 사)와 공물을 계속 요청하였고, 청나라와 조선의 관계를 ④ 兄弟(형 형, 아우 제)의 관계에서 ⑤ 君臣(임금 군, 신하 신)의 관계로 바꿀 것을 요구하였다.
* 祖鮮 → 朝鮮(아침 조, 고울 선)

98. ❶ 共算(함께 공, 셈할 산) ② 主義(주인 주, 옳을 의) 사회에서는 ③ 個人(낱 개, 사람 인)이 ④ 財產(재물 재, 낳을 산)을 가지는 것이 ⑤ 禁止(금할 금, 그칠 지)되어 있다.
* 共算 → 共產(함께 공, 낳을 산)

99~101 다음 문장에서 밑줄 친 단어(單語)를 한자(漢字)로 바르게 쓴 것은 어느 것입니까?

99. 연주가 끝나자 수많은 청중들이 기립하여 박수 갈채를 보냈다.
① 氣立(기운기, 설 립)
② 技立(재주 기, 설 립)
❸ 起立(일어날 기, 설 립)
④ 己立(몸 기, 설 립)
⑤ 記立(기록할 기, 설 립)

100. 농악은 모내기, 김매기 등의 고된 일을 할 때에, 그리고 단오, 추석 같은 명절에도 행해진다.
❶ 農樂(농사 농, 음악 악)
② 農藥(농사 농, 약 약)
③ 農惡(농사 농, 악할 악)
④ 農落(농사 농, 떨어질 락)
⑤ 農要(농사 농, 요긴할 요)

101. 친구 사이에 나누는 명랑한 인사는 다정한 마음의 표현이다.
① 多精(많을 다, 정할 정)
② 多正(많을 다, 바를 정)
③ 多政(많을 다, 정사 정)
❹ 多情(많을 다, 뜻 정)
⑤ 多定(많을 다, 정할 정)

102~104 다음 문장에서 밑줄 친 단어(單語)나 어구(語句)의 뜻을 가장 잘 나타낸 한자(漢字) 또는 한자어(漢字語)는 어느 것입니까?

102. 겨울철을 알이나 애벌레로 보낸 곤충들은 보통 늦은 봄이나 여름이 되면 성충이 되어 활동한다.
❶ 冬季(겨울 동, 계절 계)
② 立冬(설 립(입), 겨울 동)
③ 冬至(겨울 동, 이를 지)
④ 三冬(석 삼, 겨울 동)
⑤ 秋冬(가을 추, 겨울 동)

103. 장승은 마을 어귀에 세워 두었는데, 마을로 들어오는 잡귀 등을 몰아내기 위해서이다.
① 童口(아이 동, 입 구)
② 同口(한가지 동, 입 구)
③ 東口(동녘 동, 입 구)
❹ 洞口(골 동, 입 구)
⑤ 入口(들 입, 입 구)

104. 악어가 먹이를 잡을 때는 물에서 바위처럼 위장하고 있다가 먹이가 나타나면 번개처럼 낚아챈다.
① 登章(오를 등, 글 장)
② 登長(오를 등, 길 장)
❸ 登場(오를 등, 마당 장)
④ 等場(무리 등, 마당 장)
⑤ 等長(무리 등, 길 장)

105~110 다음 글을 읽고 물음에 답하시오.

105. ㉠'인간'의 '간'과 같은 한자를 사용한 한자어는?
① 頭角(머리 두, 뿔 각)
② 得道(얻을 득, 길 도)
③ 季節(계절 계, 마디 절)
❹ 間者(사이 간, 놈 자)
⑤ 滿月(찰 만, 달 월)

106. ㉡'특별'과 ㉢'감정'의 한자표기를 바르게 짝지은 것은?
① 退去(물러날 퇴, 갈 거) − 感情(느낄 감, 뜻 정)
② 特別(특별할 특, 다를 별) − 感定(느낄 감, 정할 정)
③ 退去(물러날 퇴, 갈 거) − 感定(느낄 감, 정할 정)
④ 特去(특별할 특, 갈 거) − 感情(느낄 감, 뜻 정)
❺ 特別(특별할 특, 다를 별) − 感情(느낄 감, 뜻 정)

107. ㉣~㉧(일정, 반응, 해방, 동물, 친밀)의 한자 표기가 바르지 않은 것은?
① ㉣ 一定(한 일, 정할 정)
② ㉤ 反應(돌이킬 반, 응할 응)
③ ㉥ 解放(풀 해, 놓을 방)
④ ㉦ 動物(움직일 동, 물건 물)
❺ ㉧ 致密(이를 치, 빽빽할 밀)
* 致密 → 親密(친할 친, 빽빽할 밀)

108. ㉨'표정'과 ㉩'표현'에 공통으로 쓰인 한자와 같은 한자를 사용한 것은?
❶ 表示(겉 표, 보일 시)
② 判例(판단할 판, 법식 례)
③ 片紙(조각 편, 종이 지)
④ 皮下(가죽 피, 아래 하)
⑤ 貝物(조개 패, 물건 물)

109. ㉪'능률'의 '능'과 같은 한자를 사용한 한자는?
① 留保(머무를 류(유), 지킬 보)
❷ 能事(능할 능, 일 사)
③ 令愛(하여금 령(영), 사랑 애)
④ 良書(어질 량(양), 글 서)
⑤ 度量(법도 도, 헤아릴 량)

110. ㉫'현대'에서 '대'의 부수로 바른 것은?
❶ 人(사람 인) ② 戈(창 과)
③ 一(한 일) ④ 丶(점 주)
⑤ 十(열 십)

111~115 다음 글을 읽고 물음에 답하시오.

111. ㉠'모두'와 ㉢'우물'의 뜻을 나타낸 것끼리 짝지어 진 것은?
① 甲(갑옷 갑) – 幾(몇 기)
② 乃(이에 내) – 勿(말 물)
③ 丙(남녘 병) – 惜(아낄 석)
④ 于(어조사 우) – 只(다만 지)
❺ 皆(다 개) – 井(우물 정)

112. ㉡'원통형'의 '원'과 같은 한자를 사용한 한자어는?
① 遠路(멀 원, 길 로)
② 願望(원할 원, 바랄 망)
❸ 圓熟(둥글 원, 익을 숙)
④ 原典(언덕 원, 법 전)
⑤ 怨恨(원망할 원, 한 한)

113. ㉥'윗부분'의 뜻을 나타낸 한자어는?
① 陸橋(뭍 륙(육), 다리 교)
② 困苦(곤할 곤, 쓸 고)
③ 當代(마땅할 당, 대신 대)
❹ 上部(윗 상, 떼 부)
⑤ 崇尙(높을 숭, 높일(오히려) 상)

114. ㉦'열고 닫을'의 뜻을 나타낸 한자어는?
① 樹木(나무 수, 나무 목)
② 申告(펼 신, 고할 고)
③ 暗記(어두울 암, 기록할 기)
④ 幼兒(어릴 유, 아이 아)
❺ 開閉(열 개, 닫을 폐)

115. ㉣~㉩(시설, 추정, 길흉, 판단, 견고) 중에서 한자 표기가 바르지 않은 것은?
① ㉣ 施設(베풀 시, 베풀 설)
② ㉤ 推定(밀 추, 정할 정)
③ ㉧ 吉凶(길할 길, 흉할 흉)
❹ ㉨ 判端(판단할 판, 끝 단)
⑤ ㉩ 堅固(굳을 견, 굳을 고)
* 判端 → 判斷(판단할 판, 끊을 단)

116~120 다음 글을 읽고 물음에 답하시오.

116. ㉠'繁盛(번성할 번, 성할 성)'의 독음이 바른 것은?
① 창성 ② 흥성
③ 형성 ❹ 번성
⑤ 홍성

117. ㉡'공룡'의 한자 표기가 바른 것은?
① 恭龍(공손할 공, 용 룡)
❷ 恐龍(두려울 공, 용 룡)
③ 共龍(함께 공, 용룡)
④ 孔龍(구멍 공, 용 룡)
⑤ 供庸(이바지할 공, 떳떳할 용)

118. ㉢~㉦(정의, 영국, 모양, 공격, 인상) 중 한자 표기가 바르지 않은 것은?
① ㉢ 定義(정할 정, 옳을 의)
② ㉣ 英國(꽃부리 영, 나라 국)
③ ㉤ 模樣(본뜰 모, 모양 양)
❹ ㉥ 貢擊(바칠 공, 칠 격)
⑤ ㉦ 印象(도장 인, 코끼리 상)
* 貢擊 → 攻擊(칠 공, 칠 격)

119. ㉧'지진'의 '진'과 같은 한자를 사용한 것은?
① 辰銅(별 진, 구리 동)
② 振動(떨칠 진, 움직일 동)
❸ 震動(진동할(우레) 진, 움직일 동)
④ 陳凍(베풀 진, 얼 동)
⑤ 珍重(보배 진, 무거울 중)

120. ㉨~㉬(실제, 종류, 상상, 화석, 계속) 중 한자 표기가 바르지 않은 것은?
① ㉨ 實際(열매 실, 즈음 제)
② ㉩ 種類(씨 종, 무리 류)
❸ ㉪ 想象(생각 상, 코끼리 상)
④ ㉫ 化石(될 화, 돌 석)
⑤ ㉬ 繼續(이을 계, 이을 속)
* 想象 → 想像(생각 상, 형상 상)

3 실전 모의고사(정답 및 해설)

정답

1 ③	2 ②	3 ③	4 ①	5 ②
6 ①	7 ①	8 ③	9 ①	10 ⑤
11 ④	12 ⑤	13 ①	14 ②	15 ④
16 ②	17 ①	18 ⑤	19 ②	20 ②
21 ③	22 ①	23 ⑤	24 ②	25 ③
26 ③	27 ④	28 ④	29 ⑤	30 ③
31 ③	32 ②	33 ④	34 ③	35 ①
36 ②	37 ④	38 ⑤	39 ①	40 ③
41 ②	42 ②	43 ②	44 ②	45 ②
46 ①	47 ①	48 ①	49 ①	50 ①
51 ④	52 ②	53 ③	54 ①	55 ②
56 ③	57 ①	58 ②	59 ④	60 ①
61 ③	62 ①	63 ②	64 ①	65 ③
66 ②	67 ④	68 ①	69 ①	70 ②
71 ③	72 ④	73 ③	74 ④	75 ⑤
76 ①	77 ④	78 ①	79 ②	80 ⑤
81 ⑤	82 ①	83 ④	84 ③	85 ①
86 ③	87 ④	88 ②	89 ⑤	90 ②
91 ①	92 ④	93 ④	94 ②	95 ②
96 ②	97 ①	98 ③	99 ②	100 ①
101 ③	102 ③	103 ④	104 ①	105 ②
106 ⑤	107 ③	108 ②	109 ⑤	110 ④
111 ③	112 ⑤	113 ②	114 ⑤	115 ③
116 ④	117 ②	118 ④	119 ⑤	120 ①

제1영역 漢字

1~2 다음 필순(筆順)에 대한 설명에 가장 알맞은 한자는 어느 것입니까?

1. 빼침과 파임이 만날 때에는 빼침을 먼저 쓴다.

① 千 (일천 천) ˊ 二 千
② 次 (버금 차) ` 冫 冫 次 次 次
❸ 人 (사람 인) 丿 人
④ 才 (재주 재) 一 十 才
⑤ 土 (흙 토) 一 十 土

2. 안과 바깥쪽이 있을 때에는 바깥쪽을 먼저 쓴다.

① 責 (꾸짖을 책) 一 二 龶 龶 龶 青 青 青 青 責 責
❷ 內 (안 내) 丨 冂 内 內
③ 太 (클 태) 一 ナ 大 太
④ 邑 (고을 읍) 丨 冂 口 吕 吕 吕 邑
⑤ 羊 (양 양) 丶 丷 䒑 兰 兰 羊

3~4 다음 한자(漢字)의 획수(劃數)는 모두 몇 획입니까?

3. 拜 (절 배) 手(손 수)부 5획 총 9획
ˊ 二 三 手 手 手 手 拜 拜

4. 北 (북녘 북) 匕(비수 비)부 3획 총5획
丨 丬 丬 北 北

5~6 다음 한자(漢字)의 부수(部首)는 무엇입니까?

5. 吉(길할 길): 口부 3획

① 吉(길할 길) ❷ 口(입 구)
③ 士(선비 사) ④ 一(한 일)
⑤ 大(큰 대)

6. 貴(귀할 귀): 貝부 5획

❶ 貝(조개 패) ② 中(가운데 중)
③ 亅(갈고리 궐) ④ 口(입 구)
⑤ 八(여덟 팔)

7~8 다음 한자(漢字)와 그 조자(造字)의 방식이 같은 한자는 어느 것입니까?

7. 石(돌 석): 상형

❶ 牛(소 우) 상형 ② 位(자리 위)

③ 個(낱 개) ④ 意(뜻 의)
⑤ 廣(넓을 광)

8. 休(쉴 휴): 회의
① 感(느낄 감) ② 二(두 이)
❸ 孝(효도 효) 회의 ④ 鳥(새 조)
⑤ 本(근본 본)

9~14 다음 한자(漢字)의 음(音)은 무엇입니까?

9. 鄕(시골 향)

10. 近(가까울 근)

11. 季(계절 계)

12. 谷(골 곡)

13. 郡(고을 군)

14. 勤(부지런한 근)

15~19 다음의 음(音)을 가진 한자는 어느 것입니까?

15. 능
① 洞(골 동) ② 毛(터럭 모)
③ 多(많을 다) ❹ 能(능할 능)
⑤ 變(변할 변)

16. 보
① 復(회복할 복, 다시 부) ❷ 保(지킬 보)
③ 問(물을 문) ④ 民(백성 민)
⑤ 命(목숨 명)

17. 석
❶ 席(자리 석) ② 卵(알 란)
③ 使(하여금 사) ④ 賞(상줄 상)
⑤ 期(기약할 기)

18. 서
① 說(말씀 설) ② 時(때 시)
③ 識(알 식) ④ 失(잃을 실)
❺ 序(차례 서)

19. 은
① 屋(집 옥) ❷ 銀(은 은)
③ 製(지을 제) ④ 種(씨 종)
⑤ 淸(맑을 청)

20~24 다음 한자(漢字)와 음(音)이 같은 한자는 어느 것입니까?

20. 慶(경사 경)
① 戰(싸움 전) ❷ 競(다툴 경)
③ 致(이를 치) ④ 養(기를 양)
⑤ 北(북녘 북)

21. 科(과목 과)
① 植(심을 식) ② 貯(쌓을 저)
❸ 課(공부할 과) ④ 草(풀 초)
⑤ 罪(허물 죄)

22. 俗(풍속 속)
❶ 速(빠를 속) ② 則(법칙 칙)
③ 着(붙을 착) ④ 安(편안 안)
⑤ 婚(혼인할 혼)

23. 陽(볕 양)
① 運(옮길 운) ② 爲(할 위)
③ 將(장수 장) ④ 王(임금 왕)
❺ 洋(큰바다 양)

24. 語(말씀 어)
① 革(가죽 혁) ❷ 漁(고기 잡을 어)
③ 河(물 하) ④ 追(쫓을 추)
⑤ 藝(재주 예)

25~30 다음 한자(漢字)의 뜻은 무엇입니까?

25. 調(고를 조)

26. 傳(전할 전)

27. 參(참여할 참)

28. 向(향할 향)

29. 皇(임금 황)

30. 止(그칠 지)

31~35 다음의 뜻을 가진 한자(漢字)는 어느 것입니까?

31. 말씀
① 堂(집 당) ② 頭(머리 두)
❸ 談(말씀 담) ④ 綠(푸를 록)
⑤ 衣(옷 의)

32. 겨울
① 母(어미 모) ❷ 冬(겨울 동)
③ 木(나무 목) ④ 萬(일만 만)
⑤ 重(무거울 중)

33. 기름
① 殺(죽일 살) ② 夕(저녁 석)
③ 世(인간 세) ❹ 油(기름 유)
⑤ 要(요긴할 요)

34. 쏘다
① 言(말씀 언) ② 至(이를 지)
❸ 射(쏠 사) ④ 望(바랄 망)
⑤ 絕(끊을 절)

35. 별
❶ 星(별 성) ② 新(새 신)
③ 小(작을 소) ④ 收(거둘 수)
⑤ 反(돌이킬 반)

36~40 다음 한자(漢字)와 뜻이 비슷한 한자는 어느 것입니까?

36. 歷(지날 력)
① 合(합할 합) ❷ 經(지날 경)
③ 算(셈할 산) ④ 令(하여금 령)
⑤ 無(없을 무)

37. 道(길 도)
① 獨(홀로 독) ② 救(구원할 구)
③ 滿(찰 만) ❹ 路(길 로)
⑤ 再(두 재)

38. 家(집 가)
① 熱(더울 열) ② 品(물건 품)
③ 習(익힐 습) ④ 若(같을 약)
❺ 宅(집 택)

39. 念(생각 념)
❶ 想(생각 상) ② 竹(대 죽)
③ 形(형상 형) ④ 船(배 선)
⑤ 色(빛 색)

40. 律(법칙 률)
① 備(갖출 비) ② 施(베풀 시)
❸ 法(법 법) ④ 飛(날 비)
⑤ 量(헤아릴 량)

제3영역 語彙

41~45 다음 한자어(漢字語)와 발음(發音)이 같은 한자어는 어느 것입니까?

41. 精到(정할 정, 이를 도): 매우 정묘한 경지에 다다름
① 地圖(땅 지, 그림 도): 지구 표면의 전부 또는 일부를 축척하여 평면상에 나타낸 그림
❷ 定都(정할 정, 도읍 도): 도읍을 새로 정함
③ 落島(떨어질 락(낙), 섬 도): 외따로 멀리 떨어져 있는 섬
④ 獨立(홀로 독, 설 립): 도움이나 간섭 없이 스스로 나라를 다스려 나감
⑤ 指數(가리킬지, 셈 수): 숫자나 문자의 오른쪽위에 위치하여 승역을 표시하는 숫자

42. 利己(이로울 리(이), 몸 기): 자신의 이익만을 꾀함
① 里長(마을 리(이), 길 장): 행정구역인 '리' 를 대표하여 일을 맡아보는 사람
❷ 理氣(다스릴 리(이), 기운 기): 성리학에서 태극과 음양
③ 利用(이로울 리(이), 쓸 용): 물건을 이롭게 쓰거나 쓸모 있게 씀
④ 山林(메 산, 수풀 림): 산과 숲
⑤ 軍務(군사 군, 힘쓸 무): 군사에 관한 직무

43. 上下(윗 상, 아래 하): 위와 아래
① 三夏(석 삼, 여름 하): 여름 석 달
❷ 常夏(항상 상, 여름 하): 일년내내 여름 같은 기후
③ 山河(메 산, 물 하): 산과 강, 자연
④ 市街(시장 시, 거리 가): 상가가 늘어서 번창한 곳
⑤ 加重(더할 가, 무거울 중): 더 무겁게 함

44. 勿論(말 물, 논할 론): 말할 것도 없이
① 物色 (물건 물, 빛 색): 물건의 빛깔, 기준에 맞는 사람이나 물건을 고름
❷ 物論 (물건 물, 논할 론): 이러쿵저러쿵하는 여러 사람의 논의나 세상의 평판
③ 物價 (물건 물, 값 가): 물건 값
④ 勿施 (말 물, 베풀 시): 하려던 일을 그만둠
⑤ 病暇 (병 병, 틈(겨를) 가): 병으로 얻는 휴가

45. 穀類 (곡식 곡, 무리 류): 쌀, 보리, 밀 따위의 곡식
① 谷水 (골 곡, 물 수): 골짜기의 물
❷ 曲流 (굽을 곡, 흐를 류): 굽이쳐 흘러감. 또는 그 흐름이나 물
③ 哭聲 (울 곡, 소리 성): 곡하는 소리
④ 毒種 (독 독, 씨 종): 성질이 매우 독한 사람
⑤ 陳情 (베풀 진, 뜻 정): 실정이나 사정을 진술함

46~47 다음 괄호 속 한자(漢字)의 음(音)이 다르게 발음 되는 것은 어느 것입니까?

46. ❶ (降)伏(항복할 항, 엎드릴 복): 상대편의 힘에 눌리어 굴복함
② (降)雨(내릴 강, 비 우): 비가 내림
③ 下(降)(아래 하, 내릴 강): 아래로 내려옴
④ (降)等(내릴 강, 무리 등): 등급이나 계급 따위가 낮아짐. 또는 등급이나 계급 따위를 낮춤
⑤ (降)霜(내릴 강, 서리 상): 서리가 내림. 또는 그

서리

47. ❶ 星(宿)(별 성, 별자리 수): 고대 중국에서 천구상의 별을 이십팔수로 나눈 것
② 投(宿)(던질 투, 잘 숙): 숙박시설에 들어가 묵음
③ (宿)泊(잘 숙, 머무를 박): 숙박시설에서 자고 머무름
④ (宿)願(잘 숙, 원할 원) : 오래전부터 품어 온 염원
⑤ (宿)患(잘 숙, 근심 환): 오래 묵은 병

48~57 다음 단어들의 '□'에 공통으로 들어갈 알맞은 한자(漢字)는 어느 것입니까?

48. □者(놈 자), 開(열 개)□, □界(지경 계)
❶ 業(일 업) ② 行(다닐 행)
③ 水(물 수) ④ 流(흐를 류)
⑤ 退(물러날 퇴)
＊ 業者(업자), 開業(개업), 業界(업계)

49. □代(대신 대), 發(필 발)□, 出(날 출)□
❶ 現(나타날 현) ② 時(때 시)
③ 産(낳을 산) ④ 登(오를 등)
⑤ 讀(읽을 독)
＊ 現代(현대), 發現(발현), 出現(출현)

50. 各(각각 각)□, 別(다를 별)□, 一(한 일)□
❶ 種(씨 종) ② 自(스스로 자)
③ 方(모 방) ④ 念(생각 념)
⑤ 學(배울 학)
＊ 各種(각종), 別種(별종), 一種(일종)

51. □日(날 일), 解(풀 해)□, 取(가질 취)□
① 得(얻을 득) ② 說(말씀 설)
③ 來(올 래) ❹ 消(사라질 소)
⑤ 時(때 시)
＊ 消日(소일), 解消(해소), 取消(취소)

52. 非(아닐 비)□, □號(이름 호), 順(순할 순)□
① 序(차례 서) ❷ 番(차례 번)
③ 口(입 구) ④ 常(항상 상)
⑤ 示(보일 시)
＊ 非番(비번), 番號(번호), 順番(순번)

53. 早(이를 조)□, □約(약속할 약), 短(짧을 단)□
① 身(몸 신) ② 密(빽빽할 밀)
❸ 期(기약할 기) ④ 朝(아침 조)
⑤ 起(일어날 기)
＊ 早期(조기), 期約(기약), 短期(단기)

54. □人(사람 인), □火(불 화), 神(귀신 신)□
❶ 聖(성인 성) ② 成(이룰 성)
③ 星(별 성) ④ 城(재 성)
⑤ 重(무거울 중)
＊ 聖人(성인), 聖火(성화), 神聖(신성)

55. 殺(죽일 살)□, 加(더할 가)□, □惡(악할 악)
① 陽(볕 양) ❷ 害(해할 해)
③ 熱(더울 열) ④ 善(착할 선)
⑤ 敬(공경 경)
＊ 殺害(살해), 加害(가해), 害惡(해악)

56. □禮(예도 례), □客(손 객), 祝(빌 축)□
① 願(원할 원) ② 原(언덕 원)
❸ 賀(하례할 하) ④ 福(복 복)
⑤ 壽(목숨 수)
＊ 賀禮(하례), 賀客(하객), 祝賀(축하)

57. □冠(갓 관), □點(점 점), 薄(엷을 박)□
❶ 弱(약할 약) ② 命(목숨 명)
③ 缺(이지러질 결) ④ 據(근거 거)
⑤ 姻(혼인 인)
＊ 弱冠(약관), 弱點(약점), 薄弱(박약)

58~65 다음 한자어(漢字語)와 뜻이 반대(反對)이거나 상대(相對)되는 한자어는 어느 것입니까?

58. 個別(낱 개, 다를 별): 여럿 중에서 하나씩 따로 나뉘어 있는 상태
① 個體(낱 개, 몸 체): 독립하여 존재하는 낱낱의 물체
❷ 全體(온전할 전, 몸 체): 온통, 전부
③ 主體(주인 주, 몸 체): 어떤 단체나 물건의 주가 되는 부분
④ 別個(다를 별, 낱 개): 관련성이 없어 서로 다름
⑤ 觀光(볼 관, 빛 광): 다른 지방이나 나라에 가서 풍경, 풍습, 문화 따위를 구경함

59. 內容(안 내, 얼굴 용): 어떤 일의 줄거리가 되는 것
① 內實(안 내, 열매 실): 내부의 실제 사정
② 內室(안 내, 집 실): 안방
③ 形便(형상 형, 편할 편): 일이 되어가는 모양이나 결과
❹ 形式(형상 형, 법 식): 겉모습, 격식이나 절차
⑤ 走者(달릴 주, 놈 자): 달리는 사람

60. 無形(없을 무, 형상 형): 형상이나 형체가 없음
❶ 有形(있을 유, 형상 형): 모양이나 형체가 있음
② 人形(사람 인, 형상 형): 사람 모양으로 만든 장난감
③ 形體(형상 형, 몸 체): 사물의 모양과 바탕
④ 人間(사람 인, 사이 간): 사람

⑤ 物我(물건 물, 나 아): 외물(外物)과 자아를 아울러 이르는 말

61. 客觀(손 객, 볼 관): 자기관련성을 떠나 제삼자의 입장에서 보거나 생각함
① 大觀(큰 대, 볼 관): 크게 전체를 내다봄
② 觀客(볼 관, 손 객): 구경하는 사람
❸ 主觀(주인 주, 볼 관): 자기만의 견해나 관점
④ 主管(주인 주, 대롱 관): 책임을 지고 맡아 관리함
⑤ 後光(뒤 후, 빛 광): 어떤 사물을 더욱 빛나게 하거나 두드러지게 하는 배경

62. 密集(빽빽할 밀, 모을 집): 빽빽이 모임
❶ 散在(흩을 산, 있을 재): 여기저기 흩어져 있음
② 密度(빽빽할 밀, 법도 도): 빽빽이 들어선 정도
③ 集會(모을 집, 모일 회): 어떤 목적을 위한 여러 사람의 일시적 모임
④ 密約(빽빽할 밀, 약속할 약): 남몰래 약속함
⑤ 巨物(클 거, 물건 물): 거창한 물건, 큰 영향력을 가진 사람

63. 空虛(빌 공, 빌 허): 속이 텅 빔
① 空城(빌 공, 재 성): 빈 성
❷ 充實(채울 충, 열매 실): 내용이 알차고 단단함
③ 忠告(충성 충, 고할 고): 남의 결함이나 잘못을 진심으로 타이름
④ 忠實(충성 충, 열매 실): 충직하고 성실함
⑤ 貧富(가난할 빈, 부자 부): 가난함과 부유함

64. 飢餓(주릴 기, 주릴 아): 굶주림
❶ 飽食(배부를 포, 밥(먹을) 식): 배부르게 먹음
② 棄兒(버릴 기, 아이 아): 남몰래 아이를 내다 버림. 또는 그렇게 버린 아이
③ 小食(작을 소, 먹을 식): 음식을 적게 먹음
④ 飽滿(배부를 포, 찰 만): 넘치도록 가득참
⑤ 模倣(본뜰 모, 본뜰 방): 다른 것을 본뜨거나 본받음

65. 具體(갖출 구, 몸 체): 직접 지각하거나 경험할 수 있을 정도의 성질과 형태를 갖춤
① 體統(몸 체, 거느릴 통): 지체나 신분에 알맞은 체면
② 體面(몸 체, 낯 면): 남을 대하기에 떳떳한 도리
❸ 抽象(뽑을 추, 코끼리 상): 개별, 구체적인 것으로부터 공통적인 요소를 뽑아 일반적인 개념으로 파악한 것, 또는 그런 정신작용
④ 抽出(뽑을 추, 날 출): 전체 속에서 어떤 요소를 뽑아냄
⑤ 高踏(높을 고, 밟을 답): 속세를 초월하여 현실과 동떨어진 것을 고상하게 여김

66~70 다음 성어(成語)에서 '□'에 들어갈 알맞은 한자(漢字)는 어느 것입니까?

66. 百(일백 백)年(해 년)□淸(맑을 청)
① 下(아래 하) ❷ 河(물 하)
③ 淸(맑을 청) ④ 靑(푸를 청)
⑤ 回(돌아올 회)
百年河淸(백년하청): 중국의 황허강(黃河江)이 늘 흐려 맑을 때가 없다, 아무리 오랜 시일이 지나도 어떤 일이 이루어지기 어려움

67. 見(볼 견)□生(날 생)心(마음 심)
① 得(얻을 득) ② 人(사람 인)
③ 利(이로울 리) ❹ 物(물건 물)
⑤ 電(번개 전)
見物生心(견물생심): 어떠한 실물을 보게 되면 그것을 가지고 싶은 욕심이 생김

68. 天(하늘 천)下(아래 하)□一(한 일)
❶ 第(차례 제) ② 名(이름 명)
③ 刀(칼 도) ④ 皮(가죽 피)
⑤ 弟(아우 제)
天下第一(천하제일): 세상에 견줄 만한 것이 없이 최고임

69. 百(일백 백)戰(싸움 전)老(늙을 로(노))□
❶ 將(장수 장) ② 拜(절 배)
③ 弱(약할 약) ④ 建(세울 건)
⑤ 長(길 장)
百戰老將(백전노장): 수많은 싸움을 치른 노련한 장수

70. □夜(밤 야)長(길 장)川(내 천)
① 畫(그림 화) ❷ 晝(낮 주)
③ 書(글 서) ④ 者(놈 자)
⑤ 注(부을 주)
晝夜長川(주야장천): 밤낮으로 쉬지 아니하고 연달아.

71~75 다음 성어(成語)의 뜻풀이로 적절한 것은 어느 것입니까?

71. 百(일백 백)害(해할 해)無(없을 무)益(더할 익)
百害無益(백해무익): 해롭기만 하고 유익한 바가 없다.

72. 白(흰 백)面(낯 면)書(글 서)生(날 생)
白面書生(백면서생): 한갓 글만 읽고 세상 일에는 전혀 경험이 없는 사람

73. 朝(아침 조)名(이름 명)市(시장 시)利(이로울 리)
朝名市利(조명시리): 조정에서는 명예를 시장에서

는 이익을 다투다, 무슨 일이든 적당한 장소에서 해야함

74. 夫(지아비 부)婦(며느리 부)有(있을 유)別(다를 별)
夫婦有別(부부유별): 남편과 아내 사이의 도리는 서로 침범하지 않음

75. 生(날 생)老(늙을 로)病(병 병)死(죽을 사)
生老病死(생로병사): 사람이 나고 늙고 병들고 죽는 네 가지 고통

76~80 다음의 뜻을 가장 잘 나타낸 성어(成語)는 어느 것입니까?

76. 착하고 어진 사람들
❶ 善(착할 선)男(사내 남)善(착할 선)女(계집 녀)
善男善女(선남선녀): 성품이 착한 남자와 여자, 착하고 어진 사람들을 이르는 말.
② 不(아닐 불)求(구할 구)聞(들을 문)達(통달할 달)
不求聞達(불구문달): 이름이 알려지기를 바라지 아니함.
③ 大(큰 대)道(길 도)無(없을 무)門(문 문)
大道無門(대도무문): 큰 깨달음이나 진리에 이르는 데에는 정해진 길이나 방식이 없음.
④ 利(이로울 리(이))害(해할 해)打(칠 타)算(셈할 산)
利害打算(이해타산): 이해관계를 이모저모 모두 따져 봄. 또는 그런 일
⑤ 不(아닐 불)可(옳을 가)思(생각 사)議(의논할 의)
不可思議(불가사의): 사람의 생각으로는 미루어 헤아릴 수 없이 이상하고 야릇함.

77. 거의 죽을 뻔하다가 도로 살아남
① 作(지을 작)心(마음 심)三(석 삼)日(날 일)
作心三日(작심삼일): 단단히 먹은 마음이 사흘을 가지 못한다, 결심이 굳지 못함
② 自(스스로 자)問(물을 문)自(스스로 자)答(대답 답)
自問自答(자문자답): 스스로 묻고 스스로 대답함
③ 實(열매 실)事(일 사)求(구할 구)是(옳을(이) 시)
實事求是(실사구시): 사실에 토대하여 진리를 탐구하는 일
❹ 起(일어날 기)死(죽을 사)回(돌아올 회)生(날 생)
起死回生(기사회생): 거의 죽을 뻔하다가 도로 살아남
⑤ 魚(고기 어)東(동녘 동)肉(고기 육)西(서녘 서)
魚東肉西(어동육서): 제사상을 차릴 때에 생선 반찬은 동쪽에 놓고 고기반찬은 서쪽에 놓는 일

78. 묻지 아니하여도 알 수 있음
❶ 不(아닐 불)問(물을 문)可(옳을 가)知(알 지)
不問可知(불문가지): 묻지 아니하여도 알 수 있음
② 不(아닐 불)立(설 립)文(글월 문)字(글자 자)
不立文字(불립문자): 불도의 깨달음은 마음에서 마음으로 전하는 것이므로 말이나 글에 의지하지 않음
③ 一(한 일)長(길 장)一(한 일)短(짧을 단)
一長一短(일장일단): 일면의 장점과 다른 일면의 단점을 통틀어 이르는 말
④ 一(한 일)朝(아침 조)一(한 일)夕(저녁 석)
一朝一夕(일조일석): 하루의 아침과 하루의 저녁, 짧은 시일
⑤ 衆(무리 중)口(입 구)難(어려울 난)防(막을 방)
衆口難防(중구난방): 뭇사람의 말을 막기가 어렵다, 막기 어려울 정도로 여럿이 마구 지껄임

79. 이름만 그럴듯하고 실속은 없음
① 君(임금 군)子(아들 자)三(석 삼)樂(즐길 락)
君子三樂(군자삼락): 군자의 세 가지 즐거움. 부모가 살아 계시고 형제가 무고한 것, 하늘과 사람에게 부끄러워할 것이 없는 것, 천하의 영재를 얻어서 가르치는 것
❷ 有(있을 유)名(이름 명)無(없을 무)實(열매 실)
有名無實(유명무실): 이름만 그럴듯하고 실속은 없음
③ 天(하늘 천)長(길 장)地(땅 지)久(오랠 구)
天長地久(천장지구): 하늘과 땅은 영원함, 변함이 없음을 이름
④ 仙(신선 선)風(바람 풍)道(길 도)骨(뼈 골)
仙風道骨(선풍도골): 신선의 풍채와 도인의 골격, 남달리 뛰어나고 고아한 풍채
⑤ 不(아닐 불)問(물을 문)曲(굽을 곡)直(곧을 직)
不問曲直(불문곡직): 옳고 그름을 따지지 아니함

80. 어버이 섬김을 효도로써 함
① 地(땅 지)上(윗 상)天(하늘 천)國(나라 국)
地上天國(지상천국): 천도교 등에서, 하늘에서 찾을 것이 아니라 이 현실 사회에서 세워야 한다는, 영육이 모두 완전한 이상 세계
② 人(사람 인)事(일 사)不(아닐 불)省(살필 성)
人事不省(인사불성): 제 몸에 벌어지는 일을 모를 만큼 정신을 잃은 상태
③ 牛(소 우)耳(귀 이)讀(읽을 독)經(지날(글) 경)
牛耳讀經(우이독경): 쇠귀에 경 읽기, 아무리 가르치고 일러 주어도 알아듣지 못함
④ 一(한 일)日(날 일)三(석 삼)省(살필 성)
一日三省(일일삼성): 하루의 일 세 가지를 살핀다, 하루에 세 번씩 자신의 행동을 반성함

❺ 事(일 사)親(친할 친)以(써 이)孝(효도 효)
事親以孝(사친이효): 세속 오계의 하나. 어버이를 섬기기를 효도로써 함

제3영역 讀解

81~86 다음 문장에서 한자어(漢字語)의 음(音)은 무엇입니까?

81. 안중근 의사는 스물 여덟 살 되던 해에 블라디보스토크로 亡命(망할 망, 목숨 명)(를)을 하였다.

82. 진실되지 않은 광고는 결국 소비자에게 外面(바깥 외, 낯 면)당하게 된다.

83. 추석은 우리 나라 名節(이름 명, 마디 절) 중의 하나인데, 예로부터 가위라고 불러 왔다.

84. 국토 開發(열 개, 필 발)의 목적은 지역 특성에 맞추어 전 국토를 고르게 개발하는 데 있다.

85. 몸이 아파 米飮(쌀 미, 마실 음)을 끓여 먹고 있는 동안에 나는 평소에 먹던 음식들이 먹고 싶어졌습니다.

86. 報道(갚을(알릴) 보, 길 도) 기관으로는 방송국과 신문사 등이 있다.

87~92 다음 문장에서 밑줄 친 한자어(漢字語)의 뜻풀이로 적절한 것은 어느 것입니까?

87. 우즈베키스탄에서는 몇 해 전부터 한국인 의사들이 奉仕(받들 봉, 섬길 사) 활동을 하고 있다.
* 자신의 이해를 돌보지 않고 몸과 마음을 다하여 일하다.

88. 국가는 국민이 나라를 잃는 不幸(아닐 불, 다행 행)을 겪지 않도록 외적의 침입으로부터 국민을 보호한다.
* 행복하지 않다.

89. 옛날에 공부하는 방법은 대개 文章(글월 문, 글 장)(를)을 외우고 뜻을 풀이하며 글씨를 쓰는 것이었다.
* 생각이나 느낌을 글로 쓴 것

90. 열대 기후 지역은 일년 내내 기온이 높고 비가 많이 내리며 대부분 密林(빽빽할 밀, 수풀 림)을 이루고 있다.
* 나무들이 빽빽하게 들어선 수풀

91. 어떤 사전을 사용하든지 먼저 일러두기를 잘 보아서 그 사전의 사용 方法(모 방, 법 법)을 알아두어야 한다.
* 목적달성을 위해 취하는 수단

92. 衣服(옷 의, 옷 복)(는)은 원료인 섬유를 이용해서 뽑은 실로 옷감을 짜서 바느질하여 만든다.
* 옷

93~95 다음 문장에서 빈칸에 들어갈 가장 적절한 한자어(漢字語)는 어느 것입니까?

93. 씨름에서는 상대의 공격 기술이나 움직임을 예측하여 적절한 □□ 자세를 갖추어야 한다.
① 守非(지킬 수, 아닐 비) * 한자어 아님
② 修非(닦을 수, 아닐 비) * 한자어 아님
③ 修備(닦을 수, 갖출 비) * 한자어 아님
❹ 守備(지킬 수, 갖출 비): 외부의 침략이나 공격을 막아 지킴
⑤ 受非(받을 수, 아닐 비) * 한자어 아님

94. 나의 어릴 적 희망은 □□□가 되는 것이었다.
① 比行士(견줄 비, 다닐 행, 선비 사) *한자어 아님
❷ 飛行士(날 비, 다닐 행, 선비 사): 일정한 자격을 지니고 항공기조종에 종사하는 사람
③ 比行師(견줄 비, 다닐 행, 스승 사) *한자어 아님
④ 飛行師(날 비, 다닐 행, 스승 사) * 한자어 아님
⑤ 非行士(아닐 비, 다닐 행, 선비 사) * 한자어 아님

95. 문화재의 발굴로 새로운 역사적 □□을 알 수 있다.
① 史室(역사 사, 집 실) * 한자어 아님
❷ 史實(역사 사, 열매 실): 역사에 실제로 있는 사실
③ 事室(일 사, 집 실) * 한자어 아님
④ 使室(하여금 사, 집 실) * 한자어 아님
⑤ 使實(하여금 사, 열매 실) * 한자어 아님

96~98 다음 문장에서 한자어(漢字語)의 한자 표기(漢字表記)가 바르지 않은 것은 어느 것입니까?

96. 유교는 ① 人間(사람 인, 사이 간)의 ❷ 度理(법도 도, 다스릴 리(이))를 밝히고 ③ 道德(길 도, 큰 덕)과 윤리를 바로잡아 ④ 理想(다스릴 리(이), 생각 상)사회를 이룩하고자 하는 ⑤ 思想(생각할 사, 생각 상)이다.
* 度理 → 道理(길도, 다스릴 리)

97. ❶ 人技(사람 인, 재주 기) 있는 만화의 ② 主人公(주인 주, 사람 인, 공평할(공변될) 공)은 ③ 廣告(넓을 광, 고할 고) ④ 放送(놓을 방, 보낼 송)에도 나오고 여러 가지 ⑤ 商品(장사 상, 물건 품)에서도 볼 수 있습니다.
* 人技 → 人氣(사람 인, 기운 기)

98. 오늘날은 ① 交通(사귈 교, 통할 통) 수단이 ② 發達(필 발, 통달할 달)하여, 전국 ❸ 角地(뿔 각,

땅 지)에서 생산된 ④ 農水産物(농사 농, 물 수, 낳을 산, 물건 물)이 그 날로 소비자에게 보내져, 소비자는 늘 ⑤ 新鮮(새 신, 고울 선)한 농수산물을 구할 수 있다.

＊ 角地 → 各地(각각 각, 땅 지)

99~101 다음 문장에서 밑줄 친 단어(單語)를 한자(漢字)로 바르게 쓴 것은 어느 것입니까?

99. 금강산은 예로부터 봄에는 금강산, 여름에는 봉래산, 가을에는 풍악산 겨울에는 백설이 쌓여 개골산이라고 불렀다.

① 百雪(일백 백, 눈 설)
❷ 白雪(흰 백, 눈 설)
③ 白說(흰 백, 말씀 설)
④ 百說(일백 백, 말씀 설)
⑤ 百線(일백 백, 줄 선)

100. 김구 선생은 동포들을 걱정하여 '홍커우 폭탄 사건의 책임자는 나 김구다.'라는 성명서를 발표했다.

❶ 聲明書(소리 성, 밝을 명, 글 서)
② 城明書(재 성, 밝을 명, 글 서)
③ 省名書(살필 성, 이름 명, 글 서)
④ 聲名書(소리 성, 이름 명, 글 서)
⑤ 成明書(이룰 성, 밝을 명, 글 서)

101. 앞으로 다가올지도 모르는 물 부족 현상을 막기 위해서는 평소에 물을 아껴 써야 한다.

① 平小(평평할 평, 작을 소)
② 平消(평평할 평, 사라질 소)
❸ 平素(평평할 평, 본디 소)
④ 平所(평평할 평, 바 소)
⑤ 平少(평평할 평, 적을 소)

102~104 다음 문장에서 밑줄 친 단어(單語)나 어구(語句)의 뜻을 가장 잘 나타낸 한자(漢字) 또는 한자어(漢字語)는 어느 것입니까?

102. 광양 제철소는 큰 배가 닿을 수 있게 수심도 깊어 제철소를 만들기에 적합한 조건을 갖추고 있다.

① 建說(세울 건, 말씀 설)
② 造合(지을 조, 합할 합)
❸ 建設(세울 건, 베풀 설)
④ 造製(지을 조, 지을 제)
⑤ 乾燥(마를 건, 마를 조)

103. "나는 네 마음을 잘 안다."

① 心政(마음 심, 정사 정)
② 心定(마음 심, 정할 정)
③ 心正(마음 심, 바를 정)
❹ 心情(마음 심, 뜻 정)
⑤ 實情(열매 실, 뜻 정)

104. 많은 아이들이 놀이터에서 놀고 있다.

❶ 兒童(아이 아, 아이 동)
② 兒同(아이 아, 한가지 동)
③ 我東(나 아, 동녘 동)
④ 我童(나 아, 아이 동)
⑤ 兒東(아이 아, 동녘 동)

105~107 다음 글을 읽고 물음에 답하시오.

105. ㉠'통화'의 한자 표기가 바른 것은?

① 通貨(통할 통, 재물 화)
❷ 通話(통할 통, 말씀 화)
③ 統話(거느릴 통, 말씀 화)
④ 統貨(거느릴 통, 재물 화)
⑤ 統化(거느릴 통, 될 화)

106. ㉡~㉥(편리, 은행, 업무, 주문, 고속) 중에서 한자 표기가 바르지 않은 것은?

① ㉡ 便利(편할 편, 이로울 리)
② ㉢ 銀行(은 은, 다닐 행)
③ ㉣ 業務(일 업, 힘쓸 무)
④ ㉤ 注文(부을 주, 글월 문)
❺ ㉥ 古速(예 고, 빠를 속)

＊ 古速 → 高速(높을 고, 빠를 속)

107. ㉦'도로'와 ㉧'교통'의 한자 표기를 바르게 짝지은 것은?

① 度路(법도 도, 길 로) – 敎通(가르칠 교, 통할 통)
② 都勞(도읍 도, 일할 로) – 交則(사귈 교, 법칙 칙)
❸ 道路(길 도, 길 로) – 交通(사귈 교, 통할 통)
④ 都路(도읍 도, 길 로) – 敎則(가르칠 교, 법칙 칙)
⑤ 道勞(길 도, 일할 로) – 交退(사귈 교, 물러날 퇴)

108~110 다음 글을 읽고 물음에 답하시오.

108. ㉠'음식물'의 한자 표기가 바른 것은?

① 音食物(소리 음, 밥(먹을) 식, 물건 물)
❷ 飮食物(마실 음, 밥(먹을) 식, 물건 물)
③ 飮植物(마실 음, 심을 식, 물건 물)
④ 音式物(소리 음, 법 식, 물건 물)
⑤ 音植物(소리 음, 심을 식, 물건 물)

109. ㉡'환산'의 '산'과 같은 한자를 사용한 한자는?

① 過大(지날 과, 큰 대)
② 晝夜(낮 주, 밤 야)

③ 午後(낮 오, 뒤 후)
④ 産業(낳을 산, 일 업)
❺ 算出(셈할 산, 날 출)

110. ㉢'줄일 수 있다'의 뜻을 나타낸 것은?
① 節電(마디 절, 번개 전)
② 節水(마디 절, 물 수)
③ 絕半(끊을 절, 반 반)
❹ 節約(마디 절, 약속할 약)
⑤ 絕命(끊을 절, 목숨 명)

111~115 다음 글을 읽고 물음에 답하시오.

111. ㉠'實施(열매 실, 베풀 시)'의 독음이 바른 것은?
① 시설 ② 시행
❸ 실시 ④ 실천
⑤ 실행

112. ㉡'세울'의 뜻을 가진 한자어는?
① 建造(세울 건, 지을 조)
② 乾達(하늘(마를)건, 통달할 달)
③ 擧行(들 거, 다닐 행)
④ 脚色(다리 각, 빛 색)
❺ 樹立(나무 수, 설 립)

113. ㉢~㉧(공포, 초대, 대통령, 정권, 승인, 이념) 중 한자 표기가 바르지 않은 것은?
① ㉢ 公布(공평할(공변될) 공, 베(베풀) 포)
❷ ㉣ 招待(부를 초, 기다릴 대)
③ ㉥ 政權(정사 정, 권세 권)
④ ㉦ 承認(이을 승, 알 인)
⑤ ㉧ 理念(다스릴 리(이), 생각 념)
＊ 招待 → 初代(처음 초, 대신 대)

114. ㉤'공산주의'와 ㉨'반목'의 한자표기를 바르게 짝지은 것은?
① 共算主義(함께 공, 셈할 산, 주인 주, 옳을 의) – 半目(반 반, 눈 목)
② 公算主義(공평할 공, 셈할 산, 주인 주, 옳을 의) – 半目(반 반, 눈 목)
③ 空産主義(빌 공, 낳을 산, 주인 주, 옳을 의) – 半目(반 반, 눈 목)
④ 公産主義(공평할 공, 낳을 산, 주인 주, 옳을 의) – 反目(돌이킬 반, 눈 목)
❺ 共産主義(함께 공, 낳을 산, 주인 주, 옳을 의) – 反目(돌이킬 반, 눈 목)

115. ㉩'깊어'의 뜻을 가진 한자는?
① 但(다만 단) ② 柳(버들 류)
❸ 深(깊을 심) ④ 免(면할 면)
⑤ 擧(들 거)

116~120 다음 글을 읽고 물음에 답하시오.

116. ㉠'皇帝(임금 황, 임금 제)'의 독음이 바른 것은?
① 천황 ② 대왕
③ 임금 ❹ 황제
⑤ 황위

117. ㉡'강제'의 한자 표기가 바른 것은?
① 講製(욀 강, 지을 제)
❷ 强制(강할 강, 지을(절제할) 제)
③ 鋼製(강철 강, 지을 제)
④ 强製(강할 강, 지을 제)
⑤ 康制(편안할 강, 지을(절제할) 제)

118. ㉢~㉦(해산, 총독부, 헌병, 경찰, 동원)의 한자 표기가 바르지 않은 것은?
① ㉢ 解散(풀 해, 흩을 산)
② ㉣ 總督府(다 총, 감독할 독, 관청 부)
③ ㉤ 憲兵(법 헌, 병사 병)
❹ ㉥ 驚察(놀랄 경, 살필 찰)
⑤ ㉦ 動員(움직일 동, 인원 원)
＊ 驚察 → 警察(깨우칠 경, 살필 찰)

119. ㉧'탄압'의 '압'과 같은 한자를 사용한 한자어는?
① 老翁(늙을 로(노), 늙은이 옹)
② 溫柔(따뜻할 온, 부드러울 유)
③ 禁煙(금할 금, 연기 연)
④ 押收(도장찍을(누를) 압, 거둘 수)
❺ 壓迫(누를 압, 핍박할 박)

120. ㉨~㉫(단체, 조직, 기반, 영향, 참여) 중 한자 표기가 바르지 않은 것은?
❶ ㉨ 單體(홑 단, 몸 체)
② ㉩ 組織(짤 조, 짤 직)
③ ㉪ 基盤(터 기, 쟁반 반)
④ ㉫ 影響(그림자 영, 울릴 향)
⑤ ㉫ 參與(참여할 참, 더불 여)
＊ 單體 → 團體(둥글 단, 몸 체)

4 실전 모의고사(정답 및 해설)

정답

번호	정답	번호	정답	번호	정답	번호	정답	번호	정답
1	①	2	④	3	④	4	②	5	①
6	④	7	②	8	④	9	②	10	①
11	⑤	12	①	13	①	14	③	15	②
16	③	17	④	18	②	19	⑤	20	⑤
21	①	22	③	23	⑤	24	③	25	①
26	③	27	⑤	28	②	29	③	30	⑤
31	⑤	32	①	33	②	34	⑤	35	④
36	④	37	②	38	①	39	⑤	40	③
41	②	42	①	43	②	44	②	45	②
46	⑤	47	③	48	①	49	③	50	②
51	④	52	④	53	②	54	①	55	②
56	③	57	②	58	④	59	①	60	①
61	③	62	②	63	③	64	②	65	③
66	①	67	③	68	①	69	②	70	③
71	⑤	72	④	73	③	74	②	75	③
76	①	77	②	78	④	79	②	80	⑤
81	③	82	③	83	②	84	②	85	⑤
86	②	87	②	88	③	89	④	90	③
91	⑤	92	①	93	④	94	②	95	⑤
96	③	97	①	98	⑤	99	③	100	④
101	③	102	②	103	②	104	①	105	②
106	③	107	④	108	②	109	⑤	110	④
111	⑤	112	③	113	①	114	①	115	⑤
116	④	117	③	118	②	119	②	120	①

제1영역 漢字

1~2 다음 필순(筆順)에 대한 설명에 가장 알맞은 한자는 어느 것입니까?

1. 왼쪽에서 오른쪽으로 쓴다.

❶ 外 (바깥 외) 丿 ク 夕 外 外

② 客 (손 객) 丶 丷 宀 宂 客 客 客 客 客

③ 究 (연구할 구) 丶 丷 宀 宂 穴 究 究

④ 量 (헤아릴 량) 丨 冂 日 日 旦 昌 昌 昌 量 量 量 量

⑤ 景 (볕 경) 丨 冂 日 日 旦 旦 昌 昌 景 景 景 景

2. 좌우의 모양이 같을 때에는 가운데를 먼저 쓴다.

① 月 (달 월) 丿 冂 月 月

② 競 (다툴 경) 丶 亠 立 立 音 音 音 竟 竟 竟 競 競 競 競 競 競 競 競 競 競

③ 界 (지경 계) 丨 冂 日 田 田 甲 界 界 界

❹ 出 (날 출) 丨 屮 屮 出 出

⑤ 軍 (군사 군) 丶 冖 冖 冖 冖 軍 軍 軍 軍

3~4 다음 한자(漢字)의 획수(劃數)는 모두 몇 획입니까?

3. 勤 (부지런할 근) 力(힘 력)부 11획 총 13획

一 十 卄 廿 廿 共 昔 昔 堇 堇 堇 勤 勤

4. 禁 (금할 금) 示 (보일 시)부 8획 총 13획

一 十 才 木 木 村 林 林 林 埜 禁 禁 禁

5~6 다음 한자(漢字)의 부수(部首)는 무엇입니까?

5. 個 (낱 개): 人(亻)부 8획

❶ 亻(사람인변) ② 襾 (덮을 아)

③ 目 (눈 목) ④ 八 (여덟 팔)

⑤ 古 (예 고)

6. 結 (맺을 결): 糸부 6획

① 士 (선비 사) ② 土 (흙 토)

③ 口 (입 구) ❹ 糸 (실 사)

⑤ 吉(길할 길)

7~8 다음 한자(漢字)와 그 조자(造字)의 방식이 같은 한자는 어느 것입니까?

7. 老(늙을 로): 상형

① 九(아홉 구) ❷ 萬(일만 만) 상형

③ 賞(상줄 상) ④ 原(언덕 원)

⑤ 始(비로소 시)

8. 序(차례 서): 형성
① 音(소리 음) ② 本(근본 본)
③ 素(본디 소) ❹ 洋(큰바다 양) 형성
⑤ 刀(칼 도)

9~14 다음 한자(漢字)의 음(音)은 무엇입니까?

9. 德(큰 덕)

10. 到(이를 도)

11. 東(동녘 동)

12. 等(무리 등)

13. 列(벌일 렬)

14. 留(머무를 류)

15~19 다음의 음(音)을 가진 한자는 어느 것입니까?

15. 률
① 分(나눌 분) ❷ 律(법칙 률)
③ 林(수풀 림) ④ 末(끝 말)
⑤ 仙(신선 선)

16. 면
① 婦(며느리 부) ② 夫(지아비 부)
❸ 勉(힘쓸 면) ④ 首(머리 수)
⑤ 各(각각 각)

17. 방
① 臣(신하 신) ② 歲(해 세)
③ 飛(날 비) ❹ 防(막을 방)
⑤ 君(임금 군)

18. 대
① 旅(나그네 려) ❷ 代(대신 대)
③ 若(같을 약) ④ 逆(거스릴 역)
⑤ 明(밝을 명)

19. 야
① 往(갈 왕) ② 氏(성씨 씨)
③ 店(가게 점) ④ 以(써 이)
❺ 夜(밤 야)

20~24 다음 한자(漢字)와 음(音)이 같은 한자는 어느 것입니까?

20. 然(그럴 연)
① 義(옳을 의) ② 雄(수컷 웅)
③ 最(가장 최) ④ 志(뜻 지)
❺ 硏(갈 연)

21. 榮(영화 영)
❶ 英(꽃부리 영) ② 藝(재주 예)
③ 五(다섯 오) ④ 玉(구슬 옥)
⑤ 協(화합할 협)

22. 容(얼굴 용)
① 六(여섯 륙) ② 牛(소 우)
❸ 用(쓸 용) ④ 肉(고기 육)
⑤ 虎(범 호)

23. 因(인할 인)
① 前(앞 전) ② 益(더할 익)
③ 海(바다 해) ④ 貨(재물 화)
❺ 引(끌 인)

24. 孝(효도 효)
① 治(다스릴 치) ② 衆(무리 중)
❸ 效(본받을 효) ④ 片(조각 편)
⑤ 後(뒤 후)

25~30 다음 한자(漢字)의 뜻은 무엇 것입니까?

25. 恩(은혜 은)

26. 飮(마실 음)

27. 帝(임금 제)

28. 材(재목 재)

29. 貯(쌓을 저)

30. 展(펼 전)

31~35 다음의 뜻을 가진 한자(漢字)는 어느 것입니까?

31. 다투다
① 全(온전할 전) ② 製(지을 제)
③ 冊(책 책) ④ 祖(할아비 조)
❺ 爭(다툴 쟁)

32. 일찍
❶ 早(이를 조) ② 造(지을 조)
③ 足(발 족) ④ 卒(마칠 졸)
⑤ 丹(붉을 단)

33. 왼쪽
① 走(달릴 주) ❷ 左(왼 좌)
③ 右(오른쪽 우) ④ 注(부을 주)
⑤ 句(글귀 구)

34. 근심
① 同(한가지 동) ② 兵(병사 병)
③ 線(줄 선) ④ 云(이를 운)
❺ 患(근심 환)

35. 하다
① 省(살필 성) ② 長(길 장)
③ 師(스승 사) ❹ 爲(할 위)
⑤ 尙(높일(오히려) 상)

36~40 다음 한자(漢字)와 뜻이 비슷한 한자는 어느 것입니까?

36. 初(처음 초)
① 位(자리 위) ② 番(차례 번)
③ 度(법도 도) ❹ 始(비로소 시)
⑤ 共(함께 공)

37. 語(말씀 어)
① 落(떨어질 락) ❷ 言(말씀 언)
③ 官(벼슬 관) ④ 姓(성 성)
⑤ 方(모 방)

38. 告(고할 고)
❶ 報(갚을(알릴) 보) ② 詩(시 시)
③ 少(적을 소) ④ 建(세울 건)
⑤ 庭(뜰 정)

39. 體(몸 체)
① 蟲(벌레 충) ② 價(값 가)
③ 洞(골 동) ④ 應(응할 응)
❺ 身(몸 신)

40. 産(낳을 산)
① 充(채울 충) ② 送(보낼 송)
❸ 生(날 생) ④ 陸(뭍 륙)
⑤ 再(두 재)

제2영역 語彙

41~45 다음 한자어(漢字語)와 발음(發音)이 같은 한자어는 어느 것입니까?

41. 正道(바를 정, 길 도): 바른 길
① 獨島(홀로 독, 섬 도): 울릉도 옆의 섬
❷ 精度(정할 정, 법도 도): 정밀도. 측정기 따위의 기계 장치의 정확도를 나타내는 정도
③ 讀圖(읽을 독, 그림 도): 지도의 표시를 해독함
④ 別堂(다를(나눌) 별, 집 당): 본체의 곁이나 뒤에 따로 떨어지게 지은 집
⑤ 建立(세울 건, 설 립): 탑, 동상, 건물 따위를 만들어 세움

42. 上士(윗 상, 선비 사): 국군 하사관 계급의 하나, 중사의 위
❶ 相思(서로 상, 생각 사): 남녀가 서로 그리워함
② 相生(서로 상, 날 생): 오행에서 각 요소들이 다른 요소들을 나게 하는 것, 또는 그 관계
③ 死生(죽을 사, 날 생): 죽고 삶
④ 三聖(석 삼, 성인 성): 세계의 세 성인, 공자, 석가, 예수
⑤ 手話(손 수, 말씀 화): 손으로 하는 말

43. 時調(때 시, 고를 조): 고려 말부터 발달하여 온 우리나라 고유의 정형시
① 試所(시험 시, 바 소): 과거를 치르는 곳
❷ 始祖(비로소 시, 할아비 조): 한 가계나 왕계의 초대가 되는 사람
③ 式典(법 식, 법 전): 의례를 갖추어 베푸는 형식
④ 曲調(굽을 곡, 고를 조): 음악이나 가사의 가락
⑤ 船貨(배 선, 재물 화): 배에 실은 화물

44. 佳景(아름다울 가, 볕 경): 좋은 경치
① 觀光(볼 관, 빛 광): 다른 고장의 경치, 풍습 등을 구경함
❷ 家慶(집 가, 경사 경): 집안의 경사
③ 古經(예 고, 지날 경): 옛 경전 또는 경문
④ 尊敬(높을 존, 공경 경): 남을 높여 공경함
⑤ 逢別(만날 봉, 다를(나눌) 별): 만남과 이별

45. 主管(주인 주, 대롱 관): 책임지고 맡아봄
① 主權(주인 주, 권세 권): 주가 되는 권리
❷ 主觀(주인 주, 볼 관): 자기대로의 생각
③ 主導(주인 주, 인도할 도): 주장이 되어 이끌거나 지도함
④ 主張(주인 주, 베풀 장): 자기 의견을 굳게 내세움
⑤ 蜜蜂(꿀 밀, 벌 봉): 꿀벌

46~47 다음 괄호 속 한자(漢字)의 음(音)이 다르게 발음 되는 것은 어느 것입니까?

46. ① 私(見)(사사 사, 볼 견): 개인의 사사로운 의견
② 後(見)人(뒤 후, 볼 견, 사람 인): 미성년자나 금치산자를 보호하여 그들의 법률행위를 대리하는 사람
③ (見)解 (볼 견, 풀 해): 어떤 사물이나 현상에 대한 자기의 의견이나 생각
④ (見)聞(볼 견, 들을 문): 보고 들음

❺ (見)齒(뵈올 현, 이 치): 웃으면 이가 드러나게 되는 데서 '웃음'을 이르는 말

47. ① (數)學(셈 수, 배울 학): 수량이나 도형에 대하여 연구하는 학문
② (數)年(셈 수, 해 년): 두서너 해
❸ 頻(數)(자주 빈, 자주 삭):일이 매우 잦음
④ 奇(數)(기이할 기, 셈 수): 홀수
⑤ (數)次(셈 수, 버금 차): 여러 차례

48~57 다음 단어들의 '□'에 공통으로 들어갈 알맞은 한자(漢字)는 어느 것입니까?

48. □要(요긴할 요), □化(될 화), 富(부자 부)□
❶ 强(강할 강) ② 重(무거울 중)
③ 深(깊을 심) ④ 感(느낄 감)
⑤ 義(옳을 의)
＊ 强要(강요), 强化(강화), 富强(부강)

49. □良(어질 량), □善(착할 선), □定(정할 정)
① 獨(홀로 독) ② 安(편안 안)
❸ 改(고칠 개) ④ 次(버금 차)
⑤ 法(법 법)
＊ 改良(개량), 改善(개선), 改定(개정)

50. □住(살 주), □植(심을 식), □動(움직일 동)
① 入(들 입) ❷ 移(옮길 이)
③ 運(옮길 운) ④ 雄(수컷 웅)
⑤ 察(살필 찰)
＊ 移住(이주), 移植(이식), 移動(이동)

51. 樂(즐길 락(낙) □, 公(공평할(공변될) 공)□, 花(꽃 화)□
① 草(풀 초) ② 圖(그림 도)
③ 元(으뜸 원) ❹ 園(동산 원)
⑤ 省(살필 성)
＊ 樂園(낙원), 公園(공원), 花園(화원)

52. □滿(찰 만), □分(나눌 분), □實(열매 실)
① 事(일 사) ② 未(아닐 미)
③ 過(지날 과) ❹ 充(채울 충)
⑤ 考(생각할 고)
＊ 充滿(충만), 充分(충분), 充實(충실)

53. □反(돌이킬 반), 色(빛 색)□, 位(자리 위)□
① 感(느낄 감) ❷ 相(서로 상)
③ 患(근심 환) ④ 則(법칙 칙)
⑤ 接(접할 접)
＊ 相反(상반), 色相(색상), 位相(위상)

54. □一(한 일), □合(합할 합), □計(셀 계)
❶ 統(거느릴 통) ② 都(도읍 도)
③ 集(모을 집) ④ 有(있을 유)
⑤ 化(될 화)
＊ 統一(통일), 統合(통합), 統計(통계)

55. □氣(기운 기), 快(쾌할 쾌)□, □動(움직일 동)
① 運(옮길 운) ❷ 活(살 활)
③ 生(날 생) ④ 樂(즐길 락)
⑤ 方(모 방)
＊ 活氣(활기), 快活(쾌활), 活動(활동)

56. □究(연구할 구), □問(물을 문), □訪(찾을 방)
① 硏(갈 연) ② 深(깊을 심)
❸ 探(찾을 탐) ④ 禮(예도 례)
⑤ 驚(놀랄 경)
＊ 探究(탐구), 探問(탐문), 探訪(탐방)

57. □大(큰 대), □張(베풀 장), □散(흩을 산)
① 巨(클 거) ❷ 擴(넓힐 확)
③ 分(나눌 분) ④ 伸(펼 신)
⑤ 補(기울 보)
＊ 擴大(확대), 擴張(확장), 擴散(확산)

58~65 다음 한자어(漢字語)와 뜻이 반대(反對)이거나 상대(相對)되는 한자어는 어느 것입니까?

58. 君子(임금 군, 아들 자): 학문과 덕행이 높은 사람
① 大人(큰 대, 사람 인): 큰 사람, 어른
② 聖人(성인 성, 사람 인): 지덕이 뛰어나 모범으로 숭상할 만한 사람
③ 美人(아름다울 미, 사람 인): 아름다운 여자
❹ 小人(작을 소, 사람 인): 나이 어린 아이, 몸집이 작은 사람, 도량이 좁은 사람
⑤ 不死(아닐 불, 죽을 사): 죽지 않음

59. 復學(회복할 복, 배울 학): 정학이나 휴학을하고 있던 학생이 다시 학교에 복귀함
❶ 休學(쉴 휴, 배울 학) : 병이나 사고 따위로 일정 기간 학업을 쉼
② 修學(닦을 수, 배울 학): 학업을 닦음
③ 無學(없을 무, 배울 학): 배움이 없음
④ 退學(물러날 퇴, 배울 학): 학교를 그만 둠
⑤ 調節(고를 조, 마디 절): 사물의 상태를 알맞게 조정하거나 균형이 잡혀 어울리도록 함

60. 希望(바랄 희, 바랄 망): 기대하여 바람
❶ 絕望(끊을 절, 바랄 망): 모든 희망이 끊어짐
② 大望(큰 대, 바랄 망): 큰 희망

③ 所望(바 소, 바랄 망): 바라는 바
④ 展望(펼 전, 바랄 망): 경치를 멀리 바라봄, 앞날에 있어서의 일의 형세
⑤ 忠情(충성 충, 뜻 정): 충성스러운 정

61. 都市(도읍 도, 시장 시): 사람이 많이 모여사는 번화한 곳
① 都邑(도읍 도, 고을 읍): 서울
② 都城(도읍 도, 재 성): 서울
❸ 鄕村(시골 향, 마을 촌): 시골
④ 故鄕(연고 고, 시골 향): 태어나서 자란 곳
⑤ 保守(지킬 보, 지킬 수): 오랜 습관, 제도 등을 소중히 여겨 지킴

62. 同意(한가지 동, 뜻 의): 의견을 같이함
① 同調(한가지 동, 고를 조): 남의 의견이나 주장에 찬동하여 따름
❷ 異意(다를 이, 뜻 의): 다른 의견
③ 意圖(뜻 의, 그림 도): 무엇을 이루려는 생각
④ 意向(뜻 의, 향할 향): 마음이 향하는 바
⑤ 低調(낮을 저, 고를 조): 활기없이 침체함

63. 減少(덜 감, 적을 소): 덜어서 적게함
① 加減(더할 가, 덜 감): 더하고 뺌
② 增減(더할 증, 덜 감): 늚 과 줆
❸ 增加(더할 증, 더할 가): 수나 양이 많아짐
④ 所得(바 소, 얻을 득): 일의 경과로 얻어지는 이익
⑤ 私的(사사 사, 과녁 적): 개인에 관계되는 것

64. 單純(홑 단, 순수할 순): 복잡하지 않고 간단함
① 多數(많을 다, 셈 수): 수효가 많음
❷ 複雜(겹칠 복, 섞일 잡): 겹치고 뒤섞여 어수선함
③ 複數(겹칠 복, 셈 수): 두 자리 이상의 수, 명사 또는 대명사가 가리키는 사물이 둘 이상임을 나타내는 말
④ 單數(홑 단, 셈 수): 하나인 수
⑤ 傾斜(기울 경, 비낄 사): 한쪽으로 비스듬히 기울어짐

65. 短縮(짧을 단, 줄일 축): 짧게 줄임
① 短期(짧을 단, 기약할 기): 짧은 기간
② 年長(해 년(연), 길 장): 비교하여 나이가 많음
❸ 延長(끌 연, 길 장): 시간, 거리 등을 길게 늘임
④ 壽命(목숨 수, 목숨 명): 생물이 살아있는 연한
⑤ 賃貸(품삯 임, 빌릴 대): 돈을 받고 물건을 남에게 빌려줌

66~70 다음 성어(成語)에서 '□'에 들어갈 알맞은 한자(漢字)는 어느 것입니까?

66. 勢(형세 세)不(아닐 불)□立(설 립)
❶ 兩(두 량(양)) ② 名(이름 명)
③ 親(친할 친) ④ 故(연고 고)
⑤ 街(거리 가)
勢不兩立(세불양립): 서로 엇비슷한 힘을 지닌 두 세력이 함께 존재할 수 없음. 즉 한 세력권 안에서 권력을 나눌 수 없거나 우두머리가 둘일 수 없음

67. □一(한 일)知(알 지)十(열 십)
① 門(문 문) ② 問(물을 문)
❸ 聞(들을 문) ④ 文(글월 문)
⑤ 賣(팔 매)
聞一知十(문일지십): 하나를 듣고 열 가지를 미루어 안다, 지극히 총명함

68. 四(넉 사)通(통할 통)八(여덟 팔)□
❶ 達(통달할 달) ② 刀(칼 도)
③ 月(달 월) ④ 大(큰 대)
⑤ 堂(집 당)
四通八達(사통팔달): 도로나 교통망, 통신망 따위가 이리저리 사방으로 통함

69. □下(아래 하)老(늙을 로(노))人(사람 인)
① 木(나무 목) ❷ 月(달 월)
③ 日(날 일) ④ 古(예 고)
⑤ 雲(구름 운)
月下老人(월하노인): 부부의 인연을 맺어 준다는 전설상의 늙은이. 중국 당나라의 위고가 달밤에 어떤 노인을 만나 장래의 아내에 대한 예언을 들었다는 데서 유래

70. 固(굳을 고)定(정할 정)觀(볼 관)□
① 公(공평할(공변될) 공) ② 戰(싸움 전)
❸ 念(생각 념) ④ 信(믿을 신)
⑤ 例(법식 례)
固定觀念(고정관념): 잘 변하지 아니하는, 행동을 주로 결정하는 확고한 의식이나 관념

71~75 다음 성어(成語)의 뜻풀이로 적절한 것은 어느 것입니까?

71. 四(넉 사)海(바다 해)兄(형 형)弟(아우 제)
四海兄弟(사해형제): 온 세상 사람이 모두 형제와 같다.

72. 多(많을 다)多(많을 다)益(더할 익)善(착할 선)
多多益善(다다익선): 많으면 많을수록 좋음

73. 各(각각 각)人(사람 인)各(각각 각)色(빛 색)
各人各色(각인각색): 사람마다 각기 다름

74. 三(석 삼)寒(찰 한)四(넉 사)溫(따뜻할 온)

三寒四溫(삼한사온): 사흘 동안 춥고 나흘 동안 따뜻함

75. 一(한 일)問(물을 문)一(한 일)答(대답 답)
一問一答(일문일답): 한 번 질문에 대하여 한 번 대답함

76~80 다음의 뜻을 가장 잘 나타낸 성어(成語)는 어느 것입니까?

76. 총이나 활을 쏠 때마다 겨눈 곳에 다 맞다.
❶ 百(일백 백)發(필 발)百(일백 백)中(가운데 중)
百發百中(백발백중): 백 번 쏘아 백 번 맞힌다, 총이나 활 따위를 쏠 때마다 겨눈 곳에 다 맞음
② 一(한 일)石(돌 석)二(두 이)鳥(새 조)
一石二鳥(일석이조): 돌 한 개를 던져 새 두 마리를 잡는다, 동시에 두 가지 이득을 봄
③ 自(스스로 자)業(일 업)自(스스로 자)得(얻을 득)
自業自得(자업자득): 자기가 저지른 일의 결과를 자기가 받음
④ 士(선비 사)農(농사 농)工(장인 공)商(장사 상)
士農工商(사농공상): 예전에, 백성을 나누던 네 가지 계급. 선비, 농부, 공장(工匠), 상인을 이르던 말
⑤ 山(메 산)川(내 천)草(풀 초)木(나무 목)
山川草木(산천초목): 산과 내와 풀과 나무,'자연'을 이르는 말

77. 여러 가지 일도 많고 어려움도 많다.
① 多(많을 다)才(재주 재)多(많을 다)能(능할 능)
多才多能(다재다능): 재주와 능력이 여러 가지로 많음
❷ 多(많을 다)事(일 사)多(많을 다)難(어려울 난)
多事多難(다사다난): 여러 가지 일도 많고 어려움이나 탈도 많음
③ 父(아비 부)傳(전할 전)子(아들 자)傳(전할 전)
父傳子傳(부전자전): 아들의 성격이나 생활 습관 따위가 아버지로부터 대물림된 것처럼 같거나 비슷함
④ 山(메 산)戰(싸움 전)水(물 수)戰(싸움 전)
山戰水戰(산전수전): 산에서도 싸우고 물에서도 싸웠다, 세상의 온갖 고생과 어려움을 다 겪었음
⑤ 世(인간 세)上(윗 상)萬(일만 만)事(일 사)
世上萬事(세상만사): 세상에서 일어나는 온갖 일

78. 여러 가지의 잘잘못을 옳고 그름을 따지며 다툼
① 獨(홀로 독)不(아닐 불)將(장수 장)軍(군사 군)
獨不將軍(독불장군): 무슨 일이든 자기 생각대로 혼자서 처리하는 사람.
② 一(한 일)言(말씀 언)半(반 반)句(글귀 구)
一言半句(일언반구): 한 마디 말과 반 구절, 아주 짧은 말
③ 敬(공경 경)老(늙을 로)孝(효도 효)親(친할 친)
敬老孝親(경로효친): 노인을 공경하고 부모를 섬김
❹ 是(옳을 시)是(옳을 시)非(아닐 비)非(아닐 비)
是是非非(시시비비): 여러 가지의 잘잘못을 옳고 그름을 따지며 다툼
⑤ 無(없을 무)所(바 소)不(아닐 불(부))知(알 지)
無所不知(무소부지): 모르는 것이 없음

79. 나쁜 일에 대한 소문은 빠르게 널리 퍼져 알려짐
① 十(열 십)中(가운데 중)八(여덟 팔)九(아홉 구)
十中八九(십중팔구): 열 가운데 여덟이나 아홉 정도로 거의 대부분이거나 거의 틀림없음
❷ 惡(악할 악)事(일 사)千(일천 천)里(마을 리)
惡事千里(악사천리): 나쁜 일에 대한 소문은 빠르게 널리 퍼져 알려짐
③ 八(여덟 팔)道(길 도)江(강 강)山(메 산)
八道江山(팔도강산): 팔도의 강산, 우리나라 전체의 강산을 이르는 말
④ 自(스스로 자)由(말미암을 유)自(스스로 자)在(있을 재)
自由自在(자유자재): 거침없이 자기 마음대로 할 수 있음
⑤ 形(형상 형)形(형상 형)色(빛 색)色(빛 색)
形形色色(형형색색): 형상과 빛깔 따위가 서로 다른 여러 가지

80. 한 사람이 여러 가지 재주나 복을 다 가질 수 없음
① 客(손 객)反(돌이킬 반)爲(할 위)主(주인 주)
客反爲主(객반위주): 손이 도리어 주인 노릇을 한다, 부차적인 것을 주된 것보다 오히려 더 중요하게 여김
② 二(두 이)八(여덟 팔)靑(푸를 청)春(봄 춘)
二八靑春(이팔청춘): 16세 무렵의 꽃다운 청춘. 또는 혈기 왕성한 젊은 시절.
③ 皮(가죽 피)骨(뼈 골)相(서로 상)接(접할 접)
皮骨相接(피골상접): 살가죽과 뼈가 맞붙을 정도로 몹시 마름.
④ 無(없을 무)爲(할 위)自(스스로 자)然(그럴 연)
無爲自然(무위자연): 사람의 힘을 더하지 않은 그대로의 자연. 또는 그런 이상적인 경지
❺ 角(뿔 각)者(놈 자)無(없을 무)齒(이 치)
角者無齒(각자무치): 뿔이 있는 짐승은 이가 없다, 한 사람이 여러 가지 재주나 복을 다 가질 수 없다는 말.

제3영역 讀解

81~86 다음 문장에서 한자어(漢字語)의 음(音)은 무엇입니까?

81. 학생 모두가 일어서서 校歌(학교 교, 노래 가)를 제창하였다.

82. 국민은 투표로써, 자신의 意見(뜻 의, 볼 견)을 표시한다.

83. 매만 맞고 돌아온 흥부는 스스로의 힘으로 살아가기로 決心(결단할 결, 마음 심)하고 열심히 일을 하였습니다.

84. 나는 모아 둔 일기장을 챙기면서 옛날에 쓴 日記(날 일, 기록할 기)들을 살펴보았습니다.

85. 자원의 개발과 산업의 발전은 우리 생활을 向上(향할 향, 윗 상)시켜 주지만, 한편으로는 여러 문제점이 생기고 있다.

86. 탐스럽고 화려한 꽃으로 모란이나 장미가 있고, 香氣(향기 향, 기운 기)가 좋은 꽃으로 백합과 라일락이 있다.

87~92 다음 문장에서 밑줄 친 한자어(漢字語)의 뜻풀이로 적절한 것은 어느 것입니까?

87. 할아버지의 春秋(봄 춘, 가을 추)가 어떻게 되느냐는 질문에 일흔이십니다라고 대답하였습니다.
* 나이

88. 그의 長技(길 장, 재주 기)는 뭐니 뭐니 해도 명창에 비길만한 소리이다.
* 가장 잘하는 재주

89. 막동은 내색않으려고 무던히 애를 쓰고 있었지만 內心(안 내, 마음 심) 공포에 가까운 불안을 알고 있었던 것이다.
* 마음 속으로

90. 시조는 우리 민족 만이 짓고 부르던 고유한 形式(형상 형, 법 식)의 노래이다.
* 겉모양

91. 일단 합의를 통해 결정된 일에는 모두가 믿고 따르며 協力(화합할 협, 힘 력)해야 한다.
* 힘을 합쳐 서로 도움

92. 필요없는 전등 하나를 끄면, 그만큼 돈도 節約(마디 절, 약속할 약)할 수 있다.
* 아끼어 씀

93~95 다음 문장에서 빈칸에 들어갈 가장 적절한 한자어(漢字語)는 어느 것입니까?

93. 요즈음 어린이들은 겉으로 보기에는 건강한 것 같아도 온실의 □□처럼 몸이 허약하다.
① 花園(꽃 화, 동산 원): 꽃을 심은 동산
② 化草(될 화, 풀 초) *한자어 아님
③ 花初(꽃 화, 처음 초) *한자어 아님
❹ 花草(꽃 화, 풀 초): 꽃밭이나 화분에 심는 풀과 나무
⑤ 和草(화할 화, 풀 초) *한자어 아님

94. 우리 □□의 대부분은 산으로 되어 있다.
① 國民(나라 국, 백성 민): 한 나라안에서 살고 있는 모든 사람들
❷ 國土(나라 국, 흙 토): 나라의 땅
③ 農土(농사 농, 흙 토): 농사짓는 땅
④ 國地(나라 국, 땅 지) *한자어 아님
⑤ 國士(나라 국, 선비 사): 나라의 뛰어난 선비

95. 육식 □□인 악어는 사람을 해치는 것은 물론이고 짐승이나 물고기도 닥치는 대로 먹어치운다.
① 冬物(겨울 동, 물건 물) *한자어 아님
② 同物(한가지 동, 물건 물) *한자어 아님
③ 毒物(독 독, 물건 물): 독성이 있는 물질
④ 童物(아이 동, 물건 물) *한자어 아님
❺ 動物(움직일 동, 물건 물): 생물을 크게 두 개로 분류한 것 중 하나로 짐승, 사람 따위를 통틀어 이르는 말

96~98 다음 문장에서 한자어(漢字語)의 한자 표기(漢字表記)가 바르지 않은 것은 어느 것입니까?

96. 모든 ① 生物(날 생, 물건 물)이 그렇듯이, ② 人間(사람 인, 사이 간)도 적절한 ❸ 校育(학교 교, 기를 육)을 받음으로써 사회화되고 ④ 內在(안 내, 있을 재)된 ⑤ 自我(스스로 자, 나 아)의 폭을 넓히게 되는 것이다.
* 校育 → 敎育(가르칠 교, 기를 육)

97. ❶ 問學(물을 문, 배울 학) ② 作品(지을 작, 물건 품)이 인간의 ③ 生活(날 생, 살 활) 모습을 담아 낸다면, 작품의 ④ 登場(오를 등, 마당 장)인물들 간에도 갈등이 ⑤ 存在(있을 존, 있을 재)할 것이다.
* 問學 → 文學(글월 문, 배울 학)

98. 태풍이 ① 南海(남녘 남, 바다 해)안을 ② 强打(강할 강, 칠 타)하여 많은 ③ 財産(재물 재, 낳을 산) 피해와 ④ 多數(많을 다, 셀 수)의 ❺人名(사람 인, 이름

명) 피해를 냈다.
* 人名 → 人命(사람 인, 목숨 명)

99~101 다음 문장에서 밑줄 친 단어(單語)를 한자(漢字)로 바르게 쓴 것은 어느 것입니까?

99. 어린이들은 일반적으로 영양이 많은 생선을 충분히 먹지 않는다.
① 育分(기를 육, 나눌 분)
② 養育(기를 양, 기를 육)
❸ 充分(채울 충, 나눌 분)
④ 忠分(충성 충, 나눌 분)
⑤ 安分(편안 안, 나눌 분)

100. 정치를 하는 사람 중에서 자기의 이익만을 추구하는 사람이 있다.
① 正治(바를 정, 다스릴 치)
② 正致(바를 정, 이를 치)
③ 政致(정사 정, 이를 치)
❹ 政治(정사 정, 다스릴 치)
⑤ 情致(뜻 정, 이를 치)

101. 어느덧 소년은 자라 청년이 되었습니다.
① 唱年(부를 창, 해 년)
② 情年(뜻 정, 해 년)
❸ 青年(푸를 청, 해 년)
④ 淸年(맑을 청, 해 년)
⑤ 春年(봄 춘, 해 년)

102~104 다음 문장에서 밑줄 친 단어(單語)나 어구(語句)의 뜻을 가장 잘 나타낸 한자(漢字) 또는 한자어(漢字語)는 어느 것입니까?

102. 안중근 의사는 1879년 황해도 해주에서 태어났습니다.
① 發生(필 발, 날 생)
❷ 出生(날 출, 날 생)
③ 先生(먼저 선, 날 생)
④ 學生(배울 학, 날 생)
⑤ 相生(서로 상, 날 생)

103. 진희는 집에서 맏딸입니다.
① 長男(길 장, 사내 남)
❷ 長女(길 장, 계집 녀)
③ 次男(버금 차, 사내 남)
④ 次女(버금 차, 계집 녀)
⑤ 子女(아들 자, 계집 녀)

104. 우리 나라의 명절 가운데에서 설, 한가위가 큰 명절입니다.
❶ 秋夕(가을 추, 저녁 석)
② 下午(아래 하, 낮 오)
③ 上午(윗 상, 낮 오)
④ 正午(바를 정, 낮 오)
⑤ 秋分(가을 추, 나눌 분)

105~110 다음 글을 읽고 물음에 답하시오.

105. 문맥에 맞는 ㉠'죽음'의 뜻을 나타내는 한자어는?
① 短命(짧을 단, 목숨 명)
❷ 戰死(싸움 전, 죽을 사)
③ 病死(병 병, 죽을 사)
④ 死亡(죽을 사, 망할 망)
⑤ 生死(날 생, 죽을 사)

106. ㉡'뽑아서'의 뜻을 가진 것은?
① 守(지킬 수)　② 賣(팔 매)
❸ 選(가릴 선)　④ 殺(죽일 살)
⑤ 射(쏠 사)

107. ㉢'출전'의 한자 표기가 바른 것은?
① 快勝(쾌할 쾌, 이길 승)
② 史官(역사(사기) 사, 벼슬 관)
③ 登山(오를 등, 메 산)
❹ 出戰(날 출, 싸움 전)
⑤ 出兵(날 출, 병사 병)

108. ㉣'많은 병사'의 뜻을 가장 잘 나타낸 것은?
① 大君(큰 대, 임금 군)
❷ 大軍(큰 대, 군사 군)
③ 對戰(대할 대, 싸움 전)
④ 移動(옮길 이, 움직일 동)
⑤ 大戰(큰 대, 싸움 전)

109. ㉤~㉧(국가, 존망, 전의, 도착, 승리) 중에서 한자의 표기가 바르지 않은 것은?
① ㉤ 國家(나라 국, 집 가)
② ㉥ 存亡(있을 존, 망할 망)
③ ㉦ 戰意(싸움 전, 뜻 의)
④ ㉧ 到着(이를 도, 붙을 착)
❺ ㉨ 勝理(이길 승, 다스릴 리)
* 勝理 → 勝利(이길 승, 이로울 리)

110. ㉩'싸움에 지고 말았다.'의 한자 표기가 바른 것은?
① 滿期(찰 만, 기약할 기)
② 速步(빠를 속, 걸음 보)
③ 風波(바람 풍, 물결 파)
❹ 敗北(패할 패, 달아날 배)
⑤ 將軍(장수 장, 군사 군)

111~115 다음 글을 읽고 물음에 답하시오.

111. ㉠'첨단'의 '단'과 같은 한자를 사용한 한자어는?
① 但書(다만 단, 글 서)
② 丹田(붉을 단, 밭 전)
③ 短期(짧을 단, 기약할 기)
④ 單純(홑 단, 순수할 순)
❺ 端正(끝 단, 바를 정)

112. ㉡'세련'의 한자표기로 바른 것은?
① 細練(가늘 세, 익힐 련)
② 新綠(새 신, 푸를 록)
❸ 洗練(씻을 세, 익힐 련)
④ 洗浪(씻을 세, 물결 랑)
⑤ 細浪(가늘 세, 물결 랑)

113. ㉢~㉦(기술, 흙토, 기법, 개발, 명품) 중에서 한자 표기가 바르지 않은 것은?
❶ ㉢技淑(재주 기, 맑을 숙)
② ㉣黑土(검을 흑, 흙 토)
③ ㉤技法(재주 기, 법 법)
④ ㉥開發(열 개, 필 발)
⑤ ㉦名品(이름 명, 물건 품)
* 技淑 → 技術(재주 기, 재주 술)

114. ㉧~㉫(유독, 경로, 각국, 경매장, 등장) 중에서 한자표기가 바르게 된 것은?
❶ ㉧ 唯獨(오직 유, 홀로 독)
② ㉨ 耕路(밭갈 경, 길 로)
③ ㉩ 皆國(다 개, 나라 국)
④ ㉪ 輕買場(가벼울 경, 살 매, 마당 장)
⑤ ㉫ 燈場(등 등, 마당 장)
* 經路(지날 경, 길 로), 各國(각각 각, 나라 국), 競賣場(다툴 경, 팔 매, 마당 장), 登場(오를 등, 마당 장)

115. ㉬'호가'의 한자표기로 바른 것은?
① 乎佳(어조사 호, 아름다울 가)
② 戶假(집 호, 거짓 가)
③ 或佳(혹 혹, 아름다울 가)
④ 亥價(돼지 해, 값 가)
❺ 呼價(부를 호, 값 가)

116~120 다음 글을 읽고 물음에 답하시오.

116. ㉠'성가대원'의 한자 표기가 바른 것은?
① 聲歌帶員(소리 성, 노래 가, 띠 대, 인원 원)
② 聖歌臺員(성인 성, 노래 가, 대 대, 인원 원)
③ 聲歌隊員(소리 성, 노래 가, 무리 대, 인원 원)
❹ 聖歌隊員(성인 성, 노래 가, 무리 대, 인원 원)
⑤ 聖歌帶員(성인 성, 노래 가, 띠 대, 인원 원)

117. ㉡~㉥(무려, 번역, 병사, 잠시, 일화) 중 한자 표기가 바르지 않은 것은?
① ㉡ 無慮(없을 무, 생각할 려)
② ㉢ 飜譯(번역할 번, 번역할 역)
❸ ㉣ 兵師(병사 병, 스승 사)
④ ㉤ 暫時(잠깐 잠, 때 시)
⑤ ㉥ 逸話(편안할 일, 말씀 화)
* 兵師 → 兵士(병사 병, 선비 사)

118. ㉧'성탄절'의 한자 표기가 바른 것은?
① 四旬節(넉 사, 열흘 순, 마디 절)
❷ 聖誕節(성인 성, 태어날 탄, 마디 절)
③ 釋誕節(풀 석, 태어날 탄, 마디 절)
④ 復活節(다시 부, 살 활, 마디 절)
⑤ 聖彈節(성인 성, 탄알 탄, 마디 절)

119. ㉦~㉫(위력, 백화점, 밀집, 경쾌, 함축) 중에서 한자표기가 바르지 않은 것은?
① ㉦ 偉力(위대할 위, 힘 력)
❷ ㉨ 百和店(일백 백, 화할 화, 가게 점)
③ ㉩ 密集(빽빽할 밀, 모을 집)
④ ㉪ 輕快(가벼울 경, 쾌할 쾌)
⑤ ㉫ 含蓄(머금을 함, 쌓을(모을) 축)
* 百和店 → 百貨店(일백 백, 재물 화, 가게 점)

120. ㉬'구세군'의 '구'자의 한자 표기가 바른 것은?
❶ 救(구원할 구)
② 求(구할 구)
③ 拘(잡을 구)
④ 究(연구할 구)
⑤ 俱(함께 구)

5 실전 모의고사(정답 및 해설)

정답

1 ②	2 ①	3 ②	4 ④	5 ②
6 ①	7 ③	8 ①	9 ③	10 ⑤
11 ④	12 ③	13 ②	14 ⑤	15 ⑤
16 ③	17 ②	18 ⑤	19 ①	20 ②
21 ②	22 ②	23 ②	24 ③	25 ①
26 ③	27 ④	28 ①	29 ①	30 ③
31 ①	32 ②	33 ③	34 ④	35 ⑤
36 ②	37 ⑤	38 ①	39 ③	40 ④
41 ⑤	42 ②	43 ④	44 ②	45 ④
46 ②	47 ⑤	48 ②	49 ①	50 ②
51 ④	52 ②	53 ④	54 ③	55 ④
56 ①	57 ④	58 ①	59 ①	60 ③
61 ③	62 ②	63 ①	64 ①	65 ②
66 ③	67 ⑤	68 ④	69 ②	70 ①
71 ②	72 ①	73 ③	74 ⑤	75 ①
76 ④	77 ①	78 ③	79 ①	80 ④
81 ③	82 ⑤	83 ④	84 ②	85 ①
86 ①	87 ①	88 ②	89 ⑤	90 ②
91 ③	92 ④	93 ③	94 ②	95 ①
96 ⑤	97 ⑤	98 ③	99 ②	100 ③
101 ③	102 ③	103 ①	104 ③	105 ④
106 ①	107 ⑤	108 ④	109 ⑤	110 ③
111 ⑤	112 ②	113 ②	114 ④	115 ③
116 ⑤	117 ①	118 ②	119 ③	120 ⑤

제1영역 漢字

1~2 다음 필순(筆順)에 대한 설명에 가장 알맞은 한자는 어느 것입니까?

1. 위에서 아래로 쓴다.

① 月 (달 월) 丿 冂 月 月
❷ 工 (장인 공) 一 丅 工
③ 故 (연고 고) 一 十 十 古 古 古 古 故 故
④ 例 (법식 례) 丿 亻 亻 亻 仮 仮 佮 例
⑤ 曲 (굽을 곡) 丨 冂 冂 冂 冊 曲

2. 가로 획과 세로 획이 교차될 때에는 가로 획을 먼저 쓴다.

❶ 土 (흙 토) 一 十 土
② 理(다스릴 리) 一 二 干 王 玔 玔 玾 玾 理 理
③ 向 (향할 향) 丿 亻 冂 向 向 向
④ 血 (피 혈) 丿 亻 亻 向 血 血
⑤ 八 (여덟 팔) 丿 八

3~4 다음 한자(漢字)의 획수(劃數)는 모두 몇 획입니까?

3. 雨 (비 우) 雨(비 우)부 0획 총8획
一 丆 冂 帀 雨 雨 雨 雨

4. 落 (떨어질 락) 艸(艹)(풀 초)부 9획 총13획
丶 十 艹 艹 艹 艹 艹 艹 茳 茖 落 落 落

5~6 다음 한자(漢字)의 부수(部首)는 무엇입니까?

5. 經(지날 경): 糸부 7획

① 巛(개미허리) ❷ 糸 (실 사)
③ 小(작을 소) ④ 一(한 일)
⑤ 二(두 이)

6. 男(사내 남): 田부 2획

❶ 田 (밭 전) ② 力 (힘 력)
③ 刀 (칼 도) ④ 丨(뚫을 곤)
⑤ 大(큰 대)

7~8 다음 한자(漢字)와 그 조자(造字)의 방식이 같은 한자는 어느 것입니까?

7. 豆(콩 두): 상형

① 本(근본 본) ② 多(많을 다)
❸ 川(내 천) 상형 ④ 好(좋을 호)

⑤ 念(생각 념)

8. 非(아닐 비): 상형
❶ 雨(비 우) 상형 ② 太 (클 태)
③ 間(사이 간) ④ 定(정할 정)
⑤ 上(윗 상)

9~14 다음 한자(漢字)의 음(音)은 무엇입니까?

9. 客(손 객)

10. 見(볼 견)

11. 毛(터럭 모)

12. 俗(풍속 속)

13. 量(헤아릴 량)

14. 午(낮 오)

15~19 다음의 음(音)을 가진 한자는 어느 것입니까?

15. 습
① 絕(끊을 절) ② 罪(허물 죄)
③ 忠(충성 충) ④ 色(빛 색)
❺ 習(익힐 습)

16. 위
① 祝(빌 축) ② 立(설 립)
❸ 位(자리 위) ④ 恩(은혜 은)
⑤ 賣(팔 매)

17. 종
① 章(글 장) ❷ 種(씨 종)
③ 重(무거울 중) ④ 取(가질 취)
⑤ 都(도읍 도)

18. 이
① 斗(말 두) ② 己(몸 기)
③ 武(군인(호반) 무) ④ 世(인간 세)
❺ 移(옮길 이)

19. 자
❶ 自(스스로 자) ② 兩(두 량)
③ 談(말씀 담) ④ 浴(목욕할 욕)
⑤ 步(걸음 보)

20~24 다음 한자(漢字)와 음(音)이 같은 한자는 어느 것입니까?

20. 雲(구름 운)
① 勤(부지런할 근) ❷ 運(옮길 운)
③ 英(꽃부리 영) ④ 河(물 하)
⑤ 完(완전할 완)

21. 素(본디 소)
① 守(지킬 수) ❷ 所(바 소)
③ 順(순할 순) ④ 場(마당 장)
⑤ 圖(그림 도)

22. 香(향기 향)
① 幸(다행 행) ❷ 鄉(시골 향)
③ 勝(이길 승) ④ 仕(섬길 사)
⑤ 國(나라 국)

23. 丹(붉을 단)
① 久(오랠 구) ❷ 單(홑 단)
③ 果(실과 과) ④ 革(가죽 혁)
⑤ 街(거리 가)

24. 告(고할 고)
① 吉(길할 길) ② 夫(지아비 부)
❸ 固(굳을 고) ④ 壯(장할 장)
⑤ 京(서울 경)

25~30 다음 한자(漢字)의 뜻은 무엇입니까?

25. 去(갈 거)

26. 期(기약할 기)

27. 變(변할 변)

28. 姓(성 성)

29. 字(글자 자)

30. 物(물건 물)

31~35 다음의 뜻을 가진 한자(漢字)는 어느 것입니까?

31. 금하다
❶ 禁(금할 금) ② 金(쇠 금)
③ 可(옳을 가) ④ 元(으뜸 원)
⑤ 善(착할 선)

32. 아이
① 番(차례 번) ❷ 兒(아이 아)
③ 屋(집 옥) ④ 調(고를 조)
⑤ 有(있을 유)

33. 헤아리다
① 歌(노래 가) ② 財(재물 재)
❸ 料(헤아릴 료) ④ 科(과목 과)
⑤ 弱(약할 약)

34. 골
① 骨(뼈 골) ② 題(제목 제)
③ 親(친할 친) ❹ 谷(골 곡)
⑤ 平(평평할 평)

35. 마을
① 進(나아갈 진) ② 存(있을 존)
③ 寸(마디 촌) ④ 除(덜 제)
❺ 村(마을 촌)

36~40 다음 한자(漢字)와 뜻이 비슷한 한자는 어느 것입니까?

36. 育(기를 육)
① 解(풀 해) ❷ 養(기를 양)
③ 友(벗 우) ④ 容(얼굴 용)
⑤ 强(강할 강)

37. 考(생각할 고)
① 失(잃을 실) ② 擧(들 거)
③ 名(이름 명) ④ 奉(받들 봉)
❺ 思(생각 사)

38. 察(살필 찰)
❶ 省(살필 성) ② 收(거둘 수)
③ 訪(찾을 방) ④ 父(아비 부)
⑤ 童(아이 동)

39. 設(베풀 설)
① 夕(저녁 석) ② 交(사귈 교)
❸ 施(베풀 시) ④ 面(낯 면)
⑤ 式(법 식)

40. 法(법 법)
① 郡(고을 군) ② 方(모 방)
③ 住(살 주) ❹ 典(법 전)
⑤ 黃(누를 황)

제2영역 語 彙

41~45 다음 한자어(漢字語)와 발음(發音)이 같은 한자어는 어느 것입니까?

41. 救命(구원할 구, 목숨 명): 사람의 목숨을 구함
① 口令(입 구, 하여금 령): 여러 사람의 움직임을 같이 하기위해 부르는 호령
② 童心(아이 동, 마음 심): 어린 아이의 마음
③ 救國(구원할 구, 나라 국): 위태로운 나라를 구함
④ 救助(구원할 구, 도울 조): 위험한 상태에 있는 사람을 도와서 구원함
❺ 究明(연구할 구, 밝을 명): 사물의 본질, 원인 따위를 깊이 연구하여 밝힘

42. 消亡(사라질 소, 망할 망): 사라져 없어져 버림
① 藥草(약 약, 풀 초): 약이 되는 풀
❷ 所望(바 소, 바랄 망): 바람, 바라는 바
③ 滿月(찰 만, 달 월): 보름달
④ 萬一(일만 만, 한 일) : 혹시, 어쩌다가, 그러한 경우에는
⑤ 誠意(정성 성, 뜻 의): 정성스러운 뜻

43. 人和(사람 인, 화활 화): 여러 사람이 서로 화합함
① 引下(끌 인, 아래 하): 물건 따위를 끌어내림. 가격 따위를 낮춤
② 人家(사람 인, 집 가): 사람이 사는 집
③ 入會(들 입, 모일 회): 어떤 회의 회원이 됨
❹ 引火(끌 인, 불 화): 불이 옮아 붙음
⑤ 陽數(볕 양, 셈 수): 0보다 큰 수

44. 干支(방패 간, 지탱할 지): 십간(十干)과 십이지(十二支)
① 産地(낳을 산, 땅 지): 생산되어 나오는 곳
❷ 間紙(사이 간, 종이 지): 접어서 맨 책의 각 장의 속에 넣어 받치는 종이
③ 散在(흩을 산, 있을 재) : 여기저기 흩어져 있음
④ 存在(있을 존, 있을 재) : 실제로 있음
⑤ 否定(아닐 부, 정할 정) : 그렇지 아니하다고 단정하거나 반대함

45. 叛徒(배반할 반, 무리 도): 반란을 꾀하거나 그에 가담한 무리
① 半天(반 반, 하늘 천): 하늘의 반쪽
② 反射(돌이킬 반, 쏠 사): 한 방향으로 가던 파동이 다른 물체에 부딪혀 그 반대 방향으로 바뀌는 현상
③ 反動(돌이킬 반, 움직일 동): 어떤 작용에 반대로 작용함
❹ 半島(반 반, 섬 도): 세면이 바다로 싸여있고 한면이 육지로 이어진 땅
⑤ 浮雲(뜰 부, 구름 운): 뜬구름, 덧없는 세상일을 비유

46~47 다음 괄호 속 한자(漢字)의 음(音)이 다르게 발음 되는 것은 어느 것입니까?

46. ① (讀)書(읽을 독, 글 서): 책을 읽음
❷ 句(讀)(글귀 구, 구절 두): 글을 쓸 때 문장 부호를 쓰는 방법
③ 速(讀)(빠를 속, 읽을 독): 빠르게 읽음
④ 一(讀)(한 일, 읽을 독): 한번 읽음
⑤ (讀)者(읽을 독, 놈 자): 책, 신문, 잡지 따위의 글

을 읽는 사람

47. ① 嫌(惡)(싫어할 혐, 미워할 오): 싫어하고 미워함
② 憎(惡)(미울 증, 미워할 오): 사무치게 미워함
③ (惡)寒(미워할 오, 찰 한): 몸이 으슬으슬 춥고 떨리는 현상
④ 好(惡)(좋을 호, 미워할 오): 좋아함과 싫어함
❺ (惡)臭(악할 악, 냄새 취): 나쁜 냄새

48~57 다음 단어들의 '□'에 공통으로 들어갈 알맞은 한자(漢字)는 어느 것입니까?

48. 談(말씀 담)□, 失(잃을 실)□, 冷(찰 냉)□
① 水(물 수) ❷ 笑(웃음 소)
③ 敗(패할 패) ④ 言(말씀 언)
⑤ 甘(달 감)
* 談笑(담소), 失笑(실소), 冷笑(냉소)

49. 形(형상 형)□, □紙(종이 지), □益(더할 익)
❶ 便(편할 편) ② 利(이로울 리)
③ 用(쓸 용) ④ 體(몸 체)
⑤ 物(물건 물)
* 形便(형편), 便紙(편지), 便益(편익)

50. □世(인간 세), □安(편안 안), 完(완전할 완)□
① 全(온전할 전) ❷ 治(다스릴 치)
③ 結(맺을 결) ④ 平(평평할 평)
⑤ 淸(맑을 청)
* 治世(치세), 治安(치안), 完治(완치)

51. □度(법도 도), 上(윗 상)□, 有(있을 유)□
① 溫(따뜻할 온) ② 席(자리 석)
③ 角(뿔 각) ❹ 限(한할 한)
⑤ 香(향기 향)
* 限度(한도), 上限(상한), 有限(유한)

52. 解(풀 해)□, 論(논할 론(논))□, □法(법 법)
① 海(바다 해) ❷ 說(말씀 설)
③ 强(강할 강) ④ 政(정사 정)
⑤ 追(쫓을 추)
*解說(해설), 論說(논설), 說法(설법)

53. □造(지을 조), □藥(약 약), 手(손 수)□
① 急(급할 급) ② 農(농사 농)
③ 題(제목 제) ❹ 製(지을 제)
⑤ 財(재물 재)
*製造(제조), 製藥(제약), 手製(수제)

54. □筆(붓 필), 先(먼저 선)□, □近(가까울 근)
① 遠(멀 원) ② 後(뒤 후)
❸ 親(친할 친) ④ 文(글월 문)
⑤ 考(생각할 고)
* 親筆(친필), 先親(선친), 親近(친근)

55. □擧(들 거), 競(다툴 경)□, 初(처음 초)□
① 爭(다툴 쟁) ② 快(쾌할 쾌)
③ 等(무리 등) ❹ 選(가릴 선)
⑤ 成(이룰 성)
* 選擧(선거), 競選(경선), 初選(초선)

56. □達(통달할 달), □送(보낼 송), □統(거느릴 통)
❶ 傳(전할 전) ② 正(바를 정)
③ 通(통할 통) ④ 移(옮길 이)
⑤ 風(바람 풍)
* 傳達(전달), 傳送(전송), 傳統(전통)

57. □改(고칠 개), □恨(한 한), 後(뒤 후)□
① 回(돌아올 회) ② 會(모일 회)
③ 懷(품을 회) ❹ 悔(뉘우칠 회)
⑤ 菌(버섯 균)
* 悔改(회개), 悔恨(회한), 後悔(후회)

58~65 다음 한자어(漢字語)와 뜻이 반대(反對)이거나 상대(相對)되는 한자어는 어느 것입니까?

58. 肉體(고기 육, 몸 체): 몸, 신체
❶ 精神(정할 정, 귀신 신): 마음이나 생각
② 主體(주인 주, 몸 체): 어떤 단체나 물건의 주가 되는 부분
③ 光體(빛 광, 몸 체): 제스스로 빛을 내는 물체
④ 物體(물건 물, 몸 체): 구체적인 형태를 가지고 있는 것
⑤ 愛族(사랑 애, 겨레 족): 겨레를 사랑함

59. 古代(예 고, 대신 대): 옛 시대
❶ 現代(나타날 현, 대신 대): 오늘날의 시대
② 中世(가운데 중, 인간 세): 역사의 시대구분에서 고대에 이어 근대에 선행하는 시기
③ 古來(예 고, 올 래): 예로부터 내려오면서
④ 古今(예 고, 이제 금): 예전과 지금을 아울러 이르는 말
⑤ 復古(회복할 복, 예 고): 과거의 정치, 사상, 제도 따위로 돌아감

60. 問題(물을 문, 제목 제): 대답을 요구하는 물음
① 設問(베풀 설, 물을 문): 조사, 통계를 위하여 문제를 내어 물음
② 問答(물을 문, 대답 답): 물음과 대답
❸ 解答(풀 해, 대답 답): 문제를 풀어서 답함
④ 不問(아닐 불, 물을 문): 묻지 아니함
⑤ 野望(들 야, 바랄 망): 크게 무엇을 이루어 보려는

희망

61. 正門(바를 정, 문 문): 건물 앞쪽 면에 있는 문
① 城門(재 성, 문 문): 성의 출입구에 만든 문
② 人文(사람 인, 글월 문): 인류의 문화, 인물과 문물을 아울러 이르는 말
❸ 後門(뒤 후, 문 문): 건물의 뒤쪽에 있는 문
④ 門下(문 문, 아래 하): 가르침을 받는 스승의 아래
⑤ 夜行(밤 야, 다닐 행): 밤에 길을 감

62. 實名(열매 실, 이름 명): 실제의 이름
① 失名(잃을 실, 이름 명): 이름을 전하지 않아 아무도 이름을 모름
❷ 假名(거짓 가, 이름 명): 가짜 이름
③ 佳名(아름다울 가, 이름 명): 아름다운 이름, 좋은 평판이나 명성
④ 失明(잃을 실, 밝을 명): 시력을 잃어 앞을 못 보게 됨
⑤ 慶事(경사 경, 일 사): 기쁜 일

63. 淸潔(맑을 청, 깨끗할 결): 맑고 깨끗함
❶ 不潔(아닐 불, 깨끗할 결): 깨끗하지 아니하고 더러움
② 淸明(맑을 청, 밝을 명): 날씨가 맑고 깨끗함
③ 快晴(쾌할 쾌, 갤 청): 하늘이 맑게 갬
④ 純潔(순수할 순, 깨끗할 결): 잡된 것이 섞이지 아니하고 깨끗함
⑤ 街路(거리 가, 길 로): 시가지의 넓은 도로

64. 與黨(더불 여, 무리 당): 정권을 잡은 정당
❶ 野黨(들 야, 무리 당): 정권을 잡지 못한 정당
② 朋黨(벗 붕, 무리 당): 조선시대 이념과 이해에 따라 이루어진 사림의 집단
③ 新黨(새 신, 무리 당): 새로 만든 정당
④ 作黨(지을 작, 무리 당): 떼를 지음, 무리를 지음
⑤ 破散(깨뜨릴 파, 흩을 산): 깨뜨려 흩뜨림

65. 浪費(물결 랑(낭), 쓸 비): 돈이나 물건을 함부로 써서 없앰
① 消費(사라질 소, 쓸 비): 재화나 서비스 등을 써서 없앰
❷ 貯蓄(쌓을 저, 쌓을(모을) 축): 절약하여 모아둠
③ 濫費(넘칠 람(남), 쓸 비): 재물을 함부로 소비함
④ 貯水(쌓을 저, 물 수): 물을 모아둠
⑤ 破壞(깨뜨릴 파, 무너질 괴): 때려 부수거나 헐어 버림

66~70 다음 성어(成語)에서 '□'에 들어갈 알맞은 한자(漢字)는 어느 것입니까?

66. 萬(일만 만)事(일 사)太(클 태)□
① 義(옳을 의) ② 意(뜻 의)
❸ 平(평평할 평) ④ 利(이로울 리)
⑤ 飮(마실 음)
萬事太平(만사태평): 모든 일이 잘되어서 탈이 없고 평안함

67. 因(인할 인)果(실과 과)□報(갚을(알릴) 보)
① 陽(볕 양) ② 食(밥(먹을) 식)
③ 洋(큰바다 양) ④ 養(기를 양)
❺ 應(응할 응)
因果應報(인과응보): 전생에 지은 선악에 따라 현재의 행과 불행이 있고, 현세에서의 선악의 결과에 따라 내세에서 행과 불행이 있는 일, 좋은 일에는 좋은 결과가 나쁜 일에는 나쁜 결과가 따름

68. 至(이를 지)誠(정성 성)□天(하늘 천)
① 皮(가죽 피) ② 判(판단할 판)
③ 此(이 차) ❹ 感(느낄 감)
⑤ 解(풀 해)
至誠感天(지성감천): 지극한 정성에는 하늘도 감동한다, 무엇이든 정성껏 하면 하늘이 움직여 좋은 결과를 맺음

69. 靑(푸를 청)山(메 산)□水(물 수)
① 死(죽을 사) ❷ 流(흐를 류(유))
③ 各(각각 각) ④ 肉(고기 육)
⑤ 有(있을 유)
靑山流水(청산유수): 푸른 산에 흐르는 맑은 물, 막힘없이 썩 잘하는 말을 비유

70. 一(한 일)日(날 일)三(석 삼)□
❶ 秋(가을 추) ② 想(생각 상)
③ 天(하늘 천) ④ 理(다스릴 리)
⑤ 春(봄 춘)
一日三秋(일일삼추): 하루가 삼 년 같다, 몹시 애태우며 기다림

71~75 다음 성어(成語)의 뜻풀이로 적절한 것은 어느 것입니까?

71. 主(주인 주)客(손 객)一(한 일)體(몸 체)
主客一體(주객일체): 주체와 객체가 하나가 됨

72. 東(동녘 동)問(물을 문)西(서녘 서)答(대답 답)
東問西答(동문서답): 물음과는 전혀 상관없는 엉뚱한 대답

73. 馬(말 마)耳(귀 이)東(동녘 동)風(바람 풍)
馬耳東風(마이동풍): 말의 귀에 동풍, 남의 말을 귀

담아 듣지 않고 흘려버림

74. 一(한 일)進(나아갈 진)一(한 일)退(물러날 퇴)
一進一退(일진일퇴): 한 번 앞으로 나아갔다 한 번 뒤로 물러섰다함

75. 各(각각 각)自(스스로 자)爲(할 위)政(정사 정)
各自爲政(각자위정): 사람이 각자 자기대로 함, 자기 마음대로 하면 전체의 조화를 이루기 어려움

76~80 다음의 뜻을 가장 잘 나타낸 성어(成語)는 어느 것입니까?

76. 늙지 아니하고 오래 살다.
① 十(열 십)年(해 년)窓(창 창)下(아래 하)
十年窓下(십년창하): 10년 동안 창문 아래에 찾는 이가 없다, 외부와 접촉을 끊고 학문에 정진함
② 靑(푸를 청)天(하늘 천)白(흰 백)日(날 일)
靑天白日(청천백일): 하늘이 맑게 갠 대낮, 아무런 잘못 없이 결백함
③ 三(석 삼)十(열 십)六(여섯 륙(육))計(셀 계)
三十六計(삼십육계): 서른여섯 가지의 꾀
❹ 不(아닐 불)老(늙을 로)長(길 장)生(날 생)
不老長生(불로장생): 늙지 아니하고 오래 삶
⑤ 一(한 일)波(물결 파)萬(일만 만)波(물결 파)
一波萬波(일파만파): 하나의 물결이 연쇄적으로 많은 물결을 일으킨다, 한 사건이 그 사건에 그치지 아니하고 잇따라 많은 사건으로 번짐

77. 변명할 말이 없거나 변명을 못하다.
❶ 有(있을 유)口(입 구)無(없을 무)言(말씀 언)
有口無言(유구무언): 입은 있어도 말은 없다, 변명할 말이 없거나 변명을 못함
② 人(사람 인)山(메 산)人(사람 인)海(바다 해)
人山人海(인산인해): 사람이 산을 이루고 바다를 이루었다, 사람이 수없이 많이 모인 상태
③ 以(써 이)熱(더울 열)治(다스릴 치)熱(더울 열)
以熱治熱(이열치열): 열은 열로써 다스림. 곧 열이 날 때에 땀을 낸다든지, 더위를 뜨거운 차를 마셔서 이긴다든지, 힘은 힘으로 물리친다는 따위를 이를 때에 흔히 쓰는 말
④ 出(날 출)天(하늘 천)大(큰 대)孝(효도 효)
出天大孝(출천대효): 하늘이 낸 효자, 지극한 효자나 효성
⑤ 進(나아갈 진)退(물러날 퇴)兩(두 량(양))難(어려울 난)
進退兩難(진퇴양난): 이러지도 저러지도 못하는 어려운 처지

78. 간 곳이나 방향을 모름
① 無(없을 무)所(바 소)不(아닐 불)爲(할 위)
無所不爲(무소불위): 하지 못하는 일이 없음
② 出(날 출)告(고할 고)反(돌이킬 반)面(낯 면)
出告反面(출고반면): 일 때문에 집을 나설 때도 반드시 부모님께 말씀드리고, 일을 마치고 돌아와서도 반드시 얼굴을 뵙고 귀가했음을 알려야 함. 부모님이 걱정하지 않도록 함
❸ 行(다닐 행)方(모 방)不(아닐 불)明(밝을 명)
行方不明(행방불명): 간 곳이나 방향을 모름
④ 家(집 가)書(글 서)萬(일만 만)金(쇠 금)
家書萬金(가서만금): 가서는 만금의 값어치가 있다, 자기 집에서 온 편지의 반갑고 소중함
⑤ 見(볼 견)聞(들을 문)一(한 일)致(이를 치)
見聞一致(견문일치): 보고 들은 바가 꼭 같음.

79. 자기의 마음과 가치를 알아주는 참다운 친구
❶ 高(높을 고)山(메 산)流(흐를 류(유))水(물 수)
高山流水(고산유수): 높은 산과 흐르는 물, 자기 마음속과 가치를 잘 알아 주는 참다운 친구를 비유
② 明(밝을 명)明(밝을 명)白(흰 백)白(흰 백)
明明白白(명명백백): 의심할 여지가 없이 아주 뚜렷함
③ 無(없을 무)所(바 소)不(아닐 불)能(능할 능)
無所不能(무소불능): 무엇이든 잘하지 않는 것이 없음
④ 權(권세 권)不(아닐 불)十(열 십)年(해 년)
權不十年(권불십년): 권세는 십 년을 가지 못한다, 아무리 높은 권세라도 오래가지 못함
⑤ 上(윗 상)行(다닐 행)下(아래 하)效(본받을 효)
上行下效(상행하효): 윗사람이 하는 일을 아랫사람이 본받음.

80. 하는 일에는 뜻이 없고 다른 생각만 함
① 大(큰 대)書(글 서)特(특별할 특)筆(붓 필)
大書特筆(대서특필): 특별히 두드러지게 보이도록 글자를 크게 쓴다, 신문 따위의 출판물에서 어떤 기사에 큰 비중을 두어 다룸
② 十(열 십)目(눈 목)所(바 소)視(볼 시)
十目所視(십목소시): 여러 사람이 다 보고 있다, 세상 사람을 속일 수 없음을 비유
③ 以(써 이)實(열매 실)直(곧을 직)告(고할 고)
以實直告(이실직고): 사실 그대로 고함.
❹ 讀(읽을 독)書(글 서)亡(망할 망)羊(양 양)
讀書亡羊(독서망양): 글을 읽는 데 정신이 팔려서 먹이고 있던 양을 잃었다, 하는 일에는 뜻이 없고 다른 생각만 하다가 낭패를 봄
⑤ 自(스스로 자)古(예 고)以(써 이)來(올 래)
自古以來(자고이래): 오래전부터 지금까지

제3영역 讀解

81~86 다음 문장에서 한자어(漢字語)의 음(音)은 무엇입니까?

81. 교통 사고 現場(나타날 현, 마당 장)을 직접 보니 남의 일 같지 않았다.

82. 어떤 사람은 훌륭한 사람이 되는가 하면 反對(돌이킬 반, 대할 대)로 어떤 사람은 쓸모 없는 사람이 되기도 한다.

83. 우리는 땅의 모양과 도시의 위치를 알고 싶을 때 흔히 地圖(땅 지, 그림 도)를 찾아본다.

84. 한복에서 두드러지는 것은 부드럽고 우아한 曲線(굽을 곡, 줄 선)의 아름다움이다.

85. 洞口(골 동, 입 구) 밖에 커다란 느티나무 한 그루가 있다.

86. 섬유질 자체는 별 영양가가 없지만, 창자의 活動(살 활, 움직일 동)을 활발하게 해 주는 구실을 한다.

87~92 다음 문장에서 밑줄 친 한자어(漢字語)의 뜻풀이로 적절한 것은 어느 것입니까?

87. 철새들은 이동할 때에 산줄기나 바닷가를 따라서 날아가는 것이 例事(법식 례(예), 일 사)입니다.
* 보통있는 일

88. 이번에 박팀장이 作成(지을 작, 이룰 성)한 보고서가 사내에 큰 반향을 불러왔다.
* 서류, 원고 등을 만들다

89. 사람은 태어나면서 누구나 한 가정의 家族(집 가, 겨레 족)이 되는 동시에 한 국가의 국민이 된다.
* 혈연과 혼인 등으로 이룬 사람들의 집단

90. 登山(오를 등, 메 산)이 취미인 아버지께서는 매주 일요일 아침에 저를 데리고 산에 가신다.
* 산에 오름

91. 행복이란 먼 곳에 있는 것도 아니며, 먼 未來(아닐 미, 올 래)에 있는 것도 아니다.
* 아직 다가오지 않은 때

92. 신문 기사를 오리고 나서 오린 종이 뒤에는 兩面(두 량(양), 낯 면)테이프를 붙였다.
* 앞면과 뒷면, 양쪽

93~95 다음 문장에서 빈칸에 들어갈 가장 적절한 한자어(漢字語)는 어느 것입니까?

93. 친구에게 거짓말을 한 민철이는 □□의 가책을 느꼈다.
① 內面(안 내, 낯 면): 밖으로 드러나지 아니하는 사람의 속마음. 사람의 정신적 · 심리적 측면
② 兩心(두 량(양), 마음 심): 두마음, 겉 다르고 속 다른 마음
❸ 良心(어질 량(양), 마음 심): 나쁜 짓을 하지 않고 바른 행동을 하려는 마음
④ 內心(안 내, 마음 심); 속마음
⑤ 養心(기를 양, 마음 심): 심성을 닦음

94. 산업이 발달하면 국민 생활이 향상되고, □□이 강해진다.
① 體力(몸 체, 힘 력): 몸의 힘이나 작업능력
❷ 國力(나라 국, 힘 력): 나라의 힘, 나라의 경제력이나 군사력
③ 國民(나라 국, 백성 민): 한 나라 안에서 살고 있는 모든 사람들
④ 國訪(나라 국, 찾을 방) * 한자어 아님
⑤ 體防(몸 체, 막을 방) * 한자어 아님

95. 버스는 확 트인 □□위를 신나게 달렸다.
❶ 車道(수레 차, 길 도): 차가 다니는 길
② 人道(사람 인, 길 도): 사람이 다니는 길
③ 步道(걸음 보, 길 도): 사람이 걸어 다니는 길
④ 車線(수레 차, 줄 선): 도로에 주행방향에 따라 일정한 간격으로 그려 놓은 선
⑤ 馬道(말 마, 길 도) * 한자어 아님

96~98 다음 문장에서 한자어(漢字語)의 한자 표기(漢字表記)가 바르지 않은 것은 어느 것입니까?

96. 우리 나라도 경제 ① 開發(열 개, 필 발)의 ② 初期(처음 초, 기약할 기)에는 ③ 外國(바깥 외, 나라 국)으로부터 자본과 기술의 ④ 協力(화합할 협, 힘 력)을 받아 경제 ❺ 發前(필 발, 앞 전)을 이룩하였다
* 發前 → 發展(필 발, 펼 전)

97. ① 家庭(집 가, 뜰 정)은 ② 國家(나라 국, 집 가)를 이루는 ③ 最小(가장 최, 작을 소) ④ 集合(모을 집, 합할 합)이기 때문에 사회가 ❺ 建全(세울 건, 온전할 전) 하려면 가정이 건강해야 한다.
* 建全 → 健全(굳셀 건, 온전할 전)

98. 한 ① 民族(백성 민, 겨레 족)이 다른 민족의 간섭을 받지 않으려는 것은, ② 歷史(지날 력(역), 역사 사)

에 ❸ 公通(공평할(공변될) 공, 통할 통)으로 나타나는 각국의 ④ 獨立(홀로 독, 설 립) ⑤ 事例(일 사, 법식 례)에서도 알 수 있다.

＊ 公通 → 共通(함께 공, 통할 통)

99~101 다음 문장에서 밑줄 친 단어(單語)를 한자(漢字)로 바르게 쓴 것은 어느 것입니까?

99. 상쇠는 늘 농악대의 선두에 선다.

① 先首(먼저 선, 머리 수)
❷ 先頭(먼저 선, 머리 두)
③ 善頭(착할 선, 머리 두)
④ 洗頭(씻을 세, 머리 두)
⑤ 增益(더할 증, 더할 익)

100. 국민들은 선거에서 동등한 한 표를 행사한다.

① 平等(평평할 평, 무리 등)
② 平登(평평할 평, 오를 등)
❸ 同等(한가지 동, 무리 등)
④ 同登(한가지 동, 오를 등)
⑤ 加增(더할 가, 더할 증)

101. 한글은 만든 방법이 아주 독창적이고, 구성 원리가 과학적이다.

① 原里(언덕 원, 마을 리)
② 元理(으뜸 원, 다스릴 리)
❸ 原理(언덕 원, 다스릴 리)
④ 元利(으뜸 원, 이로울 리)
⑤ 法文(법 법, 글월 문)

102~104 다음 문장에서 밑줄 친 단어(單語)나 어구(語句)의 뜻을 가장 잘 나타낸 한자(漢字) 또는 한자어(漢字語)는 어느 것입니까?

102. 영재는 전구불을 켰다, 불빛이 밝았다.

① 法(법 법) ② 應(응할 응)
❸ 明(밝을 명) ④ 日(날 일)
⑤ 白(흰 백)

103. 글을 쓸 때에는 읽는 사람에 맞추어서 글을 써야 한다.

❶ 讀者(읽을 독, 놈 자)
② 對話(대할 대, 말씀 화)
③ 獨子(홀로 독, 아들 자)
④ 大化(큰 대, 될 화)
⑤ 讀圖(읽을 독, 그림 도)

104. 그는 어떤 어려움이 닥쳐도 마음먹은 것을 그만둘 줄을 모르는 사람이었다.

① 傳念(전할 전, 생각 념)
② 絕望(끊을 절, 바랄 망)
❸ 中止(가운데 중, 그칠 지)
④ 希望(바랄 희, 바랄 망)
⑤ 單念(홑 단, 생각 념)

105~107 다음 글을 읽고 물음에 답하시오.

105. ㉠~㉤(중국, 대륙, 태평양, 정식, 북한)의 한자 표기가 바르지 않은 것은?

① ㉠ 中國(가운데 중, 나라 국)
② ㉡ 大陸(큰 대, 뭍 륙)
③ ㉢ 太平洋(클 태, 평평할 평, 큰바다 양)
❹ ㉣ 政式(정사 정, 법 식)
⑤ ㉤ 北韓(북녘 북, 한국 한)

＊ 政式 → 正式(바를 정, 법 식)

106. ㉥'서울'과 ㉦'요즘'의 뜻을 가진 한자어끼리 바르게 짝지어진 것은?

❶ 首都(머리 수, 도읍 도) – 近來(가까울 근, 올 래)
② 水道(물 수, 길 도) – 未來(아닐 미, 올 래)
③ 水都(물 수, 도읍 도) – 勤來(부지런할 근, 올 래)
④ 首道(머리 수, 길 도) – 遠近(멀 원, 가까울 근)
⑤ 首都(머리 수, 도읍 도) – 未來(아닐 미, 올 래)

107. ㉧'역사'와 ㉨'도시'의 한자 표기를 바르게 짝지어진 것은?

① 易使(바꿀 역, 하여금 사) – 道示(길 도, 보일 시)
② 逆事(거스릴 역, 일 사) – 度視(법도 도, 볼 시)
③ 歷事(지날 력(역), 일 사) – 度市(법도 도, 시장 시)
④ 逆史(거스릴 역, 역사 사) – 都視(도읍 도, 볼 시)
❺ 歷史(지날 력(역), 역사 사) – 都市(도읍 도, 시장 시)

108~110 다음 글을 읽고 물음에 답하시오.

108. ㉠~㉤(회의, 결정, 전체, 의사, 원칙) 중에서 한자 표기가 바르지 않은 것은?

① ㉠ 會議(모일 회, 의논할 의)
② ㉡ 決定(결단할 결, 정할 정)
③ ㉢ 全體(온전할 전, 몸 체)
❹ ㉣ 議思(의논할 의, 생각 사)
⑤ ㉤ 原則(언덕 원, 법칙 칙)

＊ 議思 → 意思(뜻 의, 생각 사)

109. ㉥'영국'의 '영'과 같은 한자를 사용한 것은?

① 光榮(빛 광, 영화 영)
② 永久(길 영, 오랠 구)
③ 應答(응할 응, 대답 답)
④ 熱誠(더울 열, 정성 성)
❺ 英特(꽃부리 영, 특별할 특)

110. ㉦'유래'와 ㉧'중세'의 한자표기를 바르게 짝지은 것은?
① 有來(있을 유, 올 래) - 中世(가운데 중, 인간 세)
② 有來(있을 유, 올 래) - 重世(무거울 중, 인간 세)
❸ 由來(말미암을 유, 올 래) - 中世(가운데 중, 인간 세)
④ 由來(말미암을 유, 올 래) - 重世(무거울 중, 인간 세)
⑤ 以來(써 이, 올 래) - 衆世(무리 중, 인간 세)

111~115 다음 글을 읽고 물음에 답하시오.

111. ㉠'탐사팀'의 '탐'과 같은 한자를 사용한 한자어는?
① 脫皮(벗을 탈, 가죽 피)
② 他關(다를 타, 관계할 관)
③ 連打(이을 련(연), 칠 타)
④ 泰然(클 태, 그럴 연)
❺ 探訪(찾을 탐, 찾을 방)

112. ㉡~㉥(지중해, 심해, 유물, 활용, 성공) 중에서 한자표기가 바르지 않은 것은?
① ㉡ 地中海(땅 지, 가운데 중, 바다 해)
❷ ㉢ 甚海(심할 심, 바다 해)
③ ㉣ 遺物(남길 유, 물건 물)
④ ㉤ 活用(살 활, 쓸 용)
⑤ ㉥ 成功(이룰 성, 공 공)
* 甚海 → 深海(깊을 심, 바다 해)

113. ㉦'적용'과 ㉧'실체'의 한자표기를 바르게 짝지은 것은?
① 赤用(붉을 적, 쓸 용) - 室體(집 실, 몸 체)
❷ 適用(맞을 적, 쓸 용) - 實體(열매 실, 몸 체)
③ 敵用(대적할 적, 쓸 용) - 失體(잃을 실, 몸 체)
④ 錢用(돈 전, 쓸 용) - 舌體(혀 설, 몸 체)
⑤ 的用(과녁 적, 쓸 용) - 室體(집 실, 몸 체)

114. ㉨'난파선'의 한자표기가 바른 것은?
① 暖波船(따뜻할 난, 물결 파, 배 선)
② 暖破先(따뜻할 난, 깨트릴 파, 먼저 선)
③ 難波先(어려울 난, 물결 파, 먼저 선)
❹ 難破船(어려울 난, 깨트릴 파, 배 선)
⑤ 難波船(어려울 난, 물결 파, 배 선)

115. ㉩'인양'과 ㉪'중엽'의 한자표기를 바르게 짝지은 것은?
① 印揚(도장 인, 날릴 양) - 中葉(가운데 중, 잎 엽)
② 印揚(도장 인, 날릴 양) - 中亦(가운데 중, 또 역)
❸ 引揚(끌 인, 날릴 양) - 中葉(가운데 중, 잎 엽)
④ 引揚(끌 인, 날릴 양) - 中猶(가운데 중, 오히려 유)
⑤ 引洋(끌 인, 큰바다 양) - 中炎(가운데 중, 불꽃 염)

116~120 다음 글을 읽고 물음에 답하시오.

116. ㉠'보수당'의 '당'과 같은 한자를 사용한 한자어는?
① 當到(마땅할 당, 이를 도)
② 唐詩(당나라 당, 시 시)
③ 糖類(엿 당, 무리 류)
④ 堂堂(집 당, 집 당)
❺ 黨派(무리 당, 갈래 파)

117. ㉡~㉥(학맥, 단면, 공방, 우수, 성적) 중에서 한자표기가 바르지 않은 것은?
❶ ㉡ 學麥(배울 학, 보리 맥)
② ㉢ 斷面(끊을 단, 낯 면)
③ ㉣ 攻防(칠 공, 막을 방)
④ ㉤ 優秀(뛰어날 우, 빼어날 수)
⑤ ㉥ 成績(이룰 성, 길쌈 적)
* 學麥 → 學脈(배울 학, 줄기 맥)

118. ㉦'독점'과 ㉧'폐쇄성'의 한자표기를 바르게 짝지은 것은?
① 獨點(홀로 독, 점 점) - 閉刷性(닫을 폐, 인쇄할 쇄, 성품 성)
❷ 獨占(홀로 독, 점칠 점) - 閉鎖性(닫을 폐, 쇠사슬 쇄, 성품 성)
③ 獨漸(홀로 독, 점점 점) - 幣刷性(화폐 폐, 인쇄할 쇄, 성품 성)
④ 篤占(도타울 독, 점칠 점) - 肺鎖性(허파 폐, 쇠사슬 쇄, 성품 성)
⑤ 督漸(감독할 독, 점점 점) - 閉鎖姓(닫을 폐, 쇠사슬 쇄, 성 성)

119. ㉨~㉬(계급, 기득권, 상류층, 보장, 상승)중에서 한자표기가 바른 것은?
① ㉨ 皆級(다 개, 등급 급)
② ㉩ 祈得權(빌 기, 얻을 득, 권세 권)
❸ ㉪ 上流層(윗 상, 흐를 류, 층 층)
④ ㉫ 保章(지킬 보, 글 장)
⑤ ㉬上承(윗 상, 이을 승)
* 階級(섬돌 계, 등급 급), 既得權(이미 기, 얻을 득, 권세 권), 保障(지킬 보, 막을 장), 上昇(윗 상, 오를 승)

120. ㉭'사건'의 한자표기가 바른 것은?
① 捨件(버릴 사, 물건 건)
② 史健(역사 사, 굳셀 건)
③ 斯建(이 사, 세울 건)
④ 詐健(속일 사, 굳셀 건)
❺ 事件(일 사, 물건 건)

6 실전 모의고사(정답 및 해설)

정답

번호	정답	번호	정답	번호	정답	번호	정답	번호	정답
1	②	2	③	3	②	4	①	5	③
6	④	7	④	8	③	9	②	10	⑤
11	③	12	④	13	③	14	①	15	③
16	②	17	④	18	⑤	19	①	20	②
21	④	22	④	23	②	24	③	25	⑤
26	②	27	④	28	③	29	⑤	30	②
31	③	32	①	33	④	34	⑤	35	①
36	④	37	⑤	38	①	39	②	40	⑤
41	⑤	42	③	43	③	44	③	45	⑤
46	①	47	②	48	①	49	④	50	③
51	②	52	①	53	③	54	④	55	③
56	②	57	①	58	①	59	③	60	④
61	④	62	④	63	②	64	①	65	④
66	①	67	②	68	①	69	③	70	④
71	②	72	④	73	③	74	②	75	⑤
76	①	77	②	78	①	79	③	80	①
81	②	82	⑤	83	①	84	②	85	②
86	④	87	③	88	④	89	④	90	①
91	④	92	③	93	③	94	②	95	②
96	①	97	②	98	⑤	99	①	100	①
101	③	102	②	103	①	104	③	105	⑤
106	②	107	②	108	③	109	⑤	110	①
111	②	112	⑤	113	③	114	④	115	②
116	⑤	117	①	118	②	119	③	120	①

제1영역 漢字

1~2 다음 필순(筆順)에 대한 설명에 가장 알맞은 한자는 어느 것입니까?

1. 왼쪽에서 오른쪽으로 쓴다.
① 可(옳을 가) 一 丆 丆 可 可
❷ 川(내 천) 丿 川 川
③ 句(글귀 구) ノ 勹 勹 句 句
④ 君(임금 군) ㄱ ⺕ ⺕ 尹 尹 君 君
⑤ 車(수레 거(차)) 一 丆 百 百 亘 亘 車

2. 좌우의 모양이 같을 때에는 가운데를 먼저 쓴다.
① 廣(넓을 광) 丶 亠 广 庀 庀 庐 庐 庐 庐 廣 廣 廣 廣 廣 廣
② 故(연고 고) 一 十 十 古 古 古 古 故 故
❸ 求(구할 구) 一 寸 寸 寸 求 求 求
④ 歌(노래 가) 一 丆 丆 丆 可 可 哥 哥 哥 哥 哥 哥 歌 歌
⑤ 去(갈 거) 一 十 土 去 去

3~4 다음 한자(漢字)의 획수(劃數)는 모두 몇 획입니까?

3. 參 (참여할 참) 厶(마늘 모)부 9획 총 11획
厶 厶 厽 厽 厽 厽 㕘 㕘 參 參 參

4. 最 (가장 최) 曰(가로되 왈)부 8획 총12획
丨 口 日 旦 旦 早 早 早 早 最 最 最

5~6 다음 한자(漢字)의 부수(部首)는 무엇입니까?

5. 衆(무리 중): 血부 6획
① 丶(점 주) ② 皿(그릇 명)
❸ 血(피 혈) ④ 亻(사람인 변)
⑤ 豕(돼지 시)

6. 眞(참 진): 目부 5획
① 乙(새을) ② 匕(비수 비)
③ 八(여덟 팔) ❹ 目(눈 목)
⑤ 六(여섯 륙)

7~8 다음 한자(漢字)와 그 조자(造字)의 방식이 같은 한자는 어느 것입니까?

7. 九(아홉 구): 지사
① 街(거리 가) ② 角(뿔 각)
③ 技(재주 기) ❹ 下(아래 하) 지사
⑤ 犬(개 견)

8. 首(머리 수): 상형
① 利(이로울 리) ② 線(줄 선)
❸ 土(흙 토) 상형 ④ 仙(신선 선)
⑤ 病(병 병)

9~14 다음 한자(漢字)의 음(音)은 무엇입니까?

9. 竹(대 죽)

10. 速(빠를 속)

11. 親(친할 친)

12. 快(쾌할 쾌)

13. 打(칠 타)

14. 敗(패할 패)

15~19 다음의 음(音)을 가진 한자는 어느 것입니까?

15. 풍
① 好(좋을 호) ② 幸(다행 행)
❸ 豊(풍성할 풍) ④ 復(회복할 복)
⑤ 防(막을 방)

16. 협
① 兄(형 형) ❷ 協(화합할 협)
③ 惠(은혜 혜) ④ 湖(호수 호)
⑤ 界(지경 계)

17. 호
① 和(화할 화) ② 貨(재물 화)
③ 畫(그림 화) ❹ 號(이름 호)
⑤ 感(느낄 감)

18. 조
① 原(언덕 원) ② 熱(더울 열)
③ 接(접할 접) ④ 耳(귀 이)
❺ 朝(아침 조)

19. 인
❶ 仁(어질 인) ② 用(쓸 용)
③ 溫(따뜻할 온) ④ 位(자리 위)
⑤ 羊(양 양)

20~24 다음 한자(漢字)와 음(音)이 같은 한자는 어느 것입니까?

20. 回(돌아올 회)
① 孝(효도 효) ❷ 會(모일 회)
③ 訓(가르칠 훈) ④ 興(일 흥)
⑤ 改(고칠 개)

21. 己(몸 기)
① 料(헤아릴 료) ② 科(과목 과)
③ 希(바랄 희) ❹ 起(일어날 기)
⑤ 備(갖출 비)

22. 花(꽃 화)
① 都(도읍 도) ② 談(말씀 담)
③ 吉(길할 길) ❹ 火(불 화)
⑤ 比(견줄 비)

23. 精(정할 정)
① 兆(억조 조) ❷ 政(정사 정)
③ 帝(임금 제) ④ 族(겨레 족)
⑤ 永(길 영)

24. 注(부을 주)
① 處(곳 처) ② 宇(집 우)
❸ 宙(집 주) ④ 取(가질 취)
⑤ 出(날 출)

25~30 다음 한자(漢字)의 뜻은 무엇입니까?

25. 救(구원할 구)

26. 貴(귀할 귀)

27. 根(뿌리 근)

28. 今(이제 금)

29. 邑(고을 읍)

30. 節(마디 절)

31~35 다음의 뜻을 가진 한자(漢字)는 어느 것입니까?

31. 적다
① 漁(고기 잡을 어) ② 念(생각 념)
❸ 記(기록할 기) ④ 金(쇠 금)
⑤ 合(합할 합)

32. 골짜기
❶ 洞(골 동) ② 冷(찰 랭)
③ 良(어질 량) ④ 德(큰 덕)
⑤ 指(가리킬 지)

33. 지나다
① 禮(예도 례) ② 列(벌일 렬)
③ 西(서녘 서) ❹ 歷(지날 력)
⑤ 別(다를 별)

34. 옳다
① 殺(죽일 살) ② 民(백성 민)
③ 册(책 책) ④ 妻(아내 처)
❺ 是(옳을 시)

35. 빠르다
❶ 速(빠를 속) ② 成(이룰 성)
③ 信(믿을 신) ④ 晴(갤 청)
⑤ 植(심을 식)

36~40 다음 한자(漢字)와 뜻이 비슷한 한자는 어느 것입니까?

36. 想(생각 상)
① 案(책상 안) ② 則(법칙 칙)
③ 助(도울 조) ❹ 思(생각 사)
⑤ 論(논할 론)

37. 話(말씀 화)
① 禁(금할 금) ② 斗(말 두)
③ 凶(흉할 흉) ④ 設(베풀 설)
❺ 說(말씀 설)

38. 童(아이 동)
❶ 兒(아이 아) ② 田(밭 전)
③ 追(쫓을 추) ④ 統(거느릴 통)
⑤ 曲(굽을 곡)

39. 究(연구할 구)
① 氏(성씨 씨) ❷ 硏(갈(궁구할) 연)
③ 勉(힘쓸 면) ④ 身(몸 신)
⑤ 材(재목 재)

40. 聲(소리 성)
① 藥(약 약) ② 體(몸 체)
③ 後(뒤 후) ④ 皮(가죽 피)
❺ 音(소리 음)

제2영역 語彙

41~45 다음 한자어(漢字語)와 발음(發音)이 같은 한자어는 어느 것입니까?

41. 先頭(먼저 선, 머리 두): 첫머리
① 年頭(해 년, 머리 두): 해의 첫머리, 연초
② 賣上(팔 매, 윗 상): 상품을 파는 일, 일정기간 상품을 판 수량이나 대금의 총액
③ 路頭(길 로(노), 머리 두): 길거리
④ 到達(이를 도, 통달할 달): 목적한 곳이나 수준에 다달음
❺ 船頭(배 선, 머리 두): 배의 앞머리

42. 星雲(별 성, 구름 운): 구름 모양으로 퍼져 보이는 천체
① 洗眼(씻을 세, 눈 안): 눈을 씻음
② 成案(이룰 성, 책상 안): 안건을 만듦
❸ 聖運(성인 성, 옮길 운): 임금의 운수 또는 임금이 될 운수
④ 聲音(소리 성, 소리 음): 목소리
⑤ 暗算(어두울 암, 셈할 산): 머릿속으로 계산함

43. 修業(닦을 수, 일 업): 학업이나 기예를 닦음
① 作業(지을 작, 일 업): 연장이나 기계를 가지고 일을 함
② 大業(큰 대, 일 업): 큰 사업
❸ 授業(줄 수, 일 업): 학업, 기술을 가르쳐 줌
④ 主業(주인 주, 일 업): 주가 되는 직업
⑤ 園藝(동산 원, 재주 예): 채소, 과일, 화초 따위를 심어서 가꾸는 일이나 기술

44. 居士(거할 거, 선비 사): 숨어살며 벼슬을 하지 않는 선비
① 居住(거할 거, 살 주): 일정한 곳에 자리를 잡고 머물러 삶
② 居處(거할 거, 곳 처): 일정하게 자리를 잡고 사는 장소
❸ 擧事(들 거, 일 사): 큰일을 일으킴
④ 巨大(클 거, 큰 대): 엄청나게 큼
⑤ 降下(내릴 강, 아래 하): 아래로 내림. 또는 내려 감

45. 敎導:(가르칠 교, 인도할 도): 가르쳐서 이끎
① 陶工(질그릇 도, 장인 공): 옹기장이
② 敎大(가르칠 교, 큰 대): 교육대학의 준말
③ 忌避(꺼릴 기, 피할 피): 꺼려서 피함
④ 敎壇(가르칠 교, 단 단): 교실에서 교사가 강의 할 때 올라가는 단
❺ 敎徒(가르칠 교, 무리 도): 종교를 믿는 사람이나 그 무리

46~47 다음 괄호 속 한자(漢字)의 음(音)이 다르게 발음 되는 것은 어느 것입니까?

46. ❶ 音(樂)(소리 음, 음악 악): 소리의 가락으로 나타내는 예술
② 食道(樂)(밥(먹을) 식, 길 도, 즐길 락): 여러 가지 음식을 두루 맛보는 것을 즐거움으로 삼는 일
③ 歡(樂)(기쁠 환, 즐길 락): 아주 즐거운 것

④ (樂)園(즐길 락(낙), 동산 원): 아무 근심 없이 즐겁게 살기 좋은 곳
⑤ (樂)觀(즐길 락(낙), 볼 관): 인생이나 사물을 밝고 희망적인 것으로 봄.

47. ① (刺)客(찌를 자, 손 객): 사람을 몰래 암살하는 일을 전문으로 하는 사람
❷ (刺)殺(찌를 척, 죽일 살): 칼 따위로 사람을 찔러 죽임
③ (刺)絲(찌를 자, 실 사): 강장동물에 있는 실 모양의 독이 들어 있는 기관
④ (刺)字(찌를 자, 글자 자): 얼굴이나 팔뚝의 살을 파고 홈을 내어 먹물로 죄명을 찍어 넣던 벌
⑤ (刺)刻(찌를 자, 새길 각): 남을 해치거나 남에게 해를 입힘

48~57 다음 단어들의 '□'에 공통으로 들어갈 알맞은 한자(漢字)는 어느 것입니까?

48. □堂(집 당), 禁(금할 금)□, 原(언덕 원)□
❶ 書(글 서) ② 畵(그림 화)
③ 止(그칠 지) ④ 晝(낮 주)
⑤ 家(집 가)
* 書堂(서당), 禁書(금서), 原書(원서)

49. 直(곧을 직)□, □步(걸음 보), 前(앞 전)□
① 後(뒤 후) ② 速(빠를 속)
③ 方(모 방) ❹ 進(나아갈 진)
⑤ 案(책상 안)
* 直進(직진), 進步(진보), 前進(전진)

50. 接(접할 접)□, 引(끌 인)□, □容(얼굴 용)
① 首(머리 수) ② 願(원할 원)
❸ 受(받을 수) ④ 授(줄 수)
⑤ 初(처음 초)
* 接受(접수), 引受(인수), 受容(수용)

51. □氣(기운 기), □次(버금 차), 禮(예도 례(예))□
① 時(때 시) ❷ 節(마디 절)
③ 法(법 법) ④ 香(향기 향)
⑤ 草(풀 초)
* 節氣(절기), 節次(절차), 禮節(예절)

52. 風(바람 풍)□, □長(길 장), 電(번개 전)□
❶ 波(물결 파) ② 化(될 화)
③ 單(홑 단) ④ 退(물러날 퇴)
⑤ 圖(그림 도)
* 風波(풍파), 波長(파장), 電波(전파)

53. 合(합할 합)□, 建(세울 건)□, 會(모일 회)□
① 意(뜻 의) ② 義(옳을 의)
❸ 議(의논할 의) ④ 元(으뜸 원)
⑤ 究(연구할 구)
* 合議(합의), 建議(건의), 會議(회의)

54. 洋(큰바다 양)□, □上(윗 상), 家(집 가)□
① 族(겨레 족) ② 醫(의원 의)
③ 平(평평할 평) ❹ 屋(집 옥)
⑤ 效(본받을 효)
* 洋屋(양옥), 屋上(옥상), 家屋(가옥)

55. □選(가릴 선), 市(시장 시)□, □俗(풍속 속)
① 風(바람 풍) ② 官(벼슬 관)
❸ 民(백성 민) ④ 場(마당 장)
⑤ 特(특별할 특)
* 民選(민선), 市民(시민), 民俗(민속)

56. □業(일 업), □學(배울 학), 成(이룰 성)□
① 巖(바위 암) ❷ 就(나아갈 취)
③ 移(옮길 이) ④ 嚴(엄할 엄)
⑤ 貞(곧을 정)
* 就業(취업), 就學(취학), 成就(성취)

57. □推(밀 추), □似(같을(닮을) 사), 種(씨 종)□
❶ 類(무리 류(유)) ② 別(다를 별)
③ 近(가까울 근) ④ 履(밟을 리)
⑤ 促(재촉할 촉)
* 類推(유추), 類似(유사), 種類(종류)

58~65 다음 한자어(漢字語)와 뜻이 반대(反對)이거나 상대(相對)되는 한자어는 어느 것입니까?

58. 放學(놓을 방, 배울 학): 학교에서 일정기간 수업을 쉬는 일
❶ 開學(열 개, 배울 학): 방학 따위로 한동안 쉬었다가 수업을 다시 시작함
② 開放(열 개, 놓을 방): 열어 놓음
③ 下學(아래 하, 배울 학): 학교에서 그날의 수업을 마침
④ 留學(머무를 류(유), 배울 학): 외국에 가서 공부함
⑤ 無益(없을 무, 더할 익): 이로움이 없음

59. 生食(날 생, 밥(먹을) 식): 날로 먹음
① 中食(가운데 중, 밥(먹을) 식): 낮에 끼니로 먹는 음식
② 朝食(아침 조, 밥(먹을) 식): 아침 끼니로 먹는 밥
❸ 火食(불 화, 밥(먹을) 식): 불에 익혀 먹음
④ 間食(사이 간, 밥(먹을) 식): 끼니와 끼니 사이에 먹는 음식
⑤ 工人(장인 공, 사람 인): 조선시대에 악기를 연주

하는 일을 맡아 하던 사람

60. 小兒(작을 소, 아이 아): 어린 아이
① 過少(지날 과, 적을 소): 지나치게 적음
② 少女(적을 소, 계집 녀): 아주 어리지도 않고 완전히 자라지도 않은 여자아이
③ 兒童(아이 아, 아이 동): 어린 아이
❹ 成人(이룰 성, 사람 인): 이미 성년이 된 사람
⑤ 世界(인간 세, 지경 계): 지구위의 모든 지역

61. 內面(안 내, 낯 면): 안쪽, 사람의 속마음
① 過勞(지날 과, 일할 로): 지나치게 일함
② 內助(안 내, 도울 조): 아내가 남편을 도움
③ 外向(바깥 외, 향할 향): 바깥으로 향함
❹ 外面(바깥 외, 낯 면): 겉면, 겉모양, 보기를 꺼려 얼굴을 돌려버림
⑤ 登校(오를 등, 학교 교): 학교에 감

62. 同質(한가지 동, 바탕 질): 성질이 같음
① 同姓(한가지 동, 성 성): 성씨가 같음
② 同化(한가지 동, 될 화): 성질 등이 다르던 것이 서로 같게 됨
③ 異名(다를 이, 이름 명): 본명 외에 달리 부르는 이름
❹ 異質(다를 이, 바탕 질): 성질이 다름
⑤ 苦生(쓸 고, 날 생): 괴롭고 어려운 생활

63. 白色(흰 백, 빛 색): 흰 색
① 色度(빛 색, 법도 도): 빛깔의 종류를 지정한 수치
❷ 黑色(검을 흑, 빛 색): 검은 색
③ 黃色(누를 황, 빛 색): 누런 색
④ 綠色(푸를 록(녹), 빛 색): 풀빛
⑤ 私益(사사 사, 더할 익): 개인의 이익

64. 輕率(가벼울 경, 거느릴 솔): 언행이 조심성이 없고 가벼움
❶ 愼重(삼갈 신, 무거울 중): 매우 조심스러움
② 輕薄(가벼울 경, 엷을 박): 언행이 경솔하고 신중하지 못함
③ 虛構(빌 허, 얽을 구): 사실에 없는 일을 사실처럼 꾸며 만듦
④ 妄動(망령될 망, 움직일 동): 아무 분별없이 망령되이 행동함
⑤ 拳鬪(주먹 권, 싸움 투): 링 위에서 글로브를 끼고 승부를 겨루는 경기

65. 供給(이바지할 공, 줄 급): 요구나 필요에 따라 물품 따위를 제공함
① 提供(끌 제, 이바지할 공): 갖다 주어 이바지함
② 必要(반드시 필, 요긴할 요): 꼭 소용이 있음
③ 婚需(혼인할 혼, 쓰일 수): 혼인에 드는 물품
❹ 需要(쓰일 수, 요긴할 요): 어떤 재화나 용역을 일정한 가격으로 사려는 욕구
⑤ 冠帶(갓 관, 띠 대): 옛날 벼슬아치들의 공복

66~70 다음 성어(成語)에서 '□'에 들어갈 알맞은 한자(漢字)는 어느 것입니까?

66. 知(알 지)行(다닐 행)□一(한 일)
❶ 合(합할 합) ② 一(한 일)
③ 能(능할 능) ④ 告(고할 고)
⑤ 村(마을 촌)
知行合一(지행합일): 지식과 행동이 서로 맞음.

67. □上(윗 상)命(목숨 명)令(하여금 령)
① 紙(종이 지) ❷ 至(이를 지)
③ 地(땅 지) ④ 指(가리킬지)
⑤ 情(뜻 정)
至上命令(지상명령): 윗사람이나 상위 조직이 아랫사람이나 하위 조직에 무엇을 하게 함. 복종해야할 명령

68. □定(정할 정)不(아닐 불)變(변할 변)
❶ 固(굳을 고) ② 着(붙을 착)
③ 追(쫓을 추) ④ 血(피 혈)
⑤ 浴(목욕할 욕)
固定不變(고정불변): 고정되어 변함이 없음

69. 美(아름다울 미)風(바람 풍)□俗(풍속 속)
① 來(올 래) ② 好(좋을 호)
❸ 良(어질 량(양)) ④ 人(사람 인)
⑤ 卵(알 란)
美風良俗(미풍양속): 아름답고 좋은 풍속이나 기풍.

70. 十(열 십)年(해 년)知(알 지)□
① 天(하늘 천) ② 治(다스릴 치)
③ 致(이를 치) ❹ 己(몸 기)
⑤ 其(그 기)
十年知己(십년지기): 오래전부터 친히 사귀어 잘 아는 사람

71~75 다음 성어(成語)의 뜻풀이로 적절한 것은 어느 것입니까?

71. 南(남녘 남)風(바람 풍)不(아닐 불)競(다툴 경)
南風不競(남풍불경): 남쪽 지방의 세력이 부진하다.

72. 殺(죽일 살)身(몸 신)成(이룰 성)仁(어질 인)
殺身成仁(살신성인): 자기의 몸을 희생하여 인을 이루다.

73. 自(스스로 자)手(손 수)成(이룰 성)家(집 가)

自手成家(자수성가): 자기 혼자 힘으로 집안을 일으키고 재산을 모으다.

74. 養(기를 양)虎(범 호)後(뒤 후)患(근심 환)

養虎後患(양호후환): 호랑이를 길러서 근심을 가지다.

75. 無(없을 무)所(바 소)不(아닐 불(부))至(이를 지)

無所不至(무소부지): 이르지 아니한 데가 없다.

76~80 다음의 뜻을 가장 잘 나타낸 성어(成語)는 어느 것입니까?

76. 부부의 인연을 맺어주는 중매인

❶ 月(달 월)下(아래 하)氷(얼음 빙)人(사람 인)
月下氷人(월하빙인): 중매쟁이. 月下老人(월하노인)

② 兵(병사 병)家(집 가)常(항상 상)事(일 사)
兵家常事(병가상사): 군사 전문가도 전쟁에서 이기고 지는 일은 흔히 있는 일임을 이름

③ 以(써 이)血(피 혈)洗(씻을 세)血(피 혈)
以血洗血(이혈세혈): 피를 피로 씻는다, 악을 악으로 갚거나 거듭 나쁜 짓을 함

④ 見(볼 견)物(물건 물)生(날 생)心(마음 심)
見物生心(견물생심): 어떠한 실물을 보게 되면 그것을 가지고 싶은 욕심이 생김

⑤ 歲(해 세)寒(찰 한)三(석 삼)友(벗 우)
歲寒三友(세한삼우): 추운 겨울철의 세 벗, 추위에 잘 견디는 소나무 · 대나무 · 매화나무를 통틀어 이름

77. 선업을 쌓으면 반드시 좋은 과보가 따른다.

① 七(일곱 칠)步(걸음 보)成(이룰 성)詩(시 시)
七步成詩(칠보성시): 일곱 걸음에 한 편의 시를 완성한다, 시를 빨리 잘 짓는 재주

❷ 善(착할 선)因(인할 인)善(착할 선)果(실과 과)
善因善果(선인선과): 선업을 쌓으면 반드시 좋은 과보가 따름

③ 萬(일만 만)不(아닐 불)成(이룰 성)說(말씀 설)
萬不成說(만불성설): 말이 전혀 사리에 맞지 아니함

④ 萬(일만 만)古(예 고)江(강 강)山(메 산)
萬古江山(만고강산): 아주 오랜 세월 동안 변함이 없는 산천

⑤ 速(빠를 속)戰(싸움 전)速(빠를 속)決(결단할 결)
速戰速決(속전속결): 싸움을 오래 끌지 아니하고 빨리 몰아쳐 이기고 짐을 결정함

78. 나라의 경제력을 넉넉하게 하고 군사력을 튼튼하게 하는 일

❶ 富(부자 부)國(나라 국)强(강할 강)兵(병사 병)
富國强兵(부국강병): 나라를 부유하게 만들고 군대를 강하게 함. 또는 그 나라나 군대.

② 生(날 생)面(낯 면)不(아닐 불(부))知(알 지)
生面不知(생면부지): 서로 한 번도 만난 적이 없어서 전혀 알지 못하는 사람. 또는 그런 관계.

③ 三(석 삼)位(자리 위)一(한 일)體(몸 체)
三位一體(삼위일체): 세 가지의 것이 하나의 목적을 위하여 통합되는 일.

④ 欲(하고자할 욕)速(빠를 속)不(아닐 불)達(통달할 달)/欲速不達(욕속부달):일을 빨리하려고 하면 도리어 이루지 못함

⑤ 全(온전할 전)知(알 지)全(온전할 전)能(능할 능)
全知全能(전지전능): 어떠한 사물이라도 잘 알고, 모든 일을 다 행할 수 있음. 또는 그런 능력.

79. 지식과 행동이 어긋나지 않고 맞음

① 一(한 일)字(글자 자)千(일천 천)金(쇠 금)
一字千金(일자천금): 글자 하나의 값이 천금의 가치가 있다, 글씨나 문장이 아주 훌륭함

② 千(일천 천)變(변할 변)萬(일만 만)化(될 화)
千變萬化(천변만화): 끝없이 변화함

❸ 知(알 지)行(다닐 행)一(한 일)致(이를 치)
知行一致(지행일치): 지식과 행동이 서로 맞음

④ 空(빌 공)山(메 산)明(밝을 명)月(달 월)
空山明月(공산명월): 사람 없는 빈산에 외로이 비치는 밝은 달

⑤ 無(없을 무)骨(뼈 골)好(좋을 호)人(사람 인)
無骨好人(무골호인): 줏대가 없이 두루뭉술하고 순하여 남의 비위를 다 맞추는 사람

80. 게을러서 아무 일도 하지 아니함

❶ 十(열 십)指(가리킬 지)不(아닐 불)動(움직일 동)
十指不動(십지부동): 열 손가락을 꼼짝하지 아니한다, 게을러서 아무 일도 하지 아니함

② 年(해 년(연))末(끝 말)年(해 년(연))始(비로소 시)
年末年始(연말연시): 한 해의 마지막 때와 새해의 첫머리를 아울러 이르는 말.

③ 千(일천 천)軍(군사 군)萬(일만 만)馬(말 마)
千軍萬馬(천군만마): 천 명의 군사와 만 마리의 군마, 아주 많은 수의 군사와 군마

④ 自(스스로 자)己(몸 기)滿(찰 만)足(발 족)
自己滿足(자기만족): 자기 자신이나 자기의 행위

에 대하여 스스로 흡족하게 여김
⑤ 向(향할 향)陽(볕 양)花(꽃 화)木(나무 목)
向陽花木(향양화목): 볕을 잘 받은 꽃나무, 크게 잘될 사람을 이르는 말

제3영역 讀解

81~86 다음 문장에서 한자어(漢字語)의 음(音)은 무엇입니까?

81. 디딜방아는 지렛대의 원리를 利用(이로울 리(이), 쓸 용)한 것이다.

82. 물질 萬能(일만 만, 능할 능) 주의가 우리 사회를 지배하고 있다.

83. 우리 나라는 임업과 수산업을 發達(필 발, 통달할 달)시키기에 좋은 조건을 갖추고 있다.

84. 식품의 낭비를 막기 위해서는 식품의 분량을 정확히 計量(셀 계, 헤아릴 량)해야 한다.

85. 소음은 집중력 방해, 수면 방해, 소화 不良(아닐 불, 어질 량) 등 건강에 영향을 준다.

86. 태권도는 몸과 마음을 닦는 武藝(군인(호반) 무, 재주 예)이자 운동이다.

87~92 다음 문장에서 밑줄 친 한자어(漢字語)의 뜻풀이로 적절한 것은 어느 것입니까?

87. 전설 중에는 특정한 풍속의 由來(말미암을 유, 올 래)를 설명하는 것이 많다.
* 사물의 내력

88. 결혼한 여성에게 가정과 직장의 兩立(두 량(양), 설 립)은 무척 힘든 일이다.
* 두 가지가 동시에 존재하다.

89. 그 학생은 이해력이 부족하므로 설명한 뒤 항상 實例(열매 실, 법식 례)를 들어주어야만 했다.
* 실제의 본보기

90. 우리의 생활 주변에는 옷장, 책장, 책꽂이와 같이 木材(나무 목, 재목 재)를 이용하여 만든 물건들이 많이 있다.
* 나무로 된 재료

91. 글을 읽는 目的(눈 목, 과녁 적)을 명확히 하면, 글을 읽는 방법을 선택할 수 있다.
* 이루려 하는 일

92. 우리가 독서의 필요성, 책을 선택하는 요령, 읽는 방법 등을 잘 알고 책을 읽으면, 훨씬 效果(본받을 효, 실과 과)적인 독서를 할 수 있다.
* 보람있는 결과

93~95 다음 문장에서 빈칸에 들어갈 가장 적절한 한자어(漢字語)는 어느 것입니까?

93. 남극 □□은 미지의 땅이다.
① 對陸(대할 대, 뭍 륙) * 한자어 아님
② 代陸(대신 대, 뭍 륙) * 한자어 아님
❸ 大陸(큰 대, 뭍 륙): 지구상의 큰 육지
④ 大地(큰 대, 땅 지): 대자연의 넓고 큰 땅
⑤ 大洋(큰 대, 큰바다 양): 세계의 해양 가운데에서 특히 넓은 해역을 차지하는 대규모의 바다. 태평양, 인도양, 대서양, 북빙양, 남빙양을 오대양이라 함

94. 연날리기는 오래 된 □□ 놀이의 하나로서, 연의 모양은 민족과 나라에 따라 다르다.
① 民速(백성 민, 빠를 속) * 한자어 아님
❷ 民俗(백성 민, 풍속 속): 일반 백성들의 풍속과 습관
③ 過去(지날 과, 갈 거): 지나간 때
④ 國家(나라 국, 집 가): 나라
⑤ 大衆(큰 대, 무리 중): 수많은 사람의 무리

95. 풍력 발전은 바람의 에너지를 이용하여 풍차를 회전시켜서 전기를 □□시키는 것이다.
① 變化(변할 변, 될 화): 사물의 모양, 성질, 상태 등이 달라짐
❷ 發生(필 발, 날 생): 어떤 현상이 일어남
③ 感少(느낄 감, 적을 소) * 한자어 아님
④ 增加(더할 증, 더할 가): 수나 양이 많아짐
⑤ 發火(필 발, 불 화): 불이 일어나거나 타기 시작함. 또는 그렇게 되게 함.

96~98 다음 문장에서 한자어(漢字語)의 한자 표기(漢字表記)가 바르지 않은 것은 어느 것입니까?

96. 우리는 우리 ❶ 先朝(먼저 선, 아침 조)들이 남긴 ② 文化財(글월 문, 될 화, 재물 재)를 통하여, 자랑스런 ③ 祖上(할아비 조, 윗 상)들의 숨결을 느낄 수 있고, 그 ④ 後孫(뒤 후, 손자 손)이 된 ⑤ 榮光(영화 영, 빛 광)과 자부심을 가질 수 있게 된다.
* 先朝 → 先祖(먼저 선, 할아비 조)

97. ① 韓國(한국 한, 나라 국) 현대문학은 ❷ 不行(아닐 불, 다닐 행)히도 ③ 日帝(날 일, 임금 제)강점 아래

서 ④ 形成(형상 형, 이룰 성)되어 ⑤ 展開(펼 전, 열 개)되었다.

* 不行 → 不幸(아닐 불, 다행 행)

98. ① 自由(스스로 자, 말미암을 유)와 ② 平等(평평할 평, 무리 등)은 ③ 男女(사내 남, 계집 녀), ④ 地位(땅 지, 자리 위) 빈부의 차, ❺ 種敎(씨 종, 가르칠 교), 피부색 등에 관계없이 모든 사람이 고루 누려야 한다.

* 種敎 → 宗敎(으뜸 종, 가르칠 교)

99~101 다음 문장에서 밑줄 친 단어(單語)를 한자(漢字)로 바르게 쓴 것은 어느 것입니까?

99. 로마나 그리스는 반도였지만 위대한 인류 문화의 발상지였다.

❶ 半島(반 반, 섬 도)
② 反島(돌이킬 반, 섬 도)
③ 半圖(반 반, 그림 도)
④ 半道(반 반, 길 도)
⑤ 北漢(북녘 북, 한수 한)

100. 돈은 집에 보관하는 것보다 은행에 예금하는 것이 유리하다.

❶ 有利(있을 유, 이로울 리)
② 不利(아닐 불, 이로울 리)
③ 利益(이로울 리(이), 더할 익)
④ 有理(있을 유, 다스릴 리)
⑤ 分明(나눌 분, 밝을 명)

101. 외가에 가서 외할머니와 외삼촌 내외분께 문안 인사를 드렸다.

① 門安(문 문, 편안 안)
② 安否(편안 안, 아닐 부)
❸ 問安(물을 문, 편안 안)
④ 文案(글월 문, 책상 안)
⑤ 名品(이름 명, 물건 품)

102~104 다음 문장에서 밑줄 친 단어(單語)나 어구(語句)의 뜻을 가장 잘 나타낸 한자(漢字) 또는 한자어(漢字語)는 어느 것입니까?

102. 영철이는 글짓기에 뛰어난 재능을 가지고 있다.

① 作成(지을 작, 이룰 성)
❷ 作文(지을 작, 글월 문)
③ 文章(글월 문, 글 장)
④ 文體(글월 문, 몸 체)
⑤ 作法(지을 작, 법 법)

103. 재숙이는 다른 나라로 이민을 갔다.

❶ 外國(바깥 외, 나라 국)
② 外交(바깥 외, 사귈 교)
③ 國內(나라 국, 안 내)
④ 海洋(바다 해, 큰바다 양)
⑤ 國外(나라 국, 바깥 외)

104. 옛날에 대부분의 토지는 양반들이 가지고 있었다.

① 財産(재물 재, 낳을 산)
② 富者(부자 부, 놈 자)
❸ 所有(바 소, 있을 유)
④ 月日(달 월, 날 일)
⑤ 材産(재목 재, 낳을 산)

105~107 다음 글을 읽고 물음에 답하시오.

105. ㉠~㉤(전 국민, 가택, 열차, 교통, 통금) 중에서 한자표기가 바르지 않은 것은?

① ㉠ 全國民(온전할 전, 나라 국, 백성 민)
② ㉡ 家宅(집 가, 집 택)
③ ㉢ 列車(벌일 렬(열), 수레 차)
④ ㉣ 交通(사귈 교, 통할 통)
❺ ㉤ 統禁(거느릴 통, 금할 금)

* 統禁 → 通禁(통할 통, 금할 금)

106. ㉥'운행'과 ㉦'실시'의 한자표기를 바르게 짝지은 것은?

① 遺行(남길 유, 다닐 행) – 序施(차례 서, 베풀 시)
❷ 運行(옮길 운, 다닐 행) – 實施(열매 실, 베풀 시)
③ 遺行(남길 유, 다닐 행) – 實施(열매 실, 베풀 시)
④ 運行(옮길 운, 다닐 행) – 序施(차례 서, 베풀 시)
⑤ 位行(자리 위, 다닐 행) – 失施(잃을 실, 베풀 시)

107. ㉧'조사'의 '조'와 같은 한자를 사용한 것은?

① 祖宗(할아비 조, 으뜸 종)
❷ 調節(고를 조, 마디 절)
③ 朝服(아침 조, 옷 복)
④ 早達(이를 조, 통달할 달)
⑤ 鳥集(새 조, 모을 집)

108~110 다음 글을 읽고 물음에 답하시오.

108. ㉠~㉤(현대인, 생활, 업무, 식사, 시간) 중에서 한자표기가 바르지 않은 것은?

① ㉠ 現代人(나타날 현, 대신 대, 사람 인)
② ㉡ 生活(날 생, 살 활)
❸ ㉢ 業無(일 업, 없을 무)
④ ㉣ 食事(밥(먹을) 식, 일 사)
⑤ ㉤ 時間(때 시, 사이 간)

* 業無 → 業務(일 업, 힘쓸 무)

109. ㉥'선진국'과 ㉦'정치'의 한자표기를 바르게 짝지은 것은?

① 先進國(먼저 선, 나아갈 진, 나라 국) – 正治(바를 정, 다스릴 치)
② 失進國(잃을 실, 나아갈 진, 나라 국) – 正治(바를 정, 다스릴 치)
③ 失進國(잃을 실, 나아갈 진, 나라 국) – 政治(정사 정, 다스릴 치)
④ 先直國(먼저 선, 곧을 직, 나라 국) – 正治(바를 정, 다스릴 치)
❺ 先進國(먼저 선, 나아갈 진, 나라 국) – 政治(정사 정, 다스릴 치)

110. ㉧'배경'의 '경'과 같은 한자를 사용한 한자어는?

❶ 造景(지을 조, 볕 경)
② 慶事(경사 경, 일 사)
③ 東京(동녘 동, 서울 경)
④ 競選(다툴 경, 가릴 선)
⑤ 神經(귀신 신, 지날 경)

111~115 다음 글을 읽고 물음에 답하시오.

111. ㉠~㉤(문물, 전래, 당시, 학문, 백성) 중에서 한자 표기가 바르지 않은 것은?

① ㉠ 文物(글월 문, 물건 물)
❷ ㉡ 前來(앞 전, 올 래)
③ ㉢ 當時(마땅할 당, 때 시)
④ ㉣ 學問(배울 학, 물을 문)
⑤ ㉤ 百姓(일백 백, 성 성)
* 前來 → 傳來(전할 전, 올 래)

112. ㉥'관심'과 ㉦'완성'의 한자표기를 바르게 짝지은 것은?

① 癸心(북방 계, 마음 심) – 尤成(더욱 우, 이룰 성)
② 渴心(목마를 갈, 마음 심) – 往成(갈 왕, 이룰 성)
③ 坤心(땅 곤, 마음 심) – 吟成(읊을 음, 이룰 성)
④ 均心(고를 균, 마음 심) – 元成(으뜸 원, 이룰 성)
❺ 關心(관계할 관, 마음 심) – 完成(완전할 완, 이룰 성)

113. ㉧'차이'의 '이'와 같은 한자를 사용한 한자어는?

① 推移(밀 추, 옮길 이)
② 耳順(귀 이, 순할 순)
❸ 判異(판단할 판, 다를 이)
④ 理財(다스릴 리(이), 재물 재)
⑤ 深以廣(깊을 심, 써 이, 넓을 광)

114. ㉨'자세히'의 '세'와 같은 한자를 사용한 한자어는?

① 免稅(면할 면, 세금 세)
② 洗顔(씻을 세, 얼굴 안)
③ 歲拜(해 세, 절 배)
❹ 細柳(가늘 세, 버들 류)
⑤ 情勢(뜻 정, 형세 세)

115. ㉩'권력'의 한자표기로 바른 것은?

① 勸力(권할 권, 힘 력)
❷ 權力(권세 권, 힘 력)
③ 勤力(부지런할 근, 힘 력)
④ 氣力(기운 기, 힘 력)
⑤ 經歷(지날 경, 지날 력)

116~120 다음 글을 읽고 물음에 답하시오.

116. ㉠~㉤(한지, 수출품, 관청, 수요, 장려) 중에서 한자 표기가 바르지 않은 것은?

① ㉠ 韓紙(한국 한, 종이 지)
② ㉡ 輸出品(보낼 수, 날 출, 물건 품)
③ ㉢ 官廳(벼슬 관, 관청 청)
④ ㉣ 需要(쓰일 수, 요긴할 요)
❺ ㉤ 奬諒(장려할 장, 살필 량)
* 奬諒 → 奬勵(장려할 장, 힘쓸 려)

117. ㉥'온돌방'의 '돌'과 같은 한자를 사용한 한자어는?

❶ 突破(갑자기 돌, 깨뜨릴 파)
② 挑發(돋울 도, 필 발)
③ 豚肉(돼지 돈, 고기 육)
④ 敦厚(도타울 돈, 두터울 후)
⑤ 篤實(도타울 독, 열매 실)

118. ㉦'제사'와 ㉧'창호지'의 한자표기를 바르게 짝지은 것은?

① 祭司(제사 제, 맡을 사) – 倉戶紙(곳집 창, 집 호, 종이 지)
❷ 祭祀(제사 제, 제사 사) – 窓戶紙(창 창, 집 호, 종이 지)
③ 際詞(즈음 제, 말씀 사) – 倉互紙(곳집 창, 서로 호, 종이 지)
④ 提査(끌 제, 조사할 사) – 創胡池(비롯할 창, 오랑캐 호, 못 지)
⑤ 際社(즈음 제, 모일 사) – 窓浩池(창 창, 넓을 호, 못 지)

119. ㉨'주변'과 ㉩'과정'의 한자표기를 바르게 짝지은 것은?

① 柱邊(기둥 주, 가 변) – 果征(실과 과, 칠 정)
② 珠辨(구슬 주, 분별할 변) – 誇訂(자랑할 과, 바로잡을 정)

❸ 周邊(두루 주, 가 변) – 過程(지날 과, 길 정)
④ 奏辨(아뢸 주, 분별할 변) – 果程(실과 과, 길 정)
⑤ 株辯(그루 주, 말씀 변) – 過政(지날 과, 정사 정)

120. ㉠'잇고 있는'의 뜻을 가장 잘 나타낸 것은?
❶ 繼承(이을 계, 이을 승)
② 係昇(맬 계, 오를 승)
③ 械承(기계 계, 이을 승)
④ 桂昇(계수나무 계, 오를 승)
⑤ 啓承(열 계, 이을 승)

7 실전 모의고사(정답 및 해설)

정답

1	③	2	②	3	③	4	②	5	④
6	①	7	①	8	③	9	⑤	10	②
11	③	12	⑤	13	②	14	②	15	②
16	④	17	①	18	⑤	19	②	20	③
21	①	22	④	23	⑤	24	③	25	①
26	③	27	②	28	③	29	③	30	⑤
31	①	32	④	33	②	34	②	35	③
36	③	37	④	38	①	39	②	40	⑤
41	③	42	⑤	43	②	44	⑤	45	②
46	①	47	④	48	②	49	①	50	⑤
51	③	52	①	53	①	54	④	55	②
56	⑤	57	①	58	①	59	③	60	④
61	①	62	⑤	63	③	64	②	65	⑤
66	①	67	④	68	②	69	⑤	70	③
71	②	72	④	73	②	74	①	75	③
76	③	77	⑤	78	①	79	⑤	80	②
81	③	82	②	83	①	84	⑤	85	③
86	④	87	③	88	④	89	⑤	90	③
91	④	92	④	93	③	94	①	95	①
96	④	97	②	98	④	99	②	100	②
101	④	102	④	103	①	104	⑤	105	①
106	④	107	③	108	②	109	⑤	110	①
111	②	112	①	113	⑤	114	④	115	②
116	④	117	②	118	①	119	⑤	120	⑤

제1영역 漢字

1~2 다음 필순(筆順)에 대한 설명에 가장 알맞은 한자는 어느 것입니까?

1. 왼쪽에서 오른쪽으로 쓴다.

① 見(볼 견) 丨 冂 冃 月 目 貝 見
② 農(농사 농) 丨 口 曲 曲 曲 曲 曲 声 声 農 農 農 農
❸ 功(공 공) 一 丅 工 玎 功
④ 官(벼슬 관) 丶 丶 宀 宀 宀 宀 官 官
⑤ 登(오를 등) 丿 ㇇ ⺈ 癶 癶 癶 癶 癶 登 登 登 登

2. 좌우의 모양이 같을 때에는 가운데를 먼저 쓴다.

① 古(예 고) 一 十 𠂇 古 古
❷ 水(물 수) 亅 才 水 水
③ 告(고할 고) 丿 𠂉 牛 牛 牛 告 告
④ 金(쇠 금) 丿 人 𠆢 今 全 全 金 金
⑤ 毛(터럭 모) 丿 二 三 毛

3~4 다음 한자(漢字)의 획수(劃數)는 모두 몇 획입니까?

3. 武 (군인(호반) 무) 止(그칠 지)부 4획 총 8획
一 二 亍 亍 亓 正 武 武

4. 聞 (들을 문) 耳(귀 이)부 8획 총 14획
丨 ㄏ 𠃍 𠃍 門 門 門 門 門 門 門 門 聞 聞

5~6 다음 한자(漢字)의 부수(部首)는 무엇입니까?

5. 料(헤아릴 료): 斗부 6획

① 十(열 십) ② 木(나무 목)
③ 米(쌀 미) ❹ 斗(말 두)
⑤ 刀(칼 도)

6. 流(흐를 류): 水(氵)부 7획

❶ 氵(삼수 변) ② 亠(돼지해머리)
③ 厶(마늘 모) ④ 川(내 천)
⑤ 充(채울 충)

7~8 다음 한자(漢字)와 그 조자(造字)의 방식이 같은 한자는 어느 것입니까?

7. 好(좋을 호): 회의
❶ 育(기를 육) 회의 ② 觀(볼 관)
③ 工(장인 공) ④ 飛(날 비)
⑤ 大(큰 대)

8. 二(두이): 지사
① 半(반 반) ② 的(과녁 적)
❸ 寸(마디 촌) 지사 ④ 接(접할 접)
⑤ 山(메 산)

9~14 다음 한자(漢字)의 음(音)은 무엇입니까?

9. 發(필 발)

10. 拜(절 배)

11. 番(차례 번)

12. 分(나눌 분)

13. 復(회복할 복)

14. 變(변할 변)

15~19 다음의 음(音)을 가진 한자는 어느 것입니까?

15. 비
① 不(아닐 불) ❷ 非(아닐 비)
③ 寺(절 사) ④ 訪(찾을 방)
⑤ 密(빽빽할 밀)

16. 사
① 序(차례 서) ② 留(머무를 류)
③ 殺(죽일 살) ❹ 仕(섬길 사)
⑤ 權(권세 권)

17. 산
❶ 算(셈할 산) ② 師(스승 사)
③ 想(생각 상) ④ 西(서녘 서)
⑤ 服(옷 복)

18. 무
① 室(집 실) ② 野(들 야)
③ 勢(형세 세) ④ 投(던질 투)
❺ 舞(춤출 무)

19. 판
① 每(매양 매) ❷ 判(판단할 판)
③ 到(이를 도) ④ 貝(조개 패)
⑤ 校(학교 교)

20~24 다음 한자(漢字)와 음(音)이 같은 한자는 어느 것입니까?

20. 仙(신선 선)
① 姓(성 성) ② 城(재 성)
❸ 鮮(고울 선) ④ 速(빠를 속)
⑤ 早(이를 조)

21. 誠(정성 성)
❶ 星(별 성) ② 首(머리 수)
③ 順(순할 순) ④ 習(익힐 습)
⑤ 必(반드시 필)

22. 少(적을 소)
① 送(보낼 송) ② 授(줄 수)
③ 俗(풍속 속) ❹ 素(본디 소)
⑤ 草(풀 초)

23. 課(공부할 과)
① 電(번개 전) ② 宗(으뜸 종)
③ 造(지을 조) ④ 質(바탕 질)
❺ 過(지날 과)

24. 今(이제 금)
① 意(뜻 의) ② 唱(부를 창)
❸ 禁(금할 금) ④ 害(해할 해)
⑤ 學(배울 학)

25~30 다음 한자(漢字)의 뜻은 무엇입니까?

25. 勝(이길(나을) 승)

26. 是(옳을 시)

27. 視(볼 시)

28. 信(믿을(소식) 신)

29. 示(보일 시)

30. 烏(까마귀 오)

31~35 다음의 뜻을 가진 한자(漢字)는 어느 것입니까?

31. 새롭다
❶ 新(새 신) ② 親(친할 친)
③ 藥(약 약) ④ 案(책상 안)
⑤ 現(나타날 현)

32. 약속하다
① 羊(양 양) ② 洋(큰바다 양)
③ 善(착할 선) ❹ 約(약속할 약)
⑤ 形(형상 형)

33. 낚다
① 魚(고기 어) ❷ 漁(고기잡을 어)
③ 齒(이 치) ④ 逆(거스릴 역)
⑤ 知(알 지)

34. 범
① 能(능할 능) ❷ 虎(범 호)
③ 達(통달할 달) ④ 呼(부를 호)
⑤ 空(빌 공)

35. 해
① 凶(흉할 흉) ② 皇(임금 황)
❸ 年(해 년) ④ 歡(기쁠 환)
⑤ 堂(집 당)

36~40 다음 한자(漢字)와 뜻이 비슷한 한자는 어느 것입니까?

36. 惠(은혜 혜)
① 藝(재주 예) ② 兆(억조 조)
❸ 恩(은혜 은) ④ 商(장사 상)
⑤ 都(도읍 도)

37. 加(더할 가)
① 干(방패 간) ② 遺(남길 유)
③ 消(사라질 소) ❹ 增(더할 증)
⑤ 基(터 기)

38. 作(지을 작)
❶ 製(지을 제) ② 油(기름 유)
③ 業(일 업) ④ 冷(찰 랭)
⑤ 便(편할 편)

39. 貨(재물 화)
① 限(한할 한) ❷ 財(재물 재)
③ 支(지탱할 지) ④ 行(다닐 행)
⑤ 季(계절 계)

40. 動(움직일 동)
① 慶(경사 경) ② 眞(참 진)
③ 醫(의원 의) ④ 福(복 복)
❺ 運(옮길 운)

제2영역 語 彙

41~45 다음 한자어(漢字語)와 발음(發音)이 같은 한자어는 어느 것입니까?

41. 病死(병 병, 죽을 사): 병으로 죽음
① 東史(동녘 동, 역사 사): 중국에 대하여 우리나라의 역사를 일컫는 말
② 名士(이름 명, 선비 사): 사회에서 이름난 사람
❸ 兵士(병사 병, 선비 사): 군사
④ 三四(석 삼, 넉 사): 서넛
⑤ 功勞(공 공, 일할 로): 어떤 일에 이바지한 공적과 노력

42. 貴中(귀할 귀, 가운데 중): 편지나 물품 등을 보낼 때 기관이나 단체 이름 뒤에 써서 상대편을 높이는 말
① 外勤(바깥 외, 부지런할 근): 직장 밖에 나가서 근무함 또는 그 일
② 遠近(멀 원, 가까울 근): 멀고 가까움
③ 對等(대할 대, 무리 등): 양쪽이 비슷함
④ 充實(채울 충, 열매 실): 내용 따위가 잘 갖추어져 알참
❺ 貴重(귀할 귀, 무거울 중): 매우 소중함

43. 命名(목숨 명, 이름 명): 사람이나 물건 등에 이름을 지어 붙임
① 亡命(망할 망, 목숨 명): 제 나라에 있지 못하고 남의 나라로 몸을 피하는 일
❷ 明命(밝을 명, 목숨 명): 임금에게서 받은 명령
③ 病名(병 병, 이름 명): 병의 이름
④ 勉學(힘쓸 면, 배울 학): 학업에 힘씀
⑤ 船稅(배 선, 세금 세): 배에 부과하는 세금

44. 各色(각각 각, 빛 색): 여러 가지 빛깔
① 名色(이름 명, 빛 색): 어떤 부류에 넣어 부르는 이름
② 誤判(그르칠 오, 판단할 판): 잘못 판단함
③ 顔色(얼굴 안, 빛 색): 얼굴 빛
④ 終末(마칠 종, 끝 말): 계속되어온 일이나 현상의 끝
❺ 脚色(다리 각, 빛 색): 서사시나 소설 따위의 문학 작품을 희곡이나 시나리오로 고쳐 쓰는 일

45. 花間(꽃 화, 사이 간) : 꽃 사이
① 混亂(섞을 혼, 어지러울 란): 뒤죽박죽이 되어 어지럽고 질서가 없음
❷ 和姦(화할 화, 간사할 간): 부부가 아닌 남녀가 육체적으로 관계함
③ 畵幅(그림 화, 폭 폭): 그림을 그리는 천이나 종이 따위를 두루 이르는 말
④ 化身(될 화, 몸 신): 추상적인 특질이 구체적인 것으로 바뀌는 일
⑤ 捕獲(잡을 포, 얻을 획): 짐승이나 물고기를 잡

음, 적병을 사로잡음

46~47 다음 괄호 속 한자(漢字)의 음(音)이 다르게 발음 되는 것은 어느 것입니까?

46. ❶ (省)禮(덜 생, 예도 례): 인사를 생략한다, 상중에 있는 사람에게 보내는 편지 첫머리에 쓰는 말
② (省)中(살필 성, 가운데 중): 대궐 안, 궁중
③ (省)察(살필 성, 살필 찰): 자신이 한일을 돌이켜 보고 깊이 생각함
④ (省)視(살필 성, 볼 시): 살펴봄, 자세히 조사함
⑤ (省)問(살필 성, 물을 문): 부모의 안부를 물음

47. ① (差)別(다를 차, 다를(나눌) 별): 차이가 있게 구별함
② (差)額(다를 차, 이마 액): 어떤 액수에서 다른 액수를 제하고 남은 나머지 액수
③ 隔(差)(사이뜰 격, 다를 차): 수준이나 품질, 수량 따위의 차이
❹ 參(差)(참여할 참, 차별 치): 참치부제, 길고 짧거나 들쭉날쭉하여 가지런하지 않음
⑤ (差)異(다를 차, 다를 이): 서로 같지 아니하고 다름. 또는 그런 정도나 상태

48~57 다음 단어들의 '□'에 공통으로 들어갈 알맞은 한자(漢字)는 어느 것입니까?

48. □日(날 일), □戰(싸움 전), □校(학교 교)
① 學(배울 학) ❷ 休(쉴 휴)
③ 交(사귈 교) ④ 來(올 래)
⑤ 對(대할 대)
＊ 休日(휴일), 休戰(휴전), 休校(휴교)

49. 經(지날 경)□, □代(대신 대), □史(역사 사)
❶ 歷(지날 력(역)) ② 野(들 야)
③ 前(앞 전) ④ 後(뒤 후)
⑤ 童(아이 동)
＊ 經歷(경력), 歷代(역대), 歷史(역사)

50. 宿(잘 숙)□, □令(하여금 령), 絶(끊을 절)□
① 名(이름 명) ② 父(아비 부)
③ 望(바랄 망) ④ 使(하여금 사)
❺ 命(목숨 명)
＊ 宿命(숙명), 命令(명령), 絶命(절명)

51. 客(손 객)□, □地(땅 지), □活(살 활)
① 生(날 생) ② 室(집 실)
❸ 死(죽을 사) ④ 土(흙 토)
⑤ 太(클 태)
＊ 客死(객사), 死地(사지), 死活(사활)

52. 街(거리 가)□, 王(임금 왕)□, 得(얻을 득)□
❶ 道(길 도) ② 都(도읍 도)
③ 權(권세 권) ④ 失(잃을 실)
⑤ 登(오를 등)
＊ 街道(가도), 王道(왕도), 得道(득도)

53. 記(기록할 기)□, □願(원할 원), 一(한 일)□
❶ 念(생각할 념(염)) ② 子(아들 자)
③ 者(놈 자) ④ 所(바 소)
⑤ 富(부자 부)
＊ 記念(기념), 念願(염원), 一念(일념)

54. □文(글월 문), □理(다스릴 리), 言(말씀 언)□
① 語(말씀 어) ② 一(한 일)
③ 原(언덕 원) ❹ 論(논할 론(논))
⑤ 德(큰 덕)
＊ 論文(논문), 論理(논리), 言論(언론)

55. 奉(받들 봉)□, □子(아들 자), 入(들 입)□
① 仕(섬길 사) ❷ 養(기를 양)
③ 出(날 출) ④ 命(목숨 명)
⑤ 義(옳을 의)
＊ 奉養(봉양), 養子(양자), 入養(입양)

56. 短(짧을 단)□, 玉(구슬 옥)□, 全(온전할 전)□
① 私(사사 사) ② 片(조각 편)
③ 長(길 장) ④ 便(편할 편)
❺ 篇(책 편)
＊ 短篇(단편), 玉篇(옥편), 全篇(전편)

57. □懷(품을 회), 詳(자세할 상)□, 敍(펼 서)□
❶ 述(펼 술) ② 細(가늘 세)
③ 毁(헐 훼) ④ 換(바꿀 환)
⑤ 墳(무덤 분)
＊ 述懷(술회), 詳述(상술), 敍述(서술)

58~65 다음 한자어(漢字語)와 뜻이 반대(反對)이거나 상대(相對)되는 한자어는 어느 것입니까?

58. 多幸(많을 다, 다행 행): 일이 뜻밖에 잘되어 좋음
❶ 不幸(아닐 불, 다행 행): 행복하지 못함
② 幸運(다행 행, 옮길 운): 좋은 운수
③ 屋上(집 옥, 윗 상): 지붕 부분을 평면으로 만들어 놓은 곳
④ 料理(헤아릴 료(요), 다스릴 리): 맛있는 음식을 만드는 일
⑤ 身長(몸 신, 길 장): 사람의 키

59. 强勢(강할 강, 형세 세): 세력이 강함
① 勢力(형세 세, 힘 력): 권력이나 기세의 힘
② 强力(강할 강, 힘 력): 힘이 셈.
❸ 弱勢(약할 약, 형세 세): 세력이 약함
④ 陸地(뭍 륙(육), 땅 지): 물에 잠기지 않는 땅덩이
⑤ 音聲(소리 음, 소리 성): 목소리

60. 少年(적을 소, 해 년): 아주 어리지도 완전히 자라지도 않은 남자아이
① 年少(해 년(연), 적을 소): 나이가 어림
② 老少(늙을 로(노), 적을 소): 늙은이와 어린아이
③ 來年(올 래(내), 해 년): 올해의 다음 해
❹ 老年(늙을 로(노), 해 년): 늙은 나이
⑤ 體重(몸 체, 무거울 중): 몸무게

61. 祖上(할아비 조, 윗 상): 같은 혈통의 할아버지 이상의 어른
❶ 後孫(뒤 후, 손자 손): 여러 대가 지난 뒤의 자손
② 先頭(먼저 선, 머리 두): 맨 앞, 첫머리
③ 後退(뒤 후, 물러날 퇴): 뒤로 물러남
④ 列擧(벌일 렬(열), 들 거): 여러 가지를 하나씩 들어 말함
⑤ 神聖(귀신 신, 성인 성): 신과 같이 성스러움

62. 將軍(장수 장, 군사 군): 군을 통솔, 지휘하는 무관
① 恒用(항상 항, 쓸 용): 흔히, 늘
② 將士(장수 장, 선비 사): 장수와 병졸
③ 追從(쫓을 추, 좇을 종): 권력을 가진 사람이나 자신이 동의하는 학설 따위를 별 판단 없이 믿고 따름
④ 光陰(빛 광, 그늘 음): 시간, 세월
❺ 兵士(병사 병, 선비 사): 군사

63. 早期(이를 조, 기약할 기): 이른 시간
① 婚期(혼인할 혼, 기약할 기): 혼인하기에 적당한 나이
② 失期(잃을 실, 기약할 기): 시기를 놓침
❸ 晩期(늦을 만, 기약할 기): 느즈막한 시기
④ 早起(이를 조, 일어날 기): 아침에 일찍 일어남
⑤ 寒熱(찰 한, 더울 열): 한방에서 오한과 신열을 이르는 말

64. 靜肅(고요할 정, 엄숙할 숙): 조용하고 엄숙함
① 貞淑(곧을 정, 맑을 숙): 여자로서 행실이 곧고 마음씨가 맑고 고움
❷ 騷亂(떠들 소, 어지러울 란): 시끄럽고 어수선함
③ 治亂(다스릴 치, 어지러울 란): 치세와 난세를 아울러 이르는 말
④ 靜寂(고요할 정, 고요할 적): 고요함
⑤ 浪費(물결 랑(낭), 쓸 비): 헛되이 씀

65. 好況(좋을 호, 상황 황): 경제활동이 활발하여 돈이 잘 도는 일
① 常況(항상 상, 상황 황): 평상시의 형편
② 陰散(그늘 음, 흩을 산): 날씨가 흐리고 으스스함
③ 狀況(형상 상, 상황 황): 일이 되어가는 과정이나 형편
④ 活況(살 활, 상황 황): 활기가 띤 상황
❺ 不況(아닐 불, 상황 황): 경기가 좋지 못한 일

66~70 다음 성어(成語)에서 '□'에 들어갈 알맞은 한자(漢字)는 어느 것입니까?

66. 有(있을 유)□無(없을 무)患(근심 환)
❶ 備(갖출 비) ② 悲(슬플 비)
③ 飛(날 비) ④ 用(쓸 용)
⑤ 分(나눌 분)
有備無患(유비무환): 미리 준비가 되어 있으면 걱정할 것이 없음

67. 事(일 사)君(임금 군)以(써 이)□
① 孝(효도 효) ② 親(친할 친)
③ 君(임금 군) ❹ 忠(충성 충)
⑤ 私(사사 사)
事君以忠(사군이충): 세속 오계의 하나. 충성으로써 임금을 섬김

68. 指(가리킬 지)天(하늘 천)□魚(고기 어)
① 知(알 지) ❷ 射(쏠 사)
③ 成(이룰 성) ④ 萬(일만 만)
⑤ 士(선비 사)
指天射魚(지천사어): 하늘을 보고 물고기를 쏜다, 사물을 구하는 방법의 그릇됨

69. 有(있을 유)無(없을 무)□通(통할 통)
① 師(스승 사) ② 意(뜻 의)
③ 方(모 방) ④ 身(몸 신)
❺ 相(서로 상)
有無相通(유무상통): 있는 것과 없는 것은 서로 융통함.

70. 春(봄 춘)秋(가을 추)□法(법 법)
① 半(반 반) ② 求(구할 구)
❸ 筆(붓 필) ④ 食(밥(먹을) 식)
⑤ 通(통할 통)
春秋筆法(춘추필법): 〈춘추〉와 같이 비판적이고 엄정한 필법. 대의명분을 밝히어 세우는 역사 서술 방법

71~75 다음 성어(成語)의 뜻풀이로 적절한 것은 어느 것입니까?

71. 行(다닐 행)動(움직일 동)擧(들 거)止(그칠 지)
行動擧止(행동거지): 몸을 움직여 하는 모든 것

72. 集(모을 집)思(생각 사)廣(넓을 광)益(더할 익)
集思廣益(집사광익): 여러 사람의 뜻을 모아 더 큰 이익을 얻는다.

73. 樂(좋아할 요)山(메 산)樂(좋아할 요)水(물 수)
樂山樂水(요산요수): 산수의 자연을 즐기고 좋아하다.

74. 出(날 출)將(장수 장)入(들 입)相(서로 상)
出將入相(출장입상): 문무를 다 갖추어 장상의 벼슬을 두루 겸한다.

75. 落(떨어질 락(낙))心(마음 심)千(일천 천)萬(일만 만) 落心千萬(낙심천만): 몹시 실망하다.

76~80 다음의 뜻을 가장 잘 나타낸 성어(成語)는 어느 것입니까?

76. 사태가 막다른 곳에 다다라 더 이상 어쩔 수가 없게 되다.

① 水(물 수)落(떨어질 락)石(돌 석)出(날 출)
水落石出(수락석출): 물이 말라 밑바닥의 돌이 드러난다는 뜻, 겨울 강의 경치 또는 사건의 진상이 드러남을 비유

② 凶(흉할 흉)惡(악할 악)無(없을 무)道(길 도)/
凶惡無道(흉악무도): 성질이 거칠고 사나우며 도의심이 없음

❸ 理(다스릴 리(이))判(판단할 판)事(일 사)判(판단할 판)/
理判事判(이판사판): 막다른 데 이르러 어찌할 수 없게 된 지경.

④ 萬(일만 만)不(아닐 불)近(가까울 근)理(다스릴 리)
萬不近理(만불근리): 전혀 이치에 맞지 아니함

⑤ 長(길 장)者(놈 자)風(바람 풍)度(법도 도)
長者風度(장자풍도): 덕망이 높고 많은 경험으로 세상일에 익숙한 사람의 풍채와 태도

77. 모든 사람의 의견이 같다.

① 萬(일만 만)夫(지아비 부)不(아닐 불(부))當(마땅할 당)
萬夫不當(만부부당): 수많은 장부로도 능히 당할 수 없음

② 說(말씀 설)往(갈 왕)說(말씀 설)來(올 래)
說往說來(설왕설래): 서로 변론을 주고받으며 옥신각신함. 또는 말이 오고 감

③ 去(갈 거)者(놈 자)必(반드시 필)返(돌이킬 반)
去者必返(거자필반): 헤어진 사람은 언젠가 반드시 돌아오게 됨.

④ 得(얻을 득)意(뜻 의)滿(찰 만)面(낯 면)
得意滿面(득의만면): 일이 뜻대로 이루어져 기쁜 표정이 얼굴에 가득함

❺ 滿(찰 만)場(마당 장)一(한 일)致(이를 치)
滿場一致(만장일치): 모든 사람의 의견이 같음

78. 아주 오랜 세월 동안 바뀌지 아니함

❶ 萬(일만 만)古(예 고)不(아닐 불)易(바꿀 역)
萬古不易(만고불역): 아주 오랜 세월 동안 바뀌지 아니함

② 長(길 장)長(길 장)秋(가을 추)夜(밤 야)
長長秋夜(장장추야): 기나긴 가을밤

③ 結(맺을 결)義(옳을 의)兄(형 형)弟(아우 제)
結義兄弟(결의형제): 의로써 형제의 관계를 맺음. 또는 그렇게 관계를 맺은 형제

④ 單(홑 단)獨(홀로 독)一(한 일)身(몸 신)
單獨一身(단독일신): 가족이나 친척이 없는 홀몸

⑤ 富(부자 부)貴(귀할 귀)在(있을 재)天(하늘 천)
富貴在天(부귀재천): 부귀를 누리는 일은 하늘의 뜻에 달려 있어 사람의 힘으로는 어찌할 수 없음

79. 일체의 상념을 떠나 담담한 상태

① 行(다닐 행)雲(구름 운)流(흐를 류(유))水(물 수)
行雲流水(행운유수): 떠가는 구름과 흐르는 물, 자연스럽고 거침이 없음

② 讀(읽을 독)書(글 서)尙(높일(오히려) 상)友(벗 우)
讀書尙友(독서상우): 책을 읽음으로써 옛날의 현인들과 벗이 될 수 있음

③ 亡(망할 망)子(아들 자)計(셀 계)齒(이 치)
亡子計齒(망자계치): 죽은 자식 나이 세기, 이미 그릇된 일은 생각하여도 아무 소용이 없음

④ 春(봄 춘)風(바람 풍)秋(가을 추)雨(비 우)
春風秋雨(춘풍추우): 봄바람과 가을비, 지나간 세월을 이르는 말

❺ 無(없을 무)念(생각 념)無(없을 무)想(생각 상)
無念無想(무념무상): 무아의 경지에 이르러 일체의 상념을 떠남.

80. 이렇게 할만도 하고 저렇게 할만도 하다.

① 天(하늘 천)方(모 방)地(땅 지)方(모 방)
天方地方(천방지방): 너무 급하여 허둥지둥 함부로 날뛰는 모양

❷ 可(옳을 가)東(동녘 동)可(옳을 가)西(서녘 서)
可東可西(가동가서): 이렇게 할 만도 하고, 저렇

게 할 만도 함

③ 德(큰 덕)本(근본 본)財(재물 재)末(끝 말)
德本財末(덕본재말): 사람이 살아가는 데 덕이 뿌리가 되고 재물은 사소한 부분임

④ 擧(들 거)一(한 일)反(돌이킬 반)三(석 삼)
擧一反三(거일반삼): 하나를 들어 셋을 돌이켜 안다, 한 가지 일을 하여 여러 가지 이익을 얻음

⑤ 萬(일만 만)死(죽을 사)一(한 일)生(날 생)
萬死一生(만사일생): 만 번 죽을 고비를 넘겨 한 번 살아난다, 목숨이 매우 위태로운 처지에서 겨우 살아남

제3영역 讀解

81~86 다음 문장에서 한자어(漢字語)의 음(音)은 무엇입니까?

81. 석주명은 오직 나비 研究(갈 연, 연구할 구)에 몰두하였다.

82. 소설과 같이 말의 가락을 직접 느낄 수 없는 글을 散文(흩을 산, 글월 문)이라고 한다.

83. 장기자랑에서 대상을 受賞(받을 수, 상줄 상)하였다.

84. 대동여지도는 생명의 원천인 물줄기를 중심으로 地形(땅 지, 형상 형)을 나타내고 있다.

85. 지금으로부터 100여 년 전에 서양 文物(글월 문, 물건 물)이 들어오면서 우편 제도가 도입되었다.

86. 우리가 지금 긴요하게 쓰고 있는 石油(돌 석, 기름 유)나 석탄도 수십 년 후에는 바닥이 난다.

87~92 다음 문장에서 밑줄 친 한자어(漢字語)의 뜻풀이로 적절한 것은 어느 것입니까?

87. 그는 每事(매양 매, 일 사)에 빈틈이 없다.
* 모든 일

88. 目前(눈 목, 앞 전)의 이익만을 생각하다.
* 눈앞

89. 대부분의 가정은 결혼한 夫婦(지아비 부, 며느리 부)가 살림을 시작하는 데서부터 이룩된다.
* 남편과 아내

90. 요즈음 시골에서는 일손이 不足(아닐 불(부), 발 족)하다.
* 넉넉하지 않음

91. 교통 사고 중에서 어린이가 당하는 사고는 높은 比重(견줄 비, 무거울 중)을 차지하고 있다고 한다.
* 비교시 중요성의 정도

92. 남극이나 북극의 바다에는 산같이 큰 氷山(얼음 빙, 메 산)이 떠 있습니다.
* 얼음덩이

93~95 다음 문장에서 빈칸에 들어갈 가장 적절한 한자어(漢字語)는 어느 것입니까?

93. 우리 사회에는 나쁜 사람보다는 □□한 사람이 더 많다.
① 決白(결단할 결, 흰 백) * 한자어 아님
② 極惡(극진할 극, 악할 악): 더없이 악함
❸ 善良(착할 선, 어질 량): 착하고 어짊
④ 選良(가릴 선, 어질 량): 선출된 인재
⑤ 無良(없을 무, 어질 량) * 한자어 아님

94. 타고르는 자기의 전 재산으로 '자연 속의 학교'를 □□하였다.
❶ 設立(베풀 설, 설 립): 단체나 기관을 새로 세움
② 建說(세울 건, 말씀 설) * 한자어 아님
③ 開業(열 개, 일 업): 영업을 처음 시작함
④ 改設(고칠 개, 베풀 설): 새로 수리하거나 기구를 바꾸어 설치함
⑤ 自立(스스로 자, 설 립): 남에게 예속되거나 의지하지 아니하고 스스로 섬.

95. 명상은 철학적 □□와 연결되어 있다.
❶ 思考(생각 사, 생각할 고): 생각하고 궁리함
② 行動(다닐 행, 움직일 동): 몸을 움직여서 하는 동작
③ 行爲(다닐 행, 할 위): 사람이 제 의지에 따라 하는 것
④ 動作(움직일 동, 지을 작): 무슨 일을 하려고 몸을 움직이는 일
⑤ 決白(결단할 결, 흰 백) * 한자어 아님

96~98 다음 문장에서 한자어(漢字語)의 한자 표기(漢字表記)가 바르지 않은 것은 어느 것입니까?

96. ① 身體(몸 신, 몸 체)와 ② 精神(정할 정, 귀신 신)이 건강해야만 ③ 自身(스스로 자, 몸 신)의 ❹ 能歷(능할 능, 지날 력)을 마음껏 발휘하여 ⑤ 家門(집 가, 문 문)와 나라를 위해 큰 일을 할 수 있는 것입니다.
* 能歷 → 能力(능할 능, 힘 력)

97. ① 車道(수레 차, 길 도)와 ❷ 仁道(어질 인, 길 도)가

구분되지 않은 ③ 道路(길 도, 길 로)는 매우 혼잡해서 ④ 事故(일 사, 연고 고)의 ⑤ 可能性(옳을 가, 능할 능, 성품 성)이 더욱 크다.

* 仁道 → 人道(사람 인, 길 도)

98. ① 禮法(예도 례(예), 법 법)은 ② 時代(때 시, 대신 대)와 ③ 場所(마당 장, 바 소), ❹ 上對(윗 상, 대할 대)에 따라 ⑤ 多少(많을 다, 적을 소) 달라질 수도 있다.

* 上對 → 相對(서로 상, 대할 대)

99~101 다음 문장에서 밑줄 친 단어(單語)를 한자(漢字)로 바르게 쓴 것은 어느 것입니까?

99. 성묘란 산소에 가서 조상께 인사를 드리는 것이다.

① 産所(낳을 산, 바 소)
❷ 山所(메 산, 바 소)
③ 事用(일 사, 쓸 용)
④ 山小(메 산, 작을 소)
⑤ 史用(역사 사, 쓸 용)

100. 눈으로 하얗게 덮여진 겨울 산의 설경은 무척이나 아름답습니다.

① 說經(말씀 설, 지날 경)
❷ 雪景(눈 설, 볕 경)
③ 雪京(눈 설, 서울 경)
④ 雪競(눈 설, 다툴 경)
⑤ 說景(말씀 설, 볕 경)

101. 반성을 하는 습관은 자기 발전에 많은 도움이 된다.

① 半聲(반 반, 소리 성)
② 發電(필 발, 번개 전)
③ 發田(필 발, 밭 전)
❹ 發展(필 발, 펼 전)
⑤ 半展(반 반, 펼 전)

102~104 다음 문장에서 밑줄 친 단어(單語)나 어구(語句)의 뜻을 가장 잘 나타낸 한자(漢字) 또는 한자어(漢字語)는 어느 것입니까?

102. 현식이는 많은 책을 읽어서 아는 것이 많습니다.

① 國語(나라 국, 말씀 어)
② 文章(글월 문, 글 장)
③ 圖畵(그림 도, 그림 화)
❹ 圖書(그림 도, 글 서)
⑤ 英語(꽃부리 영, 말씀 어)

103. 신변잡기적인 내용만 죽 늘어놓으면 좋은 수필이 되기 어렵습니다.

❶ 列擧(벌일 렬(열), 들 거)
② 事例(일 사, 법식 례)
③ 用例(쓸 용, 법식 례)
④ 一例(한 일, 법식 례)
⑤ 次例(버금 차, 법식 례)

104. 그가 선거에 입후보하면 뽑힐 것이 확실하다.

① 出立(날 출, 설 립)
② 落選(떨어질 락(낙), 가릴 선)
③ 選擧(가릴 선, 들 거)
④ 決選(결단할 결, 가릴 선)
❺ 出馬(날 출, 말 마)

105~107 다음 글을 읽고 물음에 답하시오.

105. ㉠'숫자'와 ㉡'중요'의 한자표기를 바르게 짝지은 것은?

❶ 數字(셈 수, 글자 자) – 重要(무거울 중, 요긴할 요)
② 受子(받을 수, 아들 자) – 中要(가운데 중, 요긴할 요)
③ 受字(받을 수, 글자 자) – 衆要(무리 중, 요긴할 요)
④ 守子(지킬 수, 아들 자) – 重要(무거울 중, 요긴할 요)
⑤ 授字(줄 수, 글자 자) – 中要(가운데 중, 요긴할 요)

106. ㉢~㉦(절대, 대신, 형제, 체중, 수입)중에서 한자표기가 바르지 않은 것은?

① ㉢ 絕對(끊을 절, 대할 대)
② ㉣ 代身(대신 대, 몸 신)
③ ㉤ 兄弟(형 형, 아우 제)
❹ ㉥ 體中(몸 체, 가운데 중)
⑤ ㉦ 收入(거둘 수, 들 입)

* 體中 → 體重(몸 체, 무거울 중)

107. ◎'상상'의 앞의 '상'과 같은 한자를 사용한 한자어는?

① 眞相(참 진, 서로 상)
② 施賞(베풀 시, 상줄 상)
❸ 發想(필 발, 생각 상)
④ 協商(화합할 협, 장사 상)
⑤ 上流(윗 상, 흐를 류)

108~110 다음 글을 읽고 물음에 답하시오.

108. ㉠'개발'과 ㉡'광선'의 한자표기를 바르게 짝지은 것은?

① 改發(고칠 개, 필 발) – 共線(함께 공, 줄 선)
❷ 開發(열 개, 필 발) – 光線(빛 광, 줄 선)
③ 改訪(고칠 개, 찾을 방) – 光仙(빛 광, 신선 선)
④ 開訪(열 개, 찾을 방) – 弓善(활 궁, 착할 선)
⑤ 間發(사이 간, 필 발) – 共先(함께 공, 먼저 선)

109. ㉢'비행사'의 '비'와 같은 한자를 사용한 한자어는?
① 守備(지킬 수, 갖출 비)
② 非難(아닐 비, 어려울 난)
③ 對比(대할 대, 견줄 비)
④ 基本(터 기, 근본 본)
❺ 雄飛(수컷 웅, 날 비)

110. ㉣'이용'의 '용'과 같은 한자를 사용한 한자어는?
❶ 使用(하여금 사, 쓸 용)
② 勇退(날랠 용, 물러날 퇴)
③ 浴室(목욕할 욕, 집 실)
④ 形容(형상 형, 얼굴 용)
⑤ 來往(올 래(내), 갈 왕)

111~115 다음 글을 읽고 물음에 답하시오.

111. ㉠'막론'의 '막'과 같은 한자를 사용한 한자어는?
① 晩暮(늦을 만, 저물 모)
❷ 莫强(없을 막, 강할 강)
③ 卯酒(토끼 묘, 술 주)
④ 忘德(잊을 망, 큰 덕)
⑤ 買收(살 매, 거둘 수)

112. ㉡~㉥(역사, 초대, 황제, 상품, 대중적)중에서 한자 표기가 바르지 않은 것은?
❶ ㉡ 亦史(또 역, 역사 사)
② ㉢ 初代(처음 초, 대신 대)
③ ㉣ 皇帝(임금 황, 임금 제)
④ ㉤ 賞品(상줄 상, 물건 품)
⑤ ㉥ 大衆的(큰 대, 무리 중, 과녁 적)
* 亦史 → 歷史(지날 력(역), 역사 사)

113. ㉦'선박'의 '선'과 같은 한자를 사용한 한자어는?
① 私淑(사사 사, 맑을 숙)
② 精舍(정할 정, 집 사)
③ 代謝(대신 대, 사례할 사)
④ 鐵絲(쇠 철, 실 사)
❺ 風船(바람 풍, 배 선)

114. ㉧'즉석'의 한자표기로 바른 것은?
① 只石(다만 지, 돌 석) ② 只惜(다만 지, 아낄 석)
③ 卽昔(곧 즉, 옛 석) ❹ 卽席(곧 즉, 자리 석)
⑤ 卽惜(곧 즉, 아낄 석)

115. ㉨'參加'에서 '參'의 부수로 바른 것은?
① 彡(터럭 삼) ❷ 厶(마늘 모)
③ 又(또 우) ④ 人(사람 인)
⑤ 參(참여할 참)

116~120 다음 글을 읽고 물음에 답하시오.

116. ㉠'서민'의 '서'와 같은 한자를 사용한 한자는?
① 徐行(천천히 서, 다닐 행)
② 部署(떼 부, 마을(관청) 서)
③ 容恕(얼굴 용, 용서할 서)
❹ 庶幾(여러 서, 몇 기)
⑤ 頭緖(머리 두, 실마리 서)

117. ㉡'대명사'와 ㉢'소주'의 한자표기를 바르게 짝지은 것은?
① 大名詐(큰 대, 이름 명, 속일 사) – 召酒(부를 소, 술 주)
❷ 代名詞(대신 대, 이름 명, 말씀 사) – 燒酒(불사를 소, 술 주)
③ 大明詞(큰 대, 밝을 명, 말씀 사) – 昭酒(밝을 소, 술 주)
④ 代明詞(대신 대, 밝을 명, 말씀 사) – 召酒(부를 소, 술 주)
⑤ 大名詞(큰 대, 이름 명, 말씀 사) – 燒酒(불사를 소, 술 주)

118. ㉣~㉧(부유층, 고려말, 약용, 약골, 단종)중에서 한자표기가 바르지 않은 것은?
❶ ㉣ 富有層(부자 부, 있을 유, 층 층)
② ㉤ 高麗末(높을 고, 고울 려, 끝 말)
③ ㉥ 藥用(약 약, 쓸 용)
④ ㉦ 弱骨(약할 약, 뼈 골)
⑤ ㉧ 端宗(끝 단, 으뜸 종)
* 富有層 → 富裕層(부자 부, 넉넉할 유, 층 층)

119. ㉨'어전'과 ㉩'과소비'의 한자표기를 바르게 짝지은 것은?
① 於前(어조사 어, 앞 전) – 過掃費(지날 과, 쓸 소, 쓸 비)
② 御轉(거느릴 어, 구를 전) – 科掃費(과목 과, 쓸 소, 쓸 비)
③ 於轉(어조사 어, 구를 전) – 誇消費(자랑할 과, 사라질 소, 쓸 비)
④ 御前(거느릴 어, 앞 전) – 科消費(과목 과, 사라질 소, 쓸 비)
❺ 御前(거느릴 어, 앞 전) – 過消費(지날 과, 사라질 소, 쓸 비)

120. ㉪'희석'의 한자표기로 바른 것은?
① 喜釋(기쁠 희, 풀 석) ② 稀析(드물 희, 쪼갤 석)
③ 喜析(기쁠 희, 쪼갤 석) ④ 戱析(놀이 희, 쪼갤 석)
❺ 稀釋(드물 희, 풀 석)

8 실전 모의고사(정답 및 해설)

정답

1 ④	2 ①	3 ③	4 ④	5 ④
6 ④	7 ②	8 ③	9 ③	10 ④
11 ②	12 ①	13 ⑤	14 ④	15 ⑤
16 ④	17 ②	18 ⑤	19 ④	20 ③
21 ①	22 ②	23 ⑤	24 ③	25 ⑤
26 ③	27 ②	28 ③	29 ④	30 ①
31 ③	32 ①	33 ②	34 ⑤	35 ②
36 ③	37 ②	38 ⑤	39 ①	40 ④
41 ④	42 ⑤	43 ④	44 ②	45 ①
46 ⑤	47 ①	48 ②	49 ①	50 ①
51 ③	52 ③	53 ①	54 ④	55 ③
56 ①	57 ⑤	58 ③	59 ②	60 ②
61 ⑤	62 ④	63 ④	64 ①	65 ⑤
66 ①	67 ②	68 ③	69 ②	70 ⑤
71 ⑤	72 ①	73 ④	74 ④	75 ②
76 ②	77 ④	78 ①	79 ④	80 ③
81 ②	82 ③	83 ③	84 ③	85 ④
86 ⑤	87 ①	88 ②	89 ⑤	90 ④
91 ④	92 ③	93 ⑤	94 ②	95 ①
96 ③	97 ①	98 ①	99 ③	100 ④
101 ⑤	102 ②	103 ④	104 ③	105 ①
106 ⑤	107 ③	108 ②	109 ①	110 ⑤
111 ③	112 ⑤	113 ②	114 ①	115 ②
116 ③	117 ①	118 ②	119 ⑤	120 ②

제1영역 漢 字

1~2 다음 필순(筆順)에 대한 설명에 가장 알맞은 한자는 어느 것입니까?

1. 왼쪽에서 오른쪽으로 쓴다.

① 令(하여금 령) 丿 人 亼 今 令
② 選(가릴 선) 丶 ㇇ 巳 … 巽 選
③ 吉(길할 길) 一 十 士 吉 吉 吉
❹ 休(쉴 휴) 丿 亻 仁 什 休 休
⑤ 干(방패 간) 一 二 干

2. 좌우의 모양이 같을 때에는 가운데를 먼저 쓴다.

❶ 小(작을 소) 亅 亅 小
② 來(올 래) 一 … 來
③ 久(오랠 구) 丿 ク 久
④ 賣(팔 매) 一 十 士 … 賣
⑤ 果(실과 과) 丨 口 日 … 果

3~4 다음 한자(漢字)의 획수(劃數)는 모두 몇 획입니까?

3. 往(갈 왕) 彳(두인 변)부 5획 총 8획
丿 彳 彳 … 往

4. 右(오른쪽 우) 口(입 구)부 2획, 총 5획
丿 ナ 右 右 右

5~6 다음 한자(漢字)의 부수(部首)는 무엇입니까?

5. 熱(더울 열): 火(灬)부 11획

① 土(흙 토) ② 儿(어진사람인발)
③ 九(아홉 구) ❹ 灬(연화발)
⑤ 丸(둥글 환)

6. 榮(영화 영): 木부 10획

① 火(불 화) ② 炎(불꽃 염)
③ 冖(민갓머리) ❹ 木(나무 목)
⑤ 十(열 십)

7~8 다음 한자(漢字)와 그 조자(造字)의 방식이 같은 한자는 어느 것입니까?

7. 方(모 방): 상형
① 間(사이 간) ❷ 身(몸 신) 상형
③ 定(정할 정) ④ 助(도울 조)
⑤ 律(법칙 률)

8. 四(넉 사): 지사
① 地(땅 지) ② 林(수풀 림)
❸ 上(윗 상) 지사 ④ 住(살 주)
⑤ 獨(홀로 독)

8~14 다음 한자(漢字)의 음(音)은 무엇입니까?

9. 油(기름 유)

10. 應(응할 응)

11. 醫(의원 의)

12. 充(채울 충)

13. 得(얻을 득)

14. 恩(은혜 은)

15~19 다음의 음(音)을 가진 한자는 어느 것입니까?

15. 인
① 結(맺을 결) ② 敬(공경 경)
③ 面(낯 면) ④ 第(차례 제)
❺ 因(인할 인)

16. 제
① 存(있을 존) ② 章(글 장)
③ 正(바를 정) ❹ 弟(아우 제)
⑤ 相(서로 상)

17. 보
① 戰(싸움 전) ❷ 保(지킬 보)
③ 典(법 전) ④ 政(정사 정)
⑤ 百(일백 백)

18. 감
① 改(고칠 개) ② 建(세울 건)
③ 考(생각할 고) ④ 良(어질 량)
❺ 感(느낄 감)

19. 석
① 比(견줄 비) ② 犬(개 견)
③ 勝(이길 승) ❹ 席(자리 석)
⑤ 同(한가지 동)

20~24 다음 한자(漢字)와 음(音)이 같은 한자는 어느 것입니까?

20. 祖(할아비 조)
① 罪(허물 죄) ② 竹(대 죽)
❸ 早(이를 조) ④ 次(버금 차)
⑤ 車(수레 거(차))

21. 宗(으뜸 종)
❶ 種(씨 종) ② 左(왼 좌)
③ 着(붙을 착) ④ 責(꾸짖을 책)
⑤ 家(집 가)

22. 晝(낮 주)
① 窓(창 창) ❷ 注(부을 주)
③ 指(가리킬 지) ④ 察(살필 찰)
⑤ 光(빛 광)

23. 度(법도 도)
① 救(구원할 구) ② 亡(망할 망)
③ 末(끝 말) ④ 寺(절 사)
❺ 道(길 도)

24. 其(그 기)
① 味(맛 미) ② 務(힘쓸 무)
❸ 氣(기운 기) ④ 愛(사랑 애)
⑤ 洗(씻을 세)

25~30 다음 한자(漢字)의 뜻은 무엇입니까?

25. 神(귀신 신)

26. 秋(가을 추)

27. 忠(충성 충)

28. 取(가질 취)

29. 治(다스릴 치)

30. 弓(활 궁)

31~35 다음의 뜻을 가진 한자(漢字)는 어느 것입니까?

31. 크다
① 犬(개 견) ② 宅(집 택)
❸ 太(클 태) ④ 八(여덟 팔)
⑤ 敎(가르칠 교)

32. 오줌
❶ 便(편할 편, 똥오줌 변) ② 品(물건 품)
③ 夏(여름 하) ④ 河(물 하)
⑤ 軍(군사 군)

33. 풀다
① 幸(다행 행) ❷ 解(풀 해)
③ 向(향할 향) ④ 香(향기 향)
⑤ 到(이를 도)

34. 일하다
① 命(목숨 명) ② 問(물을 문)
③ 事(일 사) ④ 防(막을 방)
❺ 勞(일할 로)

35. 홑
① 丹(붉을 단) ❷ 單(홑 단)
③ 受(받을 수) ④ 數(셈 수)
⑤ 死(죽을 사)

36~40 다음 한자(漢字)와 뜻이 비슷한 한자는 어느 것입니까?

36. 會(모일 회)
① 朝(아침 조) ② 例(법식 례)
❸ 集(모을 집) ④ 參(참여할 참)
⑤ 波(물결 파)

37. 全(온전할 전)
① 線(줄 선) ❷ 完(완전할 완)
③ 回(돌아올 회) ④ 鮮(고울 선)
⑤ 難(어려울 난)

38. 所(바 소)
① 族(겨레 족) ② 俗(풍속 속)
③ 公(공평할(공변될) 공) ④ 銀(은 은)
❺ 處(곳 처)

39. 服(옷 복)
❶ 衣(옷 의) ② 星(별 성)
③ 店(가게 점) ④ 留(머무를 류)
⑤ 質(바탕 질)

40. 特(특별할 특)
① 期(기약할 기) ② 答(대답 답)
③ 旅(나그네 려) ❹ 英(꽃부리(뛰어날) 영)
⑤ 移(옮길 이)

제2영역 語彙

41~45 다음 한자어(漢字語)와 발음(發音)이 같은 한자어는 어느 것입니까?

41. 空名(빌 공, 이름 명): 실제와 들어맞지 않는 명성
① 工藝(장인 공, 재주 예): 실용적인 물건에 조형미를 조화시키는 솜씨
② 公算(공평할(공변될) 공, 셈할 산): 확실성의 정도
③ 空山(빌 공, 메 산): 사람이 없는 산중
❹ 公明(공평할(공변될) 공, 밝을 명): 사사로움이나 편벽됨이 없이 공정하고 명백함
⑤ 參星(석 삼, 별 성): 이십팔수의 하나, 서쪽의 일곱째 별자리

42. 得道(얻을 득, 길 도): 도를 깨달음
① 古樂(예고, 즐길 락) ＊한자어 아님
② 高落(높을 고, 떨어질 락) ＊한자어 아님
③ 每番(매양 매, 차례 번): 번번이
④ 苦樂(쓸 고, 즐길 락): 괴로움과 즐거움
❺ 得度(얻을 득, 법도 도): 불교를 믿어 부처의 계도를 얻음

43. 詩草(시 시, 풀 초): 시인이 처음 쓴 시의 원고
① 史草(역사 사, 풀 초): 사관이 기록하여 두던 사기의 초고
② 時調(때 시, 고를 조): 고려 말부터 발달한 우리나라 고유의 정형시
③ 水草(물 수, 풀 초): 물풀
❹ 始初(비로소 시, 처음 초): 맨 처음
⑤ 俗畫(풍속 속, 그림 화): 예술성이 없는 속된 그림

44. 散文(흩을 산, 글월 문): 율격과 같은 외형적 규범에 얽매이지 않고 자유로운 문장으로 쓴 글
① 三門(석 삼, 문 문): 대궐이나 관청 앞에 있는 세 개의 문
❷ 山門(메 산, 문 문): 산의 어귀
③ 尙文(높일(오히려) 상, 글월 문): 문예를 숭상함
④ 詩文(시 시, 글월 문): 시가와 산문
⑤ 悅樂(기쁠 열, 즐길 락): 기뻐하고 즐거워 함

45. 狂奔(미칠 광, 달릴 분): 목적을 이루려고 미친 듯이 날뜀
❶ 鑛分(쇳돌 광, 나눌 분): 광물의 성분
② 光背(빛 광, 등 배): 불상의 뒤에 세워 부처의 초인성을 나타내는 장식
③ 流配(흐를 류(유), 나눌 배): 죄인을 오지로 보내 정해진 기간 동안 감시를 받으며 생활하게 하던 일
④ 掛鐘(걸 괘, 쇠북 종): 벽이나 기둥에 걸어 놓는 시계
⑤ 粉筆(가루 분, 붓 필): 칠판에 글씨를 쓰는 필기구

46~47 다음 괄호 속 한자(漢字)의 음(音)이 다르게 발

음 되는 것은 어느 것입니까?

46. ① 細(說)(가늘 세, 말씀 설): 쓸데없이 자질구레하게 늘어놓는 말
② (說)話(말씀 설, 말씀 화): 있지 아니한 일에 대하여 사실처럼 재미있게 말함. 또는 그런 이야기
③ 假(說)(거짓 가, 말씀 설): 어떤 사실을 설명하거나 이론을 연역하기 위해 설정한 가정
④ 異(說)(다를 이, 말씀 설): 통용되는 것과 다른 주장이나 의견
❺ 遊(說)(놀 유, 달랠 세): 자기 의견 또는 자기 소속 정당의 주장을 선전하며 돌아다님

47. ❶ (布)施(보시 보, 베풀 시): 절이나 중 또는 가난한 이에게 돈이나 물품을 베풂
② (布)木(베(베풀) 포, 나무 목): 베와 무명
③ 公(布)(공평할(공변될) 공, 베(베풀) 포): 여러 사람에게 널리 알림
④ 宣(布)(베풀 선, 베(베풀) 포)): 세상에 널리 알림
⑤ (布)敎(베(베풀) 포, 가르칠 교): 종교를 널리 폄

48~57 다음 단어들의 '□'에 공통으로 들어갈 알맞은 한자(漢字)는 어느 것입니까?

48. □工(장인 공), □快(쾌할 쾌), □備(갖출 비)
① 防(막을 방) ❷ 完(완전할 완)
③ 木(나무 목) ④ 有(있을 유)
⑤ 血(피 혈)
* 完工(완공),完快(완쾌), 完備(완비)

49. □性(성품 성), □體(몸 체), □人(사람 인)
❶ 個(낱 개) ② 合(합할 합)
③ 身(몸 신) ④ 心(마음 심)
⑤ 古(예 고)
* 個性(개성), 個體(개체), 個人(개인)

50. □聞(들을 문), □習(익힐 습), 高(높을 고)□
❶ 風(바람 풍) ② 學(배울 학)
③ 豊(풍성할 풍) ④ 低(낮을 저)
⑤ 弱(약할 약)
* 風聞(풍문), 風習(풍습), 高風(고풍)

51. □園(동산 원), 家(집 가)□, 親(친할 친)□
① 族(겨레 족) ② 田(밭 전)
❸ 庭(뜰 정) ④ 訓(가르칠 훈)
⑤ 現(나타날 현)
* 庭園(정원), 家庭(가정), 親庭(친정)

52. 目(눈 목)□, 貴(귀할 귀)□, □位(자리 위)
① 上(윗 상) ② 重(무거울 중)
❸ 下(아래 하) ④ 人(사람 인)
⑤ 出(날 출)
* 目下(목하), 貴下(귀하), 下位(하위)

53. 例(법식 례(예))□, 主(주인 주)□, □目(눈 목)
❶ 題(제목 제) ② 意(뜻 의)
③ 耳(귀 이) ④ 文(글월 문)
⑤ 加(더할 가)
* 例題(예제), 主題(주제), 題目(제목)

54. □開(열 개), □示(보일 시), 發(필 발)□
① 退(물러날 퇴) ② 視(볼 시)
③ 明(밝을 명) ❹ 展(펼 전)
⑤ 達(통달할 달)
* 展開(전개), 展示(전시), 發展(발전)

55. □期(기약할 기), □足(발 족), 豊(풍성할 풍)□
① 年(해 년) ② 手(손 수)
❸ 滿(찰 만) ④ 充(채울 충)
⑤ 獨(홀로 독)
* 滿期(만기), 滿足(만족), 豊滿(풍만)

56. 壯(장할 장)□, 極(극진할(다할) 극, 다할 극)□, 强(강할 강)□ :
❶ 烈(매울 렬) ② 列(벌일 렬)
③ 限(한할 한) ④ 士(선비 사)
⑤ 辛(매울 신)
* 壯烈(장렬), 極烈(극렬), 强烈(강렬)

57. □結(맺을 결), □死(죽을 사), □傷(다칠 상)
① 秘(숨길 비) ② 豚(돼지 돈)
③ 壓(누를 압) ④ 懼(두려워할 구)
❺ 凍(얼 동)
* 凍結(동결), 凍死(동사), 凍傷(동상)

58~65 다음 한자어(漢字語)와 뜻이 반대(反對)이거나 상대(相對)되는 한자어는 어느 것입니까?

58. 不法(아닐 불, 법 법): 법에 어긋나 있음
① 立法(설 립(입), 법 법): 법을 제정함
② 說法(말씀 설, 법 법): 불교의 이치를 가르침
❸ 合法(합할 합, 법 법): 법령이나 규칙에 맞음
④ 文藝(글월 문, 재주 예): 학문과 예술
⑤ 明示(밝을 명, 보일 시): 똑똑히 드러내어 보임

59. 生花(날 생, 꽃 화): 살아 있는 초목에서 꺾은 꽃
① 生命(날 생, 목숨 명): 목숨
❷ 造花(지을 조, 꽃 화): 종이나 헝겊 따위로 만든 꽃
③ 生氣(날 생, 기운 기): 싱싱하고 힘찬 기운

④ 和色(화할 화, 빛 색): 온화한 얼굴 빛
⑤ 思考(생각 사, 생각할 고): 생각하고 궁리함

60. 原因(언덕 원, 인할 인): 무슨 일이 일어난 까닭
① 事故(일 사, 연고 고): 뜻밖에 일어난 사건
❷ 結果(맺을 결, 실과 과): 어떤 까닭으로 말미암아 이루어진 결말
③ 因果(인할 인, 실과 과): 원인과 결과
④ 季節(계절 계, 마디 절): 한 해를 날씨에 따라 나눈 그 한 철
⑤ 移民(옮길 이, 백성 민): 다른 나라의 땅으로 옮겨 가서 사는 일

61. 自動(스스로 자, 움직일 동): 기계 따위가 제 힘으로 움직임
① 人工(사람 인, 장인 공): 사람이 자연물에 손을 대어 만들어 놓은 일
② 自然(스스로 자, 그럴 연): 저절로 그렇게 되어 있는 상태
③ 作動(지을 작, 움직일 동): 기계따위를 움직이게 함
④ 決勝(결단할 결, 이길 승): 마지막 승부를 결정함
❺ 手動(손 수, 움직일 동): 기계 따위를 동력을 쓰지 않고 손으로 움직임

62. 非凡(아닐 비, 무릇 범): 보통이 아니고 매우 뛰어남
① 凡人(무릇 범, 사람 인): 특별한 재주나 능력이 없는 평범한 사람
② 農夫(농사 농, 지아비 부): 농업에 종사하는 사람
③ 育英(기를 육, 꽃부리 영): 영재를 기름
❹ 平凡(평평할 평, 무릇 범): 뛰어나거나 색다른 점이 없어 보통 임
⑤ 他殺(타를 타, 죽일 살): 남을 죽임

63. 伐木(칠 벌, 나무 목): 숲의 나무를 벰
① 誰何(누구 수, 어찌 하): 누구, 어두워서 상대를 식별하기 어려울 때 아군끼리 약속한 암호를 확인함
② 渴望(목마를 갈, 바랄 망): 간절히 바람
③ 移植(옮길 이, 심을 식): 옮겨 심음
❹ 植木(심을 식, 나무 목): 나무를 심음
⑤ 殺蟲(죽일 살, 벌레 충): 벌레를 죽임

64. 眞實(참 진, 열매 실): 거짓이 없이 바르고 참됨
❶ 虛僞(빌 허, 거짓 위): 진실이 아닌 것을 진실인 것처럼 꾸민 것
② 僞證(거짓 위, 증거 증): 법률에 따라 선서한 증인이 허위 증언을 하는 일
③ 記憶(기록할 기, 생각할 억): 이전의 인상이나 경험을 의식 속에 간직하거나 도로 생각해 냄
④ 大暑(큰 대, 더울 서): 24절기의 하나
⑤ 階段(섬돌 계, 층계 단): 층계

65. 閑暇(한가할 한, 틈(겨를) 가): 별로 할 일이 없어 틈이 있음
① 細菌(가늘 세, 버섯 균): 가장 하등한 단세포 생물체
② 局面(판 국, 낮 면): 어떤일이 벌어진 장면
③ 醜惡(추할 추, 악할 악): 더럽고 좋지 않음
④ 尋常(찾을 심, 항상 상): 대수롭지 않고 예사로움
❺ 奔走(달릴 분, 달릴 주): 몹시 바쁘게 뛰어다님

66~70 다음 성어(成語)에서 '□'에 들어갈 알맞은 한자(漢字)는 어느 것입니까?

66. □友(벗 우)以(써 이)信(믿을 신)
❶ 交(사귈 교) ② 親(친할 친)
③ 愛(사랑 애) ④ 眞(참 진)
⑤ 別(다를 별)
交友以信(교우이신): 세속 오계의 하나. 벗을 사귐에 믿음으로써 함

67. □土(흙 토)不(아닐 불)二(두 이)
① 神(귀신 신) ❷ 身(몸 신)
③ 臣(신하 신) ④ 人(사람 인)
⑤ 式(법 식)
身土不二(신토불이): 몸과 땅은 둘이 아니고 하나, 자기가 사는 땅에서 산출한 농산물이라야 체질에 잘 맞음

68. 言(말씀 언)中(가운데 중)有(있을 유)□
① 心(마음 심) ② 固(굳을 고)
❸ 骨(뼈 골) ④ 力(힘 력)
⑤ 業(일 업)
言中有骨(언중유골): 말 속에 뼈가 있다, 예사로운 말 속에 단단한 속뜻이 들어 있음

69. □過(지날 과)自(스스로 자)責(꾸짖을 책)
① 密(빽빽할 밀) ❷ 引(끌 인)
③ 尙(높일(오히려) 상) ④ 勉(힘쓸 면)
⑤ 限(한할 한)
引過自責(인과자책): 자기의 잘못을 깨닫고 스스로 꾸짖음

70. 經(지날 경)世(인간 세)致(이를 치)□
① 至(이를 지) ② 止(그칠 지)
③ 支(지탱할 지) ④ 藥(약 약)
❺ 用(쓸 용)

經世致用(경세치용): 학문은 세상을 다스리는 데에 실질적인 이익을 줄 수 있는 것이어야 한다는 유교의 한 주장.

71~75 다음 성어(成語)의 뜻풀이로 적절한 것은 어느 것입니까?

71. 誠(정성 성)心(마음 심)誠(정성 성)意(뜻 의)
誠心誠意(성심성의): 참되고 성실한 마음과 뜻

72. 事(일 사)實(열매 실)無(없을 무)根(뿌리 근)
事實無根(사실무근): 근거 없는 말

73. 非(아닐 비)一(한 일)非(아닐 비)再(두 재)
非一非再(비일비재): 같은 현상이 한두 번이 아니고 많다.

74. 白(흰 백)首(머리 수)北(북녘 북)面(낯 면)
白首北面(백수북면): 배움에는 나이가 없으므로 노인이 되어서도 배워야 한다.

75. 命(목숨 명)在(있을 재)朝(아침 조)夕(저녁 석)
命在朝夕(명재조석): 아침이나 저녁에 숨이 끊어질 지경

76~80 다음의 뜻을 가장 잘 나타낸 성어(成語)는 어느 것입니까?

76. 커다란 전체 중 드러난 작은 부분

① 百(일백 백)日(날 일)天(하늘 천)下(아래 하)
百日天下(백일천하): 백일 동안의 천하라는 뜻으로, 짧은 기간 동안의 영화

❷ 氷(얼음 빙)山(메 산)一(한 일)角(뿔 각)
氷山一角(빙산일각): 대부분이 숨겨져 있고 외부로 나타나 있는 것은 극히 일부분에 지나지 아니함

③ 大(큰 대)義(옳을 의)名(이름 명)分(나눌 분)
大義名分(대의명분): 사람으로서 마땅히 지키고 행하여야 할 도리나 본분

④ 衆(무리 중)心(마음 심)成(이룰 성)城(재 성)
衆心成城(중심성성): 여러 사람의 마음이 성을 이룬다, 여러 사람의 마음이 하나로 단결하면 성처럼 굳어짐

⑤ 四(넉 사)書(글 서)三(석 삼)經(지날 경)
四書三經(사서삼경): 사서와 삼경을 아울러 이르는 말. 곧 〈논어〉, 〈맹자〉, 〈중용〉, 〈대학〉의 네 경전과 〈시경〉, 〈서경〉, 〈주역〉의 세 경서

77. 세상에 비길 데 없이 훌륭한 말

① 立(설 립)春(봄 춘)大(큰 대)吉(길할 길)
立春大吉(입춘대길): 입춘을 맞이하여 길운을 기원하며 벽이나 문짝 따위에 써 붙이는 글귀

② 物(물건 물)心(마음 심)兩(두 량(양))面(낯 면)
物心兩面(물심양면): 물질적인 것과 정신적인 것의 두 방면

③ 男(사내 남)女(계집 녀)有(있을 유)別(다를 별)
男女有別(남녀유별): 유교 사상에서 남자와 여자 사이에 분별이 있어야 함을 이르는 말

❹ 萬(일만 만)古(예 고)絕(끊을 절)談(말씀 담)
萬古絕談(만고절담): 세상에 비길 데 없이 훌륭한 말

⑤ 自(스스로 자)力(힘 력)回(돌아올 회)向(향할 향)
自力回向(자력회향): 자신이 얻은 수행의 공덕을 남에게 베풀어서 인과응보를 얻으려는 일

78. 어리고 하잘 것 없음

❶ 黃(누를 황)口(입 구)小(작을 소)兒(아이 아)
黃口小兒(황구소아): 젖내 나는 어린아이, 철없이 미숙한 사람을 낮잡아 이르는 말

② 場(마당 장)中(가운데 중)得(얻을 득)失(잃을 실)
場中得失(장중득실): 평소에 잘하던 사람이 과거 시험장에서 낙방을 하고 잘 못하는 사람이 급제를 하는 수가 있듯이, 일이 생각한 바와 같이 이루어지지 아니함

③ 萬(일만 만)古(예 고)風(바람 풍)雪(눈 설)
萬古風雪(만고풍설): 아주 오랜 세월 동안 겪어 온 많은 고생

④ 南(남녘 남)面(낯 면)出(날 출)治(다스릴 치)
南面出治(남면출치): 임금의 자리에 오르거나 임금이 되어 나라를 다스림

⑤ 百(일백 백)死(죽을 사)一(한 일)生(날 생)
百死一生(백사일생): 백 번 죽을 뻔하다 한 번 살아난다, 죽을 고비를 여러 차례 넘기고 겨우 살아남

79. 말하지 않아도 알 수 있음

① 雪(눈 설)上(윗 상)加(더할 가)雪(눈 설)
雪上加雪(설상가설): 눈 위에 눈이 덮인다, 난처한 일이나 불행한 일이 잇따라 일어남

② 萬(일만 만)古(예 고)絕(끊을 절)色(빛 색)
萬古絕色(만고절색): 세상에 비길 데 없이 뛰어난 미인

③ 空(빌 공)谷(골 곡)足(발 족)音(소리 음)
空谷足音(공곡족음): 아무도 없는 골짜기에 울리는 사람 발자국 소리, 쓸쓸할 때에 손님이나 기쁜 소식이 오는 것

❹ 不(아닐 불)言(말씀 언)可(옳을 가)知(알 지)
不言可知(불언가지): 아무 말을 하지 않아도 능히 알 수가 있음

⑤ 大(큰 대)書(글 서)特(특별할 특)記(기록할 기)
大書特記(대서특기): 특별히 두드러지게 보이도록 글자를 크게 쓴다, 신문 따위의 출판물에서 어떤 기사에 큰 비중을 두어 다룸. 大書特筆(대서특필)

80. 계획하여 보나 소득이 없음
① 密(빽빽할 밀)雲(구름 운)不(아닐 불)雨(비 우)
密雲不雨(밀운불우): 구름은 잔뜩 끼었으나 비는 오지 않는다, 조건은 갖추어졌으나 아무런 일도 이루어지지 않아 답답함
② 萬(일만 만)不(아닐 불)成(이룰 성)說(말씀 설)
萬不成說(만불성설): 말이 전혀 사리에 맞지 아니함
❸ 計(셀 계)無(없을 무)所(바 소)出(날 출)
計無所出(계무소출): 어려운 일을 당하여 온갖 계교를 다 써도 해결할 방도를 찾지 못함
④ 春(봄 춘)夏(여름 하)秋(가을 추)冬(겨울 동)
春夏秋冬(춘하추동): 봄·여름·가을·겨울의 네 계절
⑤ 同(한가지 동)聲(소리 성)相(서로 상)應(응할 응)
同聲相應(동성상응): 같은 소리끼리는 서로 응하여 울린다. 같은 무리끼리 서로 통하고 자연히 모인다는 말

제3영역 讀解

81~86 다음 문장에서 한자어(漢字語)의 음(音)은 무엇입니까?

81. 우리 조상은 세계 어느 민족에도 뒤지지 않는 찬란한 文化(글월 문, 될 화)를 이룩하였다.

82. 우리는 조상으로부터 뛰어난 슬기를 물려받은 後孫(뒤 후, 손자 손)이다.

83. 사람은 살아가는 동안 권리와 義務(옳을 의, 힘쓸 무)의 주체가 된다.

84. 오늘날의 논에는 水路(물 수, 길 로)가 잘 만들어져 있다.

85. 농구는 공격과 수비의 전환이 빠르게 진행되는 競技(다툴 경, 재주 기)이다.

86. 보다 성숙한 정치를 위해서는, 국민 모두가 對話(대할 대, 말씀 화)와 타협의 태도를 지녀야 한다.

87~92 다음 문장에서 밑줄 친 한자어(漢字語)의 뜻풀이로 적절한 것은 어느 것입니까?

87. 그 문제는 未決(아닐 미, 결단할 결)로 남았다.
＊ 아직 해결되지 않다.

88. 우리는 조상의 美風(아름다울 미, 바람 풍)을 이어가야 한다.
＊ 아름다운 풍속

89. 동해의 여름철 水溫(물 수, 따뜻할 온)은 서해나 남해보다 낮다.
＊ 물의 온도

90. 자전거는 걷는 것보다 빨라 작은 失手(잃을 실, 손 수)에도 크게 다칠 수 있다.
＊ 부주의한 잘못

91. 어머니로부터 料理(헤아릴 료(요), 다스릴 리) 솜씨를 전수받았다.
＊ 맛있는 음식을 만듦

92. 이번 여행의 宿所(잘 숙, 바 소)는 저번보다 깨끗하다.
＊ 객지에서 머물러 묵는 곳

93~95 다음 문장에서 빈칸에 들어갈 가장 적절한 한자어(漢字語)는 어느 것입니까?

93. 씨름은 두 사람이 상대방의 샅바를 잡고 □□를 겨루는 경기이다.
① 元氣(으뜸 원, 기운 기): 타고난 기운
② 勝數(이길 승, 셈 수): 이기는 횟수
③ 失敗(잃을 실, 패할 패): 성공하지 못하고 망함
④ 武技(군인(호반) 무, 재주 기): 무기(武器) 쓰기, 주먹질, 발길질, 말달리기 따위의 무도에 관한 기술
❺ 勝敗(이길 승, 패할 패): 이김과 짐

94. 공동체 의식이란, 모든 사람이 서로 도우며 한 □□처럼 아끼고 사랑하는 마음을 말한다.
① 百族(일백 백, 겨레 족) ＊ 한자어 아님
❷ 家族(집 가, 겨레 족): 한 집의 구성원
③ 身體(몸 신, 몸 체): 사람의 몸
④ 會社(모일 회, 모일 사): 영리를 목적으로 하는 사단법인
⑤ 百家(일백 백, 집 가): 여러 학자들이나 작가들

95. 오늘은 하루 □□ 업무에 시달렸다.
❶ 終日(마칠 종, 날 일): 아침부터 저녁까지
② 每日(매양 매, 날 일): 하루하루, 날마다
③ 始初(비로소 시, 처음 초): 처음
④ 同案(한가지 동, 책상 안) ＊ 한자어 아님
⑤ 最終(가장 최, 마칠 종): 맨 나중

96~98 다음 문장에서 한자어(漢字語)의 한자 표기(漢字表記)가 바르지 않은 것은 어느 것입니까?

96. ① 讀書(읽을 독, 글 서)는 즐거움, ② 敎訓(가르칠 교, 가르칠 훈) ❸ 知食(알지, 밥(먹을) 식)과 ④ 情報(뜻 정, 갚을(알릴) 보))를 얻기 위하여 반드시 ⑤ 必要(반드시 필, 요긴할 요)하다.

＊ 知食 → 知識(알지, 알식)

97. 그는 ❶ 物利學(물건 물, 이로울 리, 배울 학) ② 分野(나눌 분, 들 야)에서 ③ 世界的(인간 세, 지경 계, 과녁 적)으로 ④ 有名(있을 유, 이름 명)한 ⑤ 人物(사람 인, 물건 물)이다.

＊ 物利學 → 物理學(물건 물, 다스릴 리, 배울 학)

98. ❶ 圖晝(그림 도, 낮 주) 목록을 ② 作成(지을 작, 이룰 성)해 두면 ③ 效果(본받을 효, 실과 과)적인 ④ 讀後(읽을 독, 뒤 후)⑤ 活動(살 활, 움직일 동)을 할 수 있다.

＊ 圖晝 → 圖書(그림 도, 글 서)

99~101 다음 문장에서 밑줄 친 단어(單語)를 한자(漢字)로 바르게 쓴 것은 어느 것입니까?

99. 상대방을 무시해서는 안 된다.

① 無始(없을 무, 비로소 시)
② 無時(없을 무, 때 시)
❸ 無視(없을 무, 볼 시)
④ 務時(힘쓸 무, 때 시)
⑤ 務始(힘쓸 무, 비로소 시)

100. 나라마다 인사하는 법이 다르다.

① 人士(사람 인, 선비 사)
② 人師(사람 인, 스승 사)
③ 仁事(어질 인, 일 사)
❹ 人事(사람 인, 일 사)
⑤ 仁師(어질 인, 스승 사)

101. 농악은 농사를 지을 때 어려움을 덜고 작업의 능률을 올리기 위해서 생긴 것이다.

① 事業(일 사, 일 업)
② 作動(지을 작, 움직일 동)
③ 動作(움직일 동, 지을 작)
④ 行動(다닐 행, 움직일 동)
❺ 作業(지을 작, 일 업)

102~104 다음 문장에서 밑줄 친 단어(單語)나 어구(語句)의 뜻을 가장 잘 나타낸 한자(漢字) 또는 한자어(漢字語)는 어느 것입니까?

102. 수영이는 얼굴이 온통 빨개졌다.

① 每事(매양 매, 일 사)
❷ 全體(온전할 전, 몸 체)
③ 每番(매양 매, 차례 번)
④ 尙用(높일 상, 쓸 용)
⑤ 順番(순할 순, 차례 번)

103. 내가 산 주식 값이 계속해서 떨어졌다.

① 敗北(패할 패, 달아날 배)
② 算出(셈할 산, 날 출)
③ 代打(대신 대, 칠 타)
❹ 下落(아래 하, 떨어질 락)
⑤ 退去(물러날 퇴, 갈 거)

104. 교통이 혼잡해서 차에서 내리는 사람도 있다.

① 新入(새 신, 들 입)
② 下山(아래 하, 메 산)
❸ 下車(아래 하, 수레 차)
④ 上馬(윗 상, 말 마)
⑤ 下馬(아래 하, 말 마)

105~107 다음 글을 읽고 물음에 답하시오.

105. ㉠~㉤(생산, 청년, 실업자, 근로자, 비중)중에서 한자표기가 바르지 않은 것은?

❶ ㉠ 生算(날 생, 셈할 산)
② ㉡ 靑年(푸를 청, 해 년)
③ ㉢ 失業者(잃을 실, 일 업, 놈 자)
④ ㉣ 勤勞者(부지런할 근, 일할 로, 놈 자)
⑤ ㉤ 比重(견줄 비, 무거울 중)

＊ 生算 → 生產(날 생, 낳을 산)

106. ㉥'구직'의 '구'와 같은 한자를 사용한 한자어는?

① 未久(아닐 미, 오랠 구)
② 救出(구원할 구, 날 출)
③ 結句(맺을 결, 글귀 구)
④ 追究(쫓을 추, 연구할 구)
❺ 追求(쫓을 추, 구할 구)

107. ㉦'추세'의 '세'와 같은 한자를 사용한 한자어는?

① 歲豊(해 세, 풍성할 풍)
② 身世(몸 신, 인간 세)
❸ 情勢(뜻 정, 형세 세)
④ 洗雪(씻을 세, 눈 설)
⑤ 說明(말씀 설, 밝을 명)

108~110 다음 글을 읽고 물음에 답하시오.

108. ㉠~㉤(최초, 남녀노소, 발명, 불과, 전기)중에서 한자표기가 바르지 않은 것은?

① ㉠ 最初(가장 최, 처음 초)
❷ ㉡ 男女老小(사내 남, 계집 녀, 늙을 로(노), 작을 소)

③ ㉢ 發明(필 발, 밝을 명)
④ ㉣ 不過(아닐 불, 지날 과)
⑤ ㉤ 電氣(번개 전, 기운 기)
＊ 男女老小 → 男女老少(사내 남, 계집 녀, 늙을 로, 적을 소)

109. ㉥'총아'의 '아'와 같은 한자를 사용한 한자어는?
❶ 育兒(기를 육, 아이 아)
② 學園(배울 학, 동산 원)
③ 雨期(비 우, 기약할 기)
④ 順位(순할 순, 자리 위)
⑤ 要因(요긴할 요, 인할 인)

110. ㉦'이유'와 ㉧'성능'의 한자표기를 바르게 짝지은 것은?
① 里有(마을 리, 있을 유) – 姓能(성 성, 능할 능)
② 里由(마을 리, 말미암을 유) – 性能(성품 성, 능할 능)
③ 理有(다스릴 리, 있을 유) – 聲能(소리 성, 능할 능)
④ 理油(다스릴 리, 기름 유) – 姓能(성 성, 능할 능)
❺ 理由(다스릴 리(이), 말미암을 유) – 性能(성품 성, 능할 능)

111~115 다음 글을 읽고 물음에 답하시오.

111. ㉠'연습'의 한자표기로 바른 것은?
① 煙拾(연기 연, 주울 습)
② 練拾(익힐 련, 주울 습)
❸ 練習(익힐 련(연), 익힐 습)
④ 悅習(기쁠 열, 익힐 습)
⑤ 煙習(연기 연, 익힐 습)

112. ㉡'진력'의 한자표기로 바른 것은?
① 盡歷(다할 진, 지날 력) ② 辰力(별 진, 힘 력)
③ 辰歷(별 진, 지날 력) ④ 眞力(참 진, 힘 력)
❺ 盡力(다할 진, 힘 력)

113. ㉢~㉦(실패, 대오, 명필, 정진, 전통) 중에서 한자표기가 바르지 않은 것은?
① ㉢ 失敗(잃을 실, 패할 패)
❷ ㉣大吾(큰 대, 나 오)
③ ㉤ 名筆(이름 명, 붓 필)
④ ㉥ 精進(정할 정, 나아갈 진)
⑤ ㉦ 傳統(전할 전, 거느릴 통)
＊ 大吾 → 大悟(큰 대, 깨달을 오)

114. ㉧'物品'에서 '物'의 부수로 바른 것은?
❶ 牛(소 우) ② 勿(말 물)
③ 二(두 이) ④ 十(열 십)
⑤ 勹(쌀포몸)

115. ㉨'분재'의 '재'와 같은 한자를 사용한 한자어는?
① 快哉(쾌할 쾌, 어조사 재)
❷ 植栽(심을 식, 심을 재)
③ 赤貧(붉을 적, 가난할 빈)
④ 低俗(낮을 저, 풍속 속)
⑤ 除外(덜 제, 바깥 외)

116~120 다음 글을 읽고 물음에 답하시오.

116. ㉠'사막'과 ㉡'불야성'의 한자표기를 바르게 짝지은 것은?
① 沙幕(모래 사, 장막 막)–不耶成(아닐 불, 어조사 야, 이룰 성)
② 捨漠(버릴 사, 사막 막)–不夜成(아닐 불, 밤 야, 이룰 성)
❸ 沙漠(모래 사, 사막 막) – 不夜城(아닐 불, 밤 야, 재 성)
④ 寫幕(베낄 사, 장막 막) – 不耶城(아닐 불, 어조사 야, 재 성)
⑤ 蛇漠(뱀 사, 사막 막) – 不也城(아닐 불, 어조사 야, 재 성)

117. ㉢'도박사'의 '박'과 같은 한자를 사용한 한자어는?
❶ 該博(해당할(갖출) 해, 넓을 박)
② 拍車(칠 박, 수레 차)
③ 驅迫(몰 구, 핍박할 박)
④ 肉薄(고기 육, 엷을 박)
⑤ 宿泊(잘 숙, 머무를 박)

118. ㉣~㉧(행운, 공항, 설치, 비행기, 동전) 중에서 한자표기가 바르지 않은 것은?
① ㉣ 幸運(다행 행, 옮길 운)
❷ ㉤空巷(빌 공, 거리 항)
③ ㉥ 設置(베풀 설, 둘 치)
④ ㉦ 飛行機(날 비, 다닐 행, 틀 기)
⑤ ㉧ 銅錢(구리 동, 돈 전)
＊ 空巷 → 空港(빌 공, 항구 항)

119. ㉨'광부'와 ㉩'지금'의 한자표기를 바르게 짝지은 것은?
① 狂夫(미칠 광, 지아비 부) – 池今(못 지, 이제 금)
② 狂負(미칠 광, 질 부) – 之今(갈 지, 이제 금)
③ 廣夫(넓을 광, 지아비 부) – 之今(갈 지, 이제 금)
④ 鑛負(쇳돌 광, 질 부) – 池今(못 지, 이제 금)
❺ 鑛夫(쇳돌 광, 지아비 부) – 只今(다만 지, 이제 금)

120. ㉪'면모'와 ㉫'극복'의 한자표기를 바르게 짝지은 것은?
① 面冒(낯 면, 무릅쓸 모) – 劇服(심할 극, 옷(복종할) 복)
❷ 面貌(낯 면, 모양 모) – 克服(이길 극, 옷(복종할) 복)
③ 面某(낯 면, 아무 모) – 克腹(이길 극, 배 복)
④ 面侮(낯 면, 업신여길 모) – 劇腹(심할 극, 배 복)
⑤ 面模(낯 면, 본뜰 모) – 克卜(이길 극, 점 복)

9 실전 모의고사(정답 및 해설)

정답

1 ③	2 ②	3 ③	4 ⑤	5 ①
6 ④	7 ①	8 ④	9 ④	10 ⑤
11 ②	12 ③	13 ①	14 ②	15 ②
16 ④	17 ③	18 ①	19 ⑤	20 ②
21 ④	22 ①	23 ⑤	24 ③	25 ③
26 ④	27 ③	28 ③	29 ②	30 ⑤
31 ①	32 ③	33 ②	34 ④	35 ⑤
36 ④	37 ②	38 ③	39 ①	40 ⑤
41 ②	42 ②	43 ④	44 ③	45 ⑤
46 ③	47 ③	48 ③	49 ④	50 ②
51 ④	52 ①	53 ⑤	54 ③	55 ④
56 ③	57 ①	58 ②	59 ①	60 ①
61 ⑤	62 ④	63 ②	64 ①	65 ③
66 ②	67 ③	68 ①	69 ④	70 ⑤
71 ⑤	72 ④	73 ④	74 ⑤	75 ①
76 ⑤	77 ①	78 ④	79 ②	80 ①
81 ③	82 ②	83 ④	84 ①	85 ⑤
86 ②	87 ④	88 ③	89 ⑤	90 ①
91 ①	92 ①	93 ④	94 ③	95 ②
96 ⑤	97 ④	98 ④	99 ②	100 ①
101 ②	102 ③	103 ④	104 ⑤	105 ③
106 ②	107 ④	108 ①	109 ⑤	110 ②
111 ④	112 ①	113 ③	114 ⑤	115 ②
116 ⑤	117 ①	118 ②	119 ④	120 ②

제1영역 漢字

1~2 다음 필순(筆順)에 대한 설명에 가장 알맞은 한자는 어느 것입니까?

1. 왼쪽에서 오른쪽으로 쓴다.

① 夫(지아비 부) 一 二 夫 夫
② 勞(일할 로) 丶 丷 火 火 火 炏 炏 炏 𤇾 𤇾 労 勞
❸ 湖(호수 호) 丶 氵 氵 氵 汁 汁 沽 沽 浻 湖 湖 湖
④ 國(나라 국) 丨 冂 冂 冂 冂 冂 囗 國 國 國 國
⑤ 石(돌 석) 一 丆 丆 石 石

2. 좌우의 모양이 같을 때에는 가운데를 먼저 쓴다.

① 豆(콩 두) 一 丆 戸 戸 豆 豆 豆
❷ 樂(즐길 락) ′ 亻 白 白 白 幼 幼 幼 幽 幽 幽 幽 樂 樂 樂
③ 救(구원할 구) 一 十 才 才 求 求 求 求 求 救 救
④ 性(성품 성) 丶 忄 忄 忄 忙 忙 性 性
⑤ 命(목숨 명) 丿 人 人 今 今 合 合 命

3~4 다음 한자(漢字)의 획수(劃數)는 모두 몇 획입니까?

3. 香(향기 향) 香(향기 향)부 0획 총 9획
丿 二 千 禾 禾 禾 香 香 香

4. 獨(홀로 독) 犬(犭)부 13획, 총 16획
丿 犭 犭 犭 犭 犭 犭 犭 犭 犭 犭 獨 獨 獨 獨 獨

5~6 다음 한자(漢字)의 부수(部首)는 무엇입니까?

5. 現(나타날 현): 玉부 7획

❶ 玉(구슬 옥) ② 目(눈 목)
③ 儿(어진사람인발) ④ 見(볼 견)
⑤ 日(날 일)

6. 號(이름 호): 虍부 7획

① 口(입 구) ② 儿(어진사람인발)
③ 几(안석 궤) ❹ 虍(범호엄)
⑤ 广(엄호)

7~8 다음 한자(漢字)와 그 조자(造字)의 방식이 같은 한자는 어느 것입니까?

7. 竹(대 죽): 상형
❶ 己(몸 기) 상형 ② 年(해 년)
③ 移(옮길 이) ④ 節(마디 절)
⑤ 洞(골 동)

8. 長(길 장): 상형
① 住(살 주) ② 三(석 삼)
③ 里(마을 리) ❹ 人(사람 인) 상형
⑤ 期(기약할 기)

9~14 다음 한자(漢字)의 음(音)은 무엇입니까?

9. 訓(가르칠 훈)

10. 始(비로소 시)

11. 價(값 가)

12. 慶(경사 경)

13. 各(각각 각)

14. 街(거리 가)

15~19 다음의 음(音)을 가진 한자는 어느 것입니까?

15. 경
① 界(지경 계) ❷ 競(다툴 경)
③ 歌(노래 가) ④ 希(바랄 희)
⑤ 消(사라질 소)

16. 구
① 校(학교 교) ② 陸(뭍 륙)
③ 觀(볼 관) ❹ 究(연구할 구)
⑤ 射(쏠 사)

17. 계
① 市(시장 시) ② 課(공부할 과)
❸ 季(계절 계) ④ 共(함께 공)
⑤ 滿(찰 만)

18. 두
❶ 斗(말 두) ② 式(법 식)
③ 卵(알 란) ④ 船(배 선)
⑤ 收(거둘 수)

19. 비
① 旅(나그네 려) ② 武(군인(호반) 무)
③ 安(편안 안) ④ 氏(성씨 씨)
❺ 比(견줄 비)

20~24 다음 한자(漢字)와 음(音)이 같은 한자는 어느 것입니까?

20. 禁(금할 금)
① 內(안 내) ❷ 金(쇠 금)
③ 連(이을 련) ④ 基(터 기)
⑤ 育(기를 육)

21. 南(남녘 남)
① 東(동녘 동) ② 圖(그림 도)
③ 屋(집 옥) ❹ 男(사내 남)
⑤ 兩(두 량)

22. 單(홑 단)
❶ 短(짧을 단) ② 堂(집 당)
③ 德(큰 덕) ④ 冬(겨울 동)
⑤ 卒(마칠 졸)

23. 願(원할 원)
① 章(글 장) ② 者(놈 자)
③ 重(무거울 중) ④ 最(가장 최)
❺ 遠(멀 원)

24. 傳(전할 전)
① 青(푸를 청) ② 參(참여할 참)
❸ 典(법 전) ④ 表(겉 표)
⑤ 充(채울 충)

25~30 다음 한자(漢字)의 뜻은 무엇입니까?

25. 童(아이 동)

26. 頭(머리 두)

27. 登(오를 등)

28. 冷(찰 랭)

29. 例(법식 례)

30. 質(바탕 질)

31~35 다음의 뜻을 가진 한자(漢字)는 어느 것입니까?

31. 흐르다
❶ 流(흐를 류) ② 留(머무를 류)
③ 望(바랄 망) ④ 每(매양 매)
⑤ 鮮(고울 선)

32. 쌀
① 番(차례 번) ② 拜(절 배)
❸ 米(쌀 미) ④ 密(빽빽할 밀)
⑤ 君(임금 군)

33. 옷
① 備(갖출 비) ❷ 服(옷 복)
③ 奉(받들 봉) ④ 材(재목 재)
⑤ 曲(굽을 곡)

34. 춤
① 效(본받을 효) ② 活(살 활)
③ 情(뜻 정) ❹ 舞(춤출 무)
⑤ 處(곳 처)

35. 밥
① 形(형상 형) ② 直(곧을 직)
③ 調(고를 조) ④ 爲(할 위)
❺ 食(밥(먹을) 식)

36~40 다음 한자(漢字)와 뜻이 비슷한 한자는 어느 것입니까?

36. 宙(집 주)
① 然(그럴 연) ② 洗(씻을 세)
③ 右(오른쪽 우) ❹ 宇(집 우)
⑤ 士(선비 사)

37. 識(알 식)
① 要(요긴할 요) ❷ 知(알 지)
③ 序(차례 서) ④ 分(나눌 분)
⑤ 敗(패할 패)

38. 誠(정성 성)
① 選(가릴 선) ② 書(글 서)
❸ 精(정할 정) ④ 展(펼 전)
⑤ 着(붙을 착)
* 정하다: 정성들여 거칠지 아니하고 곱다(情密(정밀), 精巧(정교))

39. 造(지을 조)
❶ 製(지을 제) ② 臣(신하 신)
③ 學(배울 학) ④ 決(결단할 결)
⑤ 開(열 개)

40. 益(더할 익)
① 成(이룰 성) ② 廣(넓을 광)
③ 雄(수컷 웅) ④ 味(맛 미)
❺ 加(더할 가)

제2영역 語彙

41~45 다음 한자어(漢字語)와 발음(發音)이 같은 한자어는 어느 것입니까?

41. 手技(손 수, 재주 기): 손으로 물건을 만드는 기술
① 主氣(주인 주, 기운 기): 주되는 정기
❷ 手記(손 수, 기록할 기): 자기의 체험을 자신이 적은 글
③ 再起(두 재, 일어날 기): 다시 일어남
④ 吉運(길할 길, 옮길 운): 좋은 운수
⑤ 多量(많을 다, 헤아릴 량): 분량이 매우 많음

42. 養母(기를 양, 어미 모): 양아들로 들어가 섬기는 어머니
① 先親(먼저 선, 친할 친): 돌아가신 아버지
❷ 羊毛(양 양, 터럭 모): 양의 털
③ 代母(대신 대, 어미 모): 카톨릭에서 영세나 견진 성사를 받는 여자의 신앙생활을 돕는 여자후견인
④ 國母(나라 국, 어미 모): 임금의 아내
⑤ 速達(빠를 속, 통달할 달): 속히 배달함

43. 正式(바를 정, 법 식): 규정대로의 바른 방식
① 正直(바를 정, 곧을 직): 마음이 바르고 곧음
② 習俗(익힐 습, 풍속 속): 예로부터 내려오는 습관들이 생활화된 풍속
③ 宿食(잘 숙, 밥(먹을) 식): 자고 먹음
❹ 定食(정할 정, 밥(먹을) 식): 일정한 식단에 따라 차리는 음식
⑤ 生鮮(날 생, 고울 선): 물고기

44. 講和(욀 강, 화할 화): 전쟁상태에 있던 나라들이 평화로운 상태로 돌아가는 것
① 決定(결단할 결, 정할 정): 어떻게 하겠다고 정함
② 鷄卵(닭 계, 알 란): 닭의 알
❸ 强化(강할 강, 될 화): 모자라는 것을 보완하여 더 튼튼하게 함
④ 但書(다만 단, 글 서): 문서에서 조건을 나타낸 글
⑤ 溪谷(시내 계, 골 곡): 물이 흐르는 골짜기

45. 傾向(기울 경, 향할 향): 현상이나 사상, 행동 따위가 어떤 방향으로 기울어짐
① 加勢(더할 가, 형세 세): 힘을 보탬
② 長考(길 장, 생각할 고): 오랫동안 깊이 생각함
③ 惡手(악할 악, 손 수): 장기나 바둑에서 잘못 놓은 나쁜 수
④ 御馬(거느릴 어, 말 마): 임금이 타는 말
❺ 京鄕(서울 경, 시골 향): 서울과 시골

46~47 다음 괄호 속 한자(漢字)의 음(音)이 다르게 발음 되는 것은 어느 것입니까?

46. ① (暴)力(사나울 폭, 힘 력): 부당한 방법으로 강제력을 행사하는 일
② (暴)徒(사나울 폭, 무리 도): 폭동을 일으키거나 폭동에 가담한 사람의 무리
❸ (暴)惡(모질 포, 악할 악): 사납고 악함
④ (暴)雨(사나울 폭, 비 우): 갑자기 많이 쏟아지는 비
⑤ (暴)利(사나울 폭, 이로울 리): 지나치게 많이 남기는 부당한 이익

47. ① 規(則)(법 규, 법칙 칙): 다 같이 지키기로 작정한 법칙
② 罰(則)(벌할 벌, 법칙 칙): 법규를 어긴 행위에 대한 처벌을 정하여 놓은 규칙
❸ 然(則)(그럴 연, 곧 즉): 그러하니, 그러면 의 뜻을 나타내는 접속부사
④ 原(則)(언덕 원, 법칙 칙): 근본이 되는 법칙
⑤ 準(則)(법도(준할) 준, 법칙 칙): 준거할 기준이 되는 규칙이나 법칙

48~57 다음 단어들의 '□'에 공통으로 들어갈 알맞은 한자(漢字)는 어느 것입니까?

48. □達(통달할 달), □來(올 래), □着(붙을 착)
① 近(가까울 근) ② 先(먼저 선)
❸ 到(이를 도) ④ 傳(전할 전)
⑤ 石(돌 석)
＊ 到達(도달), 到來(도래), 到着(도착)

49. □實(열매 실), 熱(더울 열)□, □意(뜻 의)
① 成(이룰 성) ② 眞(참 진)
③ 心(마음 심) ❹ 誠(정성 성)
⑤ 歲(해 세)
＊ 誠實(성실), 熱誠(열성), 誠意(성의)

50. □川(내 천), 氷(얼음 빙)□, 運(옮길 운)□
① 水(물 수) ❷ 河(물 하)
③ 山(메 산) ④ 行(다닐 행)
⑤ 月(달 월)
＊ 河川(하천), 氷河(빙하), 運河(운하)

51. 結(맺을 결)□, 雲(구름 운)□, □計(셀 계)
① 合(합할 합) ② 海(바다 해)
③ 末(끝 말) ❹ 集(모을 집)
⑤ 油(기름 유)
＊ 結集(결집), 雲集(운집), 集計(집계)

52. 多(많을 다)□, 不(아닐 불)□, □運(옮길 운)
❶ 幸(다행 행) ② 小(작을 소)
③ 武(군인(호반) 무) ④ 安(편안 안)
⑤ 事(일 사)
＊ 多幸(다행), 不幸(불행), 幸運(행운)

53. 早(이를 조)□, □場(마당 장), 勇(날랠 용)□
① 能(능할 능) ② 期(기약할 기)
③ 感(느낄 감) ④ 進(나아갈 진)
❺ 退(물러날 퇴)
＊ 早退(조퇴), 退場(퇴장), 勇退(용퇴)

54. □言(말씀 언), 內(안 내)□, 一(한 일)□
① 失(잃을 실) ② 容(얼굴 용)
❸ 助(도울 조) ④ 無(없을 무)
⑤ 動(움직일 동)
＊助言(조언), 內助(내조), 一助(일조)

55. □目(눈 목), □落(떨어질 락), □擧(들 거)
① 下(아래 하) ② 列(벌일 렬)
③ 名(이름 명) ❹ 科(과목 과)
⑤ 典(법 전)
＊ 科目(과목), 科落(과락), 科擧(과거)

56. 假(거짓 가)□, 回(돌아올 회)□, 思(생각 사)□
① 相(서로 상) ② 上(윗 상)
❸ 想(생각 상) ④ 霜(서리 상)
⑤ 綠(푸를 록)
＊假想(가상), 回想(회상), 思想(사상)

57. □宮(집 궁), □惑(미혹할 혹), 昏(어두울 혼)□
❶ 迷(미혹할 미) ② 疑(의심할 의)
③ 睡(졸음 수) ④ 龍(용 룡)
⑤ 聘(부를 빙)
＊迷宮(미궁), 迷惑(미혹), 昏迷(혼미)

58~65 다음 한자어(漢字語)와 뜻이 반대(反對)이거나 상대(相對)되는 한자어는 어느 것입니까?

58. 進化(나아갈 진, 될 화): 진보하여 더 나은 것이 됨
① 進展(나아갈 진, 펼 전): 일이 진행되어 발전함
❷ 退化(물러날 퇴, 될 화): 진보이전의 상태로 되돌아감
③ 相反(서로 상, 돌이킬 반): 서로 반대되거나 어긋남
④ 修習(닦을 수, 익힐 습): 실무를 맡기 전에 배워 익힘
⑤ 使命(하여금 사, 목숨 명): 맡겨진 임무

59. 勝戰(이길 승, 싸움 전): 싸움에 이김

❶ 敗戰(패할 패, 싸움 전): 전쟁에 짐
② 文章(글월 문, 글 장): 어떤 생각이나 느낌을 글로 적어 나타낸 것
③ 復習(회복할 복, 익힐 습): 배운 것을 되풀이하여 익힘
④ 勝敗(이길 승, 패할 패): 이김과 짐
⑤ 患難(근심 환, 어려울 난): 근심과 재난

60. 質問(바탕 질, 물을 문): 모르는 것이나 알고 싶은 것 따위를 물음
❶ 對答(대할 대, 대답 답): 묻는 말에 자기의 뜻을 나타냄
② 對話(대할 대, 말씀 화): 서로 마주 대하여 이야기함
③ 永遠(길 영, 멀 원): 언제까지고 계속하여 끝없음
④ 問罪(물을 문, 허물 죄): 죄를 캐어 물음
⑤ 友好(벗 우, 좋을 호): 서로 친함

61. 先學(먼저 선, 배울 학): 그 사람보다 먼저 학문을 연구한 사람, 학문상의 선배
① 進學(나아갈 진, 배울 학): 학문의 길에 나아가 배움, 상급학교로 감
② 學生(배울 학, 날 생): 학교에서 공부하는 사람
③ 曲線(굽을 곡, 줄 선): 부드럽게 굽은 선
④ 新進(새 신, 나아갈 진): 어떤 분야에 새로 나아감
❺ 後學(뒤 후, 배울 학): 후진의 학자

62. 歡待(기쁠 환, 기다릴 대): 반갑게 맞아 정성껏 후하게 대접함
① 歡聲(기쁠 환, 소리 성): 기뻐서 크게 지르는 소리
② 冷溫(찰 랭(냉), 따뜻할 온): 차가움과 따뜻함
③ 威嚴(위엄 위, 엄할 엄): 위세가 있어 점잖고 엄숙함
❹ 冷待(찰 랭(냉), 기다릴 대): 쌀쌀하게 대접함
⑤ 冷情(찰 랭(냉), 뜻 정): 매정하고 쌀쌀한 마음

63. 投手(던질 투, 손 수): 야구에서 내야중앙에서 타자에게 공을 던지는 선수
① 脫走(벗을 탈, 달릴 주): 몸을 빼쳐 달아남
❷ 打者(칠 타, 놈 자): 야구에서 투수의 공을 쳐서 공격하는 선수
③ 天弓(하늘 천, 활 궁): 무지개
④ 敗者(패할 패, 놈 자): 싸움이나 경기에서 진 사람
⑤ 賣買(팔 매, 살 매): 물건을 팔고 삼

64. 壓勝(누를 압, 이길 승): 압도적으로 이김
❶ 慘敗(참혹할 참, 패할 패): 참혹할 만큼 크게 패배함
② 壓倒(누를 압, 넘어질 도): 뛰어난 힘이나 기술로 상대를 눌러 꼼짝 못하게 함
③ 惜敗(아낄 석, 패할 패): 경기나 경쟁에서 약간의 차이로 아깝게 짐
④ 敗因(패할 패, 인할 인): 싸움이나 경기에서 진 원인
⑤ 甚大(심할 심, 큰 대): 매우 큼

65. 未納(아닐 미, 들일 납): 내야 할 것을 아직 내지 않았거나 내지 못함
① 納稅(들일 납, 세금 세): 세금을 냄
② 納期(들일 납, 기약할 기): 세금이나 공과금 따위를 내는 시기나 기한
❸ 完納(완전할 완, 들일 납): 모두 납부함
④ 代納(대신 대, 들일 납): 남을 대신하여 바침
⑤ 薄待(엷을 박, 기다릴 대): 정성을 들이지 않고 아무렇게나 하는 대접

66~70 다음 성어(成語)에서 '□'에 들어갈 알맞은 한자(漢字)는 어느 것입니까?

66. 安(편안 안)分(나눌 분)□足(발 족)
① 止(그칠 지) ❷ 知(알 지)
③ 志(뜻 지) ④ 己(몸 기)
⑤ 鄕(시골 향)
安分知足(안분지족): 편안한 마음으로 제 분수를 지키며 만족할 줄을 앎

67. 自(스스로 자)信(믿을 신)滿(찰 만)□
① 江(강 강) ② 給(줄 급)
❸ 滿(찰 만) ④ 萬(일만 만)
⑤ 調(고를 조)
自信滿滿(자신만만): 아주 자신(自信)이 있음

68. 身(몸 신)言(말씀 언)書(글 서)□
❶ 判(판단할 판) ② 生(날 생)
③ 面(낯 면) ④ 板(널 판)
⑤ 若(같을 약)
身言書判(신언서판): 인물을 선택하는 데 표준으로 삼던 조건. 곧 신수, 말씨, 문필, 판단력의 네 가지

69. □處(곳 처)春(봄 춘)風(바람 풍)
① 旅(나그네 려) ② 歷(지날 력)
③ 銀(은 은) ❹ 到(이를 도)
⑤ 元(으뜸 원)
到處春風(도처춘풍): 누구에게나 좋게 대하는 일

70. □十(열 십)春(봄 춘)光(빛 광)
① 一(한 일) ② 五(다섯 오)
③ 七(일곱 칠) ④ 場(마당 장)
❺ 九(아홉 구)

九十春光(구십춘광): 봄의 석 달 동안

71~75 다음 성어(成語)의 뜻풀이로 적절한 것은 어느 것입니까?

71. 各(각각 각)得(얻을 득)其(그 기)所(바 소)
各得其所(각득기소): 저마다 제자리를 얻다.

72. 改(고칠 개)過(지날 과)自(스스로 자)新(새 신)
改過自新(개과자신): 허물을 고쳐 스스로 새롭게 하다.

73. 一(한 일)心(마음 심)同(한가지 동)體(몸 체)
一心同體(일심동체): 서로 굳게 결합하다.

74. 十(열 십)生(날 생)九(아홉 구)死(죽을 사)
十生九死(십생구사): 위태로운 지경을 겨우 벗어남

75. 金(쇠 금)石(돌 석)爲(할 위)開(열 개)
金石爲開(금석위개): 쇠와 돌을 열리게 한다. 정신을 집중해서 전력을 다하면 어떤 일도 성공할 수 있다.

76~80 다음의 뜻을 가장 잘 나타낸 성어(成語)는 어느 것입니까?

76. 법을 바꾸면 일도 고쳐야 한다.
① 萬(일만 만)古(예 고)千(일천 천)秋(가을 추)
萬古千秋(만고천추): 천만 년의 오랜 세월이나 영원한 세월
② 不(아닐 불)言(말씀 언)可(옳을 가)想(생각 상)
不言可想(불언가상): 아무 말을 하지 않아도 능히 짐작할 수 있음
③ 殺(죽일 살)身(몸 신)立(설 립)節(마디 절)
殺身立節(살신입절): 자기의 몸을 희생하여 절개를 세움
④ 兵(병사 병)農(농사 농)一(한 일)致(이를 치)
兵農一致(병농일치): 병사와 농민이 하나임. 평소에는 농업에 종사하다가 전쟁이 나면 군인이 되어 전장에 나감
❺ 改(고칠 개)玉(구슬 옥)改(고칠 개)行(다닐 행)
改玉改行(개옥개행): 차고 다닐 옥(玉)의 종류를 바꾸면 걸음걸이도 바꾸어야 한다. 법을 변경하면 일도 고쳐야 한다는 뜻

77. 옛 것을 익혀서 새로운 것을 알다.
❶ 溫(따뜻할 온)故(연고 고)知(알 지)新(새 신)
溫故知新(온고지신): 옛것을 익히고 그것을 미루어서 새것을 앎
② 曲(굽을 곡)直(곧을 직)不(아닐 불)問(물을 문)
曲直不問(곡직불문): 옳고 그름을 따지지 아니함
③ 萬(일만 만)古(예 고)絕(끊을 절)唱(부를 창)
萬古絕唱(만고절창): 만고에 비길 데가 없는 뛰어난 명창
④ 電(번개 전)光(빛 광)石(돌 석)火(불 화)
電光石火(전광석화): 번갯불이나 부싯돌의 불이 번쩍거리는 것과 같이 매우 짧은 시간이나 매우 재빠른 움직임 따위를 비유
⑤ 大(큰 대)字(글자 자)特(특별할 특)書(글 서)
大字特書(대자특서): 특별히 두드러지게 보이도록 글자를 크게 쓴다. 신문 따위의 출판물에서 어떤 기사에 큰 비중을 두어 다룸

78. 실제로 쓰는 말과 글로 적은 말이 일치하는 것
① 四(넉 사)通(통할 통)五(다섯 오)達(통달할 달)
四通五達(사통오달): 도로나 교통망, 통신망 따위가 이리저리 사방으로 통함
② 同(한가지 동)氣(기운 기)相(서로 상)求(구할 구)
同氣相求(동기상구): 같은 무리끼리 서로 통하고 자연히 모인다. 同聲相應(동성상응)
③ 百(일백 백)年(해 년)言(말씀 언)約(약속할 약)
百年言約(백년언약): 젊은 남녀가 부부가 되어 평생을 같이 지낼 것을 굳게 다짐하는 아름다운 언약. 百年佳約(백년가약)
❹ 言(말씀 언)文(글월 문)一(한 일)致(이를 치)
言文一致(언문일치): 실제로 쓰는 말과 그 말을 적은 글이 일치함
⑤ 上(윗 상)山(메 산)求(구할 구)魚(고기 어)
上山求魚(상산구어): 산 위에 올라가 물고기를 구한다. 도저히 불가능한 일을 굳이 하려함을 비유

79. 말을 여러 번 주고받음
① 朝(아침 조)變(변할 변)夕(저녁 석)改(고칠 개)
朝變夕改(조변석개): 아침저녁으로 뜯어고친다. 계획이나 결정 따위를 일관성이 없이 자주 고침
❷ 言(말씀 언)三(석 삼)語(말씀 어)四(넉 사)
言三語四(언삼어사): 서로 변론을 주고받으며 옥신각신함. 說往說來(설왕설래)
③ 以(써 이)食(밥(먹을) 식)爲(할 위)天(하늘 천)
以食爲天(이식위천): 사람이 살아가는 데 먹는 것이 가장 중요함을 이르는 말
④ 一(한 일)去(갈 거)一(한 일)來(올 래)
一去一來(일거일래): 왔다 갔다 함. 또는 그런 일
⑤ 竹(대 죽)馬(말 마)交(사귈 교)友(벗 우)
竹馬交友(죽마교우): 대말을 타고 놀던 벗. 어릴 때부터 같이 놀며 자란 벗. 竹馬故友(죽마고우)

80. 날마다 앞서가고 달마다 앞으로 걸어감
❶ 日(날 일)進(나아갈 진)月(달 월)步(걸음 보)
日進月步(일진월보): 나날이 다달이 계속하여 진

보·발전함

② 自(스스로 자)過(지날 과)不(아닐 불(부))知(알 지)
自過不知(자과부지): 자기의 잘못을 자기가 알지 못함

③ 大(큰 대)材(재목 재)小(작을 소)用(쓸 용)
大材小用(대재소용): 큰 재목이 작게 쓰이고 있다, 사람을 부리는 데 있어서 제 능력을 다 발휘할 수 있는 조건이 안됨

④ 木(나무 목)人(사람 인)石(돌 석)心(마음 심)
木人石心(목인석심): 나무 인형에 돌 같은 마음, 감정이 전혀 없는 사람 또는 강한의지로 흔들리지 않는 사람

⑤ 別(다를 별)無(없을 무)長(길 장)物(물건 물)
別無長物(별무장물): 필요한 것 이외에는 갖지 않음. 검소한 생활

제3영역 讀解

81~86 다음 문장에서 한자어(漢字語)의 음(音)은 무엇입니까?

81. 야유회 場所(마당 장, 바 소)가 월드컵공원으로 정해졌다.

82. 정부는 장애인의 사회적 再活(두 재, 살 활)에 조금 더 투자를 해야 한다.

83. 문종은 在位(있을 재, 자리 위) 2년만에 세상을 떠났다.

84. 取材(가질 취, 재목 재)가 끝난 기자는 기사문을 작성한다.

85. 제 1, 2차 세계 대전은 엄청난 생명과 財産(재물 재, 낳을 산)의 피해를 가져왔다.

86. 戰爭(싸움 전, 다툴 쟁)이 끝나자, 가시 철망이 겹겹이 처진 휴전선이 생겼다.

87~92 다음 문장에서 밑줄 친 한자어(漢字語)의 뜻풀이로 적절한 것은 어느 것입니까?

87. 잃어버린 아이를 찾으려고 百方(일백 백, 모 방)으로 수소문하고 다녔다.
＊ 여러 가지 방법

88. 곧 그의 非行(아닐 비, 다닐 행)이 모두 밝혀질 것이다.
＊ 잘못된 행위

89. 동물들은 여러 가지 材料(재목 재, 헤아릴 료)를 써서 집을 짓는다.
＊ 물건을 만드는 원료

90. 電話(번개 전, 말씀 화)나 라디오, 텔레비전을 통해서 세계 곳곳에서 일어나는 일들을 곧 알 수 있다.
＊ 전화기

91. 연날리기는 오랜 옛날부터 정초에 全國(온전할 전, 나라 국)에서 행해지는 놀이이다.
＊ 나라전체

92. 우리 나라의 長官(길 장, 벼슬 관)은 너무 자주 바뀐다.
＊ 행정각부의 책임자

93~95 다음 문장에서 빈칸에 들어갈 가장 적절한 한자어(漢字語)는 어느 것입니까?

93. 복도에 □□되어 있는 사진들이 우리의 눈길을 끌었다.
① 全開(온전할 전, 열 개): 꽃이 활짝 다 핌
② 展開(펼 전, 열 개): 펴 벌임
③ 前示(앞 전, 보일 시) ＊ 한자어 아님
❹ 展示(펼 전, 보일 시): 물품 따위를 늘어놓고 보임
⑤ 全示(온전할 전, 보일 시) ＊ 한자어 아님

94. 우리는 그 의견에 □□적으로 반대하였다.
① 同意(한가지 동, 뜻 의): 같은 의견, 의견을 같이함
② 同感(한가지 동, 느낄 감): 어떤 견해나 의견에 같은 생각을 가짐. 또는 그 생각.
❸ 絶對(끊을 절, 대할 대): 상대하여 비교할 만한 것이 없음
④ 對等(대할 대, 무리 등): 양쪽이 비슷함
⑤ 上代(윗 상, 대신 대): 윗대, 상고시대

95. 막이 열리면 무대 □□에 동굴이 보인다.
① 建設(세울 건, 베풀 설): 새로 만들어 세움
❷ 正面(바를 정, 낯 면): 바로 마주 보이는 쪽
③ 以前(써 이, 앞 전): 기준이 되는 일정한 때의 앞
④ 正式(바를 정, 법 식): 정당한 격식이나 의식
⑤ 後期(뒤 후, 기약할 기): 일정기간을 나누었을 때 맨 뒤의 기간

96~98 다음 문장에서 한자어(漢字語)의 한자 표기(漢字表記)가 바르지 않은 것은 어느 것입니까?

96. 우리 ① 歷史(지날 력(역), 역사 사)는 빛나는 ② 傳統(전할 전, 거느릴 통)과 ③ 獨特(홀로 독, 특별할 특)한 ④ 文化(글월 문, 될 화)를 ❺ 創調(비롯할 창, 고를 조)해 온 과정이다.
＊ 創調 → 創造(비롯할 창, 지을 조)

97. ① 祖上(할아비 조, 윗 상)이 남긴 거룩한 ② 遺産(남길 유, 낳을 산) ③ 保存(지킬 보, 있을 존), 보호하고 그것을 바탕으로 더욱 새로운 우리의 전통 문화를 창조해 나가는 일이야말로 우리의 책임인 ❹ 同視(한가지 동, 볼 시)에 ⑤ 義務(옳을 의, 힘쓸 무)이다.

＊ 同視 → 同時(한가지 동, 때 시)

98. 선비 정신은 ① 物質(물건 물, 바탕 질)보다는 ② 精神(정할 정, 귀신 신), ③ 利得(이로울 리(이), 얻을 득)보다는 ❹ 命分(목숨 명, 나눌 분)을 ⑤ 重視(무거울 중, 볼 시)하는 깨끗하고 맑은 정신이다.

＊ 命分 → 名分(이름 명, 나눌 분)

99~101 다음 문장에서 밑줄 친 단어(單語)를 한자(漢字)로 바르게 쓴 것은 어느 것입니까?

99. 우리 집은 정원이 넓다.

① 定原(정할 정, 언덕 원)
❷ 庭園(뜰 정, 동산 원)
③ 正園(바를 정, 동산 원)
④ 情園(뜻 정, 동산 원)
⑤ 正原(바를 정, 언덕 원)

100. 말은 기쁨, 슬픔, 노여움 같은 감정도 전달해 줍니다.

❶ 感情(느낄 감, 뜻 정)
② 感定(느낄 감, 정할 정)
③ 感精(느낄 감, 정할 정)
④ 感動(느낄 감, 움직일 동)
⑤ 感正(느낄 감, 바를 정)

101. 우리가 조금만 노력하면 합성 세제를 쓰지 않아도 만족스럽게 생활할 수 있습니다.

① 不足(아닐 불(부), 발 족) ❷ 滿足(찰 만, 발 족)
③ 萬足(일만 만, 발 족) ④ 滿族(찰 만, 겨레 족)
⑤ 萬族(일만 만, 겨레 족)

102~104 다음 문장에서 밑줄 친 단어(單語)나 어구(語句)의 뜻을 가장 잘 나타낸 한자(漢字) 또는 한자어(漢字語)는 어느 것입니까?

102. 진만이는 희재와 싸우고 난 후에 교제를 끊어 버렸습니다.

① 修交(닦을 수, 사귈 교)
② 外交(바깥 외, 사귈 교)
❸ 絶交(끊을 절, 사귈 교)
④ 親善(친할 친, 착할 선)
⑤ 親交(친할 친, 사귈 교)

103. 집 뒤편의 앵두나무에 열매가 주렁주렁 매달려 있습니다.

① 落(떨어질 락) ② 金(쇠 금)
③ 化(될 화) ❹ 實(열매 실)
⑤ 卵(알 란)

104. 영철이가 호수에 돌을 던지자 파문이 일었습니다.

① 川(내 천) ② 水(물 수)
③ 河(물 하) ④ 冷(찰 랭)
❺ 湖(호수 호)

105~110 다음 글을 읽고 물음에 답하시오.

105. ㉠'다급'의 '다'와 같은 한자를 사용한 한자는?

① 同參(한가지 동, 참여할 참)
② 意圖(뜻 의, 그림 도)
❸ 多角(많을 다, 뿔 각)
④ 半島(반 반, 섬 도)
⑤ 首都(머리 수, 도읍 도)

106. ㉡~㉦(속보, 정체, 불명, 교전, 국민) 중에서 한자 표기가 바르지 않은 것은?

① ㉡ 速報(빠를 속, 갚을(알릴) 보)
❷ ㉢ 政體(정사 정, 몸 체)
③ ㉣ 不明(아닐 불, 밝을 명)
④ ㉥ 交戰(사귈 교, 싸움 전)
⑤ ㉦ 國民(나라 국, 백성 민)

＊ 政體 → 正體(바를 정, 몸 체)

107. ㉤'군경'의 '군'과 같은 한자를 사용한 한자어는?

① 夫君(지아비 부, 임금 군)
② 郡守(고을 군, 지킬 수)
③ 基調(터 기, 고를 조)
❹ 軍師(군사 군, 스승 사)
⑤ 課外(공부할 과, 바깥 외)

108. ㉧'자동적'과 ㉨'북한'의 한자표기를 바르게 짝지은 것은?

❶ 自動的(스스로 자, 움직일 동, 과녁 적) – 北韓(북녘 북, 한국 한)
② 自重的(스스로 자, 무거울 중, 과녁 적) – 北漢(북녘 북, 한수 한)
③ 自東的(스스로 자, 동녘 동, 과녁 적) – 北限(북녘 북, 한할 한)
④ 自東的(스스로 자, 동녘 동, 과녁 적) – 北韓(북녘 북, 한국 한)
⑤ 自動的(스스로 자, 움직일 동, 과녁 적) – 北漢(북녘 북, 한수 한)

109. ㉧'간첩'의 '간'과 같은 한자를 사용한 한자어는?
① 干求(방패 간, 구할 구)
② 重午(무거울 중, 낮 오)
③ 再開(두 재, 열 개)
④ 問議(물을 문, 의논할 의)
❺ 日間(날 일, 사이 간)

110. ㉪~㉠(사실, 정반대, 공작, 공군, 지시)중에서 한자표기가 바르지 않는 것은?
① ㉪ 事實(일 사, 열매 실)
❷ ㉫ 正半對(바를 정, 반 반, 대할 대)
③ ㉬ 工作(장인 공, 지을 작)
④ ㉭ 空軍(빌 공, 군사 군)
⑤ ㉠ 指示(가리킬 지, 보일 시)
* 正半對 → 正反對(바를 정, 돌이킬 반, 대할 대)

111~115 다음 글을 읽고 물음에 답하시오.

111. ㉠'대통령'의 한자표기로 바른 것은?
① 大通領(큰 대, 통할 통, 거느릴 령)
② 大通令(큰 대, 통할 통, 하여금 령)
③ 大統令(큰 대, 거느릴 통, 하여금 령)
❹ 大統領(큰 대, 거느릴 통, 거느릴 령)
⑤ 代統領(대신 대, 거느릴 통, 거느릴 령)

112. ㉡~㉥(정상, 회담, 유도, 시작, 무관) 중에서 한자표기가 바르지 않은 것은?
❶ ㉡ 貞上(곧을 정, 윗 상)
② ㉢ 會談(모일 회, 말씀 담)
③ ㉣ 柔道(부드러울 유, 길 도)
④ ㉤ 始作(비로소 시, 지을 작)
⑤ ㉥ 武官(군인(호반) 무, 벼슬 관)
* 貞上 → 頂上(정수리 정, 윗 상)

113. ㉦'중령'과 ㉧'위력'의 한자표기를 바르게 짝지은 것은?
① 中郎(가운데 중, 사내 랑) – 危力(위태할 위, 힘 력)
② 中浪(가운데 중, 물결 랑) – 危力(위태할 위, 힘 력)
❸ 中領(가운데 중, 거느릴 령) – 威力(위엄 위, 힘 력)
④ 中令(가운데 중, 하여금 령) – 威力(위엄 위, 힘 력)
⑤ 中浪(가운데 중, 물결 랑) – 威力(위엄 위, 힘 력)

114. ㉨'당시'의 '당'과 같은 한자를 사용한 한자어는?
① 但只(다만 단, 다만 지)
② 待遇(기다릴 대, 만날 우)
③ 使徒(하여금 사, 무리 도)
④ 終乃(마칠 종, 이에 내)
❺ 適當(맞을 적, 마땅할 당)

115. ㉩'崇尙'에서 '崇'의 부수로 바른 것은?
① 示(보일 시) ❷ 山(메 산)
③ 二(두 이) ④ 宀(갓머리)
⑤ 小(작을 소)

116~120 다음 글을 읽고 물음에 답하시오.

116. ㉠'겸비'와 ㉡'참모'의 한자표기를 바르게 짝지은 것은?
① 兼批(겸할 겸, 비평할 비) – 慙募(부끄러울 참, 뽑을 모)
② 謙非(겸손할 겸, 아닐 비) – 慘某(참혹할 참, 아무 모)
③ 謙比(겸손할 겸, 견줄 비) – 慘謀(참혹할 참, 꾀할 모)
④ 兼比(겸할 겸, 견줄 비) – 參某(참여할 참, 아무 모)
❺ 兼備(겸할 겸, 갖출 비) – 參謀(참여할 참, 꾀할 모)

117. ㉢'절친'과 ㉣'변방'의 한자표기를 바르게 짝지은 것은?
❶ 切親(끊을 절, 친할 친) – 邊方(가 변, 모 방)
② 折親(꺾을 절, 친할 친) – 辨方(분별할 변, 모 방)
③ 竊親(훔칠 절, 친할 친) – 辯方(말씀 변, 모 방)
④ 切親(끊을 절, 친할 친) – 邊邦(가 변, 나라 방)
⑤ 折親(꺾을 절, 친할 친) – 辨邦(분별할 변, 나라 방)

118. ㉤'凶暴(흉포)'의 '暴'와 음(音)이 같은 것은?
① 暴騰(사나울 폭, 오를 등)
❷ 橫暴(가로 횡, 모질 포)
③ 暴炎(사나울 폭, 불꽃 염)
④ 暴暑(사나울 폭, 더울 서)
⑤ 暴飮(사나울 폭, 마실 음)

119. ㉥~㉩(덕성, 고향, 백미, 포함, 비범) 중에서 한자표기가 바르지 않은 것은?
① ㉥ 德性(큰 덕, 성품 성)
② ㉦ 故鄕(연고 고, 시골 향)
③ ㉧ 白眉(흰 백, 눈썹 미)
❹ ㉨ 胞含(태(세포) 포, 머금을 함)
⑤ ㉩ 非凡(아닐 비, 무릇 범)
* 胞含 → 包含(쌀 포, 머금을 함)

120. ㉪'칭송'과 ㉫'부류'의 한자표기를 바르게 짝지은 것은?
① 稱訟(일컬을 칭, 송사할 송) – 副類(버금 부, 무리 류)
❷ 稱頌(일컬을 칭, 칭송할 송) – 部類(떼 부, 무리 류)
③ 稱誦(일컬을 칭, 욀 송) – 付類(줄 부, 무리 류)
④ 稱松(일컬을 칭, 소나무 송) – 府類(마을(관청) 부, 무리 류)
⑤ 稱頌(일컬을 칭, 칭송할 송) – 赴類(다다를 부, 무리 류)

10 실전 모의고사(정답 및 해설)

정답

1	②	2	⑤	3	②	4	③	5	②
6	②	7	③	8	③	9	③	10	④
11	①	12	⑤	13	③	14	④	15	④
16	①	17	②	18	⑤	19	④	20	②
21	③	22	④	23	⑤	24	⑤	25	①
26	③	27	⑤	28	①	29	④	30	⑤
31	①	32	②	33	③	34	⑤	35	①
36	③	37	⑤	38	①	39	②	40	④
41	②	42	②	43	⑤	44	④	45	②
46	④	47	③	48	④	49	⑤	50	②
51	①	52	②	53	③	54	①	55	④
56	②	57	②	58	⑤	59	②	60	③
61	③	62	④	63	⑤	64	②	65	④
66	②	67	②	68	④	69	⑤	70	⑤
71	③	72	④	73	④	74	②	75	⑤
76	④	77	①	78	⑤	79	③	80	④
81	③	82	④	83	②	84	②	85	⑤
86	③	87	①	88	③	89	②	90	②
91	⑤	92	②	93	④	94	①	95	②
96	⑤	97	①	98	③	99	②	100	①
101	②	102	①	103	③	104	⑤	105	①
106	③	107	②	108	①	109	⑤	110	③
111	⑤	112	⑤	113	②	114	②	115	④
116	④	117	②	118	⑤	119	①	120	④

제1영역 漢字

1~2 다음 필순(筆順)에 대한 설명에 가장 알맞은 한자는 어느 것입니까?

1. 위에서 아래로 쓴다.

① 指(가리킬지) 一 十 扌 扌 扌 扌 指 指 指
❷ 定(정할 정) 丶 丶 宀 宀 宀 宇 宇 定
③ 祝(빌 축) 一 二 亍 亓 示 示 祀 祀 祀 祝
④ 八(여덟 팔) 丿 八
⑤ 江(강 강) 丶 丶 氵 氵 汀 江

2. 바깥쪽을 안쪽보다 먼저 쓴다.

① 九(아홉 구) 丿 九
② 技(재주 기) 一 十 扌 扌 扌 扌 技
③ 毛(터럭 모) 丿 二 三 毛
④ 弓(활 궁) 7 コ 弓
❺ 同(한가지 동) 丨 冂 冂 同 同 同

3~4 다음 한자(漢字)의 획수(劃數)는 모두 몇 획입니까?

3. 近(가까울 근) 辶(책받침)부 4획 총 8획
丿 厂 斤 斤 斤 沂 沂 近

4. 樂(즐길 락) 木(나무 목)부 11획 총 15획
丿 亻 白 白 白 白 白 白 白 白 白 樂 樂 樂 樂

5~6 다음 한자(漢字)의 부수(部首)는 무엇입니까?

5. 京(서울 경): 亠부 6획

① 丿(삐침 별) ❷ 亠(돼지해머리)
③ 亅(갈고리 궐) ④ 口(입 구)
⑤ 小(작을 소)

6. 曲(굽을 곡): 曰부 2획

① 田(밭 전) ❷ 曰(가로 왈)
③ 二(두 이) ④ 囗(큰입구몸)
⑤ 十(열 십)

7~8 다음 한자(漢字)와 그 조자(造字)의 방식이 같은 한자는 어느 것입니까?

7. 冊(책 책): 상형

① 寸(마디 촌) ② 着(붙을 착)

❸ 竹(대 죽) 상형　④ 漢(한수 한)
⑤ 固(굳을 고)

8. 好(좋을 호) : 회의
① 角(뿔 각)　② 街(거리 가)
❸ 孝(효도 효) 회의　④ 母(어미 모)
⑤ 功(공 공)

9~14 다음 한자(漢字)의 음(音)은 무엇입니까?

9. 競(다툴 경)

10. 廣(넓을 광)

11. 每(매양 매)

12. 備(갖출 비)

13. 勢(형세 세)

14. 藥(약 약)

15~19 다음의 음(音)을 가진 한자는 어느 것입니까?

15. 경
① 功(공 공)　② 內(안 내)
③ 福(복 복)　❹ 慶(경사 경)
⑤ 先(먼저 선)

16. 무
❶ 武(군인(호반) 무)　② 半(반 반)
③ 說(말씀 설)　④ 愛(사랑 애)
⑤ 奉(받들 봉)

17. 서
① 章(글 장)　❷ 序(차례 서)
③ 里(마을 리)　④ 早(이를 조)
⑤ 時(때 시)

18. 상
① 代(대신 대)　② 法(법 법)
③ 省(살필 성)　④ 讀(읽을 독)
❺ 賞(상줄 상)

19. 양
① 農(농사 농)　② 議(의논할 의)
③ 英(꽃부리 영)　❹ 陽(볕 양)
⑤ 逆(거스릴 역)

20~24 다음 한자(漢字)와 음(音)이 같은 한자는 어느 것입니까?

20. 住(살 주)
① 位(자리 위)　❷ 注(부을 주)
③ 收(거둘 수)　④ 往(갈 왕)
⑤ 業(일 업)

21. 朝(아침 조)
① 罪(허물 죄)　② 充(채울 충)
❸ 祖(할아비 조)　④ 明(밝을 명)
⑤ 通(통할 통)

22. 冬(겨울 동)
① 信(믿을 신)　② 洋(큰바다 양)
③ 最(가장 최)　❹ 童(아이 동)
⑤ 遺(남길 유)

23. 容(얼굴 용)
① 店(가게 점)　② 限(한할 한)
③ 興(일 흥)　④ 帝(임금 제)
❺ 勇(날랠 용)

24. 解(풀 해)
① 鳥(새 조)　② 進(나아갈 진)
③ 至(이를 지)　④ 支(지탱할 지)
❺ 海(바다 해)

25~30 다음 한자(漢字)의 뜻은 무엇입니까?

25. 角(뿔 각)

26. 吉(길할 길)

27. 飮(마실 음)

28. 孫(손자 손)

29. 走(달릴 주)

30. 片(조각 편)

31~35 다음의 뜻을 가진 한자(漢字)는 어느 것입니까?

31. 구원하다
❶ 救(구원할 구)　② 句(글귀 구)
③ 勉(힘쓸 면)　④ 報(갚을(알릴) 보)
⑤ 患(근심 환)

32. 쌀
① 拜(절 배)　❷ 米(쌀 미)
③ 食(밥(먹을) 식)　④ 兒(아이 아)
⑤ 存(있을 존)

33. 헤아리다
① 歌(노래 가)　② 元(으뜸 원)
❸ 料(헤아릴 료)　④ 科(과목 과)
⑤ 淸(맑을 청)

34. 시골
① 晝(낮 주) ② 志(뜻 지)
③ 再(두 재) ④ 幸(다행 행)
❺ 鄕(시골 향)

35. 판단하다
❶ 判(판단할 판) ② 快(쾌할 쾌)
③ 退(물러날 퇴) ④ 取(가질 취)
⑤ 移(옮길 이)

36~40 다음 한자(漢字)와 뜻이 비슷한 한자는 어느 것입니까?

36. 協(화합할 협)
① 神(귀신 신) ② 別(다를 별)
❸ 和(화할 화) ④ 比(견줄 비)
⑤ 寺(절 사)

37. 大(큰 대)
① 對(대할 대) ② 者(놈 자)
③ 前(앞 전) ④ 外(바깥 외)
❺ 太(클 태)

38. 等(무리 등)
❶ 衆(무리 중) ② 的(과녁 적)
③ 結(맺을 결) ④ 窓(창 창)
⑤ 景(볕 경)

39. 移(옮길 이)
① 擧(들 거) ❷ 運(옮길 운)
③ 舞(춤출 무) ④ 谷(골 곡)
⑤ 順(순할 순)

40. 首(머리 수)
① 可(옳을 가) ② 數(셈 수)
③ 希(바랄 희) ❹ 頭(머리 두)
⑤ 草(풀 초)

제2영역 語彙

41~45 다음 한자어(漢字語)와 발음(發音)이 같은 한자어는 어느 것입니까?

41. 科目(과목 과, 눈 목): 교과를 가른 구분
① 過日(지날 과, 날 일): 지난날
❷ 果木(실과 과, 나무 목): 과일이 열리는 나무
③ 課稅(공부할 과, 세금 세): 세금을 부과함
④ 過客(지날 과, 손 객): 지나가는 나그네
⑤ 國難(나라 국, 어려울 난): 나라의 위태로움과 어려움

42. 力戰(힘 력(역), 싸움 전): 힘을 다해 싸움
① 力道(힘 력(역), 길 도): 역기를 들어 올리는 경기
❷ 歷傳(지날 력(역), 전할 전): 대대로 전해 내려옴
③ 力說(힘 력(역), 말씀 설): 힘주어 말함
④ 力作(힘 력(역), 지을 작): 힘들여 지음, 또는 그 작품
⑤ 史觀(역사 사, 볼 관): 역사적 현상을 파악하여 해석하는 입장

43. 先手(먼저 선, 손 수): 상대보다 먼저 일에 착수함
① 死守(죽을 사, 지킬 수): 죽음으로써 지킴
② 改惡(고칠 개, 악할 악): 고쳐서 도리어 나빠지게 함
③ 聖水(성인 성, 물 수): 성례에 쓰기위해 축수한 물
④ 良好(좋을 량(양), 좋을 호): 매우 좋음
❺ 選手(가릴 선, 손 수): 경기에 출전하기 위해 대표로 뽑힌 사람

44. 旣決(이미 기, 결단할 결): 이미 결정함
① 旣往(이미 기, 갈 왕): 이미 지나간 이전
② 手決(손 수, 결단할 결): 도장 대신 이름이나 직함 아래 자필로 쓰던 일정한 자형
③ 旣婚(이미 기, 혼인할 혼): 이미 결혼함
❹ 起結(일어날 기, 맺을 결): 시작과 결과
⑤ 應待(응할 응, 기다릴 대): 손님을 맞이하여 접대함

45. 至煩(이를 지, 번거로울 번): 지루하고 번거로움
① 非番(아닐 비, 차례 번): 당번이 아님
❷ 地番(땅 지, 차례 번): 토지의 번호
③ 當番(마땅할 당, 차례 번): 어떤 일을 차례로 돌아가면서 맡음
④ 缺番(이지러질 결, 차례 번): 당번을 거름
⑤ 漫步(질펀할 만, 걸음 보): 한가롭게 거닒

46~47 다음 괄호 속 한자(漢字)의 음(音)이 다르게 발음 되는 것은 어느 것입니까?

46. ① (宅)配(집 택, 나눌 배): 짐이나 서류 따위를 요구하는 지점까지 배달함
② (宅)地(집 택, 땅 지): 집을 지을 땅
③ 住(宅)(살 주, 집 택): 사람이 살 수 있게 지은 집
❹ 貴(宅)(귀할 귀, 댁 댁): 상대편 집안의 높임말
⑤ (宅)兆(집 택, 억조 조): 무덤, 묘지

47. ① (龜)鑑(거북 귀, 거울 감): 본받을 만한 모범
② (龜)船(거북 귀, 배 선): 거북선
❸ (龜)裂(터질 균, 찢을 렬(열)): 거북의 등에 있는 무늬처럼 갈라져 터짐
④ (龜)甲(거북 귀, 갑옷 갑): 거북의 등딱지
⑤ (龜)占(거북 귀, 점칠 점): 거북점. 거북이 등딱지

를 보고 치는 점

48~57 다음 단어들의 '□'에 공통으로 들어갈 알맞은 한자(漢字)는 어느 것입니까?

48. □手(손 수), □話(말씀 화), □示(보일 시)
① 歌(노래 가) ② 洗(씻을 세)
③ 談(말씀 담) ❹ 訓(가르칠 훈)
⑤ 銀(은 은)
* 訓手(훈수), 訓話(훈화), 訓示(훈시)

49. 生(날 생)□, 朝(아침 조)□, □明(밝을 명)
① 食(먹을 식) ② 善(착할 선)
③ 明(밝을 명) ④ 老(늙을 로)
❺ 鮮(고울 선)
* 生鮮(생선), 朝鮮(조선), 鮮明(선명)

50. □念(생각 념), □學(배울 학), □保(지킬 보)
① 想(생각할 상) ❷ 留(머무를 류(유))
③ 安(편안 안) ④ 數(셈 수)
⑤ 金(쇠 금)
* 留念(유념), 留學(유학), 留保(유보)

51. 必(반드시 필)□, 全(온전할 전)□, 樂(즐길 락(낙))□
❶ 勝(이길 승) ② 的(과녁 적)
③ 敗(패할 패) ④ 然(그럴 연)
⑤ 受(받을 수)
* 必勝(필승), 全勝(전승), 樂勝(낙승)

52. 城(재 성)□, 正(바를 정)□, 家(집 가)□
① 問(물을 문) ❷ 門(문 문)
③ 文(글월 문) ④ 聞(들을 문)
⑤ 星(별 성)
* 城門(성문), 正門(정문), 家門(가문)

53. □動(움직일 동), □作(지을 작), □初(처음 초)
① 造(지을 조) ② 新(새 신)
❸ 始(비로소 시) ④ 最(가장 최)
⑤ 節(마디 절)
* 始動(시동), 始作(시작), 始初(시초)

54. □主(주인 주), □子(아들 자), □臣(신하 신)
❶ 君(임금 군) ② 父(아비 부)
③ 忠(충성 충) ④ 聖(성인 성)
⑤ 守(지킬 수)
* 君主(군주), 君子(군자), 君臣(군신)

55. □能(능할 능), 發(필 발)□, 有(있을 유)□
① 無(없을 무) ② 達(통달할 달)
③ 實(열매 실) ❹ 效(본받을 효)
⑤ 賣(팔 매)
* 效能(효능), 發效(발효), 有效(유효)

56. □待(기다릴 대), □德(큰 덕), 重(무거울 중)□
① 接(접할 접) ❷ 厚(두터울 후)
③ 上(윗 상) ④ 恩(은혜 은)
⑤ 壯(장할 장)
* 厚待(후대), 厚德(후덕), 重厚(중후)

57. 模(본뜰 모)□, □眞(참 진), 透(사무칠 투)□
① 映(비칠 영) ❷ 寫(베낄 사)
③ 賜(줄 사) ④ 伸(펼 신)
⑤ 弊(해질 폐)
* 模寫(모사), 寫眞(사진), 透寫(투사)

58~65 다음 한자어(漢字語)와 뜻이 반대(反對)이거나 상대(相對)되는 한자어는 어느 것입니까?

58. 强大(강할 강, 큰 대): 굳세고 큼
① 各個(각각 각, 낱 개): 하나하나, 낱낱
② 强弱(강할 강, 약할 약): 강함과 약함
③ 弱化(약할 약, 될 화): 힘이나 세력 따위가 약해짐
④ 弱體(약할 약, 몸 체): 약한 몸
❺ 弱小(약할 약, 작을 소): 약하고 작음

59. 放火(놓을 방, 불 화): 일부러 불을 놓음
① 齒科(이 치, 과목 과): 이를 전문으로 치료하는 의학의 한 분과
❷ 消火(사라질 소, 불 화): 불을 끔
③ 消化(사라질 소, 될 화): 음식물을 분해하여 몸으로 흡수할 수 있는 형태로 변화시키는 과정
④ 善防(착할 선, 막을 방): 잘 막음
⑤ 理致(다스릴 리(이), 이를 치): 사물의 정당한 조리, 도리에 맞는 근본

60. 年上(해 년(연), 윗 상): 서로 비교하여 나이가 많음
① 素服(본디 소, 옷 복): 흰 옷, 상복
② 年度(해 년(연), 법도 도): 사무 상 편의에 따라 구분한 1년의 기간
❸ 年下(해 년(연), 아래 하): 서로 비교하여 나이가 적음
④ 部下(떼 부, 아래 하): 어떤 사람 아래 딸리어 그 지시에 따라야 하는 사람
⑤ 存在(있을 존, 있을 재): 실제로 있음

61. 滿足(찰 만, 발 족): 부족함이 없이 흐뭇함
① 滿場(찰 만, 마당 장): 모인 사람들로 가득찬 회장
② 萬石(일만 만, 돌 석): 벼 일만 석
❸ 不滿(아닐 불, 찰 만): 마음에 차지 않거나 마땅하지 않음
④ 效果(본받을 효, 실과 과): 보람 있는 결과

⑤ 逆戰(거스릴 역, 싸움 전): 적으로부터 공격을 받다가 역습하여 싸움

62. 奇異(기이할 기, 다를 이): 유별나고 이상함
① 野菜(들 야, 나물 채): 들에서 나는 나물
② 平民(평평할 평, 백성 민): 보통 사람
③ 異人(다를 이, 사람 인): 보통 사람과는 달리 재주가 신통하고 뛰어난 사람
❹ 平凡(평평할 평, 무릇 범): 뛰어나거나 색다른 점이 없이 보통임
⑤ 破婚(깨뜨릴 파, 혼인할 혼): 약혼을 깨뜨림

63. 未決(아닐 미, 결단할 결): 아직 결정하거나 해결하지 아니함
① 決算(결단할 결, 셈할 산): 계산을 마감함
② 給料(줄 급, 헤아릴 료) : 일한 데에 대한 보수
③ 完全(완전할 완, 온전할 전): 필요한 것이 모두 갖추어져 있음
④ 茂盛(무성할 무, 성할 성): 초목이 많이 나서 우거짐
❺ 解決(풀 해, 결단할 결): 사건이나 문제 따위를 잘 처리함

64. 承諾(이을 승, 허락할 낙): 청하는 바를 들어줌
① 承認(이을 승, 알 인): 어떤 사실을 마땅하다고 받아들임
❷ 拒絕(막을 거, 끊을 절): 상대편의 요구, 제안 등을 받아들이지 않고 물리침
③ 牽制(끌 견, 지을(절제할) 제): 상대편이 지나치게 세력을 펴거나 자유롭게 행동하지 못하게 억누름
④ 否認(아닐 부, 알 인): 어떤 내용이나 사실을 옳거나 그러하다고 인정하지 아니함
⑤ 怪奇(괴이할 괴, 기이할 기): 이상야릇함

65. 債權(빚 채 , 권세 권): 급부를 청구할 수 있는 권리
① 篤實(도타울 독, 열매 실): 열성있고 성실함
② 權限(권세 권, 한할 한): 공적으로 행사할 수 있는 직권의 범위
③ 雁書(기러기 안, 글 서): 먼 곳에서 소식을 전하는 편지
❹ 債務(빚 채, 힘쓸 무): 재산상의 처리에 관해 일정한 당사자의 요구에 응하여 급부를 해야할 의무
⑤ 條約(가지 조, 약속할 약): 국가 간의 합의에 따라 법적 구속을 받도록 규정하는 행위, 또는 그런 조문

66~70 다음 성어(成語)에서 '□'에 들어갈 알맞은 한자(漢字)는 어느 것입니까?

66. □者(놈 자)三(석 삼)友(벗 우)
① 名(이름 명) ❷ 益(더할 익)
③ 人(사람 인) ④ 德(큰 덕)
⑤ 因(인할 인)
益者三友(익자삼우): 사귀어서 자기에게 도움이 되는 세 가지의 벗

67. 忠(충성 충)言(말씀 언)□耳(귀 이)
① 過(지날 과) ❷ 逆(거스릴 역)
③ 入(들 입) ④ 到(이를 도)
⑤ 足(발 족)
忠言逆耳(충언역이): 충직한 말은 귀에 거슬림

68. 前(앞 전)代(대신 대)□聞(들을 문)
① 後(뒤 후) ② 城(재 성)
③ 風(바람 풍) ❹ 未(아닐 미)
⑤ 展(펼 전)
前代未聞(전대미문): 이제까지 들어 본 적이 없음.

69. 萬(일만 만)古(예 고)天(하늘 천)□
① 紙(종이 지) ② 地(땅 지)
③ 德(큰 덕) ④ 談(말씀 담)
❺ 下(아래 하)
萬古天下(만고천하): 아득한 옛날의 세상. 만대에 영원한 세상

70. 三(석 삼)□吾(나 오)身(몸 신)
① 世(인간 세) ② 藥(약 약)
③ 烏(까마귀 오) ④ 醫(의원 의)
❺ 省(살필 성)
三省吾身(삼성오신): 매일 세 번 자신을 반성함

71~72 다음 성어(成語)의 뜻풀이로 적절한 것은 어느 것입니까?

71. 朝(아침 조)令(하여금 령)夕(저녁 석)改(고칠 개)
朝令夕改(조령석개): 일관성 없이 자주 바뀌어 믿을 수 없다.

72. 敗(패할 패)家(집 가)亡(망할 망)身(몸 신)
敗家亡身(패가망신): 재산을 다 없애고 몸을 망치다.

73. 死(죽을 사)生(날 생)有(있을 유)命(목숨 명)
死生有命(사생유명): 사람이 죽고 사는 것은 운명에 달려 있다.

74. 種(씨 종)豆(콩 두)得(얻을 득)豆(콩 두)
種豆得豆(종두득두): 콩 심은 데 콩 나고 팥 심은 데 팥 난다.

75. 九(아홉 구)天(하늘 천)直(곧을 직)下(아래 하)

九天直下(구천직하): 하늘에서 땅을 향하여 일직선으로 떨어지다. 일사천리의 형세를 말함

76~80 다음의 뜻을 가장 잘 나타낸 성어(成語)는 어느 것입니까?

76. 태도나 수단이 떳떳하고 정당하다.

① 聞(들을 문)一(한 일)知(알 지)十(열 십)
聞一知十(문일지십): 하나를 듣고 열 가지를 미루어 안다, 지극히 총명함

② 語(말씀 어)不(아닐 불)成(이룰 성)說(말씀 설)
語不成說(어불성설): 말이 조금도 사리에 맞지 아니함

③ 南(남녘 남)男(사내 남)北(북녘 북)女(계집 녀)
南男北女(남남북녀): 우리나라에서, 남자는 남쪽 지방 사람이 잘나고 여자는 북쪽 지방 사람이 고움을 이름

❹ 正(바를 정)正(바를 정)堂(집 당)堂(집 당)
正正堂堂(정정당당): 태도나 수단이 정당하고 떳떳함

⑤ 骨(뼈 골)肉(고기 육)相(서로 상)戰(싸움 전)
骨肉相戰(골육상전): 가까운 혈족끼리 서로 싸움. 骨肉相爭(골육상쟁)

77. 죽은 사람의 이름이 길이 남다.

❶ 人(사람 인)死(죽을 사)留(머무를 류(유))名(이름 명)
人死留名(인사유명): 사람은 죽어서 이름을 남긴다, 사람의 삶이 헛되지 아니하면 그 이름이 길이 남음

② 山(메 산)高(높을 고)水(물 수)長(길 장)
山高水長(산고수장): 산은 높이 솟고 강은 길게 흐른다, 인자나 군자의 덕행이 높고 한없이 오래 전하여 내려오는 것을 비유

③ 以(써 이)心(마음 심)傳(전할 전)心(마음 심)
以心傳心(이심전심): 마음과 마음으로 서로 뜻이 통함

④ 自(스스로 자)成(이룰 성)一(한 일)家(집 가)
自成一家(자성일가): 자기 혼자의 힘으로 어떤 재주나 기술에 통달하여 따로 일가(一家)를 이룸

⑤ 君(임금 군)子(아들 자)務(힘쓸 무)本(근본 본)
君子務本(군자무본): 군자는 근본에 힘씀

78. 쇠나 돌처럼 굳고 변함없는 약속

① 天(하늘 천)長(길 장)地(땅 지)久(오랠 구)
天長地久(천장지구): 하늘과 땅은 영원함. 하늘과 땅처럼 변함이 없음

② 無(없을 무)比(견줄 비)一(한 일)色(빛 색)
無比一色(무비일색): 비길 데 없이 아주 뛰어난 미인.

③ 四(넉 사)時(때 시)春(봄 춘)風(바람 풍)
四時春風(사시춘풍): 누구에게나 좋게 대하는 일. 두루춘풍

④ 百(일백 백)年(해 년)同(한가지 동)樂(즐길 락)
百年同樂(백년동락): 부부가 되어 한평생을 같이 살며 함께 즐거워함

❺ 金(쇠 금)石(돌 석)相(서로 상)約(약속할 약)
金石相約(금석상약): 쇠나 돌처럼 굳고 변함없는 약속

79. 호랑이라 여기고 돌에 화살을 쏘다.

① 人(사람 인)生(날 생)三(석 삼)樂(즐길 락)
人生三樂(인생삼락): 군자의 세 가지 즐거움. 부모가 살아 계시고 형제가 무고한 것, 하늘과 사람에게 부끄러워할 것이 없는 것, 천하의 영재를 얻어서 가르치는 것

② 自(스스로 자)行(다닐 행)自(스스로 자)止(그칠 지)
自行自止(자행자지): 스스로 행하고 스스로 그친다, 자기 마음대로 했다 말았다 함

❸ 射(쏠 사)石(돌 석)爲(할 위)虎(범 호)
射石爲虎(사석위호): 돌을 호랑이로 알고 쏘았더니 돌에 화살이 꽂혔다, 어떤 일이든 최선을 다하면 이룰 수 있음

④ 言(말씀 언)往(갈 왕)言(말씀 언)來(올 래)
言往言來(언왕언래): 서로 변론을 주고받으며 옥신각신함, 說往說來(설왕설래)

⑤ 自(스스로 자)勝(이길 승)者(놈 자)强(강할 강)
自勝者强(자승자강): 자신을 이기는 사람은 강하다

80. 이미 한 말을 자꾸 되풀이하다.

① 水(물 수)到(이를 도)魚(고기 어)行(다닐 행)
水到魚行(수도어행): 물이 흐르면 고기가 다닌다, 무슨 일이나 때가 되면 이루어짐

② 七(일곱 칠)落(떨어질 락)八(여덟 팔)落(떨어질 락)
七落八落(칠락팔락): 사물이 가지런하게 고르지 못함

③ 一(한 일)擧(들 거)兩(두 량(양))失(잃을 실)
一擧兩失(일거양실): 한 가지 일을 하여 다른 두 가지 일을 잃음.

❹ 重(무거울 중)言(말씀 언)復(회복할 복, 다시 부)言(말씀 언)
重言復言(중언부언): 이미 한 말을 자꾸 되플이함. 또는 그런 말

⑤ 不(아닐 불)遠(멀 원)萬(일만 만)里(마을 리)
不遠萬里(불원만리): 만 리 길도 멀다고 여기지 않음

제3영역 讀解

81~86 다음 문장에서 한자어(漢字語)의 음(音)은 무엇입니까?

81. 육지는 산지와 고원, 사막, 草原(풀 초, 언덕 원), 평야 등으로 이루어져 있다.

82. 집을 出發(날 출, 필 발)한지 한 시간만에 학교에 도착하였다.

83. 날씨가 너무 더워서 窓門(창 창, 문 문)을 열어젖혔다.

84. 갑자기 내린 비로 인하여 등산 약속이 取消(가질 취, 사라질 소)되었다.

85. 풀은 약이 되기도 하고, 食品(밥(먹을) 식, 물건 품)이 되기도 한다.

86. 비만을 예방하려면 음식을 調節(고를 조, 마디 절)하고 운동을 꾸준히 해야 한다.

87~92 다음 문장에서 밑줄 친 한자어(漢字語)의 뜻풀이로 적절한 것은 어느 것입니까?

87. 어떤 잘못을 했을 때 그것을 감추는 것보다는 잘못된 점을 是正(옳을 시, 바를 정)해서 다시는 그러지 않도록 하는 것이 더 좋습니다.

* 잘못을 바로 잡다.

88. 병의 始發(비로소 시, 필 발)은 그때부터였다.

* 처음으로 시작되다.

89. 평생동안 心血(마음 심, 피 혈)을 바친 사업이 실패로 돌아갔다.

* 온갖 마음과 힘

90. 일이 계획대로 進行(나아갈 진, 다닐 행)되고 있다.

* 일을 처리해 나감

91. 진정한 친구라면 忠告(충성 충, 고할 고)를 아끼지 말아야 한다.

* 진심으로 타이름

92. 숲은 생태계의 질서를 正常(바를 정, 항상(떳떳할) 상)적으로 유지하는 역할을 한다.

* 제대로인 상태

93~95 다음 문장에서 빈칸에 들어갈 가장 적절한 한자어(漢字語)는 어느 것입니까?

93. 개나리와 진달래는 우리 □□의 어디서나 볼 수 있다.

① 指名(가리킬 지, 이름 명): 누구의 이름을 가리킴
② 現實(나타날 현, 열매 실): 지금 눈앞에 사실로서 나타나 있는 상태
③ 實在(열매 실, 있을 재): 실제로 존재함
❹ 江山(강 강, 메 산): 강과 산, 국토
⑤ 現在(나타날 현, 있을 재): 지금의 시간

94. 요즈음에는 옛날의 한복을 활동하기에 보다 편리하게 고친 □□ 한복을 만들어 입는 사람도 있다.

❶ 改良(고칠 개, 어질 량): 고치어 좋게 함
② 在來(있을 재, 올 래): 전부터 있어 내려온 것
③ 改量(고칠 개, 헤아릴 량): 다시 고쳐 측정함
④ 不便(아닐 불, 편할 편): 편리하지 못하고 거북스러움
⑤ 傳通(전할 전, 통할 통): 전언 통신문(상급 기관에서 하급 기관에 공적인 일을 알리는 내용을 적은 글)을 줄여 이르는 말.

95. 경제 성장으로 국민들의 생활이 □□에 비해 넉넉해졌다.

① 現在(나타날 현, 있을 재): 이제, 지금
❷ 過去(지날 과, 갈 거): 지나간 때
③ 來世(올 래(내), 인간 세): 죽은 뒤에 영혼이 다시 태어나 산다는 미래의 세상
④ 現金(나타날 현, 쇠 금): 지금 가지고 있는 돈
⑤ 現世(나타날 현, 인간 세): 지금 이 세상

96~98 다음 문장에서 한자어(漢字語)의 한자 표기(漢字表記)가 바르지 않은 것은 어느 것입니까?

96. 운전하는 사람이나 ① 步行者(걸음 보, 다닐 행, 놈 자) 모두가 ② 生命(날 생, 목숨 명)의 ③ 所重(바 소, 무거울 중)함을 깨닫고 ④ 交通(사귈 교, 통할 통) 질서를 잘 지킨다면 교통 ❺ 事古(일 사, 예 고)로 목숨을 잃는 일은 거의 없을 것이다.

* 事古 → 事故(일 사, 연고 고)

97. 커다란 ❶ 共場(함께 공, 마당 장)에서 여러 사람의 손을 거쳐 ② 自動車(스스로 자, 움직일 동, 수레 차)가 ③ 次例(버금 차, 법식 례)로 ④ 完成(완전할 완, 이룰 성)되어 가는 ⑤ 光景(빛 광, 볕 경)은 퍽 인상적이었다.

* 共場 → 工場(장인 공, 마당 장)

98. ① 歷史的(지날 력(역), 역사 사, 과녁 적) ② 人物(사람 인, 물건 물)과 사건을 ❸ 年對(해 년(연), 대할 대)에 따라 알아보려면 연대표를 ④ 利用(이로울 리(이), 쓸 용)하는 것이 ⑤ 便利(편할 편, 이로울 리)하다.

* 年對 → 年代(해 년(연), 대신 대)

99~101 다음 문장에서 밑줄 친 단어(單語)를 한자(漢字)로 바르게 쓴 것은 어느 것입니까?

99. 가정은 개인의 귀중한 보금자리이다.
① 告貴(고할 고, 귀할 귀)
❷ 貴重(귀할 귀, 무거울 중)
③ 高貴(높을 고, 귀할 귀)
④ 古貴(예 고, 귀할 귀)
⑤ 高重(높을 고, 무거울 중)

100. 저 멀리 고속 도로가 보인다.
❶ 高速(높을 고, 빠를 속)
② 古俗(예 고, 풍속 속)
③ 考速(생각할 고, 빠를 속)
④ 高俗(높을 고, 풍속 속)
⑤ 古速(예 고, 빠를 속)

101. 장애인을 위한 운동 경기는 고대 그리스의 히포크라테스 시대부터 의료의 목적으로 실시되었다.
① 活動(살 활, 움직일 동)
❷ 運動(옮길 운, 움직일 동)
③ 運同(옮길 운, 한가지 동)
④ 行動(다닐 행, 움직일 동)
⑤ 行同(다닐 행, 한가지 동)

102~104 다음 문장에서 밑줄 친 단어(單語)나 어구(語句)의 뜻을 가장 잘 나타낸 한자(漢字) 또는 한자어(漢字語)는 어느 것입니까?

102. 박과장은 다른 은행으로 돈을 부쳤다.
❶ 送金(보낼 송, 쇠 금)
② 代金(대신 대, 쇠 금)
③ 出金(날 출, 쇠 금)
④ 利子(이로울 리(이), 아들 자)
⑤ 收金(거둘 수, 쇠 금)

103. 타자는 투수가 던진 공을 기다렸다는 듯이 통렬히 쳐냈다.
① 追(쫓을 추)
② 授(줄 수)
❸ 打(칠 타)
④ 技(재주 기)
⑤ 爲(할 위)

104. 개발도상국에서 선진국으로 발돋움하는 것은 그리 쉬운 일이 아니다.
① 更新(다시 갱/고칠 경, 새 신)
② 路上(길 로(노), 윗 상)
③ 開放(열 개, 놓을 방)
④ 直線(곧을 직, 줄 선)
❺ 容易(얼굴 용, 바꿀 역/쉬울 이)

105~110 다음 글을 읽고 물음에 답하시오.

105. ㉠'삼국사기'의 '사'와 같은 한자를 사용한 한자어는?
❶ 女史(계집 녀(여), 역사 사)
② 設使(베풀 설, 하여금 사)
③ 注射(부을 주, 쏠 사)
④ 出仕(날 출, 섬길 사)
⑤ 醫師(의원 의, 스승 사)

106. ㉡'신라'의 '신'과 같은 한자를 사용한 한자어는?
① 神經(귀신 신, 지날 경)
② 所信(바 소, 믿을 신)
❸ 革新(가죽 혁, 새 신)
④ 功臣(공 공, 신하 신)
⑤ 良識(어질 량(양), 알 식)

107. ㉢~㉦(봉양, 효녀, 설화, 대가, 자신) 중에서 한자 표기가 바르지 않은 것은?
① ㉢ 奉養(받들 봉, 기를 양)
❷ ㉣ 考女(생각할 고, 계집 녀)
③ ㉤ 說話(말씀 설, 말씀 화)
④ ㉥ 代價(대신 대, 값 가)
⑤ ㉦ 自身(스스로 자, 몸 신)
** 考女 → 孝女(효도 효, 계집 녀)*

108. ㉧'연유'의 '유'와 같은 한자를 사용한 한자어는?
❶ 得由(얻을 득, 말미암을 유)
② 保有(지킬 보, 있을 유)
③ 流星(흐를 류(유), 별 성)
④ 遺傳(남길 유, 전할 전)
⑤ 精油(정할 정, 기름 유)

109. ㉨'자초지종'의 '자초'와 ㉪'고전'의 한자표기를 바르게 짝지은 것은?
① 自草(스스로 자, 풀 초) – 故典(연고 고, 법 전)
② 字初(글자 자, 처음 초) – 故前(연고 고, 앞 전)
③ 字草(글자 자, 풀 초) – 古前(예 고, 앞 전)
④ 者初(놈 자, 처음 초) – 古典(예 고, 법 전)
❺ 自初(스스로 자, 처음 초) – 古典(예 고, 법 전)

110. ㉩'보상'의 '보'와 같은 한자를 사용한 한자어는?
① 行步(다닐 행, 걸음 보)
② 保留(지킬 보, 머무를 류)
❸ 報復(갚을(알릴) 보, 회복할 복)
④ 服務(옷 복, 힘쓸 무)

⑤ 拜面(절 배, 낯 면)

111~115 다음 글을 읽고 물음에 답하시오.

111. ㉠'계속'의 '속'과 같은 한자를 사용한 한자어는?
① 哀惜(슬플 애, 아낄 석)
② 急速(급할 급, 빠를 속)
③ 脫俗(벗을 탈, 풍속 속)
④ 憶昔(생각할 억, 옛 석)
❺ 持續(가질 지, 이을 속)

112. ㉡~㉥(이유, 남성, 반면, 자아, 성취)중에서 한자표기가 바르지 않은 것은?
① ㉡ 理由(다스릴 리(이), 말미암을 유)
② ㉢ 男性(사내 남, 성품 성)
③ ㉣ 反面(돌이킬 반, 낯 면)
④ ㉤ 自我(스스로 자, 나 아)
❺ ㉥ 成吸(이룰 성, 마실 흡)
* 成吸 → 成就(이룰 성, 나아갈 취)

113. ㉦'욕구'와 ㉧'상실'의 한자표기를 바르게 짝지은 것은?
① 浴求(목욕할 욕, 구할 구) – 傷失(다칠 상, 잃을 실)
❷ 欲求(하고자할 욕, 구할 구) – 喪失(잃을 상, 잃을 실)
③ 欲救(하고자할 욕, 구원할 구) – 常失(항상 상, 잃을 실)
④ 浴救(목욕할 욕, 구원할 구) – 喪實(잃을 상, 열매 실)
⑤ 欲九(하고자할 욕, 아홉 구) – 霜室(서리 상, 집 실)

114. ㉨'파급' 의 한자표기로 바른 것은?
① 破急(깨트릴 파, 급할 급)
❷ 波及(물결 파, 미칠 급)
③ 破及(깨트릴 파, 미칠 급)
④ 破給(깨트릴 파, 줄 급)
⑤ 波給(물결 파, 줄 급)

115. ㉩'晩婚'의 '晩'의 부수로 바른 것은?
① 儿(어진사람인발)　② 免(면할 면)
③ 罒(그물망머리)　❹ 日(날 일)
⑤ 刀(칼 도)

116~120 다음 글을 읽고 물음에 답하시오.

116. ㉠~㉤(참화, 복구, 제천, 의식, 채화) 중 한자 표기가 바르지 않은 것은?
① ㉠ 慘禍(참혹할 참, 재앙 화)
② ㉡ 復舊(회복할 복, 예 구)
③ ㉢ 祭天(제사 제, 하늘 천)
❹ ㉣ 宜息(마땅 의, 쉴 식)
⑤ ㉤ 採火(캘 채, 불 화)
* 宜息 → 儀式(거동 의, 법 식)

117. ㉥'기상'과 ㉦'기록'의 한자표기를 바르게 짝지은 것은?
① 氣詳(기운 기, 자세할 상) – 記祿(기록할 기, 복록 록)
❷ 氣像(기운 기, 형상 상) – 記錄(기록할 기, 기록할 록)
③ 氣祥(기운 기, 상서로울 상) – 記鹿(기록할 기, 사슴 록)
④ 氣裳(기운 기, 치마 상) – 記祿(기록할 기, 복록 록)
⑤ 氣桑(기운 기, 뽕나무 상) – 記錄(기록할 기, 기록할 록)

118. ㉧'관리'의 '관'과 같은 한자를 사용한 한자어는?
① 館舍(집 관, 집 사)
② 冠詞(갓 관, 말씀 사)
③ 寬待(너그러울 관, 기다릴 대)
④ 貫子(꿸 관, 아들 자)
❺ 管掌(대롱 관, 손바닥 장)

119. ㉨'상징'과 ㉩'훼손'의 한자표기를 바르게 짝지은 것은?
❶ 象徵(코끼리 상, 부를 징) – 毁損(헐 훼, 덜 손)
② 像徵(형상 상, 부를 징) – 毁孫(헐 훼, 손자 손)
③ 象懲(코끼리 상, 징계할 징) – 毁損(헐 훼, 덜 손)
④ 像懲(형상 상, 징계할 징) – 毁孫(헐 훼, 손자 손)
⑤ 床徵(상 상, 부를 징) – 毁損(헐 훼, 덜 손)

120. ㉪'보수'와 ㉫'기독교'의 한자표기를 바르게 짝지은 것은?
① 寶修(보배 보, 닦을 수) – 基毒敎(터 기, 독 독, 가르칠 교)
② 普修(넓을 보, 닦을 수) – 基篤敎(터 기, 도타울 독, 가르칠 교)
③ 譜修(족보 보, 닦을 수) – 企督敎(꾀할 기, 감독할 독, 가르칠 교)
❹ 補修(기울 보, 닦을 수) – 基督敎(터 기, 감독할 독, 가르칠 교)
⑤ 補輸(기울 보, 보낼 수) – 豈督敎(어찌 기, 감독할 독, 가르칠 교)

11 실전 모의고사(정답 및 해설)

정답

번호	답	번호	답	번호	답	번호	답	번호	답
1	④	2	①	3	④	4	②	5	②
6	①	7	③	8	①	9	⑤	10	④
11	④	12	③	13	⑤	14	①	15	③
16	④	17	③	18	⑤	19	③	20	③
21	①	22	②	23	④	24	⑤	25	②
26	①	27	②	28	⑤	29	③	30	⑤
31	②	32	③	33	①	34	③	35	⑤
36	⑤	37	①	38	②	39	④	40	②
41	②	42	⑤	43	①	44	②	45	④
46	②	47	④	48	②	49	⑤	50	④
51	③	52	①	53	④	54	②	55	①
56	②	57	⑤	58	②	59	⑤	60	④
61	②	62	③	63	②	64	④	65	⑤
66	②	67	④	68	③	69	①	70	⑤
71	③	72	①	73	④	74	⑤	75	④
76	③	77	③	78	③	79	⑤	80	②
81	②	82	③	83	①	84	④	85	②
86	⑤	87	①	88	③	89	③	90	③
91	⑤	92	⑤	93	③	94	①	95	①
96	①	97	⑤	98	④	99	④	100	①
101	②	102	①	103	④	104	⑤	105	①
106	⑤	107	④	108	①	109	⑤	110	③
111	③	112	⑤	113	④	114	①	115	④
116	②	117	⑤	118	①	119	③	120	④

제1영역 漢字

1~2 다음 필순(筆順)에 대한 설명에 가장 알맞은 한자는 어느 것입니까?

1. 바깥쪽을 안쪽보다 먼저 쓴다.

① 止(그칠 지) 丨 ⺊ 𣥂 止
② 春(봄 춘) 一 二 三 丰 夫 夫 春 春 春
③ 忠(충성 충) 丶 冂 口 中 中 忠 忠 忠
❹ 因(인할 인) 丨 冂 冃 円 冈 因
⑤ 夫(지아비 부) 一 二 夫 夫

2. 가운데를 꿰뚫는 획은 나중에 쓴다.

❶ 手(손 수) 一 二 三 手
② 世(인간 세) 一 十 廿 廿 世
③ 室(집 실) 丶 丶 宀 宀 宀 宀 宀 室 室
④ 十(열 십) 一 十
⑤ 林(수풀 림) 一 十 才 木 木 朩 村 材 林

3~4 다음 한자(漢字)의 획수(劃數)는 모두 몇 획입니까?

3. 街(거리 가) 行(다닐 행)부 6획, 총 12획
丿 彳 彳 彳 彳 彳 彳 彳 彳 彳 彳 街

4. 勤(부지런할 근) 力(힘 력)부 11획, 총 13획
一 十 廿 廿 廿 廿 廿 廿 廿 堇 堇 勤 勤

5~6 다음 한자(漢字)의 부수(部首)는 무엇입니까?

5. 考(생각할 고): 耂부 2획

① 丿(삐침 별) ❷ 耂(늙을로엄)
③ 土(흙 토) ④ 人(사람 인)
⑤ 七(일곱 칠)

6. 比(견줄 비): 比부 0획

❶ 比(견줄 비) ② 匕(비수 비)
③ 亠(돼지해머리) ④ 一(한 일)
⑤ 亡(망할 망)

7~8 다음 한자(漢字)와 그 조자(造字)의 방식이 같은 한자는 어느 것입니까?

7. 東(동녘 동): 상형

① 姓(성 성) ② 本(근본 본)

❸ 立(설 립) 상형 ④ 藥(약 약)
⑤ 味(맛 미)

8. 馬(말 마): 상형
❶ 鳥(새 조) 상형 ② 安(편안 안)
③ 語(말씀 어) ④ 古(예 고)
⑤ 等(무리 등)

9~14 다음 한자(漢字)의 음(音)은 무엇입니까?

9. 經(지날 경)

10. 課(공부할 과)

11. 洞(골 동)

12. 病(병 병)

13. 雪(눈 설)

14. 育(기를 육)

15~19 다음의 음(音)을 가진 한자는 어느 것입니까?

15. 방
① 例(법식 례) ② 願(원할 원)
❸ 防(막을 방) ④ 名(이름 명)
⑤ 生(날 생)

16. 성
① 研(갈 연) ② 價(값 가)
③ 位(자리 위) ❹ 誠(정성 성)
⑤ 先(먼저 선)

17. 웅
① 番(차례 번) ② 貯(쌓을 저)
❸ 雄(수컷 웅) ④ 章(글 장)
⑤ 有(있을 유)

18. 택
① 集(모을 집) ② 浴(목욕할 욕)
③ 兆(억조 조) ④ 蟲(벌레 충)
❺ 宅(집 택)

19. 응
① 平(평평할 평) ② 初(처음 초)
❸ 應(응할 응) ④ 化(될 화)
⑤ 由(말미암을 유)

20~24 다음 한자(漢字)와 음(音)이 같은 한자는 어느 것입니까?

20. 固(굳을 고)
① 快(쾌할 쾌) ② 鄕(시골 향)
❸ 高(높을 고) ④ 勝(이길 승)
⑤ 美(아름다울 미)

21. 島(섬 도)
❶ 到(이를 도) ② 各(각각 각)
③ 苦(쓸 고) ④ 富(부자 부)
⑤ 舞(춤출 무)

22. 務(힘쓸 무)
① 毛(터럭 모) ❷ 武(군인(호반) 무)
③ 藝(재주 예) ④ 園(동산 원)
⑤ 利(이로울 리)

23. 射(쏠 사)
① 選(가릴 선) ② 光(빛 광)
③ 朴(소박할(성) 박) ❹ 巳(뱀 사)
⑤ 短(짧을 단)

24. 郡(고을 군)
① 半(반 반) ② 良(어질 량)
③ 洗(씻을 세) ④ 幸(다행 행)
❺ 軍(군사 군)

25~30 다음 한자(漢字)의 뜻은 무엇입니까?

25. 景(볕(경치) 경)

26. 卵(알 란)

27. 冷(찰 랭)

28. 形(형상 형)

29. 增(더할 증)

30. 特(특별할 특)

31~35 다음의 뜻을 가진 한자(漢字)는 어느 것입니까?

31. 벼슬
① 波(물결 파) ❷ 官(벼슬 관)
③ 臣(신하 신) ④ 洋(큰바다 양)
⑤ 對(대할 대)

32. 머리
① 打(칠 타) ② 守(지킬 수)
❸ 頭(머리 두) ④ 熱(더울 열)
⑤ 建(세울 건)

33. 짓다
❶ 作(지을 작) ② 衆(무리 중)
③ 窓(창 창) ④ 種(씨 종)
⑤ 起(일어날 기)

34. 종이

① 調(고를 조) ② 以(써 이)
❸ 紙(종이 지) ④ 皮(가죽 피)
⑤ 責(꾸짖을 책)

35. 가르치다

① 雲(구름 운) ② 會(모일 회)
③ 谷(골 곡) ④ 貨(재물 화)
❺ 敎(가르칠 교)

36~40 다음 한자(漢字)와 뜻이 비슷한 한자는 어느 것입니까?

36. 死(죽을 사)

① 城(재 성) ② 現(나타날 현)
③ 易(바꿀 역) ④ 韓(한국 한)
❺ 殺(죽일 살)

37. 王(임금 왕)

❶ 君(임금 군) ② 取(가질 취)
③ 歌(노래 가) ④ 罪(허물 죄)
⑤ 仕(섬길 사)

38. 往(갈 왕)

① 故(연고 고) ❷ 去(갈 거)
③ 氣(기운 기) ④ 節(마디 절)
⑤ 史(역사 사)

39. 午(낮 오)

① 貴(귀할 귀) ② 骨(뼈 골)
③ 指(가리킬 지) ❹ 晝(낮 주)
⑤ 婚(혼인할 혼)

40. 素(본디(흴) 소)

① 血(피 혈) ❷ 白(흰 백)
③ 時(때 시) ④ 榮(영화 영)
⑤ 休(쉴 휴)

제2영역 語彙

41~45 다음 한자어(漢字語)와 발음(發音)이 같은 한자어는 어느 것입니까?

41. 內助(안 내, 도울 조): 아내가 남편을 도움

① 年初(해 년(연), 처음 초): 새해의 첫머리
❷ 來朝(올 래(내), 아침 조): 외국의 사신이 찾아옴
③ 子女(아들 자, 계집 녀): 아들과 딸을 통틀어 이르는 말
④ 歷史(지날 력(역), 역사 사): 인류 사회의 변천과 흥망의 과정, 또는 그 기록
⑤ 精算(정할 정, 셈할 산): 정밀하게 계산함

42. 新鮮(새 신, 고울 선): 새롭고 산뜻함

① 新設(새 신, 베풀 설): 새로 설치하거나 설비함
② 性善(성품 성, 착할 선): 사람의 본성은 선천적으로 착함
③ 責善(꾸짖을 책, 착할 선): 벗 사이에 착하고 좋은 일을 하도록 서로 권함
④ 失神(잃을 실, 귀신 신): 병이나 충격으로 정신을 잃음
❺ 神仙(귀신 신, 신선 선): 도를 닦아서 인간 세계를 떠나 자연과 벗하며 산다는 상상의 사람

43. 利害(이로울 리(이), 해할 해): 이익과 손해

❶ 理解(다스릴 리(이), 풀 해): 사리를 분별하게 앎
② 飮福(마실 음, 복 복): 제사를 마치고 제사에 쓴 술이나 음식을 나누어 먹는 일
③ 仁政(어질 인, 정사 정): 어진 정치
④ 發展(필 발, 펼 전): 더 낫고 좋은 상태나 더 높은 단계로 나아감
⑤ 接着(접할 접, 붙을 착): 끈기 있게 붙음

44. 輕動(가벼울 경, 움직일 동): 가볍게 행동함

① 運動(옮길 운, 움직일 동): 몸을 단련하거나 건강을 위해 몸을 움직이는 일
❷ 驚動(놀랄 경, 움직일 동): 놀라서 움직임
③ 泰東(클 태, 동녘 동): '동양'을 예스럽게 이르는 말
④ 鳴動(울 명, 움직일 동): 크게 울리어 흔들림
⑤ 口錢(입 구, 돈 전): 흥정을 붙여주고 그 보수로 받는 돈

45. 戒世(경계할 계, 인간 세): 세상 사람들을 경계함

① 追擊(쫓을 추, 칠 격): 뒤쫓아 가며 공격함
② 末世(끝 말, 인간 세): 정치, 도덕, 풍속 따위가 아주 쇠퇴하여 끝판이 다 된 세상
③ 家勢(집 가, 형세 세): 집안의 운수나 살림살이 따위의 형세
❹ 季世(계절 계, 인간 세): 말세
⑤ 買收(살 매, 거둘 수): 물건을 사들임

46~47 다음 괄호 속 한자(漢字)의 음(音)이 다르게 발음 되는 것은 어느 것입니까?

46. ① (行)軍(다닐 행, 군사 군): 여러 사람이 줄을 지어 먼 거리를 이동하는 일
❷ (行)列(항렬 항, 벌일 렬): 같은 혈족의 직계에서

갈려져 나간 계통 사이의 대수 관계

③ (行)路(다닐 행, 길 로): 사람이나 차가 많이 다니는 넓은 길

④ (行)星(다닐 행, 별 성): 중심별의 강한 인력으로 타원 궤도를 그리며 주위를 도는 천체

⑤ (行)樂(다닐 행, 즐길 락): 재미있게 놀고 즐겁게 지냄

47. ① (沈)沒(잠길 침, 빠질 몰): 물속에 가라앉음

② (沈)默(잠길 침, 잠잠할 묵): 아무 말도 없이 잠잠히 있음

③ (沈)潛(잠길 침, 잠길 잠): 겉으로 드러나지 아니하게 깊숙이 가라앉거나 숨음

❹ (沈)氏(성 심, 성씨 씨): 성씨의 하나

⑤ (沈)滯(잠길 침, 막힐 체): 어떤 현상이나 사물이 진전하지 못하고 제자리에 머무름

48~57 다음 단어들의 '□'에 공통으로 들어갈 알맞은 한자(漢字)는 어느 것입니까?

48. □南(남녘 남), □水(물 수), 江(강 강)□

① 門(문 문) ❷ 湖(호수 호)
③ 北(북녘 북) ④ 入(들 입)
⑤ 住(살 주)

＊ 湖南(호남), 湖水(호수), 江湖(강호)

49. 惡(악할 악)□, 親(친할 친)□, □答(대답 답)

① 問(물을 문) ② 庭(뜰 정)
③ 人(사람 인) ④ 對(대할 대)
❺ 筆(붓 필)

＊ 惡筆(악필), 親筆(친필), 筆答(필답)

50. □城(재 성), □地(땅 지), □俗(풍속 속)

① 大(큰 대) ② 都(도읍 도)
③ 風(바람 풍) ❹ 土(흙 토)
⑤ 族(겨레 족)

＊ 土城(토성), 土地(토지), 土俗(토속)

51. 活(살 활)□, 通(통할 통)□, □上(윗 상)

① 達(통달할 달) ② 行(다닐 행)
❸ 路(길 로(노)) ④ 道(길 도)
⑤ 土(흙 토)

＊ 活路(활로), 通路(통로), 路上(노상)

52. □目(눈 목), 作(지을 작)□, 名(이름 명)□

❶ 曲(굽을 곡) ② 德(큰 덕)
③ 成(이룰 성) ④ 家(집 가)
⑤ 色(빛 색)

＊ 曲目(곡목), 作曲(작곡), 名曲(명곡)

53. □客(손 객), 美(아름다울 미)□, □望(바랄 망)

① 希(바랄 희) ② 絕(끊을 절)
③ 色(빛 색) ❹ 觀(볼 관)
⑤ 間(사이 간)

＊ 觀客(관객), 美觀(미관), 觀望(관망)

54. □雪(눈 설), □夜(밤 야), 空(빌 공)□

① 晝(낮 주) ❷ 白(흰 백)
③ 百(일백 백) ④ 同(한가지 동)
⑤ 第(차례 제)

＊ 白雪(백설), 白夜(백야), 空白(공백)

55. □行(다닐 행), □力(힘 력), 競(다툴 경)□

❶ 走(달릴 주) ② 爭(다툴 쟁)
③ 流(흐를 류) ④ 步(걸음 보)
⑤ 別(다를 별)

＊ 走行(주행), 走力(주력), 競走(경주)

56. □文(글월 문), □物(물건 물), 祝(빌 축)□

① 憂(근심 우) ❷ 祭(제사 제)
③ 散(흩을 산) ④ 帝(임금 제)
⑤ 顔(얼굴 안)

＊ 祭文(제문), 祭物(제물), 祝祭(축제)

57. 跳(뛸 도)□, 飛(날 비)□, □進(나아갈 진)

① 徐(천천히 서) ② 行(다닐 행)
③ 前(앞 전) ④ 退(물러날 퇴)
❺ 躍(뛸 약)

＊ 跳躍(도약), 飛躍(비약), 躍進(약진)

58~65 다음 한자어(漢字語)와 뜻이 반대(反對)이거나 상대(相對)되는 한자어는 어느 것입니까?

58. 上行(윗 상, 다닐 행): 위쪽으로 올라감, 지방에서 서울로 올라감

① 逆流(거스릴 역, 흐를 류): 물이 거슬러 흐름

❷ 下行(아래 하, 다닐 행): 아래쪽으로 내려감, 서울에서 지방으로 내려감

③ 同生(한가지 동, 날 생): 아우와 손아랫누이를 이르는 말

④ 順行(순할 순, 다닐 행): 차례대로 나아감. 거스르지 않고 행함

⑤ 下車(아래 하, 수레 차): 차에서 내림

59. 能動(능할 능, 움직일 동): 스스로 내켜서 움직이거나 작용함

① 結論(맺을 결, 논할 론): 말이나 글의 맺는 부분

② 能力(능할 능, 힘 력): 일을 해 내는 힘

③ 反感(돌이킬 반, 느낄 감): 반대하거나 반항하는 감정
④ 作動(지을 작, 움직일 동): 기계 따위가 작용을 받아 움직임, 또는 기계 따위를 움직이게 함
❺ 受動(받을 수, 움직일 동): 스스로 움직이지 않고 다른 것의 작용을 받아 움직임

60. 共同(함께 공, 한가지 동): 여러 사람이 다 함께 함
① 共用(함께 공, 쓸 용): 공동으로 사용함
② 獨善(홀로 독, 착할 선): 자기 혼자만이 옳다고 믿고 행동하는 일
③ 公同(공평할(공변될) 공, 한가지 동): 공중이 함께 하거나 서로 관계됨
❹ 單獨(홑 단, 홀로 독): 단 한 사람, 단 하나
⑤ 主意(주인 주, 뜻 의): 주된 의미

61. 車道(수레 차, 길 도): 차가 다니는 길
① 車路(수레 차, 길 로): 사람이 다니는 길과 구분하여 자동차만이 다니게 한 길
❷ 人道(사람 인, 길 도): 사람이 다니는 길
③ 風車(바람 풍, 수레 차): 바람을 이용하여 동력을 얻는 기계
④ 車線(수레 차, 줄 선): 자동차 도로에 주행 방향을 따라 일정한 간격으로 그어 놓은 선
⑤ 定義(정할 정, 옳을 의): 개념이나 뜻을 명확히 한정함

62. 低俗(낮을 저, 풍속 속): 품위가 낮고 속됨
① 低溫(낮을 저, 따뜻할 온): 낮은 온도
② 古俗(예 고, 풍속 속): 오래된 옛 풍속
❸ 高尙(높을 고, 높일(오히려) 상): 품위나 몸가짐이 속되지 아니하고 훌륭함
④ 和尙(화할 화, 높일(오히려) 상): 수행을 많이 한 중, '중'을 높여 이르는 말
⑤ 實用(열매 실, 쓸 용): 실제로 씀

63. 舊式(예 구, 법 식): 예전의 방식이나 형식
① 公式(공평할(공변될) 공, 법 식): 계산의 법칙 따위를 문자와 기호로 나타낸 식
❷ 新式(새 신, 법 식): 새로운 방식이나 형식
③ 典式(법 전, 법 식): 법도와 양식
④ 方式(모 방, 법 식): 일정한 형식이나 방법
⑤ 放心(놓을 방, 마음 심): 마음을 놓음

64. 詳述(자세할 상, 펼 술): 자세하게 설명하여 말함
① 著述(나타날 저, 펼 술): 글이나 책 따위를 씀
② 詳細(자세할 상, 가늘 세): 속속들이 자세함
③ 略式(간략할 략(약), 법 식): 정식으로 절차를 갖추지 아니하고 간추린 의식이나 양식
❹ 略述(간략할 략(약), 펼 술): 간략하게 논술 함
⑤ 總名(다 총, 이름 명): 전부를 한데 모아 두루 일컬음

65. 入黨(들 입, 무리 당): 어떤 당에 가입함
① 愚鈍(어리석을 우, 둔할 둔): 어리석고 둔함
② 入堂(들 입, 집 당): 승당이나 법당에 들어가는 일
③ 朋黨(벗 붕, 무리 당): 조선 시대에 이념과 이해에 따라 이루어진 사림의 집단
④ 脫出(벗을 탈, 날 출): 어떤 상황이나 구속 따위에서 빠져나옴
❺ 脫黨(벗을 탈, 무리 당): 당원이 자기가 속한 당을 떠남

66~70 다음 성어(成語)에서 '□'에 들어갈 알맞은 한자(漢字)는 어느 것입니까?

66. 子(아들 자)孫(손자 손)□代(대신 대)
① 滿(찰 만) ❷ 萬(일만 만)
③ 百(일백 백) ④ 白(흰 백)
⑤ 毛(터럭 모)
子孫萬代(자손만대): 오래도록 내려오는 여러 대. 代代孫孫(대대손손)

67. 無(없을 무)□通(통할 통)達(통달할 달)
① 急(급할 급) ② 由(말미암을 유)
③ 己(몸 기) ❹ 不(아닐 불)
⑤ 未(아닐 미)
無不通達(무불통달): 무슨 일이든지 환히 통하여 모르는 것이 없음

68. □死(죽을 사)留(머무를 류(유))皮(가죽 피)
① 考(생각할 고) ② 方(모 방)
❸ 虎(범 호) ④ 進(나아갈 진)
⑤ 容(얼굴 용)
虎死留皮(호사유피): 호랑이는 죽어서 가죽을 남긴다, 사람은 죽어서 명예를 남겨야 함을 이르는 말

69. 三(석 삼)□太(클 태)守(지킬 수)
❶ 馬(말 마) ② 出(날 출)
③ 外(바깥 외) ④ 向(향할 향)
⑤ 鮮(고울 선)
三馬太守(삼마태수): 세 마리의 말을 타고 오는 수령. 재물에 욕심이 없는 깨끗한 관리인 청백리를 이름

70. 山(메 산)明(밝을 명)□淸(맑을 청)
① 地(땅 지) ② 多(많을 다)
③ 家(집 가) ④ 身(몸 신)
❺ 水(물 수)
山明水淸(산명수청): 산수가 맑고 깨끗함

71~75 다음 성어(成語)의 뜻풀이로 적절한 것은 어느 것입니까?

71. 時(때 시)不(아닐 불)可(옳을 가)失(잃을 실)

時不可失(시불가실): 때를 잃어버리면 안됨

72. 好(좋을 호)衣(옷 의)好(좋을 호)食(밥(먹을) 식)
好衣好食(호의호식): 좋은 옷을 입고 좋은 음식을 먹는다.

73. 不(아닐 불)求(구할 구)聞(들을 문)達(통달할 달)
不求聞達(불구문달): 출세하여 세상에 이름 떨치기를 바라지 않는다.

74. 安(편안 안)心(마음 심)立(설 립(입))命(목숨 명)

安心立命(안심입명): 삶과 죽음을 초월함으로써 마음의 편안함을 얻다.

75. 雲(구름 운)心(마음 심)月(달 월)性(성품 성)

雲心月性(운심월성): 맑고 깨끗하여 욕심이 없다.

76~80 다음의 뜻을 가장 잘 나타낸 성어(成語)는 어느 것입니까?

76. 여러 방면에 능통한 사람
① 東(동녘 동)西(서녘 서)古(예 고)今(이제 금)
東西古今(동서고금): 동양과 서양, 옛날과 지금을 통틀어 이르는 말
② 多(많을 다)事(일 사)多(많을 다)難(어려울 난)
多事多難(다사다난): 여러 가지 일도 많고 어려움이나 탈도 많음
❸ 八(여덟 팔)方(모 방)美(아름다울 미)人(사람 인)
八方美人(팔방미인): 여러 방면에 능통한 사람을 비유적으로 이르는 말
④ 風(바람 풍)林(수풀 림)火(불 화)山(메 산)
風林火山(풍림화산): 손자의 병법에 있는 군세의 행동 지침. 적을 무찌르기 위해 공격할 때에는 바람처럼 빨리, 행동할 때에는 숲처럼 정연하게, 군세에 침공할 때에는 요원의 불처럼 기세 좋게, 군세가 주둔할 때에는 침착하기를 산처럼 하여 적에게 방어할 틈을 주지 않도록 해야 함
⑤ 言(말씀 언)去(갈 거)言(말씀 언)來(올 래)
言去言來(언거언래): 말이 가고 말이 온다, 여러 말이 서로 오고 감

77. 임자 없는 빈 산
① 千(일천 천)萬(일만 만)多(많을 다)幸(다행 행)
千萬多幸(천만다행): 아주 다행함
② 空(빌 공)山(메 산)明(밝을 명)月(달 월)
空山明月(공산명월): 사람 없는 빈산에 외로이 비치는 밝은 달.
❸ 無(없을 무)主(주인 주)空(빌 공)山(메 산)
無主空山(무주공산): 임자 없는 빈산.
④ 萬(일만 만)分(나눌 분)多(많을 다)幸(다행 행)
萬分多幸(만분다행): 뜻밖에 일이 잘되어 아주 다행함
⑤ 惡(악할 악)衣(옷 의)惡(악할 악)食(밥(먹을) 식)
惡衣惡食(악의악식): 너절하고 조잡한 옷을 입고 맛없는 음식을 먹음. 또는 그 옷이나 음식

78. 오랫동안 두문불출하고 열심히 공부한 세월
① 朝(아침 조)花(꽃 화)月(달 월)夕(저녁 석)
朝花月夕(조화월석): 꽃 피는 아침과 달 밝은 밤, 경치가 좋은 시절을 이르는 말. 花朝月夕(화조월석)
② 長(길 장)長(길 장)春(봄 춘)日(날 일)
長長春日(장장춘일): 기나긴 봄날
❸ 十(열 십)年(해 년)寒(찰 한)窓(창 창)
十年寒窓(십년한창): 십년 동안 사람이 찾아오지 않아 쓸쓸한 창문, 외부와 접촉을 끊고 학문에 정진함
④ 萬(일만 만)事(일 사)無(없을 무)心(마음 심)
萬事無心(만사무심): 모든 일에 관심이 없음
⑤ 一(한 일)國(나라 국)三(석 삼)公(공평할(공변될) 공)
一國三公(일국삼공): 한 나라에 삼공이 있다, 많은 사람들이 저마다 구구한 의견을 제시하여 누구의 말을 좇아야 할지 모르는 경우를 비유

79. 하나하나의 행동이나 동작
① 天(하늘 천)道(길 도)是(옳을(이) 시)非(아닐 비)
天道是非(천도시비): 하늘의 도는 옳은 지 그른지 알 수 없다는 뜻
② 五(다섯 오)言(말씀 언)長(길 장)城(재 성)
五言長城(오언장성): 오언이 만리장성과 같다, 오언시에 매우 능숙함
③ 一(한 일)日(날 일)千(일천 천)里(마을 리)
一日千里(일일천리): 하루에 천 리를 달린다, 말이 매우 빨리 달림
④ 前(앞 전)古(예 고)未(아닐 미)聞(들을 문)
前古未聞(전고미문): 전에 들어 보지 못함.
❺ 一(한 일)擧(들 거)一(한 일)動(움직일 동)
一擧一動(일거일동) : 하나하나의 동작이나 움직임.

80. 실현성이 없는 허황된 이론
① 天(하늘 천)下(아래 하)一(한 일)色(빛 색)
天下一色(천하일색): 세상에 드문 아주 뛰어난 미인
❷ 紙(종이 지)上(윗 상)兵(병사 병)談(말씀 담)

紙上兵談(지상병담): 종이 위에서 펼치는 용병의 이야기, 실현성이 없는 허황된 이론

③ 自(스스로 자)作(지을 작)自(스스로 자)受(받을 수) / 自作自受(자작자수): 자기가 저지른 죄로 자기가 그 악과(惡果)를 받음

④ 百(일백 백)戰(싸움 전)老(늙을 로(노))將(장수 장) / 百戰老將(백전노장): 수많은 싸움을 치른 노련한 장수, 온갖 어려운 일을 많이 겪은 노련한 사람

⑤ 千(일천 천)年(해 년)一(한 일)淸(맑을 청) / 千年一淸(천년일청): 천 년에 한 번 맑아진다는 황하의 물이 맑아지기를 바란다, 이루어지기 힘든 일을 바람

제3영역 讀解

81~86 다음 문장에서 한자어(漢字語)의 음(音)은 무엇입니까?

81. 비정규직 증가는 최근 고용 市場(시장 시, 마당 장)의 일반적인 추세이다.

82. 大氣(큰 대, 기운 기) 오염이 날로 심각해지고 있다.

83. 지난 140년간 지구 地面(땅 지, 낯 면) 온도는 0.~0.8도, 평균 0.6도 상승했다.

84. 여성들의 사회 진출은 결혼관에 큰 變化(변할 변, 될 화)를(을) 가져왔다.

85. 그는 모든 것을 宿命(잘 숙, 목숨 명)에 맡기고 노력하지 않았다.

86. 그는 주위의 人物(사람 인, 물건 물)을 경계하는 버릇이 있다.

87~92 다음 문장에서 밑줄 친 한자어(漢字語)의 뜻풀이로 적절한 것은 어느 것입니까?

87. 모든 일에는 長短(길 장, 짧을 단)이 있기 마련이다.

* 장점과 단점

88. 그는 永永(길 영, 길 영) 돌아오지 않았다.

* 영원히

89. 언어적 表現(겉 표, 나타날 현) 에는 절대적인 참이 있는 것이 아니다.

*생 각이나 느낌을 드러내어 나타냄

90. 1957년 10월 세계 最初(가장 최, 처음 초)의 인공위성인 스푸트니크 1호가 발사되었다.

* 처음으로

91. 출산 및 육아에 대한 정부 지원이 대폭 强化(강할 강, 될 화)될 전망이다.

* 더 강하고 튼튼하게 함

92. 동북 아시아의 정치적 상황은 끓어 넘치기 直前(곧을 직, 앞 전)의 단계에 와 있다.

*어떤 일이 일어나기 바로 전

93~95 다음 문장에서 빈칸에 들어갈 가장 적절한 한자어(漢字語)는 어느 것입니까?

93. 인간의 본성에는 싸움을 불러일으키는 세 가지의 □□가 있음을 알 수 있다.

① 要所(요긴할 요, 바 소): 중요한 장소나 지점

② 必要(반드시 필, 요긴할 요): 꼭 소용이 있음

❸ 要素(요긴할 요, 본디 소): 어떤 사물의 없어서는 안 될 근본적인 조건

④ 成分(이룰 성, 나눌 분): 전체를 구성하고 있는 부분

⑤ 要望(요긴할 요, 바랄 망): 어떤 희망이나 기대가 꼭 이루어지기를 간절히 바람

94. 15세기 후반 조선에서는 사회 경제적 변화에 조응하여 새로운 정치 세력이 대두하기 □□하였다.

❶ 始作(비로소 시, 지을 작): 어떤 일이나 행동의 처음 단계를 이름

② 出發(날 출, 필 발): 목적지를 향하여 나아감

③ 開始(열 개, 비로소 시): 행동이나 일 따위를 시작함

④ 完成(완전할 완, 이룰 성): 완전히 이룸

⑤ 完結(완전할 완, 맺을 결): 완전하게 끝을 맺음

95. 조선 후기에 도시 시장과 농촌장시가 성장하고, 포구상업이 새로운 □□으로 발전하였다.

❶ 次元(버금 차, 으뜸 원): 사물을 보거나 생각하는 처지, 또는 사상이나 학식의 수준

② 決定(결단할 결, 정할 정): 행동이나 태도를 분명하게 정함. 또는 그렇게 정해진 내용

③ 經過(지날 경, 지날 과): 시간이 지나감

④ 變德(변할 변, 큰 덕): 이랬다저랬다 하여 변하기를 잘 하는 일

⑤ 村落(마을 촌, 떨어질 락): 마을, 주로 시골에서 여러 집이 모여 사는 곳

96~98 다음 문장에서 한자어(漢字語)의 한자 표기(漢字表記)가 바르지 않은 것은 어느 것입니까?

96. ❶ 東羊(동녘 동, 양 양)에서는 언제나 ② 人間(사람 인, 사이 간)이 ③ 中心(가운데 중, 마음 심)이

되며 ④ 本位(근본 본, 자리 위)가 되며 ⑤ 主體(주인 주, 몸 체)가 된다.

＊ 東羊 → 東洋(동녘 동, 큰바다 양)

97. ① 競爭心(다툴 경, 다툴 쟁, 마음 심)은 인간으로 하여금 ② 利得(이로울 리(이), 얻을 득)을 보기 위해, ③ 小心(작을 소, 마음 심)함은 ④ 安全(편안 안, 온전할 전)을 보장 받기 위해, 명예욕은 좋은 ❺ 平判(평평할 평, 판단할 판) 을 듣기 위해 남을 해치도록 유도한다.

＊ 平判 → 評判(평론할 평, 판단할 판)

98. 귀납과 연역의 ① 質的(바탕 질, 과녁 적) 차이가 확률치의 ② 量的(헤아릴 량(양), 과녁 적) 차이로 ③ 解消(풀 해, 사라질 소)되어 버릴 수 있는가는 더 더욱 ❹ 儀文(거동 의, 글월 문)스러운 ⑤ 問題(물을 문, 제목 제)이다.

＊ 儀文 → 疑問(의심할 의, 물을 문)

99~101 다음 문장에서 밑줄 친 단어(單語)를 한자(漢字)로 바르게 쓴 것은 어느 것입니까?

99. 오늘의 한국 민주 주의가 제자리 걸음을 하고 있는 가장 큰 원인은 무엇인가?

① 原人(언덕 원, 사람 인)
② 遠人(멀 원, 사람 인)
③ 遠因(멀 원, 인할 인)
❹ 原因(언덕 원, 인할 인)
⑤ 原仁(언덕 원, 어질 인)

100. 유럽 대륙이 유럽(Europe)이라는 이름을 가지게 된 연유는 그리스의 신화에 등장하는 에우로페(Europe)라는 여자 이야기로부터 시작된다.

❶ 神話(귀신 신, 말씀 화)
② 信和(믿을 신, 화할 화)
③ 神和(귀신 신, 화할 화)
④ 神貨(귀신 신, 재물 화)
⑤ 信貨(믿을 신, 재물 화)

101. 데이터마이닝이란 대량의 데이터로부터 쉽게 드러나지 않는 유용한 정보들을 추출하는 과정을 말한다.

① 流用(흐를 류, 쓸 용)
❷ 有用(있을 유, 쓸 용)
③ 有勇(있을 유, 날랠 용)
④ 有容(있을 유, 얼굴 용)
⑤ 流勇(흐를 류, 날랠 용)

102~104 다음 문장에서 밑줄 친 단어(單語)나 어구(語句)의 뜻을 가장 잘 나타낸 한자(漢字) 또는 한자어(漢字語)는 어느 것입니까?

102. 영철이가 사는 곳은 어촌이라 항상 바다 바람이 심하게 불어옵니다.

❶ 海風(바다 해, 바람 풍)
② 陸風(뭍 륙, 바람 풍)
③ 大風(큰 대, 바람 풍)
④ 長風(길 장, 바람 풍)
⑤ 小風(작을 소, 바람 풍)

103. 민선이는 아침 일찍 영화를 보러 극장에 갔습니다.

① 朝朝(아침 조, 아침 조)
② 朝夕(아침 조, 저녁 석)
③ 早期(이를 조, 기약할 기)
❹ 早朝(이를 조, 아침 조)
⑤ 早夕(이를 조, 저녁 석)

104. 이번 만큼은 그냥 보아 넘길 문제가 아니다.

① 果然(실과 과, 그럴 연)
② 王位(임금 왕, 자리 위)
③ 重視(무거울 중, 볼 시)
④ 以前(써 이, 앞 전)
❺ 今番(이제 금, 차례 번)

105~107 다음 글을 읽고 물음에 답하시오.

105. ㉠'일화'의 '화'와 같은 한자를 사용한 한자는?

❶ 談話(말씀 담, 말씀 화)
② 花園(꽃 화, 동산 원)
③ 和答(화할 화, 대답 답)
④ 畫報(그림 화, 갚을(알릴) 보)
⑤ 貨物(재물 화, 물건 물)

106. ㉡'즉위'의 '위'와 같은 한자를 사용한 한자는?

① 作爲(지을 작, 할 위)
② 良識(어질 량(양), 알 식)
③ 舞童(춤출 무, 아이 동)
④ 旅情(나그네 려(여), 뜻 정)
❺ 單位(홑 단, 자리 위)

107. ㉢'향기와 ㉣'만개'의 한자 표기를 바르게 짝지은 것은?

① 向氣(향할 향, 기운 기) – 萬開(일만 만, 열 개)
② 鄕氣(시골 향, 기운 기) – 滿改(찰 만, 고칠 개)
③ 向技(향할 향, 재주 기) – 萬個(일만 만, 낱 개)
❹ 香氣(향기 향, 기운 기) – 滿開(찰 만, 열 개)
⑤ 鄕其(시골 향, 그 기) – 萬改(일만 만, 고칠 개)

108~110 다음 글을 읽고 물음에 답하시오.

108. ㉠~㉤(말기, 의학, 유명, 경전, 통달) 중에서 한자 표기가 바르지 않은 것은?
❶ ㉠ 末起(끝 말, 일어날 기)
② ㉡ 醫學(의원 의, 배울 학)
③ ㉢ 有名(있을 유, 이름 명)
④ ㉣ 經典(지날 경, 법 전)
⑤ ㉤ 通達(통할 통, 통달할 달)
＊ 末起 → 末期(끝 말, 기약할 기)

109. ㉥'관기'의 '관'과 같은 한자를 사용한 한자어는?
① 愛唱(사랑 애, 부를 창)
② 景觀(볕 경, 볼 관)
③ 追加(쫓을 추, 더할 가)
④ 原告(언덕 원, 고할 고)
❺ 次官(버금 차, 벼슬 관)

110. ㉦'정립'과 ㉧'제자'의 한자표기를 바르게 짝지은 것은?
① 庭立(뜰 정, 설 립) – 帝子(임금 제, 아들 자)
② 情立(뜻 정, 설 립) – 題子(제목 제, 아들 자)
❸ 定立(정할 정, 설 립) – 弟子(아우 제, 아들 자)
④ 政立(정사 정, 설 립) – 第子(차례 제, 아들 자)
⑤ 精立(정할 정, 설 립) – 製子(지을 제, 아들 자)

111~115 다음 글을 읽고 물음에 답하시오.

111. ㉠~㉤(귀족, 영주, 봉사, 정권, 농민)중에서 한자표기가 바르지 않은 것은?
① ㉠貴族(귀할 귀, 겨레 족)
② ㉡領主(거느릴 령(영), 주인 주)
❸ ㉢逢謝(만날 봉, 사례할 사)
④ ㉣政權(정사 정, 권세 권)
⑤ ㉤農民(농사 농, 백성 민)
＊ 逢謝 → 奉仕(받들 봉, 섬길 사)

112. ㉥'부여'의 '여'와 같은 한자를 사용한 한자어는?
① 餘波(남을 여, 물결 파)
② 余等(나 여, 무리 등)
③ 汝矣島(너 여, 어조사 의, 섬 도)
④ 如意(같을 여, 뜻 의)
❺ 與否(더불 여, 아닐 부)

113. ㉦'정착'의 한자표기가 바른 것은?
① 丁着(장정 정, 붙을 착)
② 貞着(곧을 정, 붙을 착)
③ 停着(머무를 정, 붙을 착)
❹ 定着(정할 정, 붙을 착)
⑤ 正着(바를 정, 붙을 착)

114. ㉧'잔인'의 '인'과 같은 한자를 사용한 한자어는?
❶ 忍苦(참을 인, 쓸 고)
② 丙寅(남녘 병, 범(동방) 인)
③ 承認(이을 승, 알 인)
④ 印朱(도장 인, 붉을 주)
⑤ 引出(끌 인, 날 출)

115. ㉨'비장'과 ㉩'가차'의 한자표기를 바르게 짝지은 것은?
① 鼻壯(코 비, 장할 장) – 佳借(아름다울 가, 빌 차)
② 悲壯(슬플 비, 장할 장) – 假且(거짓 가, 또 차)
③ 鼻壯(코 비, 장할 장) – 佳此(아름다울 가, 이 차)
❹ 悲壯(슬플 비, 장할 장) – 假借(거짓 가, 빌 차)
⑤ 悲壯(슬플 비, 장할 장) – 佳且(아름다울 가, 또 차)

116~120 다음 글을 읽고 물음에 답하시오.

116. ㉠~㉤(인류, 지뢰, 주장, 기록, 본격) 중에서 한자 표기가 바르지 않은 것은?
① ㉠ 人類(사람 인, 무리 류)
❷ ㉡ 地賴(땅 지, 의뢰할 뢰)
③ ㉢ 主張(주인 주, 베풀 장)
④ ㉣ 記錄(기록할 기, 기록할 록)
⑤ ㉤ 本格(근본 본, 격식 격)
＊ 地賴 → 地雷(땅 지, 우레 뢰)

117. ㉥'무기'와 ㉦'폭약'의 한자표기를 바르게 짝지은 것은?
① 武祈(군인(호반) 무, 빌 기) – 爆躍(불터질 폭, 뛸 약)
② 武畿(군인(호반) 무, 경기 기) – 幅躍(폭 폭, 뛸 약)
③ 武紀(군인(호반) 무, 벼리 기) – 幅藥(폭 폭, 약 약)
④ 武欺(군인(호반) 무, 속일 기) – 爆約(불터질 폭, 약속할 약)
❺ 武器(군인(호반) 무, 그릇 기) – 爆藥(불터질 폭, 약 약)

118. ㉧'차단'의 '단'과 같은 한자를 사용한 한자어는?
❶ 裁斷(마를 재, 끊을 단)
② 團束(둥글 단, 묶을 속)
③ 講壇(욀 강, 단 단)
④ 檀紀(박달나무 단, 벼리 기)
⑤ 段落(층계 단, 떨어질 락)

119. ㉢'침략'과 ㉣'위협'의 한자표기를 바르게 짝지은 것은?

① 沈掠(잠길 침, 노략질할 략) – 緯脅(씨줄 위, 으를 협)

② 浸掠(잠길 침, 노략질할 략) – 違脅(어길 위, 으를 협)

❸ 侵略(침노할 침, 간략할 략) – 威脅(위엄 위, 으를 협)

④ 寢略(잘 침, 간략할 략) – 僞脅(거짓 위, 으를 협)

⑤ 枕略(베개 침, 간략할 략) – 衛脅(지킬 위, 으를 협)

120. ㉤'국제'과 ㉥'조약'에 들어갈 적절한 한자어끼리 바르게 짝지은 것은?

① 國堤(나라 국, 둑 제) – 租約(조세 조, 약속할 약)

② 國制(나라 국, 지을(절제할) 제)) – 照約(비칠 조, 약속할 약)

③ 國濟(나라 국, 건널 제) – 組約(짤 조, 약속할 약)

❹ 國際(나라 국, 즈음 제) – 條約(가지 조, 약속할 약)

⑤ 國提(나라 국, 끌 제) – 操約(잡을 조, 약속할 약)

12 실전 모의고사(정답 및 해설)

정답

1 ①	2 ⑤	3 ②	4 ④	5 ①
6 ①	7 ①	8 ②	9 ③	10 ④
11 ①	12 ②	13 ②	14 ③	15 ④
16 ⑤	17 ③	18 ④	19 ⑤	20 ②
21 ③	22 ②	23 ④	24 ⑤	25 ④
26 ③	27 ④	28 ④	29 ②	30 ①
31 ②	32 ③	33 ①	34 ⑤	35 ⑤
36 ③	37 ②	38 ⑤	39 ①	40 ④
41 ⑤	42 ②	43 ③	44 ③	45 ②
46 ③	47 ③	48 ⑤	49 ②	50 ③
51 ④	52 ④	53 ①	54 ①	55 ⑤
56 ④	57 ①	58 ③	59 ①	60 ②
61 ⑤	62 ⑤	63 ③	64 ③	65 ①
66 ①	67 ④	68 ①	69 ⑤	70 ③
71 ③	72 ②	73 ⑤	74 ⑤	75 ④
76 ④	77 ④	78 ⑤	79 ④	80 ③
81 ④	82 ③	83 ②	84 ⑤	85 ②
86 ⑤	87 ④	88 ①	89 ③	90 ⑤
91 ①	92 ⑤	93 ③	94 ②	95 ②
96 ④	97 ④	98 ③	99 ②	100 ①
101 ①	102 ③	103 ①	104 ③	105 ①
106 ④	107 ⑤	108 ③	109 ②	110 ④
111 ④	112 ⑤	113 ③	114 ①	115 ②
116 ②	117 ⑤	118 ③	119 ①	120 ④

제1영역 漢字

1~2 다음 필순(筆順)에 대한 설명에 가장 알맞은 한자는 어느 것입니까?

1. 가로획과 세로획이 교차할 때에는 가로획을 먼저 쓴다.

❶ 七(일곱 칠) 一 七
② 獨(홀로 독) ノ 丿 犭 犭 犭 犭 犭 犭 犭 犸 犸 犸 犸 獨 獨 獨
③ 防(막을 방) ㇇ 了 阝 阝 阝 防 防
④ 夫(지아비 부) 一 二 夫 夫
⑤ 刀(칼 도) ㇆ 刀

2. 왼쪽에서 오른쪽으로 쓴다.

① 首(머리 수) 丶 丷 䒑 䒑 䒑 首 首 首 首
② 番(차례 번) ノ ㇀ 丷 平 平 采 采 采 番 番 番 番
③ 奉(받들 봉) 一 二 三 夫 夫 夫 叁 奉
④ 步(걸음 보) 丨 卜 止 止 步 步 步
❺ 得(얻을 득) ノ 彡 彳 彳 彳 彳 彳 彳 彳 得 得

3~4 다음 한자(漢字)의 획수(劃數)는 모두 몇 획입니까?

3. 限(한할 한) 阜(阝)(언덕 부)부 6획 총 9획
㇇ 了 阝 阝 阝 阝 阝 阝 限

4. 東(동녘 동) 木(나무 목)부 4획 총 8획
一 厂 戸 百 百 申 東 東

5~6 다음 한자(漢字)의 부수(部首)는 무엇입니까?

5. 充(채울 충): 儿부 4획

❶ 儿(어진사람인발) ② 厶(마늘 모)
③ 亠(돼지해머리) ④ 充(채울 충)
⑤ 丿(삐침 별)

6. 唱(부를 창): 口부 8획

❶ 口(입 구) ② 日(날 일)
③ 曰(가로 왈) ④ 昌(창성할 창)
⑤ 唱(부를 창)

7~8 다음 한자(漢字)와 그 조자(造字)의 방식이 같은 한자는 어느 것입니까?

7. 子(아들 자): 상형
❶ 門(문 문) 상형 ② 律(법칙 률)
③ 發(필 발) ④ 陸(뭍 륙)
⑤ 神(귀신 신)

8. 四(넉 사) : 지사
① 月(달 월) ❷ 十(열 십) 지사
③ 位(자리 위) ④ 恩(은혜 은)
⑤ 景(볕 경)

9~14 다음 한자(漢字)의 음(音)은 무엇입니까?

9. 號(이름 호)

10. 婚(혼인할 혼)

11. 建(세울 건)

12. 廣(넓을 광)

13. 患(근심 환)

14. 急(급할 급)

15~19 다음의 음(音)을 가진 한자는 어느 것입니까?

15. 매
① 木(나무 목) ② 末(끝 말)
③ 童(아이 동) ❹ 每(매양 매)
⑤ 令(하여금 령)

16. 저
① 要(요긴할 요) ② 仕(섬길 사)
③ 素(본디 소) ④ 城(재 성)
❺ 貯(쌓을 저)

17. 수
① 良(어질 량) ② 始(비로소 시)
❸ 受(받을 수) ④ 式(법 식)
⑤ 章(글 장)

18. 려
① 榮(영화 영) ② 統(거느릴 통)
③ 左(왼 좌) ❹ 旅(나그네 려)
⑤ 體(몸 체)

19. 연
① 追(쫓을 추) ② 節(마디 절)
③ 次(버금 차) ④ 題(제목 제)
❺ 然(그럴 연)

20~24 다음 한자(漢字)와 음(音)이 같은 한자는 어느 것입니까?

20. 陽(볕 양)
① 光(빛 광) ❷ 養(기를 양)
③ 眞(참 진) ④ 起(일어날 기)
⑤ 則(법칙 칙)

21. 元(으뜸 원)
① 究(연구할 구) ② 買(살 매)
❸ 遠(멀 원) ④ 毛(터럭 모)
⑤ 若(같을 약)

22. 種(씨 종)
① 聞(들을 문) ❷ 宗(으뜸 종)
③ 反(돌이킬 반) ④ 拜(절 배)
⑤ 弱(약할 약)

23. 晝(낮 주)
① 接(접할 접) ② 處(곳 처)
③ 片(조각 편) ❹ 宙(집 주)
⑤ 畫(그림 화)

24. 足(발 족)
① 議(의논할 의) ② 往(갈 왕)
③ 韓(한국 한) ④ 害(해할 해)
❺ 族(겨레 족)

25~30 다음 한자(漢字)의 뜻은 무엇입니까?

25. 不(아닐 불)

26. 聲(소리 성)

27. 實(열매 실)

28. 硏(갈 연)

29. 死(죽을 사)

30. 地(땅 지)

31~35 다음의 뜻을 가진 한자(漢字)는 어느 것입니까?

31. 낱
① 京(서울 경) ❷ 個(낱 개)
③ 計(셀 계) ④ 官(벼슬 관)
⑤ 可(옳을 가)

32. 주다
① 基(터 기) ② 郡(고을 군)
❸ 授(줄 수) ④ 救(구원할 구)
⑤ 達(통달할 달)

33. 도읍
❶ 都(도읍 도) ② 勢(형세 세)
③ 鮮(고울 선) ④ 農(농사 농)
⑤ 能(능할 능)

34. 높다
① 宇(집 우) ② 革(가죽 혁)
③ 庭(뜰 정) ④ 常(항상(떳떳할) 상)
❺ 高(높을 고)

35. 얼굴
① 興(일 흥) ② 午(낮 오)
③ 爭(다툴 쟁) ④ 早(이를 조)
❺ 面(낯 면)

36~40 다음 한자(漢字)와 뜻이 비슷한 한자는 어느 것입니까?

36. 增(더할 증)
① 理(다스릴 리) ② 病(병 병)
❸ 益(더할 익) ④ 至(이를 지)
⑤ 密(빽빽할 밀)

37. 見(볼 견)
① 武(군인(호반) 무) ❷ 視(볼 시)
③ 烏(까마귀 오) ④ 相(서로 상)
⑤ 客(손 객)

38. 君(임금 군)
① 效(본받을 효) ② 出(날 출)
③ 願(원할 원) ④ 打(칠 타)
❺ 皇(임금 황)

39. 江(강 강)
❶ 河(물 하) ② 飮(마실 음)
③ 快(쾌할 쾌) ④ 是(옳을(이) 시)
⑤ 復(회복할 복)

40. 年(해 년)
① 親(친할 친) ② 拜(절 배)
③ 鄕(시골 향) ❹ 歲(해 세)
⑤ 席(자리 석)

제2영역 語彙

41~45 다음 한자어(漢字語)와 발음(發音)이 같은 한자어는 어느 것입니까?

41. 課題(공부할 과, 제목 제): 주어진 문제나 임무
① 果然(실과 과, 그럴 연): 알고 보니 참으로 , 빈말이 아니라 정말로
② 課外(공부할 과, 바깥 외): 정해 놓은 학과 외에 따로 하는 공부나 과업
③ 過熱(지날 과, 더울 열): 지나치게 뜨겁게 하거나 뜨거워짐
④ 景福(볕 경, 복 복): 크나큰 복
❺ 科題(과목 과, 제목 제): 과거를 볼 때 내주던 글의 제목

42. 單身(홑 단, 몸 신): 혼자의 몸
① 多才(많을 다, 재주 재): 재주가 많음
❷ 短信(짧을 단, 믿을 신): 짧은 소식
③ 勤農(부지런할 근, 농사 농): 농사에 힘씀
④ 技能(재주 기, 능할 능): 기술상의 재주와 능력
⑤ 論難(논할 논, 어려울 난(란)): 여럿이 다른 주장을 내어 다툼

43. 算數(셈할 산, 셈 수): 수량이나 도형의 기초적인 원리 등을 가르치는 초보적 수학
① 山寺(메 산, 절 사): 산속에 있는 절
② 三省(석 삼, 살필 성): 하루에 세 번 자신이 한 일에 대해 반성함
❸ 山水(메 산, 물 수): 산과 물, 경치
④ 筆順(붓 필, 순할 순): 글씨를 쓸 때 붓을 움직이는 차례
⑤ 歌手(노래 가, 손 수): 노래를 부르는 일을 직업으로 삼는 사람

44. 射手(쏠 사, 손 수): 총포나 활 따위를 쏘는 사람
① 小數(작을 소, 셈 수): 0보다 크고 1보다 작은 실수
② 湖水(호수 호, 물 수): 육지의 내부에 위치하여 못이나 늪보다 넓고 깊게 물이 괴어 있는 곳
❸ 死守(죽을 사, 지킬 수): 목숨을 걸고 지킴
④ 車主(수레 차, 주인 주): 차의 주인
⑤ 敢行(감히 감, 다닐 행): 과감하게 실행함

45. 辭免(말씀(사양할) 사, 면할 면): 맡아보던 일자리를 그만 두고 물러남
① 洗面(씻을 세, 낯 면): 얼굴을 닦음
❷ 四面(넉 사, 낯 면): 전후좌우의 모든 방면
③ 小滿(작을 소, 찰 만): 24절기 중의 하나
④ 紙面(종이 지, 낯 면): 종이의 겉면, 신문의 기사가 실린 종이의 면
⑤ 補助(기울 보, 도울 조): 모자라거나 넉넉지 못한 것을 보태어 돕는 일

46~47 다음 괄호 속 한자(漢字)의 음(音)이 다르게 발음 되는 것은 어느 것입니까?

46. ① (北)極(북녘 북, 극진할(다할) 극): 지구의 북쪽 끝
② (北)進(북녘 북, 나아갈 진): 북쪽으로 나아감
❸ 敗(北)(패할 패, 달아날 배): 전쟁이나 경쟁에서 짐
④ (北)伐(북녘 북, 칠 벌): 북방의 지역을 정벌함
⑤ (北)斗(북녘 북, 말 두): 북두칠성. 큰곰자리에서 국자 모양을 이루며 가장 뚜렷하게 보이는 일곱 개의 별

47. ① (糖)分(엿 당, 나눌 분): 당류의 성분
② 製(糖)(지을 제, 엿 당): 설탕을 만듦
❸ 雪(糖)(눈 설, 엿 당(탕)): 흰 가루 사탕
④ 乳(糖)(젖 유, 엿 당): 젖당, 포유류의 젖 속에 들어 있는 이당류
⑤ (糖)精(엿 당, 정할 정): 얼음사탕, 사카린

48~57 다음 단어들의 '□'에 공통으로 들어갈 알맞은 한자(漢字)는 어느 것입니까?

48. 同(한가지 동)□, □土(흙 토), □校(학교 교)
① 貴(귀할 귀) ② 農(농사 농)
③ 等(무리 등) ④ 末(끝 말)
❺ 鄕(시골 향)
* 同鄕(동향), 鄕土(향토), 鄕校(향교)

49. □去(갈 거), 罪(허물 죄)□, □失(잃을 실)
① 名(이름 명) ❷ 過(지날 과)
③ 退(물러날 퇴) ④ 手(손 수)
⑤ 富(부자 부)
* 過去(과거), 罪過(죄과), 過失(과실)

50. □家(집 가), □敎(가르칠 교), □親(친할 친)
① 近(가까울 근) ② 下(아래 하)
❸ 宗(으뜸 종) ④ 善(착할 선)
⑤ 商(장사 상)
* 宗家(종가), 宗敎(종교), 宗親(종친)

51. □量(헤아릴 량), 速(빠를 속)□, 進(나아갈 진)□
① 多(많을 다) ② 道(길 도)
③ 光(빛 광) ❹ 度(법도 도)
⑤ 最(가장 최)
* 度量(도량), 速度(속도), 進度(진도)

52. 冷(찰 랭(냉))□, 母(어미 모)□, 性(성품 성)□
① 運(옮길 운) ② 對(대할 대)
③ 子(아들 자) ❹ 情(뜻 정)
⑤ 天(하늘 천)
* 冷情(냉정), 母情(모정), 性情(성정)

53. □加(더할 가), □進(나아갈 진), □大(큰 대)
❶ 增(더할 증) ② 戰(싸움 전)
③ 重(무거울 중) ④ 打(칠 타)
⑤ 文(글월 문)
* 增加(증가), 增進(증진), 增大(증대)

54. 單(홑 단)□, 時(때 시)□, 定(정할 정)□
❶ 價(값 가) ② 代(대신 대)
③ 一(한 일) ④ 義(옳을 의)
⑤ 質(바탕 질)
* 單價(단가), 時價(시가), 定價(정가)

55. □例(법식 례), □重(무거울 중), □等(무리 등)
① 同(한가지 동) ② 北(북녘 북)
③ 道(길 도) ④ 色(빛 색)
❺ 比(견줄 비)
*比例(비례), 比重(비중), 比等(비등)

56. □心(마음 심), 初(처음 초)□, □服(옷 복)
① 衣(옷 의) ② 霜(서리 상)
③ 傷(다칠 상) ❹ 喪(잃을 상)
⑤ 胸(가슴 흉)
* 喪心(상심), 初喪(초상), 喪服(상복)

57. □聘(부를 빙), □待(기다릴 대), □請(청할 청)
❶ 招(부를 초) ② 召(부를 소)
③ 覆(뒤집을(다시) 복) ④ 付(줄 부)
⑤ 捉(잡을 착)
* 招聘(초빙), 招待(초대), 招請(초청)

58~65 다음 한자어(漢字語)와 뜻이 반대(反對)이거나 상대(相對)되는 한자어는 어느 것입니까?

58. 自然(스스로 자, 그럴 연): 저절로 그렇게 되어 있는 상태
① 自爲(스스로 자, 할 위): 스스로 함
② 油然(기름 유, 그럴 연): 구름 따위가 뭉게뭉게 피어남, 생각 따위가 저절로 일어 형세가 왕성함
❸ 人爲(사람 인, 할 위): 자연의 힘이 아닌 사람의 힘으로 이루어지는 일
④ 事理(일 사, 다스릴 리): 일의 이치
⑤ 接受(접할 접, 받을 수): 문서 따위를 처리하기 위해 받아들임

59. 到着(이를 도, 붙을 착): 목적지에 다다름
❶ 出發(날 출, 필 발): 길을 떠남
② 到達(이를 도, 통달할 달): 자기가 목적한 바에 이름
③ 出席(날 출, 자리 석): 수업 등에 나감

④ 交着(사귈 교, 붙을 착): 서로 붙음
⑤ 後者(뒤 후, 놈 자): 두 가지 사물이나 사람을 들어서 말할 때 뒤에 든 사람이나 사물

60. 學生(배울 학, 날 생): 학교에서 공부하는 사람
① 學校(배울 학, 학교 교): 공부를 가르치고 또한 배우는 곳
❷ 教師(가르칠 교, 스승 사): 학교 등에서 학생을 가르치고 지도하는 사람
③ 教習(가르칠 교, 익힐 습): 학문이나 기예 따위를 가르쳐 익히게 함
④ 學習(배울 학, 익힐 습): 배워서 익힘
⑤ 修身(닦을 수, 몸 신): 마음과 행실을 바르게 하도록 마음과 몸을 닦음

61. 事前(일 사, 앞 전): 일이 일어나기 전
① 史傳(역사 사, 전할 전): 역사와 전기를 아울러 이르는 말
② 重要(무거울 중, 요긴할 요): 소중하고 요긴함
③ 死後(죽을 사, 뒤 후) : 죽은 뒤
④ 事典(일 사, 법 전): 여러 가지 사항을 모아 일정한 순서로 배열하고 해설을 붙인 책
❺ 事後(일 사, 뒤 후): 일이 끝난 뒤,

62. 開業(열 개, 일 업): 영업을 처음 시작함
① 事業(일 사, 일 업): 일정한 목적과 계획을 가지고 하는 일
② 經歷(지날 경, 지날 력): 여러 가지 일을 겪어 지나옴
③ 成業(이룰 성, 일 업): 학업이나 사업 따위를 이룸
④ 興業(일 흥, 일 업): 새로 산업이나 사업을 일으킴
❺ 閉業(닫을 폐, 일 업) : 영업을 그만둠

63. 正當(바를 정, 마땅할 당): 이치에 맞아 올바름
① 堂堂(집 당, 집 당): 남 앞에서 내세울 만큼 떳떳한 모습이나 태도
② 當然(마땅할 당, 그럴 연): 이치로 보아 마땅히 그럴 것임
❸ 不當(아닐 불(부), 마땅할 당): 사리에 맞지 아니함
④ 適當(맞을 적, 마땅할 당): 어떤 사실, 상태, 요구 따위에 딱 알맞음
⑤ 在野(있을 재, 들 야): 초야에 파묻혀 있다. 공직에 나아가지 아니하고 민간에 있음

64. 快樂(쾌할 쾌, 즐길 락): 기분이 좋고 즐거움
① 歡樂(기쁠 환, 즐길 락): 아주 즐거운 것
② 快然(쾌할 쾌, 그럴 연): 성격이나 행동 따위가 씩씩하고 시원스러움
❸ 苦痛(쓸 고, 아플 통): 몸이나 마음의 괴로움과 아픔
④ 苦樂(쓸 고, 즐길 락): 괴로움과 즐거움
⑤ 頂端(정수리 정, 끝 단): 맨 꼭대기

65. 經度(지날 경, 법도 도): 위도와 함께 지구상의 위치를 나타내는 좌표의 하나
❶ 緯度(씨줄 위, 법도 도): 지구 위의 위치를 나타내는 좌표축 중에서 가로로 된 것, 적도를 중심으로 평행하게 그은 선
② 輕度(가벼울 경, 법도 도): 가벼운 정도
③ 危道(위태할 위, 길 도): 위험한 길
④ 經緯(지날 경, 씨줄 위): 직물의 날과 씨를 아울러 이르는 말, 일이 진행되어 온 과정
⑤ 借邊(빌(빌릴) 차, 가 변): 부기에서 계정 계좌의 왼쪽. 자산의 증가, 부채 또는 자본의 감소 따위를 기입

66~70 다음 성어(成語)에서 '□'에 들어갈 알맞은 한자(漢字) 어느 것입니까?

66. 上(윗 상)天(하늘 천)下(아래 하)□
❶ 地(땅 지) ② 百(일백 백)
③ 明(밝을 명) ④ 德(큰 덕)
⑤ 聲(소리 성)
上天下地(상천하지): 위에 있는 하늘과 아래에 있는 땅, 온 천지를 이름

67. 五(다섯 오)日(날 일)京(서울 경)□
① 人(사람 인) ② 者(놈 자)
③ 神(귀신 신) ❹ 兆(억조 조)
⑤ 法(법 법)
五日京兆(오일경조): 오래 계속되지 못하는 일. 중국 한나라 장창이 경조윤(京兆尹)에 임명되었다가 며칠 후에 면직된 데서 유래

68. 養(기를 양)□後(뒤 후)患(근심 환)
❶ 虎(범 호) ② 犬(개 견)
③ 魚(물고기 어) ④ 午(낮 오)
⑤ 羊(양 양)
養虎後患(양호후환): 범을 길러서 화근을 남긴다, 화근이 될 것을 길러서 후환을 당하게 됨

69. 言(말씀 언)往(갈 왕)說(말씀 설)□
① 去(갈 거) ② 落(떨어질 락)
③ 流(흐를 류) ④ 忠(충성 충)
❺ 來(올 래)
言往說來(언왕설래): 서로 변론을 주고받으며 옥신각신함. 說往說來(설왕설래)

70. □文(글월 문)不(아닐 불)通(통할 통)
① 幸(다행 행) ② 處(곳 처)
❸ 一(한 일) ④ 宇(집 우)
⑤ 富(부자 부)
一文不通(일문불통): 한 글자도 읽을 수 없음, 서로 한 통의 편지 왕래가 없음

71~75 다음 성어(成語)의 뜻풀이로 적절한 것은 어느 것입니까?

71. 立(설 립(입))身(몸 신)出(날 출)世(인간 세)
立身出世(입신출세): 자신의 존재를 드러내고 세상에 나가다.

72. 空(빌 공)前(앞 전)絶(끊을 절)後(뒤 후)
空前絶後(공전절후): 이전에도 없었고 앞으로도 없다.

73. 是(옳을(이) 시)非(아닐 비)曲(굽을 곡)直(곧을 직)
是非曲直(시비곡직): 옳고 그르고 굽고 곧음, 잘잘못

74. 言(말씀 언)中(가운데 중)有(있을 유)言(말씀 언)
言中有言(언중유언): 예사로운 말 속에 어떤 풍자와 암시가 들어 있음

75. 牛(소 우)往(갈 왕)馬(말 마)往(갈 왕)
牛往馬往(우왕마왕): 함부로 온갖 곳을 다 쫓아다닌다.

76~80 다음의 뜻을 가장 잘 나타낸 성어(成語)는 어느 것입니까?

76. 원고, 피고, 증인이 모여서 하는 무릎맞춤
① 上(윗 상)意(뜻 의)下(아래 하)達(통달할 달)
上意下達(상의하달): 윗사람의 뜻이나 명령을 아랫사람에게 전함
② 君(임금 군)臣(신하 신)有(있을 유)義(옳을 의)
君臣有義(군신유의): 오륜(五倫)의 하나. 임금과 신하 사이의 도리는 의리에 있음
③ 不(아닐 불)知(알 지)體(몸 체)面(얼굴 면)
不知體面(부지체면): 체면을 돌아보지 아니함
❹ 三(석 삼)造(지을 조)對(대할 대)質(바탕 질)
三造對質(삼조대질): 원고, 피고, 증인이 모여서 하는 무릎맞춤
⑤ 五(다섯 오)言(말씀 언)金(쇠 금)城(재 성)
五言金城(오언금성): 오언의 시에 매우 능숙함, 五言長城(오언장성)

77. 공을 논하여 그에 알맞은 상을 주다.
① 前(앞 전)無(없을 무)後(뒤 후)無(없을 무)
前無後無(전무후무): 이전에도 없었고 앞으로도 없음
② 不(아닐 불)必(반드시 필)多(많을 다)言(말씀 언)
不必多言(불필다언): 여러 말을 굳이 할 필요가 없음
③ 運(옮길 운)數(셈 수)大(큰 대)通(통할 통)
運數大通(운수대통): 인간의 능력을 초월하는 천운(天運)과 기수(氣數)가 크게 트여 이루어짐
❹ 論(논할 론(논))功(공 공)行(다닐 행)賞(상줄 상)
論功行賞(논공행상): 공적의 크고 작음 따위를 논의하여 그에 알맞은 상을 줌.
⑤ 一(한 일)擧(들 거)二(두 이)得(얻을 득)
一擧二得(일거이득): 한 가지 일을 하여 두 가지 이익을 얻음

78. 천년에 한 번 올까 말까한 한 번의 때
① 一(한 일)字(글자 자)不(아닐 불)識(알 식)
一字不識(일자불식): 한 글자도 모름, 一文不知(일문부지)
② 進(나아갈 진)退(물러날 퇴)無(없을 무)路(길 로)
進退無路(진퇴무로): 이러지도 저러지도 못하는 어려운 처지, 進退兩難(진퇴양난)
③ 天(하늘 천)下(아래 하)絕(끊을 절)色(빛 색)
天下絕色(천하절색): 세상에 드문 아주 뛰어난 미인, 天下一色(천하일색)
④ 特(특별할 특)筆(붓 필)大(큰 대)書(글 서)
特筆大書(특필대서): 특별히 두드러지게 보이도록 글자를 크게 쓴다, 신문 따위의 출판물에서 어떤 기사에 큰 비중을 두어 다룸, 大書特筆(대서특필)
❺ 千(일천 천)歲(해 세)一(한 일)時(때 시)
千歲一時(천세일시): 천 년 동안 단 한 번 만난다, 좀처럼 만나기 어려운 좋은 기회

79. 글자 하나의 값이 백금의 가치가 있다.
① 三(석 삼)代(대신 대)日(날 일)月(달 월)
三代日月(삼대일월): 왕도 정치가 행하여졌던 하(夏), 은(殷), 주(周) 세 나라 시대의 세월.
② 一(한 일)發(필 발)必(반드시 필)中(가운데 중)
一發必中(일발필중): 한 번 쏘아 반드시 맞힘
③ 不(아닐 불(부))知(알 지)歲(해 세)月(달 월)
不知歲月(부지세월): 세월이 가는 줄을 알지 못함
❹ 一(한 일)字(글자 자)百(일백 백)金(쇠 금)
一字百金(일자백금): 한 글자의 가치가 백금과 맞먹는다, 글씨나 문장이 훌륭함
⑤ 一(한 일)文(글월 문)不(아닐 불(부))知(알 지)
一文不知(일문부지): 한 글자도 모름, 一字不識(일자불식)

80. 정성이 지극하면 하늘도 감동한다.
① 多(많을 다)才(재주 재)多(많을 다)病(병 병)
多才多病(다재다병): 재주가 많은 사람이 흔히 몸이 약하고 병이 많음을 이르는 말
② 大(큰 대)經(지날 경)大(큰 대)法(법 법)
大經大法(대경대법): 공명정대한 큰 원리와 법칙
❸ 至(이를 지)誠(정성 성)感(느낄 감)天(하늘 천)
至誠感天(지성감천): 지극한 정성에는 하늘도 감동한다, 무엇이든 정성껏하면 하늘이 움직여 좋은 결과를 맺는다는 뜻
④ 別(다를 별)有(있을 유)風(바람 풍)景(볕 경)
別有風景(별유풍경): 좀처럼 볼 수 없는 아주 좋은 풍경.
⑤ 四(넉 사)面(낯 면)八(여덟 팔)方(모 방)
四面八方(사면팔방): 여기저기 모든 방향이나 방면

제3영역 讀解

81~86 다음 문장에서 한자어(漢字語)의 음(音)은 무엇입니까?

81. 敎育(가르칠 교, 기를 육)은 공간적으로 가정과 학교 그리고 사회에서 동시다발적으로 일어나는 것이다.

82. 현대 스포츠에서는 승자만이 話題(말씀 화, 제목 제)의 중심이 되고 역사 속에 기록된다.

83. 일반적으로 스포츠에 영향을 주는 날씨 요소는 크게 溫度(따뜻할 온, 법도 도), 습도, 바람, 기압 등이 꼽힌다.

84. 제품의 설계 단계에서부터 환경 친화적 技法(재주 기, 법 법)을 적용하였다.

85. 그 가수는 일년 간의 空白(빌 공, 흰 백)을 깨고 마침내 다시 무대에 섰다.

86. 나의 행동은 故意(연고 고, 뜻 의)라기보다는 작은 실수였다.

87~92 다음 문장에서 밑줄 친 한자어(漢字語)의 뜻풀이로 적절한 것은 어느 것입니까?

87. 범죄자는 지위 高下(높을 고, 아래 하)를 막론하고 처벌받아야 한다.
* 신분의 높고 낮음

88. 이야기하는 내용의 중요 骨子(뼈 골, 아들 자)를 파악해야 한다.
* 말이나 일의 중심이 되는 줄기

89. 유기적이라는 말은 구성 요소가 잘 조직되어 있어서 하나 더하기 하나가 둘이 아니라 둘 이상이 되었을 때 使用(하여금 사, 쓸 용)하는 말이다.
* 목적이나 기능에 맞게 씀

90. 환경 특성에 대한 정확한 평가 기준이 과학적으로 設定(베풀 설, 정할 정)되어야 한다.
* 만들어 정해 둠

91. 배드민턴은 자신의 능력과 체력에 맞게 운동량을 調節(고를 조, 마디 절)할 수 있어 재미와 즐거움을 더할 수 있다.
* 균형에 맞게 바로 잡음

92. 현재 지구상에는 약 4,500~5,000개 정도의 言語(말씀 언, 말씀 어)가 있다고 알려져 있다.
* 생각, 느낌 등을 전달하는 음성, 문자수단

93~95 다음 문장에서 빈칸에 들어갈 가장 적절한 한자어(漢字語)는 어느 것입니까?

93. 그는 음악가가 되어 언제 들어도 심금을 울리는 □□을 남기고 싶어했다.
① 明曲(밝을 명, 굽을 곡): 중국 원나라 말기에 항저우를 중심으로 발달한 희곡
② 曲流(굽을 곡, 흐를 류): 굽이쳐 흘러감
❸ 名曲(이름 명, 굽을 곡): 유명한 악곡, 뛰어난 악곡
④ 名畵(이름 명, 그림 화): 썩 잘된 그림이나 영화
⑤ 明歌(밝을 명, 노래 가) * 한자어 아님

94. 돈만을 쫓아가며 살던 그는 인간의 행복이 □□에만 있지 않다는 것을 깨달았다.
① 家庭(집 가, 뜰 정): 가족들과 함께 살고 있는 집안
❷ 富貴(부자 부, 귀할 귀): 재산이 많고 지위가 높음
③ 世上(인간 세, 윗 상): 모든 사람이 사는 곳
④ 幸運(다행 행, 옮길 운): 좋은 운수
⑤ 始祖(비로소 시, 할아비 조): 한 겨레나 가계의 맨 처음이 되는 조상

95. 재판부가 엄정하게 □□를(을) 진행한 뒤 공정한 판결을 한다면 아무도 법정에서 항의하지 않을 것이다.
① 工判(장인 공, 판단할 판): '공조판서'를 줄여 이르는 말
❷ 公判(공평할(공변될) 공, 판단할 판): 기소된 형사

사건을 법원이 심리하는 일

③ 公務(공평할(공변될) 공, 힘쓸 무): 여러 사람에 관련된 일, 국가나 공공단체의 일

④ 工作(장인 공, 지을 작): 어떤 목적을 위해 미리 일을 꾸밈, 물건을 만듦

⑤ 工務(장인 공, 힘쓸 무): 공장에 관한 사무

96~98 다음 문장에서 한자어(漢字語)의 한자 표기(漢字表記)가 바르지 않은 것은 어느 것입니까?

96. 지조란 것은 순일한 ① 精神(정할 정, 귀신 신)을 지키기 위한 ② 熱情(더울 열, 뜻 정)어린 ③ 信念(믿을 신, 생각 념)이요, 눈물겨운 ❹ 情誠(뜻 정, 정성 성)이며, 냉철한 확집이요, ⑤ 高貴(높을 고, 귀할 귀)한 투쟁이기까지 하다.

* 情誠 → 精誠(정할 정, 정성 성)

97. 우리들 대부분에게 ① 家族(집 가, 겨레 족)은 항상 ② 便安(편할 편, 편안 안)한 안식처이고, 사랑의 ③ 共同體(함께 공, 한가지 동, 몸 체)이며, 가족구성원간의 기쁨과 즐거움을 추구 하는 ❹ 共間(함께 공, 사이 간)으로 ⑤ 認知(알 인, 알 지)된다.

* 共間 → 空間(빌 공, 사이 간)

98. 스무 살이 되던 해, 윤봉길은 ① 書堂(글 서, 집 당)에서는 더 ② 以上(써 이, 윗 상) 배울 것이 없다고 생각되어, ❸ 讀學(읽을 독, 배울 학)으로 ④ 新學問(새 신, 배울 학, 물을 문)을 ⑤ 工夫(장인 공, 지아비 부)하기로 하였다.

* 讀學 → 獨學(홀로 독, 배울 학)

99~101 다음 문장에서 밑줄 친 단어(單語)를 한자(漢字)로 바르게 쓴 것은 어느 것입니까?

99. 저가부터 <u>고가</u>까지 다양한 휴대폰을 출시되고 있다.

① 固價(굳을 고, 값 가)

❷ 高價(높을 고, 값 가)

③ 高家(높을 고, 집 가)

④ 高加(높을 고, 더할 가)

⑤ 固加(굳을 고, 더할 가)

100. 두 국가가 <u>공존</u>을 꾀하였다.

❶ 共存(함께 공, 있을 존)

② 共在(함께 공, 있을 재)

③ 公存(공평할(공변될) 공, 있을 존)

④ 工存(장인 공, 있을 존)

⑤ 公在(공평할(공변될) 공, 있을 재)

101. 맹진사는 급히 뜰로 내려가 <u>과객</u>을 맞이 했다.

❶ 過客(지날 과, 손 객)

② 科客(과목 과, 손 객)

③ 果客(실과 과, 손 객)

④ 課客(공부할 과, 손 객)

⑤ 官客(벼슬 관, 손 객)

102~104 다음 문장에서 밑줄 친 단어(單語)나 어구(語句)의 뜻을 가장 잘 나타낸 한자(漢字) 또는 한자어(漢字語)는 어느 것입니까?

102. 장사는 서로 간에 <u>믿고</u> 거래할 수 있어야 한다.

① 回信(돌아올 회, 믿을 신)

② 書信(글 서, 믿을 신)

❸ 信用(믿을 신, 쓸 용)

④ 信者(믿을 신, 놈 자)

⑤ 受信(받을 수, 믿을 신)

103. 수영이는 책을 <u>빨리 읽는 것</u>에 능합니다.

❶ 速讀(빠를 속, 읽을 독)

② 代讀(대신 대, 읽을 독)

③ 一讀(한 일, 읽을 독)

④ 速記(빠를 속, 기록할 기)

⑤ 通讀(통할 통, 읽을 독)

104. 지난밤에 아버지께서 고개를 넘다 <u>발을 헛딛으시는</u> 바람에 옷이 흙투성이가 되어 돌아오셨다.

① 落失(떨어질 락, 잃을 실)

② 失手(잃을 실, 손 수)

❸ 失足(잃을 실, 발 족)

④ 失敗(잃을 실, 패할 패)

⑤ 失言(잃을 실, 말씀 언)

105~110 다음 글을 읽고 물음에 답하시오.

105. ㉠~㉤(출신, 물망, 정가, 죄목, 법정) 중에서 한자표기가 바르지 않은 것은?

❶ ㉠ 出信(날 출, 믿을 신)

② ㉡ 物望(물건 물, 바랄 망)

③ ㉢ 政街(정사 정, 거리 가)

④ ㉣ 罪目(허물 죄, 눈 목)

⑤ ㉤ 法庭(법 법, 뜰 정)

* 出信 → 出身(날 출, 몸 신)

106. ㉥'차례'와 ㉦'보도'의 한자표기를 바르게 짝지은 것은?

① 次禮(버금 차, 예도 례) – 保度(지킬 보, 법도 도)

② 次列(버금 차, 벌일 렬) – 步度(걸음 보, 법도 도)

③ 者例(놈 자, 법식 례) – 保道(지킬 보, 길 도)

❹ 次例(버금 차, 법식 례) – 報道(갚을(알릴) 보, 길

도)
⑤ 者禮(놈 자, 예도 례) – 報度(갚을(알릴) 보, 법도 도)

107. ⓞ'신선'과 ⓩ'의사당'의 한자표기를 바르게 짝지은 것은?
① 信仙(믿을 신, 신선 선) – 義使堂(옳을 의, 하여금 사, 집 당)
② 神線(귀신 신, 줄 선) – 議使堂(의논할 의, 하여금 사, 집 당)
③ 新先(새 신, 먼저 선) – 意使堂(뜻 의, 하여금 사, 집 당)
④ 新仙(새 신, 신선 선) – 意事堂(뜻 의, 일 사, 집 당)
❺ 新鮮(새 신, 고울 선) – 議事堂(의논할 의, 일 사, 집 당)

108. ⓩ'면책'의 '책'과 같은 한자를 사용한 한자어는?
① 慶祝(경사 경, 빌 축)
② 近處(가까울 근, 곳 처)
❸ 責務(꾸짖을 책, 힘쓸 무)
④ 致命的(이를 치, 목숨 명, 과녁 적)
⑤ 充電(채울 충, 번개 전)

109. ㉪'특권'과 ㉫'현장'의 한자표기를 바르게 짝지은 것은?
① 特勤(특별할 특, 부지런할 근) – 現將(나타날 현, 장수 장)
❷ 特權(특별할 특, 권세 권) – 現場(나타날 현, 마당 장)
③ 特觀(특별할 특, 볼 관) – 現章(나타날 현, 글 장)
④ 宅權(집 택, 권세 권) – 現長(나타날 현, 길 장)
⑤ 宅勤(집 택, 부지런할 근) – 見場(볼 견, 마당 장)

110. ㉬'미담'의 '담'과 같은 한자를 사용한 한자어는?
① 對話(대할 대, 말씀 화)
② 調和(고를 조, 화할 화)
③ 序論(차례 서, 논할 론)
❹ 談笑(말씀 담, 웃음 소)
⑤ 詩歌(시 시, 노래 가)

111~115 다음 글을 읽고 물음에 답하시오.

111. ㉠'기억'의 한자표기로 바른 것은?
① 記億(기록할 기, 억 억)
② 幾億(몇 기, 억 억)
③ 旣憶(이미 기, 생각할 억)
❹ 記憶(기록할 기, 생각할 억)
⑤ 旣億(이미 기, 억 억)

112. ㉡~㉥(계절, 방충, 공해, 도심, 가로수) 중에서 한자표기가 바르지 않은 것은?
① ㉡ 季節(계절 계, 마디 절)
② ㉢ 防蟲(막을 방, 벌레 충)
③ ㉣ 公害(공평할(공변될) 공, 해할 해)
④ ㉤ 都心(도읍 도, 마음 심)
❺ ㉥ 街路秀(거리 가, 길 로, 빼어날 수)
* 街路秀 → 街路樹(거리 가, 길 로, 나무 수)

113. ㉦'적합'의 한자표기로 바른 것은?
① 敵合(대적할 적, 합할 합)
② 赤合(붉을 적, 합할 합)
❸ 適合(맞을 적, 합할 합)
④ 的合(과녁 적, 합할 합)
⑤ 執合(잡을 집, 합할 합)

114. ⓞ'은행'의 '은'과 같은 한자를 사용한 한자어는?
❶ 銀河水(은 은, 물 하, 물 수)
② 承恩(이을 승, 은혜 은)
③ 暗黑(어두울 암, 검을 흑)
④ 着眼(붙을 착, 눈 안)
⑤ 移讓(옮길 이, 사양할 양)

115. ⓩ'원산지'와 ⓩ'추정'의 한자표기를 바르게 짝지은 것은?
① 圓産地(둥글 원, 낳을 산, 땅 지) – 丑定(소 축, 정할 정)
❷ 原産地(언덕 원, 낳을 산, 땅 지) – 推定(밀 추, 정할 정)
③ 怨産地(원망할 원, 낳을 산, 땅 지) – 推貞(밀 추, 곧을 정)
④ 園産地(동산 원, 낳을 산, 땅 지) – 丑頂(소 축, 정수리 정)
⑤ 遠産地(멀 원, 낳을 산, 땅 지) – 推靜(밀 추, 고요할 정

116~120 다음 글을 읽고 물음에 답하시오.

116. ㉠'강직'과 ㉡'덕목'의 한자표기로 바르게 짝지은 것은?
① 康直(편안할 강, 곧을 직) – 屯目(진칠 둔, 눈 목)
❷ 剛直(굳셀 강, 곧을 직) – 德目(큰 덕, 눈 목)
③ 鋼直(강철 강, 곧을 직) – 豚目(돼지 돈, 눈 목)
④ 降直(내릴 강, 곧을 직) – 擔目(멜 담, 눈 목)
⑤ 綱直(벼리 강, 곧을 직) – 端目(끝 단, 눈 목)

117. ㉢'청빈'의 '빈'과 같은 한자를 사용한 한자어는?
① 賓廳(손 빈, 관청 청)
② 奴婢(종 노, 계집종 비)

③ 卑劣(낮을 비, 못할 렬(열))
④ 頻繁(자주 빈, 번성할 번)
❺ 貧窮(가난할 빈, 다할(궁할) 궁)

118. ㉣'염리'의 '염'과 같은 한자를 사용한 한자어는?
① 鹽素(소금 염, 본디 소)
② 汚染(더러울 오, 물들 염)
❸ 廉恥(청렴할 렴(염), 부끄러울 치)
④ 炎症(불꽃 렴(염), 증세 증)
⑤ 念慮(생각 념(염), 생각할 려)

119. ㉤~㉨(치부, 세태, 직위, 사욕, 압력) 중에서 한자 표기가 바르지 않은 것은?
❶ ㉤ 値簿(값 치, 문서 부)
② ㉥ 世態(인간 세, 태도(모습) 태)
③ ㉦ 職位(직분 직, 자리 위)
④ ㉧ 私慾(사사 사, 욕심 욕)
⑤ ㉨ 壓力(누를 압, 힘 력)
* 値簿 → 置簿(둘 치, 문서 부)

120. ㉩'구문'과 ㉪'사건'의 한자표기를 바르게 짝지은 것은?
① 具文(갖출 구, 글월 문) – 事健(일 사, 굳셀 건)
② 球文(공 구, 글월 문) – 似件(같을(닮을) 사, 물건 건)
③ 俱文(함께 구, 글월 문) – 査件(조사할 사, 물건 건)
❹ 口文(입 구, 글월 문) – 事件(일 사, 물건 건)
⑤ 構文(얽을 구, 글월 문) – 辭件(말씀 사, 물건 건)

1 기출문제

정답

1 ①	2 ④	3 ③	4 ⑤	5 ①
6 ②	7 ③	8 ④	9 ⑤	10 ①
11 ②	12 ③	13 ⑤	14 ④	15 ①
16 ④	17 ②	18 ③	19 ③	20 ④
21 ⑤	22 ①	23 ③	24 ②	25 ②
26 ①	27 ①	28 ③	29 ④	30 ⑤
31 ⑤	32 ③	33 ②	34 ①	35 ④
36 ③	37 ②	38 ⑤	39 ①	40 ④
41 ④	42 ①	43 ②	44 ⑤	45 ③
46 ④	47 ③	48 ③	49 ⑤	50 ①
51 ②	52 ④	53 ②	54 ③	55 ⑤
56 ③	57 ④	58 ①	59 ④	60 ②
61 ③	62 ⑤	63 ④	64 ①	65 ②
66 ①	67 ②	68 ⑤	69 ③	70 ①
71 ⑤	72 ③	73 ①	74 ③	75 ④
76 ⑤	77 ④	78 ①	79 ③	80 ②
81 ①	82 ⑤	83 ③	84 ②	85 ④
86 ②	87 ①	88 ①	89 ②	90 ⑤
91 ④	92 ④	93 ③	94 ①	95 ④
96 ①	97 ③	98 ③	99 ④	100 ⑤
101 ②	102 ①	103 ③	104 ⑤	105 ⑤
106 ①	107 ④	108 ②	109 ③	110 ③
111 ③	112 ①	113 ②	114 ④	115 ⑤
116 ④	117 ⑤	118 ②	119 ①	120 ③

제1영역 漢字

1~2 다음 필순(筆順)에 대한 설명에 가장 알맞은 한자는 어느 것입니까?

1. 가로획과 세로획이 교차할 때는 가로획을 먼저 쓴다.

❶ 去 (갈 거) 一 十 土 去 去
② 回 (돌아올 회) 丨 冂 冂 冋 冋 回
③ 谷 (골 곡) ノ 八 仌 仌 㕣 谷 谷
④ 念 (생각 념) ノ 人 亼 今 今 念 念 念
⑤ 永 (길 영) 丶 亅 亅 永 永

2. 받침은 나중에 쓴다.

① 勝 (이길 승) 丿 刀 月 月 月 肜 肜 胖 胖 朕 勝 勝
② 賣 (팔 매) 一 十 士 士 声 声 声 壼 壼 賣 賣 賣 賣 賣 賣
③ 起 (일어날 기) 一 十 土 丰 丰 走 走 起 起 起
❹ 送 (보낼 송) 丶 八 亼 亼 关 关 关 送 送 送
⑤ 飛 (날 비) 乙 乙 飞 飞 飞 飛 飛 飛 飛

3~4 다음 한자(漢字)의 획수(劃數)는 모두 몇 획입니까?

3. 讀(읽을 독): 言(말씀 언)부 15획 총 22획
丶 二 三 三 言 言 言 言 言 訁 訁 訁 訁 訁 訁 訁 讀 讀 讀 讀 讀 讀

4. 務(힘쓸 무): 力(힘 력)부 9획 총 11획
乛 マ 予 予 矛 矛 矛 矛 矜 務 務

5~6 다음 한자(漢字)의 부수(部首)는 무엇입니까?

5. 虎(범 호): 虍(범호 엄)부 2획

❶ 虍(범호 엄) ② 七(일곱 칠)
③ 厂(민엄호) ④ 虎(범 호)
⑤ 儿(어진사람인발)

6. 歷(지날 력): 止(그칠지)부 12획

① 厂(민엄호) ❷ 止(그칠 지)
③ 禾(벼 화) ④ 歷(지날 력)
⑤ 一(한 일)

7~8 다음 한자(漢字)와 그 조자(造字)의 방식이 같은 한자는 어느 것입니까?

7. 利(이로울 리): 회의

① 烏(까마귀 오) ② 上(윗 상)
❸ 武(군인(호반) 무) 회의 ④ 村(마을 촌)
⑤ 田(밭 전)

8. 卵(알 란): 상형
① 林(수풀 림) ② 末(끝 말)
③ 河(물 하) ❹ 犬(개 견) 상형
⑤ 雲(구름 운)

9~14 다음 한자(漢字)의 음(音)은 무엇입니까?

9. 勢 (형세 세)

10. 增 (더할 증)

11. 支 (지탱할 지)

12. 務 (힘쓸 무)

13. 藝 (재주 예)

14. 施 (베풀 시)

15~19 다음 음(音)을 가진 한자는 무엇입니까?

15. 난
❶ 難(어려울 난) ② 歌 (노래 가)
③ 變(변할 변) ④ 若 (같을 약)
⑤ 獨(홀로 독)

16. 근
① 個(낱 개) ② 觀(볼 관)
③ 親(친할 친) ❹ 勤(부지런할 근)
⑤ 接(접할 접)

17. 저
① 射(쏠 사) ❷ 貯(쌓을 저)
③ 逆(거스릴 역) ④ 廣 (넓을 광)
⑤ 拜(절 배)

18. 혁
① 蟲 (벌레 충) ② 湖 (호수 호)
❸ 革(가죽 혁) ④ 追(쫓을 추)
⑤ 勞(일할 로)

19. 욕
① 競(다툴 경) ② 害(해할 해)
❸ 浴(목욕할 욕) ④ 選(가릴 선)
⑤ 禁(금할 금)

20~24 다음 한자(漢字)와 음(音)이 같은 한자는 어느 것입니까?

20. 製(지을 제)
① 醫(의원 의) ② 密(빽빽할 밀)
③ 判(판단할 판) ❹ 題(제목 제)
⑤ 患(근심 환)

21. 皇(임금 황)
① 省(살필 성) ② 量(헤아릴 량)
③ 章(글 장) ④ 最(가장 최)
❺ 黃(누를 황)

22. 責(꾸짖을 책)
❶ 冊(책 책) ② 宙(집 주)
③ 賞(상줄 상) ④ 敗(패할 패)
⑤ 貨(재물 화)

23. 限(한할 한)
① 根(뿌리 근) ② 干(방패 간)
❸ 韓(한국 한) ④ 退(물러날 퇴)
⑤ 都(도읍 도)

24. 兆(억조 조)
① 刀(칼 도) ❷ 造(지을 조)
③ 斗(말 두) ④ 消(사라질 소)
⑤ 紙(종이 지)

25~30 다음 한자(漢字)의 뜻은 무엇입니까?

25. 皮(가죽 피)

26. 授(줄 수)

27. 春(봄 춘)

28. 禁(금할 금)

29. 店(가게 점)

30. 舞(춤출 무)

31~35 다음의 뜻을 가진 한자(漢字)는 무엇입니까?

31. 혼인하다
① 新(새 신) ② 姓(성 성)
③ 婦(며느리 부) ④ 好(좋을 호)
❺ 婚(혼인할 혼)

32. 굳세다
① 改(고칠 개) ② 讀(읽을 독)
❸ 强(강할 강) ④ 賣(팔 매)
⑤ 溫(따뜻할 온)

33. 수컷
① 屋(집 옥) ❷ 雄(수컷 웅)
③ 權(권세 권) ④ 硏(갈 연)
⑤ 將(장수 장)

34. 쌀
❶ 米(쌀 미) ② 氷(얼음 빙)
③ 味(맛 미) ④ 卵(알 란)
⑤ 貝(조개 패)

35. 차다
① 波(물결 파) ② 河(물 하)
③ 洞(골 동) ❹ 冷(찰 랭)
⑤ 洗(씻을 세)

36~40 다음 한자(漢字)와 뜻이 비슷한 한자는 어느 것입니까?

36. 望(바랄 망)
① 連(이을 련) ② 貴(귀할 귀)
❸ 願(원할 원) ④ 短(짧을 단)
⑤ 列(벌일 렬)

37. 路(길 로)
① 罪(허물 죄) ❷ 道(길 도)
③ 丹(붉을 단) ④ 救(구원할 구)
⑤ 卒(마칠 졸)

38. 起(일어날 기)
① 助(도울 조) ② 易(바꿀 역)
③ 然(그럴 연) ④ 最(가장 최)
❺ 興(일(일으킬) 흥)

39. 協(화합할 협)
❶ 和(화할 화) ② 識(알 식)
③ 號(이름 호) ④ 祝(빌 축)
⑤ 唱(부를 창)

40. 察(살필 찰)
① 飮(마실 음) ② 榮(영화 영)
③ 防(막을 방) ❹ 省(살필 성)
⑤ 爲(할 위)

제2영역 어휘(語彙)

41~45 다음 한자어(漢字語)와 발음(發音)이 같은 한자어는 어느 것입니까?

41. 詩歌(시 시, 노래 가): 가사를 포함한 시문학을 통틀어 이르는 말
① 是非(옳을(이) 시, 아닐 비): 잘잘못
② 短期(짧을 단, 기약할 기): 짧은 기간
③ 念頭(생각 념(염), 머리 두): 머리 속의 생각
❹ 市街(시장 시, 거리 가): 도시의 큰 거리
⑤ 變數(변할 변, 셈 수): 어떠한 대응관계로 변화하는 수

42. 防禁(막을 방, 금할 금): 못하게 막아서 금함
❶ 方今(모 방, 이제 금): 지금
② 運送(옮길 운, 보낼 송): 물건을 운반하여 보냄
③ 意識(뜻 의, 알 식): 깨어있는 상태에서 자신이나 사물에 대해 인식하는 작용
④ 宇宙(집 우, 집 주): 무한한 시간과 만물을 포함한 끝없는 공간의 총체
⑤ 敗走(패할 패, 달릴 주): 싸움에 져 도망침

43. 新鮮(새 신, 고울 선): 새롭고 산뜻함
① 獨善(홀로 독, 착할 선): 자기 혼자만이 옳다고 믿고 행동하는 일
❷ 神仙(귀신 신, 신선 선): 선도를 닦아서 도에 통한 사람
③ 姓氏(성 성, 성씨 씨): 성(姓)을 높여부르는 말
④ 期間(기약할 기, 사이 간): 어떤 시간에서 다른 시간까지의 사이
⑤ 勞使(일할 로(노), 하여금 사): 노동자와 고용주

44. 驚異(놀랄 경, 다를 이): 놀라움
① 耕地(밭갈 경, 땅 지): 농지로 삼은 땅
② 急速(급할 급, 빠를 속): 급하고 빠름
③ 堅持(굳을 견, 가질지): 어떤 견해나 의견을 굳게 지니는 일
④ 暴露(사나울 폭, 이슬 로): 남의 비밀, 비행 따위를 남에게 드러내 놓는 일
❺ 輕易(가벼울 경, 바꿀 역/쉬울 이): 가볍고 쉬움

45. 霧散(안개 무, 흩을 산): 안개가 걷힘, 또 그렇게 흐지부지 취소됨.
① 戊辰(천간 무, 별 진): 육십갑자의 다섯째
② 墓域(무덤 묘, 지경 역): 묘소로 경계를 지은 구역
❸ 茂山(무성할 무, 메 산): 함경북도에 있는 군
④ 韻致(운 운, 이를 치): 품격을 갖춘 멋
⑤ 睡眠(졸음 수, 잘 면): 잠

46~47 다음 괄호 속 한자(漢字)의 음(音)이 다르게 발음되는 것은 어느 것 입니까?

46. ① (殺)傷(죽일 살, 다칠 상): 사람을 죽이거나 상처를 입힘
② 暗(殺)(어두울 암, 죽일 살): 몰래 사람을 죽임
③ 射(殺)(쏠 사, 죽일 살): 활이나 총 따위로 쏘아 죽임
❹ (殺)到(빠를 쇄, 이를 도): 세차게 달려듦

⑤ (殺)伐(죽일 살, 칠 벌): 행동이나 분위기가 무시무시함

47. ① (衰)顔(쇠할 쇠, 얼굴 안): 쇠약해져 핼쑥한 얼굴
② 盛(衰)(성할 성, 쇠할 쇠): 성하고 쇠퇴함
❸ 齊(衰)(옷자락 자, 상옷 최): 오복(五服)의 하나, 생베로 지은 상복(喪服)
④ (衰)微(쇠할 쇠, 작을 미): 쇠잔하고 미약함
⑤ (衰)殘(쇠할 쇠, 남을 잔): 힘이나 세력이 점점 약해짐

48~57 다음 단어들의 '□'에 공통으로 들어갈 알맞은 한자(漢字)는 어느 것입니까?

48. 前(앞 전)□, □半(반 반), 晝(낮 주)□
① 權(권세 권) ② 骨(뼈 골)
❸ 夜(밤 야) ④ 爲(할 위)
⑤ 進(나아갈 진)
* 前夜(전야), 夜半(야반), 晝夜(주야)

49. □官(벼슬 관), 女(계집 녀)□, 歷(지날 력(역))□
① 變(변할 변) ② 人(사람 인)
③ 經(지날 경) ④ 可(옳을 가)
❺ 史(역사 사)
* 史官(사관), 女史(여사), 歷史(역사)

50. □中(가운데 중), □實(열매 실), 目(눈 목)□
❶ 的(과녁 적) ② 命(목숨 명)
③ 得(얻을 득) ④ 豆(콩 두)
⑤ 市(시장 시)
* 的中(적중), 的實(적실), 目的(목적)

51. □歲(해 세), □業(일 업), 兵(병사 병)□
① 士(선비 사) ❷ 卒(마칠 졸)
③ 句(글귀 구) ④ 夜(밤 야)
⑤ 丹(붉을 단)
* 卒歲(졸세), 卒業(졸업), 兵卒(병졸)

52. 水(물 수)□, □蟲(벌레 충), 殺(죽일 살)□
① 虎(범 호) ② 路(길 로)
③ 軍(군사 군) ❹ 害(해할 해)
⑤ 春(봄 춘)
* 水害(수해), 害蟲(해충), 殺害(살해)

53. □理(다스릴 리), 反(돌이킬 반)□, □語(말씀 어)
① 表(겉 표) ❷ 論(논할 론(논))
③ 處(곳 처) ④ 目(눈 목)
⑤ 英(꽃부리 영)
* 論理(논리), 反論(반론), 論語(논어)

54. 文(글월 문)□, □骨(뼈 골), 强(강할 강)□
① 官(벼슬 관) ② 若(같을 약)
❸ 弱(약할 약) ④ 科(과목 과)
⑤ 郡(고을 군)
* 文弱(문약), 弱骨(약골), 强弱(강약)

55. 長(길 장)□, □期(기약할 기), □身(몸 신)
① 訪(찾을 방) ② 硏(갈 연)
③ 增(더할 증) ④ 窓(창 창)
❺ 短(짧을 단)
* 長短(장단), 短期(단기), 短身(단신)

56. □雨(비 우), □氣(기운 기), 百(일백 백)□
① 降(내릴 강) ② 獸(짐승 수)
❸ 穀(곡식 곡) ④ 熱(더울 열)
⑤ 麥(보리 맥)
*穀雨(곡우), 穀氣(곡기), 百穀(백곡)

57. 勇(날랠 용)□, □禽(새 금), □將(장수 장)
① 敢(감히 감) ② 家(집 가)
③ 敗(패할 패) ❹ 猛(사나울 맹)
⑤ 斷(끊을 단)
* 勇猛(용맹), 猛禽(맹금), 猛將(맹장)

58~65 다음 한자어(漢字語)와 뜻이 반대(反對)이거나 상대(相對)되는 한자어는 어느 것입니까?

58. 改良(고칠 개, 어질 량): 나쁜 점을 고쳐 좋게 함
❶ 在來(있을 재, 올 래): 전부터 있어 내려옴
② 江河(강 강, 물 하): 강과 하천
③ 存亡(있을 존, 망할 망): 존재와 멸망
④ 善意(착할 선, 뜻 의): 착한 마음
⑤ 不幸(아닐 불, 다행 행): 행복하지 못함

59. 發達(필 발, 통달할 달): 성장하거나 성숙함
① 成長(이룰 성, 길 장): 생물이 자라 커지거나 성숙해짐
② 來歷(올 래(내), 지날 력): 겪어 온 자취
③ 協助(화합할 협, 도울 조): 힘을 보태 서로 도움
❹ 退步(물러날 퇴, 걸음 보): 뒤로 물러남, 힘 따위가 전보다 못해짐
⑤ 列强(벌릴 렬(열), 강할 강): 국제사회에서 역할을 하는 강대한 몇몇 나라

60. 獨白(홀로 독, 흰 백): 혼자 중얼거림
① 漁夫(고기잡을 어, 지아비 부): 고기잡이를 업으로 하는 사람
❷ 對話(대할 대, 말씀 화): 마주대하여 서로 이야기함
③ 美食(아름다울 미, 밥(먹을) 식): 맛난 음식을 먹음
④ 罪目(허물 죄, 눈 목): 범죄행위의 명목

⑤ 告白(고할 고, 흰 백): 숨긴 일이나 생각한 바를 사실대로 말함

61. 容易(얼굴 용, 바꿀 역/쉬울 이): 아주 쉬움
① 視覺(볼 시, 깨달을 각): 눈의 감각
② 逆順(거스릴 역, 순할 순): 거꾸로 된 차례
❸ 難解(어려울 난, 풀 해): 풀기가 어려움
④ 間接(사이 간, 접할 접): 중간매개를 통해 맺어지는 관계
⑤ 勝戰(이길 승, 싸움 전): 싸움에서 이김

62. 溫暖(따뜻할 온, 따뜻할 난): 날씨가 따뜻함
① 講席(욀 강, 자리 석): 강의를 하는 장소
② 鷄鳴(닭 계, 울 명): 닭의 울음
③ 迎新(맞을 영, 새 신): 새해를 맞음
④ 伐採(칠 벌, 캘 채): 나무를 베거나 섶을 깍아 냄
❺ 寒冷(찰 한, 찰 랭(냉)): 춥고 차가움

63. 實存(열매 실, 있을 존): 실제로 존재함
① 訓練(가르칠 훈, 익힐 련): 가르쳐서 익히게 함
② 熟眠(익을 숙, 잘 면): 깊이 자는 잠
③ 立證(설 립(입), 증거 증): 증거로 내세워 증명함
❹ 假想(거짓 가, 생각 상): 사실여부가 불분명한 것을 사실이라 가정하여 생각함
⑤ 招待(부를 초, 기다릴 대): 사람을 불러서 대접함

64. 靜寂(고요할 정, 고요할 적): 고요하고 쓸쓸함
❶ 騷亂(떠들 소, 어지러울 란): 야단스럽고 시끄러움
② 緊縮(긴할 긴, 줄일 축): 바싹 줄이거나 조임
③ 警戒(깨우칠 경, 경계할 계): 뜻밖의 사고가 생기지 않도록 조심하여 단속함
④ 回顧(돌아올 회, 돌아볼 고): 돌이켜 생각해 봄
⑤ 戲劇(놀이 희, 심할 극): 관객을 웃게 만드는 장면이 많은 연극

65. 多辯(많을 다, 말씀 변): 말이 많음
① 恐懼(두려울 공, 두려워할 구): 몹시 두려워함
❷ 沈默(잠길 침, 잠잠할 묵): 잠잠하게 아무말도 하지 않음
③ 憐憫(불쌍히 여길 련(연), 민망할 민): 불쌍히 여김
④ 屢次(여러 루(누), 버금 차): 여러 차례
⑤ 倒置(넘어질 도, 둘 치): 뒤바뀜

66~70 다음 성어(成語)에서 '□'에 들어갈 알맞은 한자(漢字)는 어느 것입니까?

66. 見(볼 견)利(이로울 리)思(생각 사)□
❶ 義(옳을 의) ② 功(공 공)
③ 仁(어질 인) ④ 信(믿을 신)
⑤ 位(자리 위)
見利思義(견리사의): 눈앞의 이익을 보면 먼저 의로움을 생각하라

67. 古(예 고)□今(이제 금)來(올 래)
① 前(앞 전) ❷ 往(갈 왕)
③ 寺(절 사) ④ 久(오랠 구)
⑤ 着(붙을 착)
古往今來(고왕금래): 옛날부터 지금까지

68. 九(아홉 구)牛(소 우)一(한 일)□
① 犬(개 견) ② 蟲(벌레 충)
③ 羊(양 양) ④ 角(뿔 각)
❺ 毛(터럭 모)
九牛一毛(구우일모): 아홉 마리 소에 털 한가닥, 대단히 많은 것 중에 매우 작은 것을 비유

69. 多(많을 다)多(많을 다)益(더할 익)□
① 書(글 서) ② 線(줄 선)
❸ 善(착할 선) ④ 設(베풀 설)
⑤ 最(가장 최)
多多益善(다다익선): 많으면 많을수록 좋다

70. □人(사람 인)成(이룰 성)虎(범 호)
❶ 三(석 삼) ② 四(넉 사)
③ 五(다섯 오) ④ 六(여섯 육)
⑤ 七(일곱 칠)
三人成虎(삼인성호): 세 사람이면 없던 호랑이도 만든다, 거짓말도 여러 사람이 말하면 참말로 믿기쉽다.

71~75 다음 성어(成語)의 뜻풀이로 적절한 것은 어느 것입니까?

71. 見(볼 견)物(물건 물)生(날 생)心(마음 심)
見物生心(견물생심): 물건을 보면 가지고 싶은 욕심이 생김

72. 敬(공경 경)天(하늘 천)勤(부지런할 근)民(백성 민)
敬天勤民(경천근민): 하늘을 공경하고 백성을 위해 부지런히 일함

73. 難(어려울 난)兄(형 형)難(어려울 난)弟(아우 제)
難兄難弟(난형난제): 우열을 가리기 어려움

74. 不(아닐 불)立(설 립)文(글월 문)字(글자 자)
不立文字(불립문자): 마음과 마음으로 서로 통함

75. 安(편안 안)分(나눌 분)知(알지)足(발 족)

安分知足(안분지족): 자신의 분수를 지키며 만족할 줄을 앎

76~80 다음의 뜻을 가장 잘 나타낸 성어(成語)는 어느 것입니까?

76. 막기 어려울 정도로 여러 사람들이 마구 지껄임
① 永(길 영)久(오랠 구)不(아닐 불)變(변할 변)
永久不變(영구불변): 오래도록 변하지 아니하다
② 富(부자 부)貴(귀할 귀)在(있을 재)天(하늘 천)
富貴在天(부귀재천): 부귀는 하늘이 부여하는 것으로 사람의 힘으로 어찌할 수 없다
③ 月(달 월)下(아래 하)氷(얼음 빙)人(사람 인)
月下氷人(월하빙인): 남녀의 인연을 맺어주는 사람
④ 身(몸 신)土(흙 토)不(아닐 불)二(두 이)
身土不二(신토불이): 몸과 태어난 땅은 하나이다. 제 땅에서 산출된 것이 제 몸에 맞다
❺ 衆(무리 중)口(입 구)難(어려울 난)防(막을 방)
衆口難防(중구난방): 막기 어려울 정도로 여러 사람들이 마구 지껄임

77. 묻지 않아도 알 수 있음
① 一(한 일)擧(들 거)兩(두 량(양))得(얻을 득)
一擧兩得(일거양득): 한 가지 일로 두가지 이득을 얻음
② 一(한 일)片(조각 편)丹(붉을 단)心(마음 심)
一片丹心(일편단심): 한 조각의 붉은 마음, 변치 않는 참된 마음
③ 說(말씀 설)往(갈 왕)說(말씀 설)來(올 래)
說往說來(설왕설래): 서로 변론을 주고받으며 옥신각신함
❹ 不(아닐 불)問(물을 문)可(옳을 가)知(알지)
不問可知(불문가지): 묻지 않아도 알 수 있음
⑤ 自(스스로 자)業(일 업)自(스스로 자)得(얻을 득)
自業自得(자업자득): 제가 저지른 일의 과보를 제 스스로 받음

78. 어떤 분야의 일에 대해서 전혀 모름
❶ 門(문 문)外(바깥 외)漢(한수 한)
門外漢(문외한): 어떤 분야의 일에 전혀 모름
② 無(없을 무)所(바 소)不(아닐 불(부))知(알 지)
無所不知(무소부지): 알지못하는 바가 없다. 매우 박식하다
③ 進(나아갈 진)退(물러날 퇴)兩(두 량(양))難(어려울 난)
進退兩難(진퇴양난): 나아갈 수도 물러설 수도 없는 궁지에 빠짐
④ 一(한 일)日(날 일)三(석 삼)省(살필 성)
一日三省(일일삼성): 하루에 세 번씩 자신의 행동을 반성함
⑤ 門(문 문)前(앞 전)成(이룰 성)市(시장 시)
門前成市(문전성시): 대문 앞이 시장을 이루다, 세도가나 부자의 문 앞이 방문객으로 저자를 이룬 것처럼 보임을 말함

79. 아무리 가르쳐 주어도 알아듣지 못함
① 骨(뼈 골)肉(고기 육)相(서로 상)爭(다툴 쟁)
骨肉相爭(골육상쟁): 뼈와 살이 다툼, 형제나 같은 민족끼리 다툼
② 樂(좋아할 요)山(메 산)樂(좋아할 요)水(물 수)
樂山樂水(요산요수): 산수경치를 좋아함
❸ 牛(소 우)耳(귀 이)讀(읽을 독)經(지날 경)
牛耳讀經(우이독경): 쇠귀에 경읽기, 우둔한 사람은 아무리 가르쳐주어도 소용없다
④ 實(열매 실)事(일 사)求(구할 구)是(옳을(이) 시)
實事求是(실사구시): 사실에 토대하여 진리를 탐구함
⑤ 敎(가르칠 교)外(바깥 외)別(다를(나눌) 별)傳(전할 전)/敎外別傳(교외별전): 마음과 마음으로 뜻을 전함

80. 은혜를 잊지 않고 반드시 갚음
① 平(평평할 평)地(땅 지)風(바람 풍)波(물결 파)
平地風波(평지풍파): 공연한 일을 만들어 분쟁을 일으키는 경우
❷ 結(맺을 결)草(풀 초)報(갚을(알릴) 보)恩(은혜 은)
結草報恩(결초보은): 풀을 묶어 은혜를 갚다, 잊지 않고 은혜에 보답함
③ 靑(푸를 청)天(하늘 천)白(흰 백)日(날 일)
靑天白日(청천백일): 아무런 잘못없이 결백한 것
④ 山(메 산)戰(싸움 전)水(물 수)戰(싸움 전)
山戰水戰(산전수전): 온갖 고난을 겪어봐서 세상일에 경험이 많음
⑤ 行(다닐 행)雲(구름 운)流(흐를 류(유))水(물 수)
行雲流水(행운유수): 하늘에 떠도는 구름과 흐르는 물, 자연에 맡기어 행동함

제3영역 讀解

81~86 다음 문장에서 한자어(漢字語)의 음(音)은 무엇입니까?

81. 그는 전란이 발생하자 호국의 干城(방패 간, 재 성)이 되어 나라를 구했다.

82. 그는 權貴(권세 권, 귀할 귀)한 집안의 자손답지 않게 겸손하다.

83. 정월 초하룻날, 부모님은 할아버지께 歲拜(해 세, 절 배)(을)를 올렸다.

84. 헬리콥터는 좁은 면적에도 着陸(붙을 착, 뭍 륙)할 수 있다.

85. 아버지의 음악적 자질이 자식에게 遺傳(남길 유, 전할 전)되었다.

86. 그의 진심이 무엇인지 判別(판단할 판, 다를(나눌) 별)할 수 없다.

87~92 다음 문장에서 밑줄 친 한자어(漢字語)의 뜻풀이로 적절한 것은 어느 것입니까?

87. 사치 풍조를 根絕(뿌리 근, 끊을 절)하자.
  * 완전히 없애 버림

88. 오랜만에 同窓(한가지 동, 창 창)을 만났다.
  * 같은 학교에서 공부한 사람

89. 그는 올림픽에 처음 출전하여 우승하는 快擧(쾌할 쾌, 들 거)를 이루었다.
  * 통쾌하고 장한 행위

90. 개인은 각자의 이익을 追求(쫓을 추, 구할 구)하기 마련이다.
  *목적을 이룰 때까지 뒤쫓아 가서 구함

91. 그는 현지의 기후 상황을 본사로 打電(칠 타, 번개 전)했다.
  * 무선이나 전보를 침

92. 김형사는 사건을 早期(이를 조, 기약할 기)에 수습하였다.
  * 이른 시기에

93~95 다음 문장에서 빈칸에 들어갈 가장 적절한 한자어(漢字語)는 어느 것입니까?

93. 철수는 여러 번의 □□ 끝에 마침내 성공을 거두었다.
① 運動(옮길 운, 움직일 동): 건강을 위해 몸을 움직이는 일
② 例示(법식 례(예), 보일 시): 본보기를 들어 보임
❸ 失敗(잃을 실, 패할 패): 성공하지 못하고 망함
④ 公衆(공평할 공, 무리 중): 사회를 이루는 일반 사람
⑤ 湖水(호수 호, 물 수): 큰 못

94. 그 회사는 신문에 일할 사람을 찾는 구인 □□를 냈다.
❶ 廣告(넓을 광, 고할 고): 세상에 널리 알림
② 開放(열 개, 놓을 방): 문 등을 활짝 열어 놓음
③ 商品(장사 상, 물건 품): 장사하는 물품
④ 飛行(날 비, 다닐 행): 공중으로 날아서 감
⑤ 勝利(이길 승, 이로울 리): 겨루어 이김

95. 발사 명령에 □□(은)는 방아쇠를 당겼다.
① 家屋(집 가, 집 옥): 사람이 살기 위해 지은 집
② 最近(가장 최, 가까울 근): 장소나 위치가 가까움, 얼마 지나지 않은 지난날, 요즈음
③ 送舊(보낼 송, 예 구): 묵은 해를 보냄
❹ 射手(쏠 사, 손 수): 총, 활 따위를 쏘는 사람
⑤ 視線(볼 시, 줄 선): 눈이 가는 방향

96~98 다음 문장에서 한자어(漢字語)의 한자표기(漢字表記)가 바르지 않은 것은 어느 것입니까?

96. ❶ 科去(과목 과, 갈 거)나 지금이나 ② 自然(스스로 자, 그럴 연)은 ③ 生活(날 생, 살 활)의 ④ 空間(빌 공, 사이 간)이며서 ⑤ 同時(한가지 동, 때 시)에 아름다움의 대상이다.
  * 科去 → 過去(지날 과, 갈 거)

97. 광해군 ① 末年(끝 말, 해 년)에 ② 東大門(동녘 동, 큰 대, 문 문) 문루가 북서쪽으로 기울어졌다. 사람들은 ❸ 變考(변할 변, 생각할 고)의 징조라며 쑥덕거렸는데, ④ 果然(실과 과, 그럴 연) 얼마 후 인조 ⑤反正(돌이킬 반, 바를 정)이 일어났다.
  * 變考 → 變故(변할 변, 연고 고)

98. ① 國軍(나라 국, 군사 군)은 국가의 ② 安全(편안 안, 온전할 전)을 위해 ❸ 存才(있을 존, 재주 재)하며 ④ 政治的(정사 정, 다스릴 치, 과녁 적)으로는 ⑤ 中立性(가운데 중, 설 립, 성품 성)을 유지해야 한다.
  * 存才 → 存在(있을 존, 있을 재)

99~101 다음 문장에서 밑줄 친 단어(單語)를 한자(漢字)로 바르게 쓴 것은 어느 것입니까?

99. 남북 양측 대표들은 구면인 덕분에 비교적 자연스러운 분위기에서 회담을 시작하였다.
① 口面(입 구, 낯 면) ② 舊勉(예 구, 힘쓸 면)
③ 久面(오랠 구, 낯 면) ❹ 舊面(예 구, 낯 면)
⑤ 句面(글귀 구, 낯 면)

100. 건설회사는 아파트 분양가를 산정하였다.

① 算庭(셈할 산, 뜰 정)
② 産定(낳을 산, 정할 정)
③ 算正(셈할 산, 바를 정)
④ 産正(낳을 산, 바를 정)
❺ 算定(셈할 산, 정할 정)

101. 우리집을 방문한 사람은 뜻밖의 인물이었다.
① 放門(놓을 방, 문 문)
❷ 訪問(찾을 방, 물을 문)
③ 放問(놓을 방, 물을 문)
④ 訪聞(찾을 방, 들을 문)
⑤ 放文(놓을 방, 글월 문)

102~104 다음 문장에서 밑줄 친 단어(單語)나 어구(語句)의 뜻을 가장 잘 나타낸 한자(漢字) 또는 한자어(漢字語)는 어느 것입니까?

102. 목이 쉰 그는 높은 가락의 노래를 부를 수 없었다.
❶ 高調(높을 고, 고를 조)
② 最高(가장 최, 높을 고)
③ 古祖(예 고, 할아비 조)
④ 樂曲(음악 악, 굽을 곡)
⑤ 協助(화합할 협, 도울 조)

103. 그녀는 가벼운 눈인사를 남기고 나를 지나갔다.
① 視力(볼 시, 힘 력)
② 人事(사람 인, 일 사)
❸ 目禮(눈 목, 예도 례)
④ 注目(부을 주, 눈 목)
⑤ 反目(돌이킬 반, 눈 목)

104. 경기장은 관중들의 열기로 가득 차 있다.
① 對備(대할 대, 갖출 비)
② 滿期(찰 만, 기약할 기)
③ 善處(착할 선, 곳 처)
④ 論理(논할 론(논), 다스릴 리)
❺ 充滿(채울 충, 찰 만)

105~107 다음 글을 읽고 물음에 답하시오.

105. ㉠'호구'의 '구'와 같은 한자를 사용한 한자어는?
① 重九(무거울 중, 아홉 구)
② 究理(연구할 구, 다스릴 리)
③ 救命(구원할 구, 목숨 명)
④ 句文(글귀 구, 글월 문)
❺ 口味(입 구, 맛 미)

106. ㉡'차원'과 ㉢'의도'의 한자 표기를 바르게 짝지은 것은?
❶ 次元(버금 차, 으뜸 원) – 意圖(뜻 의, 그림 도)
② 次遠(버금 차, 멀 원) – 議圖(의논할 의, 그림 도)
③ 車元(수레 차, 으뜸 원) – 醫圖(의원 의, 그림 도)
④ 車原(수레 차, 언덕 원) – 意度(뜻 의, 법도 도)
⑤ 次願(버금 차, 원할 원) – 意道(뜻 의, 길 도)

107. ㉣~㉧(개개인, 신분, 평민, 보병, 예) 중에서 한자 표기가 바르지 않은 것은?
① ㉣ 個個人(낱 개, 낱 개, 사람 인)
② ㉤ 身分(몸 신, 나눌 분)
③ ㉥ 平民(평평할 평, 백성 민)
❹ ㉦ 保兵(지킬 보, 병사 병)
⑤㉧例(법식 례(예))
＊ 保兵 → 步兵(걸음 보, 병사 병)

108~110 다음 글을 읽고 물음에 답하시오.

108. ㉠'백성'과 ㉡'근본'의 한자 표기를 바르게 짝지은 것은?
① 白姓(흰 백, 성 성) – 近本(가까울 근, 근본 본)
❷ 百姓(일백 백, 성 성) – 根本(뿌리 근, 근본 본)
③ 百誠(일백 백, 정성 성) – 觀本(볼 관, 근본 본)
④ 白成(흰 백, 이룰 성) – 結本(맺을 결, 근본 본)
⑤ 白省(흰 백, 살필 성) – 現本(나타날 현, 근본 본)

109. ㉢'절약'의 '약'과 같은 한자를 사용한 것은?
① 藥師(약 약, 스승 사)
② 弱孫(약할 약, 손자 손)
❸ 密約(빽빽할 밀, 약속할 약)
④ 自若(스스로 자, 같을 약)
⑤ 反逆(돌이킬 반, 거스릴 역)

110. ㉣'검소'의 '소'와 같은 한자를 사용한 것은?
① 取消(가질 취, 사라질 소)
② 所望(바 소, 바랄 망)
❸ 平素(평평할 평, 본디 소)
④ 老少(늙을 로(노), 적을 소)
⑤ 小子(작을 소, 아들 자)

111~115 다음 글을 읽고 물음에 답하시오.

111. ㉠'박사'의 '사'와 같은 한자를 사용한 한자어는?
① 史料(역사 사, 헤아릴 료)
② 講師(욀 강, 스승 사)
❸ 烈士(매울 렬(열), 선비 사)
④ 事案(일 사, 책상 안)
⑤ 奉仕(받들 봉, 섬길 사)

112. ㉡~㉥(제국, 수재, 개업, 행세, 환자) 중에서 한자 표기가 바르지 않은 것은?

❶ 諸國(모두 제, 나라 국)
② 秀才(빼어날 수, 재주 재)
③ 開業(열 개, 일 업)
④ 行世(다닐 행, 인간 세)
⑤ 患者(근심 환, 놈 자)
＊ 諸國 → 帝國(임금 제, 나라 국)

113. ㉦'구실'의 한자 표기로 바른 것은?
① 舊實(예 구, 열매 실) ❷ 口實(입 구, 열매 실)
③ 口失(입 구, 잃을 실) ④ 舊室(예 구, 집 실)
⑤ 口室(입 구, 집 실)

114. ㉧'이북'의 한자 표기로 바른 것은?
① 移北(옮길 이, 북녘 북)
② 而北(말이을 이, 북녘 북)
③ 二北(두 이, 북녘 북)
❹ 以北(써 이, 북녘 북)
⑤ 已北(이미 이, 북녘 북)

115. ㉨'軍醫官'에서 '醫'의 부수로 바른 것은?
① 匸(감출혜몸) ② 殳(갖은등글월문)
③ 醫(의원 의) ④ 矢(화살 시)
❺ 酉(닭 유)

116~120 다음 글을 읽고 물음에 답하시오.

116. ㉠'狀況'의 '狀'과 음(音)이 다른 것은?
① 症狀(증세 증, 형상 상)
② 狀貌(형상 상, 모양 모)
③ 罪狀(허물 죄, 형상 상)
❹ 辭狀(말씀 사, 문서 장)
⑤ 窮狀(다할 궁, 형상 상)

117. ㉡~㉥(결국, 특정, 대응, 조합, 구성) 중에서 한자 표기가 바르지 않은 것은?
① 結局(맺을 결, 판 국)
② 特定(특별할 특, 정할 정)
③ 對應(대할 대, 응할 응)
④ 組合(짤 조, 합할 합)
❺ 俱成(함께 구, 이룰 성)
＊ 俱成 → 構成(얽을 구, 이룰 성)

118. ㉦'매순간'의 '순'과 같은 한자를 사용한 한자어는?
① 初旬(처음 초, 열흘 순)
❷ 一瞬(한 일, 눈 깜짝일 순)
③ 巡査(돌(순행할) 순, 조사할 사)
④ 脣齒(입술 순, 이 치)
⑤ 順航(순할 순, 배 항)

119. ㉧'추이'와 ㉨'소상'의 한자 표기를 바르게 짝지은 것은?
❶ 推移(밀 추, 옮길 이) – 昭詳(밝을 소, 자세할 상)
② 抽移(뽑을 추, 옮길 이) – 召詳(부를 소, 자세할 상)
③ 推夷(밀 추, 오랑캐 이) – 昭祥(밝을 소, 상서로울 상)
④ 推以(밀 추, 써 이) – 疏詳(소통할 소, 자세할 상)
⑤ 抽移(뽑을 추, 옮길 이) – 掃祥(쓸 소, 상서로울 상)

120. ㉩과 ㉪의 빈칸에 공통으로 들어갈 가장 적절한 한자어는?
① 演劇(펼 연, 심할 극)
② 說得(말씀 설, 얻을 득)
❸ 敍事(펼 서, 일 사)
④ 誘導(꾈 유, 인도할 도)
⑤ 飜譯(번역할 번, 번역할 역)

일一사瀉 천千리里

3급

상공회의소 한자시험

실전모의고사

강유경 저

새희망

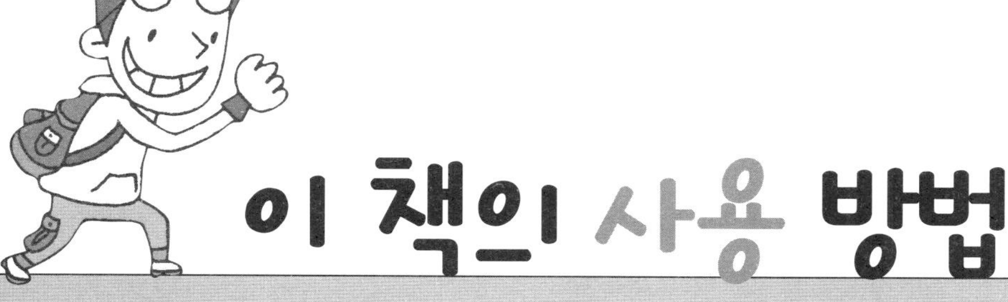

이 책의 사용 방법

이 책은 문제지와 해설서가 따로 묶어져 있어, 실전 연습과 시험 대비 학습에 매우 효율적이다.

모의고사는 상공회의소의 문제 형식과 영역을 충실하게 적용하였다. 문제에 따른 급당 배분도 동일하여 실제 급수 문제 형식과 같다. 먼저 실제 급수 시험을 푸는 것처럼 일정한 시간에 모의고사를 풀어서 자신이 알고 있는 것과 모르는 것에 대한 솔직한 점검을 한다.

문제를 푼 뒤에는 답을 맞추고 해설서를 참고하여 오답을 확인하면, 시험 대비 학습도 가능하다.

해설서 앞부분에는 상공회의소 문제를 풀기 위한 기본적인 이론 내용을 수록하였다. 이 부분은 기존의 한자 능력 시험에는 없는 부분이므로 반드시 한 번 학습할 것을 권하는 바이다.

이론 부분에는 부수와 필순, 한자의 짜임, 한자어의 짜임, 상대어, 유의어, 고서성어, 동음이의어 등의 내용이 실려있다. 많은 내용을 상세히 설명하기보다는 시험에 필요한 부분만 추려서 효율적인 학습이 되도록 하였다.

해설은 문제에 대한 상세하고 자세한 설명을 실었다. 아울러 문제지 형식을 그대로 넣어서 해설서 만으로도 문제에 풀이에 대한 적응 능력을 기를 수 있다. 문제 유형에 대한 자세한 설명과 함께, 자전이 없이도 학습이 가능하도록 낱자 하나하나에 까지도 친절하게 설명을 붙였다. 답이 아닌 부분에도 자세한 설명을 달아서 학습에 도움이 되도록 하였다. 한자의 뜻은 대표훈을 기본으로 하고, 상황에 따라 적절한 훈을 넣었다.

한자 영역의 경우 부수와 획수, 필순, 한자의 짜임에 대한 자세한 설명을 넣었다. 답의 확인 뿐만 아니라, 답이 아닌 한자의 학습에도 도움이 되도록 하였다.

어휘 영역의 경우, 한자어의 뜻과 성어의 뜻도 모두 알 수 있으며, 오답에 대한 적절한 설명도 넣어, 실전 문제를 풀면서 동시에 시험에 대비한 학습도 가능하다.

기출 문제는 1회 문제와 그에 따른 해설을 수록하였다. 모의고사를 모두 풀고 마무리 하는 마음으로 기출문제와 해설을 학습하면 시험 준비에 유익할 것이다.

맨 뒤에는 중급 대상 1800자의 일람표를 넣었다. 알고 있는 한자는 다시 확인하고, 모르는 한자의 뜻과 음은 잘 익히도록 한다.

상공회의소는 모두 객관식으로 읽는 능력에 대한 중점적인 평가를 하지만, 학습을 할 때는 정확한 지식을 위하여 한자를 쓰면서 외우는 것도 필요하다. 그러나 무리하게 쓰면서 외우기 보다는 한자의 자형을 정확하게 알고 그에 맞는 뜻과 음을 아는데 중점을 두기를 바란다.

머리말

한자는 그동안 전통의 계승과 이해를 위해서만 필요한 것으로 생각되어왔다. 그런 이유로 한자 교육의 혜택이 많은 사람들에게 골고루 돌아가지 않았다. 그 결과 정규 학교 과정을 마치고도 원활하게 한자를 읽고 쓰는 경우가 쉽지 않게 되었다.

그렇게 되자 일상 생활에서도 풍부하고 다양한 우리말의 쓰임이 제한되게 되었다. 우리말의 70%는 한자어로 되어 있다. 한자어에 대한 기본적인 상식이 없을 경우 우리말의 올바른 사용에 애로가 있을 수 있다. 특히 공식, 전문 용어의 경우 대부분이 한자어로 되어 있어, 한자어에 대한 인식이 부족할 경우, 사업 현장의 실무 진행에 많은 차질이 있을 수 있다.

그런 가운데 중국의 성장으로 많은 기업체에서 중국과의 관계를 맺어감에 따라 그 기본 능력인 한자 습득 능력이 필요하게 되었다. 중국어와 우리말의 한자어의 연관성은 매우 높아서 한자어에 대한 적정한 지식으로도 충분한 의사 소통이 가능하다.

그동안 국내에서는 여러 한자 검정 시험이 등장하여 한자 학습에 많은 열기를 띠게 된 것은 매우 고무적인 일이다. 그러나 기존의 한자 검정 시험이 전통적인 한자 학습에 충실하여 비즈니스 현장에서 실무적으로 한자를 필요로 하는 사람들에게는 다소 부담이 된 것이 사실이다.

그 와중에 한자 읽기 능력에 집중하는 상공회의소의 검정 시험에 등장한 것은 매우 다행한 일이라고 할 수 있다. 실제 업무에서 필요한 것은 한자의 뜻과 음을 정확하게 알고 읽는 것이 대부분이다. 상공회의소의 검정 시험은 100% 객관식으로 한자 읽기 능력을 중심으로 평가한다. 그러므로 기존 한자 능력 평가 시험보다 학습량이 적으면서도 학습의 효과는 매우 극대화할 수 있다.

이는 단지 자격증을 위한 공부에 머무르지 않고, 실제 생활에 많은 도움이 될 것으로 예상한다.

이 책은 새롭게 등장한 상공회의소 검정 시험의 문제 유형을 그대로 적용하여, 실전 연습이 가능하도록 하였다. 아울러 자세하고 상세한 해설로 별도의 자료가 없이도 시험 대비가 가능하도록 꾸며서 학습의 효율을 높였다.

성공적인 자격증 획득으로 취업과 업무에 큰 도움이 되기를 바란다.

저자 씀.

CONTENTS

"상공회의소 한자" 시험 에 대해서

■ **시험의 검정 기준**

"상공회의소 한자" 시험의 검정 영역은 '한자', '어휘', '독해'의 세 영역으로 구성된다.
그리고 각 영역의 평가는 객관식 5지 택일형으로 이루어진다.

급수	시험시간	시험과목	문항수	과목별 총점	과목별합격점수	전체 총점	합격점수
1급 배정한자 1,607 누적한자 4,908	80분	한자 어휘 독해	50 50 50	200 300 400	120 180 240	900	810
2급 배정한자 1,501 누적한자 3,301	80분	한자 어휘 독해	50 40 40	200 240 320	120 144 192	760	608
3급	60분	한자 어휘 독해	40 40 40	160 240 320	96 144 192	720	576
4급	60분	한자 어휘 독해	40 35 35	160 210 280	없음	650	455
5급	60분	한자 어휘 독해	40 30 30	160 180 240	없음	580	406

1. 한자 영역

■ **평가 방향**

한자 영역의 평가는 한자의 부수, 획수, 필순과 한자의 짜임 등 한자에 대한 기초적인 이해로부터 각 급수별 배정 한자를 바르게 읽고 쓰며 사용할 수 있는가에 중점을 둔다.

■ **한자 영역의 출제 범위**

출제 범위	세부 내용	등급별 출제 문항수				
		1급	2급	3급	4급	5급
文字의 부수, 획수, 필순	漢字의 부수					2
	漢字의 획수					2
	漢字의 필순					2
漢字의 짜임	漢字의 짜임					2
漢字의 音과 뜻	漢字의 音		11			6
	音에 맞는 漢字		7			5
	音이 같은 漢字		7			5
	漢字의 뜻		11			6
	뜻에 맞는 漢字		7			5
	뜻이 비슷한 漢字		7			5
합계		0	50	0	0	40

2. 어휘 영역

■ **평가 방침**

어휘 영역의 평가는 각 급수별 배정 한자를 기준으로 한자어의 짜임, 한자어의 음과 뜻, 성어 등을 이해하여 바르게 읽고 쓰며 사용할 수 있는가 중점을 둔다.

■ **어휘 영역의 출제 범위**

출제 범위	세부 내용	등급별 출제 문항수				
		1급	2급	3급	4급	5급
漢字語의 짜임	漢字語의 짜임	1	2			
漢字語의 음과 뜻	漢字語의 음	1	2			
	음에 맞는 漢字語	1	2			
	음이 같은 漢字語	2	3	1	1	3
	여러개의 음을 가진 漢字	1	1	1	1	
	漢字語의 뜻	1	2		1	
	뜻에 맞는 漢字語	1	2			
	3개 어휘에 공통되는 漢字	2	6	1	1	8
	반의어·상대어		5	2	2	4
성어	성어의 빠진 글자 채워 넣기		5			5
	성어의 뜻		5			5
	뜻에 맞는 성어		5			5
합계		10	40	5	5	30

3. 독해영역

■ **평가 방향**

독해 영역의 평가는 각 급수별 배정한자를 기준으로 짧은 문장에 사용된 한자어의 음과 뜻을 이해하여 바르게 읽고 쓰며 사용할 수 있는가, 그리고 여러 개의 문장 또는 문단으로 이루어진 글을 한자, 어휘, 독해의 영역 및 세부 내용과 관련 종합적으로 이해할 수 있는가에 중점을 둔다.

■ **독해 영역의 출제 범위**

출제 범위	세부 내용	등급별 출제 문항수				
		1급	2급	3급	4급	5급
文章에 사용된 漢字語의 음과 뜻	文章 속 漢字語의 음	3	7			6
	제文章 속 漢字語의 뜻		5			6
	文章 속 漢字語 채워 넣기		5			3
	文章 속 틀린 漢字語 고르기		5			3
	文章 속 단어의 漢字 표기	2	8			3
	文章 속 어구의 漢字 표기		5			3
종합문제	종합문제	5	5	5	5	6
합계		10	40	5	5	30

Good Luck!

아자~ 아자~

일 사 천 리
一瀉千里

거침없이 빨리 나아간다~

일一사寫 천千리里

한자시험 실전모의고사 1회

※ 다음 문제를 읽고 알맞는 것을 고르시오.

제1영역 漢 字

1~2 다음 필순(筆順)에 대한 설명에 가장 알맞은 한자는 어느 것입니까?

1. 위에서 아래로 쓴다.

① 一　② 言　③ 以　④ 川　⑤ 中

2. 가로획과 세로획이 교차할 때는 가로획을 먼저 쓴다.

① 二　② 心　③ 十　④ 江　⑤ 亡

3~4 다음 한자(漢字)의 획수(劃數)는 모두 몇 획입니까?

3. 求 : ① 7획 ② 8획 ③ 6획 ④ 5획 ⑤ 4획

4. 方 : ① 3획 ② 4획 ③ 6획 ④ 5획 ⑤ 7획

5~6 다음 한자(漢字)의 부수(部首)는 무엇입니까?

5. 多 : ① 又　② 夕　③ 丿　④ 多　⑤ 口

6. 寺 : ① 寸　② 廾　③ 土　④ 亅　⑤ 一

7~8 다음 한자(漢字)와 그 조자(造字)의 방식이 같은 한자는 어느 것입니까?

〈보기〉 日 : ① 山 ② 休 ③ 下 ④ 江 ⑤ 回

〈보기〉에 제시된 한자 '日(해의 모습을 본떠서 만들었음)'처럼 구체적인 사물의 모습을 본떠서 만든 상형자(象形字)는'山(산의 모습을 본떠서 만들었음)'이다. 따라서 정답 ①을 골라 답란에 표기하면 된다.

7. 上 : ① 下　② 片　③ 品　④ 休　⑤ 木

8. 火 : ① 理　② 月　③ 性　④ 美　⑤ 漁

9~14 다음 한자(漢字)의 음(音)은 무엇입니까?

9. 虎 : ① 처　② 강　③ 서　④ 호　⑤ 하

10. 次 : ① 청　② 창　③ 충　④ 총　⑤ 차

11. 勤 : ① 구　② 규　③ 군　④ 고　⑤ 근

12. 聞 : ① 문　② 만　③ 이　④ 각　⑤ 목

13. 觀 : ① 환　② 후　③ 권　④ 관　⑤ 훈

14. 患 : ① 후　② 색　③ 형　④ 새　⑤ 환

15~19 다음의 음(音)을 가진 한자는 무엇입니까?

15. 대 : ① 交　② 曲　③ 科　④ 代　⑤ 鳥

16. 한 : ① 革　② 解　③ 千　④ 初　⑤ 限

17. 집 : ① 集　② 宅　③ 賢　④ 會　⑤ 味

18. 가 : ① 街　② 難　③ 來　④ 里　⑤ 能

19. 금 : ① 弓　② 其　③ 禁　④ 斗　⑤ 滿

20~24 다음 한자(漢字)와 음(音)이 같은 한자는 어느 것입니까?

20. 單 : ① 短　② 德　③ 半　④ 授　⑤ 退

21. 毛 : ① 究　② 母　③ 非　④ 可　⑤ 史

22. 傳 : ① 銀　② 所　③ 移　④ 典　⑤ 別

23. 野 : ① 算　② 視　③ 定　④ 致　⑤ 夜

24. 場 : ① 春　② 判　③ 片　④ 將　⑤ 血

25~30 다음 한자(漢字)의 뜻은 무엇입니까?

25. 强 : ① 쏘다 ② 쓰다 ③ 해치다 ④ 넓히다 ⑤ 강하다

26. 加 : ① 입 ② 힘 ③ 말하다 ④ 더하다 ⑤ 힘쓰다

27. 童 : ① 울다 ② 아이 ③ 동산 ④ 무겁다 ⑤ 춥다

28. 害 : ① 겨울 ② 얼음 ③ 해치다 ④ 살피다 ⑤ 기리다

29. 列 : ① 글 ② 인생 ③ 미치다 ④ 벌이다 ⑤ 치우다

30. 湖 : ① 아침 ②하 늘 ③ 이르다 ④ 아름답다 ⑤ 호수

31~35 다음의 뜻을 가진 한자(漢字)는 무엇입니까?

31. 터 : ① 吉 ② 基 ③ 官 ④ 百 ⑤ 唱

32. 세다 : ① 元 ② 友 ③ 計 ④ 才 ⑤ 洗

33. 무리 : ① 衆 ② 姓 ③ 油 ④ 船 ⑤ 素

34. 가게 : ① 宗 ② 止 ③ 話 ④ 路 ⑤ 店

35. 집 : ① 宙 ② 順 ③ 實 ④ 醫 ⑤ 齒

36~40 다음 한자(漢字)와 뜻이 비슷한 한자는 어느 것입니까?

36. 屋 : ① 志 ② 研 ③ 家 ④ 界 ⑤ 備

37. 爭 : ① 每 ② 陽 ③ 弟 ④ 表 ⑤ 競

38. 權 : ① 勢 ② 世 ③ 玉 ④ 陸 ⑤ 力

39. 本 : ① 相 ② 章 ③ 祖 ④ 根 ⑤ 祝

40. 達 : ① 訪 ② 到 ③ 自 ④ 夫 ⑤ 高

제2영역 語彙

41~45 다음 한자어(漢字語)와 발음(發音)이 같은 한자어는 어느 것입니까?

41. 改名 : ① 開明 ② 家計 ③ 君臣 ④ 各個 ⑤ 發見

42. 決意 : ① 頭角 ② 結義 ③ 時間 ④ 慶祝 ⑤ 米飮

43. 經路 : ① 救急 ② 奉仕 ③ 永遠 ④ 敬老 ⑤ 過失

44. 放免 : ① 方面 ② 印朱 ③ 哀惜 ④ 細密 ⑤ 扶持

45. 乾燥 : ① 追擊 ② 建造 ③ 格調 ④ 敦篤 ⑤ 缺點

46~47 다음 괄호 속 한자(漢字)의 음(音)이 다르게 발음 되는 것은 어느 것입니까?

46. ① (易)姓 ② (易)數 ③ 交(易) ④ (易)學 ⑤ 平(易)

47. ① 自(省) ② (省)略 ③ 反(省) ④ (省)墓 ⑤ 內(省)

48~57 다음 단어들의 '□'에 공통으로 들어갈 알맞은 한자(漢字)는 어느 것입니까?

48. □白, □別, 報□ : ① 告 ② 陸 ③ 仁 ④ 法 ⑤ 良

49. □難, □樂, □行 : ① 勞 ② 考 ③ 苦 ④ 步 ⑤ 便

50. 分□, 內□, 外□ : ① 冷 ② 勉 ③ 科 ④ 務 ⑤ 有

51. 夜□, □復, □體 : ① 留 ② 光 ③ 談 ④ 界 ⑤ 敗

52. □民, □守, 市□ : ① 致 ② 至 ③ 列 ④ 郡 ⑤ 料

53. 女□, □令, 靑□ : ① 軍 ② 京 ③ 農 ④ 島 ⑤ 表

54. □用, 感□, 禮□ : ① 藝 ②服 ③ 早 ④ 製 ⑤ 兩

55. □室, □和, □順 : ① 耳 ② 右 ③ 溫 ④ 位 ⑤ 浴

56. □絕, 厚□, □罪 : ① 謝 ② 浮 ③ 也 ④ 甚 ⑤ 卯

57. 敍□, 著□, 陳□ : ① 賓 ② 班 ③ 吏 ④ 述 ⑤ 紫

58~65 다음 한자어(漢字語)와 뜻이 반대(反對)이거나 상대(相對)되는 한자어는 어느 것입니까?

58. 入學 : ① 卒業 ② 視線 ③ 故鄕 ④ 音聲 ⑤ 血肉

59. 出生 : ① 財産 ② 助長 ③ 死亡 ④ 電熱 ⑤ 末席

60. 仙界 : ① 養魚 ② 俗世 ③ 弱小 ④ 先祖 ⑤ 恩惠

61. 兒童 : ① 政治 ② 取得 ③ 成人 ④ 話題 ⑤ 獨唱

62. 靑松 : ① 寒流 ② 老松 ③ 客愁 ④ 天壽 ⑤ 我執

63. 尊待 : ① 賢淑 ② 純眞 ③ 乘馬 ④ 下待 ⑤ 推仰

64. 完熟 : ① 掠奪 ② 糧穀 ③ 未熟 ④ 制御 ⑤ 脫營

65. 上昇 : ① 下降 ② 區域 ③ 誤譯 ④ 劣勢 ⑤ 透映

66~70 다음 성어(成語)에서 '□'에 들어갈 알맞은 한자(漢字)는 어느 것입니까?

66. 決死□對 : ① 道 ② 到 ③ 圖 ④ 島 ⑤ 反

67. 教學相□ : ① 場 ② 章 ③ 長 ④ 再 ⑤ 田

68. 結草□恩 : ① 報 ② 保 ③ 本 ④ 寺 ⑤ 洗

69. 公□正大 : ① 面 ② 明 ③ 鳥 ④ 參 ⑤ 便

70. □花流水 : ① 合 ② 榮 ③ 唱 ④ 落 ⑤ 宙

71~75 다음 성어(成語)의 뜻풀이로 적절한 것은 어느 것입니까?

71. 見利思義

① 이익을 따라 의로움을 잊음

② 이로운 의를 생각함

③ 이로움은 의로움과 대비된다.

④ 이로움을 의로움보다 먼저 찾는다.

⑤ 이익을 보면 의를 먼저 생각함

72. 花朝月夕

① 경치가 좋은 때

② 새 우는 아침과 달 뜨는 저녁

③ 아침에 핀 꽃이 저녁에 진다.

④ 한달 붉은 꽃이 없다.

⑤ 꽃은 아침에 피고, 달은 저녁에 뜬다.

73. 語不成說

① 말은 말이 될 수 없다.

② 말이 매우 어렵다.

③ 말은 연설이 될 수 없다.

④ 말을 잘 알아듣지 못한다.

⑤ 말이 조금도 사리에 맞지 않는다.

74. 敬天愛人

① 눈은 서리를 불러온다.

② 몹시 춥다.

③ 겨울의 정경을 나타낸다.

④ 하늘을 숭배하고 인간을 사랑함

⑤ 어려운 일이 연거푸 일어난다.

75. 多情多感

① 점점 다가간다.

② 정이 많고 감정이 풍부함

③ 형편이 점점 어려워진다.

④ 일의 형세가 갈수록 꼬인다.

⑤ 갈수록 더욱 좋거나 재미있는 경지로 들어간다.

76~80 다음의 뜻을 가장 잘 나타낸 성어(成語)는 어느 것입니까?

76. 이리저리 오락가락하다.

① 竹馬故友 ② 一字無識 ③ 右往左往

④ 弱肉强食 ⑤ 骨肉相爭

77. 이전에도 없었고 앞으로도 없음

① 父子有親 ② 以心傳心 ③ 空前絕後

④ 有口無言 ⑤ 父傳子傳

78. 불을 보듯이 명백하다.

① 男女老少 ② 北斗七星 ③ 明若觀火

④ 能小能大 ⑤ 大明天地

79. 오래도록 내려오는 여러 대

① 代代孫孫 ② 百萬長者 ③ 不勞所得

④ 三三五五 ⑤ 四面春風

80. 같은 때나 시기에 많이 발생함

① 同時多發 ② 單刀直入 ③ 別有天地

④ 愛國愛族 ⑤ 讀書三到

제3영역 讀解

81~86 다음 문장에서 한자어(漢字語)의 음(音)은 무엇입니까?

81. 민주주의의 특징은 나라의 일을 맡아볼 대표자를 選擧를(을) 통해 뽑는 일이다.

① 선정 ②선출 ③투표 ④조정 ⑤선거

82. 廣告를(을) 들을 때에는 그 정보가 정확한지, 허위와 과장은 없는지 판단하며 들어야 한다.

① 방송 ② 광고 ③ 소리 ④ 대화 ⑤ 영상

83. 수현이는 課外로 피아노를 배우고 있다.

① 별도 ② 예외 ③ 과외 ④ 부차 ⑤ 과제

84. 모든 사람은 平等하다.

① 평편 ② 동등 ③ 공평 ④ 차등 ⑤ 평등

85. 연날리기는 사람들의 마음을 드높게 해 주는 오래 된 民俗 놀이의 하나이다.

① 전통 ② 전래 ③ 풍속 ④ 민속 ⑤ 전속

86. 음성 언어는 소리의 속성 때문에 말하는 이와 듣는 이가 對面한 상태에서 사용된다.

① 상면 ② 대면 ③ 마주 ④ 대적 ⑤ 면접

87~92 다음 문장에서 밑줄 친 한자어(漢字語)의 뜻풀이로 적절한 것은 어느 것입니까?

87. 남의 말에 意見을 같이하여 찬성하는 말을 할 때에 '맞장구치다' 라는 말을 쓴다.

① 어떤 일에 대한 생각 ② 의로운 행동을 한 사람
③ 실제와 비슷하다. ④ 안건을 토의하다.
⑤ 같이 공감하다.

88. 피로를 回復하기 위해서는 적당한 휴식과 충분한 영양 섭취, 수면, 목욕 등이 필요하다.

① 이전 상태로 돌림 ② 뭉친 것을 풀음
③ 단단하게 함 ④ 풀어서 없앰
⑤ 새롭게 시작하다.

89. 낙동강 河口의 을숙도는 많은 철새들이 찾아드는 것으로 유명하다.

① 물의 근원 ② 강의 통로 ③ 강의 어귀
④ 강바닥 ⑤ 바다의 시작

90. 강화도는 한강 어귀에 있어 교통과 國防(으)로도 중요한 구실을 한다.

① 나라의 중대한 일 ② 나라의 힘
③ 국가의 운명 ④ 나라의 이익
⑤ 국가의 방비

91. 고종 황제는 네덜란드 헤이그에서 열린 만국 평화 회의에 特使를(을) 파견하여 일제의 침략을 세계 여러 나라에 알리고자 했다.

① 특별한 상 ② 외국에 파견하는 신하
③ 외교사절 ④ 특별히 보내는 사자
⑤ 특별한 예의

92. 幸福과 불행을 느낀다는 것은 우리가 살아 있는 생명체로서 감정을 가지고 있기 때문이다.

① 헛되이 끝남 ② 만족하여 불만이 없음
③ 울고 싶은 마음 ④ 몸의 상태가 좋음
⑤ 간절히 바람

93~95 다음 문장에서 빈칸에 들어갈 가장 적절한 한자어(漢字語)는 어느 것입니까?

93. 친절한 사람은 이웃에게 □□과 용기를 불어넣어 준다.

① 希望 ② 充滿 ③ 充望 ④ 希亡 ⑤ 念頭

94. 전시회를 관람하기 전에 □□ 책자를 읽으면, 작품에 대한 정보를 가질 수 있다.

① 安內 ② 案內 ③ 若內 ④ 安來 ⑤ 安住

95. 박씨를 심자 얼마 후 싹이 나고, 박 넝쿨이 흥부네 □□ 지붕을 덮었다.

① 草可 ② 初加 ③ 草加 ④ 草家 ⑤ 村家

96~98 다음 문장에서 한자어(漢字語)의 한자 표기(漢字表記)가 바르지 않은 것은 어느 것입니까?

96. 온라인 ①生活 상황에서는 ②自新과 ③相對의 모습이 드러나지 않기 때문에 바람직하지 못한 ④言語가 마구 ⑤使用되기도 한다.

97. 직지는 2001년 9월 4일, '유네스코 세계 기록 유산'으로 ①善定되어 ②現存하는 금속 ③活字本 가운데 ④世界에서 ⑤最古 임을 인정받았다.

98. ①自身의 ②貴重함을 알고, 자신이 하는 일에 보람을 느끼며, 자신의 ③能力과 ④素質에 따라 맡겨진 일을 ⑤姓實히 해야 한다.

99~101 다음 문장에서 밑줄 친 단어(單語)를 한자(漢字)로 바르게 쓴 것은 어느 것입니까?

99. 시원하게 뚫린 도로 옆으로 파란 이파리를 흔드는 가로수들이 한결 싱그러워 보였다.

① 價路 ② 街路 ③ 街勞 ④ 歌路 ⑤ 價勞

100. 농구에서는 수비를 피해 자기 편 선수에게 공을 연결해 주는 것이 중요하다.

① 守備 ② 水飛 ③ 首比 ④ 修比 ⑤ 修備

101. 오늘날에는 우리들의 일상 생활에 필요한 물건의 매매가 거의 시장을 통해서 이루어지고 있다.

① 市長 ② 市場 ③ 詩場 ④ 詩章 ⑤ 事由

102~104 다음 문장에서 밑줄 친 단어(單語)나 어구(語句)의 뜻을 가장 잘 나타낸 한자(漢字) 또는 한자어(漢字語)는 어느 것입니까?

102. 보통 때 텔레비전을 보시지 않던 할머니께서 북한의 이산 가족 방문단이 온 날부터는 매일 텔레비전을 보십니다.

① 平生 ② 特別 ③ 平素 ④ 平少 ⑤特少

103. 소녀가 다가가자 놀란 암탉은 병아리들을 몰고 달아나기 시작하였어요.

① 接線 ② 接近 ③ 接木 ④ 接對 ⑤ 間接

104. 사람들은 멋있고 아름다운 우표를 만들기 위하여 노력합니다.

① 製作 ② 題作 ③ 第作 ④ 弟作 ⑤造作

105~107 다음 글을 읽고 물음에 답하시오.

도서관의 가장 중요한 역할은 정보가 필요한 사람에게 그 정보를 제공하는 일이라고 할 수 있습니다. 도서관에서는 매일 쏟아져 나오는 수많은 정보를 ㉠수집하고 정리, 보관하며 필요한 사람에게 제공하는 일을 합니다. 그러므로 도서관에 가면 읽고 싶은 책을 빌릴 수 있을 뿐 만 아니라, 몇 달 전 신문에 실린 기사나 ㉡발표에 ㉢필요한 자료를 찾을 수도 있습니다. 이 밖에도 도서관에는 열람실이 마련되어 있어서, 책을 읽거나 공부를 하고 싶은 사람들이 이용할 수 있습니다. 또 어떤 도서관은 주말에 영화를 상영하기도 하고, ㉣音樂 감상실을 만들어서 운영하기도 합니다.

105. ㉠'수집'의 '집'과 같은 한자를 사용한 한자는?

① 清風 ② 最後 ③ 共助 ④ 移住 ⑤雲集

106. ㉡'발표'와 ㉢'필요'의 한자 표기를 바르게 짝지은 것은?

① 發表-受要 ② 發便-主要 ③ 發見-重要

④ 發明-必要 ⑤ 發表-必要

107. ㉣'音樂'의 독음으로 바른 것은?

① 안락 ② 음악 ③ 편안 ④ 음향 ⑤ 음성

108~110 다음 글을 읽고 물음에 답하시오.

조선시대 왕들은 ㉠해마다 봄이 되면 동대문 밖 선농단에서 제사를 ㉡지냈다. 그 해 농사가 잘 되기를 바라는 의미에서 왕이 친히 선농단까지 나갔던 것이다. 왕이 ㉢직접 제사를 지내니 ㉣백성들도 구름같이 몰려들었다. 궁궐에서만 사는 왕을 먼발치에서라도 볼 수 있고, 또 한 해 ㉤농사가 풍년이 들기를 바라는 마음에서였다. ㉥흉년이 든 다음 해는 백성들이 더 많았는데, 그 까닭은 그 곳에 가면 국물을 얻어먹을 수 있었기 때문이다. 그러고 보면 선농단의 국물에는 ㉦은혜와 감사, 또는 마음 속 깊은 기원이나 따뜻한 사랑이 담겨 있었다고 해야 할 것이다.

108. ㉠'해마다'의 한자 표기가 바른 것은?

① 往年 ② 今年 ③ 每年 ④ 來年 ⑤ 後年

109. ㉡'지냈다'의 문맥상의 뜻을 가장 잘 나타낸 것은?

① 行事 ② 擧事 ③ 進行 ④ 擧行 ⑤先行

110. ㉢~㉦ 중에서 한자 표기가 바르지 않은 것은?

① ㉢直接 ② ㉣百姓 ③ ㉤農事

④ ㉥凶年 ⑤ ㉦因惠

111~115 다음 글을 읽고 물음에 답하시오.

> 일제는 1930년대 이후 중국 대륙을 ㉠침략하고, 1941년에는 미국의 진주만을 ㉡기습 공격하여 태평양 ㉢전쟁을 일으켰다. ㉣일제의 침략 전쟁은 우리 ㉤민족에게 많은 ㉥고통과 희생을 ㉦강요하였다.
> 침략 전쟁을 일으킨 일제는 우리 나라를 ㉧군수 ㉨物資를 ㉩生産하는 ㉪基地로 만들어 나갔으며, 지하 ㉫資源과 ㉬食糧을 ㉭약탈하였다.

111. ㉠'침략'과 ㉡'기습'의 한자 표기가 바른 것은?

① 針略-寄習 ② 侵略-奇襲

③ 沈掠-奇習 ④ 寢掠-氣習

⑤ 侵掠-旣習

112. ㉢~㉦의 한자 표기가 바르지 않은 것은?

① ㉢戰爭 ② ㉣日帝 ③ ㉤民族 ④ ㉥姑痛 ⑤ ㉦强要

113. ㉧'군수'의 한자 표기가 바른 것은?

① 軍需 ② 郡守 ③ 軍輸 ④ 軍隨 ⑤ 郡輸

114. ㉨~㉬의 독음이 바른 것은?

① ㉨물주 ② ㉩생성 ③ ㉪진지 ④ ㉫지원 ⑤ ㉬식량

115. ㉭'약탈'의 한자 표기가 바른 것은?

① 略奪 ② 掠奪 ③ 略脫 ④ 掠脫 ⑤ 躍奪

116~120 다음 글을 읽고 물음에 답하시오.

> 마라톤 코스의 거리는 반드시 42.195 킬로미터여야 하지만, ㉠어느 정도의 오차는 인정된다. 그 오차는 전체 거리의 1천분의 1, 즉 42 미터이다. 그런데 이 오차는 42.195 킬로미터보다 짧아서는 안 된다. 즉, 1천분의 1의 오차는 ㉡허용되지만, 규정 거리보다 긴 경우에만 인정된다. 42.195킬로미터보다 단 10센티미터라도 짧으면 ㉢공식적인 마라톤 코스로 ㉣인정받지 못한다.
> 그러면 거리는 어떻게 측정할까? 42.195킬로미터 거리를 측정할 때에는 강철로 만든 줄자로 하는 것이 ㉤원칙이나, 요즈음은 간편한 기계를 ㉥사용하기도 한다. 거리를 측정할 때에는 도로변에서 차도쪽으로 30센티미터 지점을 기준으로 삼는다.
> 마라톤 코스는 길의 폭이나 굴곡, 경사 등에 ㉦제한이 없다. 가파른 언덕이 있을 수 있고, 급하게 도는 길도 있을 수 있다. 선수들이 달리는 데에 방해가 되거나 장애가 되는 것은 피하되, 정해진 거리에만 맞으면 어떤 ㉧형태이든 ㉨상관이 없다.

116. ㉠'어느 정도' 뜻을 가장 잘 나타낸 것은?

① 多少 ② 誰何 ③ 大小 ④ 月給 ⑤ 假令

117. ㉡'허용'의 한자 표기가 바른 것은?

① 虛容 ② 許用 ③ 祝賀 ④ 虛用 ⑤ 許容

118. ㉢~㉦의 한자 표기가 바르지 않은 것은?

① ㉢ 公式的 ② ㉣ 認定 ③ ㉤ 原則

④ ㉥ 使用 ⑤ ㉦ 制恨

119. ㉧'형태'의 '형'자와 같은 한자를 사용한 한자어는?

① 圓形 ② 刑事 ③ 喜悲 ④ 朋友 ⑤ 兄弟

120. ㉨'상관'의 한자 표기가 바른 것은?

① 相觀 ② 常關 ③ 相關 ④ 喪觀 ⑤ 相官

일一사寫 천千리里

한자시험 실전모의고사 2회

※ 다음 문제를 읽고 알맞는 것을 고르시오.

제1영역 漢字

1~2 다음 필순(筆順)에 대한 설명에 가장 알맞은 한자는 어느 것입니까?

1. 위에서 아래로 쓴다.

① 服 ② 勝 ③ 仙 ④ 短 ⑤ 案

2. 오른쪽 위의 점은 나중에 찍는다.

① 堂 ② 式 ③ 拜 ④ 番 ⑤ 習

3~4 다음 한자(漢字)의 획수(劃數)는 모두 몇 획입니까?

3. 郡 : ① 8 ② 9 ③ 10 ④ 11 ⑤ 12획

4. 勉 : ① 8 ② 9 ③ 10 ④ 11 ⑤ 12획

5~6 다음 한자(漢字)의 부수(部首)는 무엇입니까?

5. 開 : ① 門 ② 才 ③ 干 ④ 日 ⑤ 犬

6. 決 : ① 古 ② 木 ③ 水 ④ 土 ⑤ 口

7~8 다음 한자(漢字)와 그 조자(造字)의 방식이 같은 한자는 어느 것입니까?

〈보기〉 日 : ① 山 ② 休 ③ 下 ④ 江 ⑤ 回

〈보기〉에 제시된 한자'日(해의 모습을 본떠서 만들었음)'처럼 구체적인 사물의 모습을 본떠서 만든 상형자(象形字)는 '山(산의 모습을 본떠서 만들었음)'이다. 따라서 정답 ①을 골라 답란에 표기하면 된다.

7. 魚 : ① 順 ② 雨 ③ 列 ④ 逆 ⑤ 加

8. 鳥 : ① 園 ② 戰 ③ 足 ④ 移 ⑤ 例

9~14 다음 한자(漢字)의 음(音)은 무엇입니까?

9. 察 : ① 목 ② 차 ③ 아 ④ 윤 ⑤ 찰

10. 唱 : ① 앙 ② 가 ③ 지 ④ 창 ⑤ 중

11. 統 : ① 통 ② 흥 ③ 충 ④ 사 ⑤ 상

12. 血 : ① 간 ② 혈 ③ 명 ④ 온 ⑤ 종

13. 效 : ① 목 ② 교 ③ 구 ④ 수 ⑤ 효

14. 希 : ① 화 ② 희 ③ 포 ④ 흉 ⑤ 후

15~19 다음의 음(音)을 가진 한자는 어느 것입니까?

15. 구 : ① 究 ② 近 ③ 廣 ④ 去 ⑤ 洞

16. 두 : ① 半 ② 價 ③ 分 ④ 奉 ⑤ 頭

17. 빙 : ① 色 ② 每 ③ 氷 ④ 都 ⑤ 鮮

18. 시 : ① 冷 ② 算 ③ 章 ④ 育 ⑤ 施

19. 복 : ① 寸 ② 福 ③ 的 ④ 位 ⑤ 榮

20~24 다음 한자(漢字)와 음(音)이 같은 한자는 어느 것입니까?

20. 島 : ① 由 ② 勞 ③ 路 ④ 度 ⑤ 烏

21. 使 : ① 滿 ② 思 ③ 西 ④ 考 ⑤ 勇

22. 歲 : ① 受 ② 始 ③ 洗 ④ 根 ⑤ 句

23. 舞 : ① 元 ② 約 ③ 住 ④ 夏 ⑤ 務

24. 情 : ① 貝 ② 次 ③ 庭 ④ 支 ⑤ 充

25~30 다음 한자(漢字)의 뜻은 무엇입니까?

25. 增 : ① 가다 ② 덜다 ③ 가리다 ④ 더하다 ⑤ 나가다

26. 竹 : ① 바람 ② 구름 ③ 국화 ④ 참나무 ⑤ 대나무

27. 直 : ① 굽다 ② 곧다 ③ 돌다 ④ 앉다 ⑤ 휘다

28. 秋 : ① 봄 ② 여름 ③ 가을 ④ 겨울 ⑤ 세대

29. 取 : ① 듣다 ② 오다 ③ 합하다 ④ 버리다 ⑤ 가지다

30. 應 : ① 가다 ② 손짓 ③ 응하다 ④ 답하다 ⑤ 날리다

31~35 다음의 뜻을 가진 한자(漢字)는 어느 것입니까?

31. 가죽 : ① 黃 ② 千 ③ 患 ④ 限 ⑤ 皮

32. 접하다 : ① 表 ② 快 ③ 接 ④ 豊 ⑤ 弟

33. 빌다 : ① 養 ② 祝 ③ 因 ④ 助 ⑤ 外

34. 하늘 : ① 易 ② 慶 ③ 基 ④ 千 ⑤ 天

35. 어렵다 : ① 神 ② 實 ③ 難 ④ 席 ⑤ 起

36~40 다음 한자(漢字)와 뜻이 비슷한 한자는 어느 것입니까?

36. 話 : ① 不 ② 師 ③ 溫 ④ 左 ⑤ 談

37. 經 : ① 過 ② 退 ③ 片 ④ 香 ⑤ 村

38. 圖 : ① 火 ② 號 ③ 畫 ④ 仙 ⑤ 孫

39. 兵 : ① 婦 ② 亡 ③ 德 ④ 卒 ⑤ 固

40. 守 : ① 光 ② 男 ③ 責 ④ 湖 ⑤ 保

제2영역 語彙

41~45 다음 한자어(漢字語)와 발음(發音)이 같은 한자어는 어느 것입니까?

41. 代身 : ① 對答 ② 大臣 ③ 達成 ④ 對談 ⑤ 務實

42. 力士 : ① 法律 ② 陸地 ③ 歷史 ④ 料理 ⑤ 所聞

43. 禮意 : ① 木馬 ② 名馬 ③ 禮義 ④ 禮節 ⑤ 部曲

44. 喪家 : ① 聲價 ② 尙古 ③ 史家 ④ 商街 ⑤ 遺産

45. 加擊 : ① 歌曲 ② 價格 ③ 攻擊 ④ 可恐 ⑤ 大蓋

46~47 다음 괄호 속 한자(漢字)의 음(音)이 다르게 발음되는 것은 어느 것 입니까?

46. ① 發(車) ② 人力(車) ③ 馬(車) ④ 下(車) ⑤ 客(車)

47. ① 回(復) ② (復)活 ③ (復)職 ④ (復)舊 ⑤ (復)元

48~57 다음 단어들의 '□'에 공통으로 들어갈 알맞은 한자(漢字)는 어느 것입니까?

48. □門, □族, 作□ : ① 早 ② 家 ③ 書 ④ 後 ⑤ 日

49. □感, 共□, □行 : ① 同 ② 注 ③ 動 ④ 孝 ⑤ 年

50. 防□, □品, 對□ : ① 令 ② 備 ③ 賞 ④ 志 ⑤ 事

51. □食, 朝□, 協□ : ① 夕 ② 力 ③ 禁 ④ 會 ⑤ 終

52. □能, 天□, □致 : ① 宗 ② 材 ③ 才 ④ 走 ⑤ 每

53. □由, □律, □主 : ① 他 ② 自 ③ 船 ④ 序 ⑤ 力

54. 調□, □合, □解 : ① 和 ② 讀 ③ 理 ④ 貯 ⑤ 外

55. □國, □人, 友□ : ① 愛 ② 韓 ③ 情 ④ 婦 ⑤ 至

56. □婚, □産, 打□ : ① 權 ② 破 ③ 生 ④ 席 ⑤ 停

57. □罪, 侵□, 初□ : ① 第 ② 入 ③ 犯 ④ 級 ⑤ 徵

58~65 다음 한자어(漢字語)와 뜻이 반대(反對)이거나 상대(相對)되는 한자어는 어느 것입니까?

58. 理性 : ① 性品 ② 合理 ③ 感性 ④ 知性 ⑤ 角木

59. 成功 : ① 出世 ② 失敗 ③ 立身 ④ 成果 ⑤ 流失

60. 溫水 : ① 惡手 ② 高手 ③ 重水 ④ 冷水 ⑤ 加重

61. 對話 : ① 談話 ② 無言 ③ 論爭 ④ 獨白 ⑤ 藝能

62. 過去 : ① 未來 ② 現在 ③ 經過 ④ 到來 ⑤ 減少

63. 別居 : ① 居住 ② 作別 ③ 流失 ④ 同居 ⑤ 賢命

64. 傑作 : ① 大作 ② 作品 ③ 拙作 ④ 名作 ⑤ 特殊

65. 急行 : ① 速行 ② 行人 ③ 緩行 ④ 步行 ⑤ 普通

66~70 다음 성어(成語)에서 '□'에 들어갈 알맞은 한자(漢字)는 어느 것입니까?

66. □前成市 : ① 門 ② 交 ③ 大 ④ 死 ⑤ 聞

67. 一口□言 : ① 一 ② 二 ③ 三 ④ 再 ⑤ 利

68. 自□自大 : ① 南 ② 高 ③ 刀 ④ 容 ⑤ 帝

69. 名山大□ : ① 務 ② 序 ③ 舞 ④ 案 ⑤ 川

70. 北□三友: ① 石 ② 快 ③ 號 ④ 窓 ⑤ 打

71~75 다음 성어(成語)의 뜻풀이로 적절한 것은 어느 것입니까?

71. 東西南北

① 온 방향
② 온 방향에서 적국이 온다.
③ 여러 방면으로 달린다.
④ 동서와 남북으로 나뉘다.
⑤ 동과 서로 각기 흩어지다.

72. 一擧兩得

① 마음이 음흉하고 불량하여 겉과 속이 다르다.
② 고생 끝에 즐거움이 온다.
③ 한 가지 일을 하여 두 가지 이익을 얻는다.
④ 글씨를 한 번에 죽 내리 쓴다.
⑤ 능력이 매우 뛰어나다.

73. 難兄難弟

① 형제 간에 사이가 좋다.
② 형제 간에 사이가 나쁘다.
③ 두 사물이 비슷하여 낫고 못함을 정하기 어렵다.
④ 죽고 삶을 돌보지 않고 끝장을 내려고 한다.
⑤ 온통 구별이 되지 않을 정도로 혼탁하다.

74. 同姓同本

① 지세가 뒤로는 산을 등지고 앞으로는 물을 면한다.
② 술잔 속에 있는 뱀 그림자
③ 춥지 않아도 벌벌 떤다.
④ 어떤 일을 성취하기 위하여 더 이상 물러설 수 없다.
⑤ 성과 본이 모두 같다.

75. 萬里長天

① 모든 것을 꿰뚫는 하나의 원리
② 두 가지 이익을 얻기 위해 꾀를 쓴다.
③ 모든 것이 헛수고로 돌아간다.
④ 아득히 높고 먼 하늘
⑤ 큰 목적을 위하여 자기가 아끼는 사람을 버린다.

76~80 다음의 뜻을 가장 잘 나타낸 성어 (成語)는 어느 것입니까?

76. 매우 많은 것 가운데 극히 적은 수

① 萬不失一 ② 立春大吉 ③ 九牛一毛
④ 不立文字 ⑤ 萬古不變

77. 쉬운 지식을 배워 어려운 이치를 깨닫는다.

① 九死一生 ② 下學上達 ③ 今時初聞
④ 三日天下 ⑤ 無不通知

78. 먼 앞날까지 미리 내다보고 세우는 크고 중요한 계획

① 三人成虎 ② 不遠千里 ③ 百年大計
④ 不知其數 ⑤ 言行一致

79. 싸울 때마다 계속하여 이김

① 連戰連勝 ② 四方八方 ③ 凶惡無道
④ 白衣民族 ⑤ 千萬多幸

80. 살빛이 희고 고결하여 신선과 같은 풍채

① 百戰百勝 ② 玉骨仙風 ③ 清風明月
④ 人命在天 ⑤ 全心全力

제3영역 讀解

81~86 다음 문장에서 한자어(漢字語)의 음(音)은 무엇입니까?

81. 국민 의례로 국기에 대한 경례와 愛國歌 제창을 하였다.

① 애국가 ② 기념가 ③ 우국가
④ 축제가 ⑤ 조흥가

82. 즉석 음식이나 加工 식품을 즐겨 먹다 보면 편리한 것만 찾게 되고, 성격이 조급해지기 쉽다.

① 인공 ② 가공 ③ 수공 ④ 구공 ⑤ 즉석

83. 독도에는 갈매기들이 섬 전체가 하얗도록 알을 낳고, 各種 새들이 둥지를 틀고 새끼를 기른다.

① 온갖 ② 각종 ③ 각각 ④ 수류 ⑤ 많은

84. 동해안은 여름철의 수온이 황해나 남해보다 낮아 해수욕을 즐길 수 있는 期間이 짧다.

① 기일 ② 동안 ③ 시간 ④ 여간 ⑤ 기간

85. 상대에 따라 적절한 말을 쓰지 않으면 예의에 어긋날 뿐만 아니라, 듣는 사람의 感情을 상하게 할 수도 있다.

① 감정 ② 기분 ③ 심정 ④ 마음 ⑤ 심성

86. 모든 사람은 다 高貴한 존엄성을 지니고 있으므로 사람을 차별하거나 괴롭히면 안 된다.

① 고유 ② 존귀 ③ 고귀 ④ 존경 ⑤ 고상

87~92 다음 문장에서 밑줄 친 한자어(漢字語)의 뜻풀이로 적절한 것은 어느 것입니까?

87. 시간을 잘 활용하는 사람만이 成功할 수 있다.

① 기록을 세우다.
② 뜻을 이루다.
③ 거룩한 공적
④ 성스러운 공적
⑤ 공격이 성공하다

88. 능력을 최대로 발휘할 수 있는 기회를 公平하게 주는 것이 평등이다.

① 치우침이 없는 올바른 비평
② 모두에게 떳떳하다.
③ 한쪽에 치우치지 않고 공정하다.
④ 모두에게 널리 알린다.
⑤ 모두에게 이롭다

89. 보다 크고 좋은 집을 가지고 싶어하는 것이 사람들의 共通된 마음이다.

① 여러 사람의 의견
② 전체에 관계된 마음
③ 모두에게 영향을 미친다.
④ 여럿 사이에 두루 통용되거나 관계되다.
⑤ 같은 이해관계

90. '아니 땐 굴뚝에 연기 날까'라는 속담은 원인이 있어야 結果(이)가 생긴다는 뜻이다.

① 시비의 결정 ② 끝을 보다 ③ 끝맺는 말
④ 결말의 상태 ⑤ 결정하여 조치함

91. 씨름은 먼 옛날부터 행하여 오던 우리의 固有한 민족 경기의 하나이다.

① 본디부터 있는 특별한 ② 독차지함
③ 옛 부터 지금까지 ④ 전하여 내려옴
⑤ 정기적인

92. 복지 사회는 국민들 스스로 그런 사회를 만들고자 하는 의욕을 가질 때 可能할 수 있다.

① 처음 만듦 ② 완전히 이룸
③ 시험삼아 함 ④ 처음으로 함
⑤ 할 수 있음

93~95 다음 문장에서 빈칸에 들어갈 가장 적절한 한자어(漢字語)는 어느 것입니까?

93. 우리 겨레의 가장 큰 □□은(는) 통일된 국가를 이룩하는 일이다.

① 科業 ② 過業 ③ 過題 ④ 官業 ⑤ 課題

94. 책을 읽으면 즐거움이나 □□, 지식, 정보 등을 얻을 수 있으므로, 독서는 매우 중요하다.

① 交訓 ② 谷效 ③ 校訓 ④ 教訓 ⑤ 校效

95. 국민의 □□가 받아들여지는 것이 민주 정치의 특징이다.

① 要求 ② 浴九 ③ 要句 ④ 要救 ⑤ 浴救

96~98 다음 문장에서 한자어(漢字語)의 한자 표기(漢字表記)가 바르지 않은 것은 어느 것입니까?

96. ①安全 보장 ②里事會는 국제분쟁을 ③解決하여 ④世界의 ⑤平和와 안전을 지키기 위한 일을 한다.

97. 청나라는 명나라를 무너뜨리기 위하여 ①祖鮮에 ②大量의 ③兵士와 공물을 계속 요청하였고, 청나라와 조선의 관계를 ④兄弟의 관계에서 ⑤君臣의 관계로 바꿀 것을 요구하였다.

98. ①共算 ②主義 사회에서는 ③個人이 ④財産을 가지는 것이 ⑤禁止되어 있다.

99~101 다음 문장에서 밑줄 친 단어(單語)를 한자(漢字)로 바르게 쓴 것은 어느 것입니까?

99. 연주가 끝나자 수많은 청중들이 기립하여 박수 갈채를 보냈다.

① 氣立 ② 技立 ③ 起立 ④ 己立 ⑤ 記立

100. 농악은 모내기, 김매기 등의 고된 일을 할 때에, 그리고 단오, 추석 같은 명절에도 행해진다.

① 農樂 ② 農藥 ③ 農惡 ④ 農落 ⑤ 農要

101. 친구 사이에 나누는 명랑한 인사는 다정한 마음의 표현이다.

① 多精 ② 多正 ③ 多政 ④ 多情 ⑤ 多定

102~104 다음 문장에서 밑줄 친 단어(單語)나 어구(語句)의 뜻을 가장 잘 나타낸 한자(漢字) 또는 한자어(漢字語)는 어느 것입니까?

102. 겨울철을 알이나 애벌레로 보낸 곤충들은 보통 늦은 봄이나 여름이 되면 성충이 되어 활동한다.

① 冬季 ② 立冬 ③ 冬至 ④ 三冬 ⑤ 秋冬

103. 장승은 마을 어귀에 세워 두었는데, 마을로 들어오는 잡귀 등을 몰아내기 위해서이다.

① 童口 ② 同口 ③ 東口 ④ 洞口 ⑤ 入口

104. 악어가 먹이를 잡을 때는 물에서 바위처럼 위장하고 있다가 먹이가 나타나면 번개처럼 낚아챈다.

① 登章 ② 登長 ③ 登場 ④ 等場 ⑤ 等長

105~110 다음 글을 읽고 물음에 답하시오.

> 웃음은 ㉠인간이 기쁘거나 즐거울 때, 혹은 ㉡특별한 ㉢감정이 들 때에 얼굴 근육을 움직여 ㉣일정한 ㉤표정을 짓는 ㉥반응을 일컫는 말이다. 뚜렷한 생물학적 목적이 없는 웃음의 유일한 기능은 '긴장으로부터의 ㉦해방'이다. 웃음으로 감정을 ㉧표현하는 ㉨동물은 인간밖에 없다고 한다. 그래서 아리스토텔레스는 인간을 '웃는 동물' 이라고 하였다.
> 웃는 동물인 인간이 웃음을 통해 얻게 되는 복은 참으로 많다. 웃음은 질병을 치료하고, 얼굴에 아름다운 기운을 불어넣으며, 인간 관계를 ㉩친밀하게 하고, 학습과 일의 ㉪능률을 올리며, 감정을 정화하는 등 많은 가치를 가지고 있다. 그 가운데에서 요즈음 특히 관심을 끄는 것은 웃음의 의학적 가치이다. ㉫현대 의학은 과학적인 분석을 바탕으로 하여 웃음의 의학적인 가치를 구체적으로 알리고, 병을 고치는 치료제로 웃음을 이용하고 있다.

105. ㉠'인간'의 '간'과 같은 한자를 사용한 한자어는?

① 頭角 ② 得道 ③ 季節 ④ 間者 ⑤ 滿月

106. ㉡'특별'과 ㉢'감정'의 한자표기를 바르게 짝지은 것은?

① 退去 – 感情 ② 特別 – 感定 ③ 退去 – 感定
④ 特去 – 感情 ⑤ 特別 – 感情

107. ㉣~㉩의 한자 표기가 바르지 않은 것은?

① ㉣ 一定 ② ㉥ 反應 ③ ㉦ 解放
④ ㉨ 動物 ⑤ ㉩ 致密

108. ㉤'표정'과 ㉧'표현'에 공통으로 쓰인 한자와 같은 한자를 사용한 것은?

① 表示 ② 判例 ③ 片紙 ④ 皮下 ⑤ 貝物

109. ㉪'능률'의 '능'과 같은 한자를 사용한 한자는?

① 留保 ② 能事 ③ 令愛 ④ 良書 ⑤ 度量

110. ㉫'현대'에서 '대'의 부수로 바른 것은?

① 人 ② 戈 ③ 一 ④ 丶 ⑤ 十

111~115 다음 글을 읽고 물음에 답하시오.

첨성대는 ㉠모두 27단의 석단을 ㉡원통형으로 쌓아올리고, 그 위에 긴 돌을 ㉢우물 모양으로 얹어 하늘을 살필 수 있는 ㉣시설을 설치한 것으로 ㉤추정된다. ㉥윗부분에 ㉦열고 닫을 수 있는 판을 걸쳐 놓고 국가의 ㉧길흉을 점치는 천문 관측을 했을 것으로 ㉨판단되고 있다. 높이는 9.17m이고, 사용된 360여 개의 돌은 1년 365일을 의미한다. 바깥에서 중앙에 뚫린 입구까지 사다리를 놓고 올라가서 안으로 들어가고, 거기서 다시 2개의 사다리를 놓고 우물 모양의 꼭대기에 올라갔다. 첨성대의 아름다운 모습과 ㉩견고한 축조 기술은 우리 조상들의 멋과 슬기를 잘 보여 주고 있다.

111. ㉠'모두'와 ㉢'우물'의 뜻을 나타낸 것끼리 짝지어진 것은?

① 甲 - 幾 ② 乃 - 勿 ③ 丙 - 惜
④ 于 - 只 ⑤ 皆 - 井

112. ㉡'원통형'의 '원'과 같은 한자를 사용한 한자어는?

① 遠路 ② 願望 ③ 圓熟 ④ 原典 ⑤ 怨恨

113. ㉥'윗부분'의 뜻을 나타낸 한자어는?

① 陸橋 ② 困苦 ③ 當代 ④ 上部 ⑤ 崇尙

114. ㉦'열고 닫을'의 뜻을 나타낸 한자어는?

① 樹木 ② 申告 ③ 暗記 ④ 幼兒 ⑤ 開閉

115. ㉣~㉩ 중에서 한자 표기가 바르지 않은 것은?

① ㉣ 施設 ② ㉤ 推定 ③ ㉧ 吉凶
④ ㉨ 判端 ⑤ ㉩ 堅固

116~120 다음 글을 읽고 물음에 답하시오.

공룡은 현존하는 동물 못지않게 우리의 의식 깊숙이 들어와 있는 동물이다. 중생대의 트라이아스기에 나타나 쥐라기와 백악기에 크게 ㉠繁盛하다가, 백악기 말에 지구에서 사라진 파충류의 한 무리. 이것이 과학자들이 지금까지의 연구를 바탕으로 내린 ㉡공룡의 ㉢정의이다. 공룡이라는 이름은 ㉣영국의 고생물학자인 오언이 1842년에 처음 사용하였다. 공룡은 '공포의 도마뱀'이라는 뜻으로, 뱀이나 거북, 도마뱀처럼 비늘 ㉤모양이나 가죽 모양의 피부를 가졌고, 딱딱한 알에서 태어난다.
공룡에는 초식 공룡과 육식 공룡이 있었는데, 육식 공룡들은 초식 공룡까지 ㉥공격하여 먹이로 삼았다. 육식 공룡과 맞설 수 있는 것은 같은 육식 공룡뿐이었다.
최근에 발견된 공룡 중에서 가장 ㉦인상적인 공룡은 세이스모사우루스이다. 1986년 미국에서 발견된 이 공룡은 길이가 50미터, 몸무게는 100톤이 넘었을 것으로 추정되는데, 지금까지 발견된 공룡 중에서 가장 거대한 공룡이다. '㉧지진을 일으키는 용'이라는 별명이 붙었는데, ㉨실제로 이 공룡이 지나다닐 때에는 땅이 크게 울렸을 것이다.
공룡의 ㉩종류는 우리가 ㉪상상하는 것보다 훨씬 많다. 현재까지 전세계에서 발견된 공룡의 화석은 600여 종이나 된다. 공룡의 ㉫화석은 ㉬계속 발견되고 있기 때문에 그 종류는 더욱 많아질 것이다.

116. ㉠'繁盛'의 독음이 바른 것은?

① 창성 ② 흥성 ③ 형성 ④ 번성 ⑤ 홍성

117. ㉡'공룡'의 한자 표기가 바른 것은?

① 恭龍 ② 恐龍 ③ 共龍 ④ 孔龍 ⑤ 供庸

118. ㉢~㉦ 중 한자 표기가 바르지 않은 것은?

① ㉢ 定義 ② ㉣ 英國 ③ ㉤ 模樣
④ ㉥ 貢擊 ⑤ ㉦ 印象

119. ㉧'지진'의 '진'과 같은 한자를 사용한 것은?

① 辰銅 ② 振動 ③ 震動 ④ 陳凍 ⑤ 珍重

120. ㉨~㉬ 중 한자 표기가 바르지 않은 것은?

① ㉨ 實際 ② ㉩ 種類 ③ ㉪ 想象
④ ㉫ 化石 ⑤ ㉬ 繼續

일一사寫 천千리里

한자시험 실전모의고사 3회

※ 다음 문제를 읽고 알맞는 것을 고르시오.

제1영역 漢字

1~2 다음 필순(筆順)에 대한 설명에 가장 알맞은 한자는 어느 것입니까?

1. 삐침과 파임이 만날 때에는 삐침을 먼저 쓴다.

① 千 ② 次 ③ 人 ④ 才 ⑤ 土

2. 안과 바깥쪽이 있을 때에는 바깥쪽을 먼저 쓴다.

① 責 ② 內 ③ 太 ④ 邑 ⑤ 羊

3~4 다음 한자(漢字)의 획수(劃數)는 모두 몇 획입니까?

3. 拜 : ① 7 ② 8 ③ 9 ④ 10 ⑤ 11획

4. 北 : ① 5 ② 6 ③ 7 ④ 8 ⑤ 4획

5~6 다음 한자(漢字)의 부수(部首)는 무엇입니까?

5. 吉 : ① 吉 ② 口 ③ 士 ④ 一 ⑤ 大

6. 貴 : ① 貝 ② 中 ③ 亅 ④ 口 ⑤ 八

7~8 다음 한자(漢字)와 그 조자(造字)의 방식이 같은 한자는 어느 것입니까?

〈보기〉 日 : ① 山 ② 休 ③ 下 ④ 江 ⑤ 回

〈보기〉에 제시된 한자 '日(해의 모습을 본떠서 만들었음)'처럼 구체적인 사물의 모습을 본떠서 만든 상형자(象形字)는 '山(산의 모습을 본떠서 만들었음)'이다. 따라서 정답 ①을 골라 답란에 표기하면 된다.

7. 石 : ① 牛 ② 位 ③ 個 ④ 意 ⑤ 廣

8. 休 : ① 感 ② 二 ③ 孝 ④ 鳥 ⑤ 本

9~14 다음 한자(漢字)의 음(音)은 무엇입니까?

9. 鄕 : ① 향 ② 홍 ③ 항 ④ 흉 ⑤ 후

10. 近 : ① 가 ② 개 ③ 각 ④ 골 ⑤ 근

11. 季 : ① 각 ② 리 ③ 간 ④ 계 ⑤ 수

12. 谷 : ① 갈 ② 갑 ③ 감 ④ 강 ⑤ 곡

13. 郡 : ① 군 ② 곡 ③ 공 ④ 궁 ⑤ 간

14. 勤 : ① 단 ② 근 ③ 산 ④ 잔 ⑤ 금

15~19 다음의 음(音)을 가진 한자는 어느 것입니까?

15. 능 : ① 洞 ② 毛 ③ 多 ④ 能 ⑤ 變

16. 보 : ① 復 ② 保 ③ 問 ④ 民 ⑤ 命

17. 석 : ① 席 ② 卵 ③ 使 ④ 賞 ⑤ 期

18. 서 : ① 說 ② 時 ③ 識 ④ 失 ⑤ 序

19. 은 : ① 屋 ② 銀 ③ 製 ④ 種 ⑤ 淸

20~24 다음 한자(漢字)와 음(音)이 같은 한자는 어느 것입니까?

20. 慶 : ① 戰 ② 競 ③ 致 ④ 養 ⑤ 北

21. 科 : ① 植 ② 貯 ③ 課 ④ 草 ⑤ 罪

22. 俗 : ① 速 ② 則 ③ 着 ④ 安 ⑤ 婚

23. 陽 : ① 運 ② 爲 ③ 將 ④ 王 ⑤ 洋

24. 語 : ① 革 ② 漁 ③ 河 ④ 追 ⑤ 藝

25~30 다음 한자(漢字)의 뜻은 무엇입니까?

25. 調 :

① 오다 ② 짓다 ③ 고르다 ④ 감하다 ⑤ 기르다

26. 傳 :

① 받다 ② 이르다 ③ 전하다 ④ 구르다 ⑤ 말하다

27. 參 :

① 주다 ② 가하다 ③ 오래다 ④ 참여하다 ⑤ 펼치다

28. 向 :

① 계절 ② 불다 ③ 돌다 ④ 향하다 ⑤ 돌아가다

29. 皇 :

① 애닮다 ② 죽다 ③ 세자 ④ 왕자 ⑤ 황제

30. 止 :

① 땅 ② 수풀 ③ 그치다 ④ 울리다 ⑤ 달리다

31~35 다음의 뜻을 가진 한자(漢字)는 어느 것입니까?

31. 말씀 : ① 堂 ② 頭 ③ 談 ④ 綠 ⑤ 衣

32. 겨울 : ① 母 ② 冬 ③ 木 ④ 萬 ⑤ 重

33. 기름 : ① 殺 ② 夕 ③ 世 ④ 油 ⑤ 要

34. 쏘다 : ① 言 ② 至 ③ 射 ④ 望 ⑤ 絕

35. 별 : ① 星 ② 新 ③ 小 ④ 收 ⑤ 反

36~40 다음 한자(漢字)와 뜻이 비슷한 한자는 어느 것입니까?

36. 歷: ① 合 ② 經 ③ 算 ④ 令 ⑤ 無

37. 道: ① 獨 ② 救 ③ 滿 ④ 路 ⑤ 再

38. 家: ① 熱 ② 品 ③ 習 ④ 若 ⑤ 宅

39. 念: ① 想 ② 竹 ③ 形 ④ 船 ⑤ 色

40. 律: ① 備 ② 施 ③ 法 ④ 飛 ⑤ 量

제2영역 語彙

41~45 다음 한자어(漢字語)와 발음(發音)이 같은 한자어는 어느 것입니까?

41. 精到 : ① 地圖 ② 定都 ③ 落島 ④ 獨立 ⑤ 指數

42. 利己 : ① 里長 ② 理氣 ③ 利用 ④ 山林 ⑤ 軍務

43. 上下 : ① 三夏 ② 常夏 ③ 山河 ④ 市街 ⑤ 加重

44. 勿論 : ① 物色 ② 物論 ③ 物價 ④ 勿施 ⑤ 病暇

45. 穀類 : ① 谷水 ② 曲流 ③ 哭聲 ④ 毒種 ⑤ 陳情

46~47 다음 괄호 속 한자(漢字)의 음(音)이 다르게 발음 되는 것은 어느 것입니까?

46. ① (降)伏 ② (降)雨 ③ 下(降) ④ (降)等 ⑤ (降)霜

47. ① 星(宿) ② 投(宿) ③ (宿)泊 ④ (宿)願 ⑤ (宿)患

48~57 다음 단어들의 '□'에 공통으로 들어갈 알맞은 한자(漢字)는 어느 것입니까?

48. □者, 開□, □界 : ① 業 ② 行 ③ 水 ④ 流 ⑤ 退

49. □代, 發□, 出□ : ① 現 ② 時 ③ 産 ④ 登 ⑤ 讀

50. 各□, 別□, 一□ : ① 種 ② 自 ③ 方 ④ 念 ⑤ 學

51. □日, 解□, 取□ : ① 得 ② 說 ③ 來 ④ 消 ⑤ 時

52. 非□, □號, 順□ : ① 序 ② 番 ③ 口 ④ 常 ⑤ 示

53. 早□, □約, 短□ : ① 身 ② 密 ③ 期 ④ 朝 ⑤ 起

54. □人, □火, 神□ : ① 聖 ② 成 ③ 星 ④ 城 ⑤ 重

55. 殺□, 加□, □惡 : ① 陽 ② 害 ③ 熱 ④ 善 ⑤ 敬

56. □禮, □客, 祝□ : ① 願 ② 原 ③ 賀 ④ 福 ⑤ 壽

57. □冠, □點, 薄□ : ① 弱 ② 命 ③ 缺 ④ 據 ⑤ 姻

58~65 다음 한자어(漢字語)와 뜻이 반대(反對)이거나 상대(相對)되는 한자어는 어느 것입니까?

58. 個別 : ① 個體 ② 全體 ③ 主體 ④ 別個 ⑤ 觀光

59. 內容 : ① 內實 ② 內室 ③ 形便 ④ 形式 ⑤ 走者

60. 無形 : ① 有形 ② 人形 ③ 形體 ④ 人間 ⑤ 物我

61. 客觀 : ① 大觀 ② 觀客 ③ 主觀 ④ 主管 ⑤ 後光

62. 密集 : ① 散在 ② 密度 ③ 集會 ④ 密約 ⑤ 巨物

63. 空虛 : ① 空城 ② 充實 ③ 忠告 ④ 忠實 ⑤ 貧富

64. 飢餓 : ① 飽食 ② 棄兒 ③ 小食 ④ 飽滿 ⑤ 模倣

65. 具體 : ① 體統 ② 體面 ③ 抽象 ④ 抽出 ⑤ 高踏

66~70 다음 성어(成語)에서 '□'에 들어갈 알맞은 한자(漢字)는 어느 것입니까?

66. 百年□淸: ① 下 ② 河 ③ 淸 ④ 靑 ⑤ 回

67. 見□生心: ① 得 ② 人 ③ 利 ④ 物 ⑤ 電

68. 天下□一: ① 第 ② 名 ③ 刀 ④ 皮 ⑤ 弟

69. 百戰老□: ① 將 ② 拜 ③ 弱 ④ 建 ⑤ 長

70. □夜長川: ① 晝 ② 晝 ③ 書 ④ 者 ⑤ 注

71~75 다음 성어(成語)의 뜻풀이로 적절한 것은 어느 것입니까?

71. 百害無益

① 백방에서 해롭다고 여긴다.
② 온갖 해로운 행동과 말씨
③ 해롭기만 하고 유익한 바가 없다.
④ 백 가지 해로운 행동을 한다.
⑤ 백 가지 이로움이 있고 해로움이 없다.

72. 白面書生

① 어떤 일이 이루어지기 어려움
② 얼굴이 잘 생긴 남자
③ 지위가 높고 훌륭한 벼슬에 있는 사람
④ 한갓 글만 읽고 세상 일에는 전혀 경험이 없는 사람
⑤ 여러 얼굴로 본심을 속이는 사람

73. 朝名市利

① 간사한 꾀로 남을 속여 희롱함
② 어떤 일에 몰두함
③ 무슨 일이든 적당한 장소에서 해야 함
④ 일을 끝내기가 어려움
⑤ 아침에 시장에서 이름을 부름

74. 夫婦有別

① 아름다운 부인은 수명이 짧음
② 부부가 반목하면 재앙을 많이 만남
③ 조건이 좋은 사람이 성공하기 쉬움
④ 남편과 아내 사이의 도리는 서로 침범하지 않음
⑤ 아내는 남편의 말을 따라야 함

75. 生老病死

① 뛰어난 사람에게는 시기와 질투가 많음
② 일이 이루어기를 기다림
③ 죽고 사는 문제는 하늘에 달려있음
④ 나라에서 견줄 사람이 없을 정도로 빼어남
⑤ 사람이 나고 늙고 병들고 죽는 네 가지 고통

76~80 다음의 뜻을 가장 잘 나타낸 성어(成語)는 어느 것입니까?

76. 착하고 어진 사람들

① 善男善女 ② 不求聞達 ③ 大道無門
④ 利害打算 ⑤ 不可思議

77. 거의 죽을 뻔하다가 도로 살아남

① 作心三日 ② 自問自答 ③ 實事求是
④ 起死回生 ⑤ 魚東肉西

78. 묻지 아니하여도 알 수 있음

① 不問可知 ② 不立文字 ③ 一長一短
④ 一朝一夕 ⑤ 衆口難防

79. 이름만 그럴듯하고 실속은 없음

① 君子三樂 ② 有名無實 ③ 天長地久
④ 仙風道骨 ⑤ 不問曲直

80. 어버이 섬김을 효도로써 함

① 地上天國 ② 人事不省 ③ 牛耳讀經
④ 一日三省 ⑤ 事親以孝

제3영역 讀解

81~86 다음 문장에서 한자어(漢字語)의 음(音)은 무엇입니까?

81. 안중근 의사는 스물 여덟 살 되던 해에 블라디보스토크로 亡命(를)을 하였다.

① 도망 ② 도피 ③ 여행 ④ 추방 ⑤ 망명

82. 진실되지 않은 광고는 결국 소비자에게 外面당하게 된다.

① 외면 ② 소외 ③ 도외 ④ 외연 ⑤ 거절

83. 추석은 우리 나라 名節 중의 하나인데, 예로부터 가위라고 불러 왔다.

① 가배 ② 세시 ③ 휴일 ④ 명절 ⑤ 절기

84. 국토 開發의 목적은 지역 특성에 맞추어 전 국토를 고르게 발전시키는 데 있다.

① 발전 ② 계발 ③ 개발 ④ 난발 ⑤ 남발

85. 몸이 아파 米飮을 끓여 먹고 있는 동안에 나는 평소에 먹던 음식들이 먹고 싶어졌습니다.

① 미음 ② 미죽 ③ 미윰 ④ 미곡 ⑤ 소음

86. 報道 기관으로는 방송국과 신문사 등이 있다.

① 방송 ② 언론 ③ 보도 ④ 도보 ⑤ 전달

87~92 다음 문장에서 밑줄 친 한자어(漢字語)의 뜻풀이로 적절한 것은 어느 것입니까?

87. 우즈베키스탄에서는 몇 해 전부터 한국인 의사들이 奉仕 활동을 하고 있다.

① 어른을 받들어 섬기다.
② 조상의 제사를 받들어 지내다.
③ 맡겨진 일을 최선을 다해 완수하다.
④ 자신의 이해를 돌보지 않고 몸과 마음을 다하여 일하다.
⑤ 나라를 위해 목숨을 바치다.

88. 국가는 국민이 나라를 잃는 不幸을 겪지 않도록 외적의 침입으로부터 국민을 보호한다.

① 서로 화합하지 못하다.
② 행복하지 않다.
③ 쉬지 아니하다.
④ 허락하지 아니하다.
⑤ 고통이 사라지다.

89. 옛날에 공부하는 방법은 대개 文章(를)을 외우고 뜻을 풀이하며 글씨를 쓰는 것이었다.

① 글의 맥락 ② 문장의 유형 ③ 문자언어
④ 글의 형식 ⑤ 생각이나 느낌을 글로 쓴 것

90. 열대 기후 지역은 일년 내내 기온이 높고 비가 많이 내리며 대부분 密林을 이루고 있다.

① 소나무 숲 ② 나무들이 빽빽하게 들어선 수풀
③ 산과 숲 ④ 나무가 듬성듬성 있는 곳
⑤ 숲과 초원

91. 어떤 사전을 사용하든지 먼저 일러두기를 잘 보아서 그 사전의 사용 方法을 알아두어야 한다.

① 목적달성을 위해 취하는 수단 ② 일정한 형식
③ 나아가는 쪽 ④ 그대로 본 받음
⑤ 일의 진행

92. 衣服(는)은 원료인 섬유를 이용해서 뽑은 실로 옷감을 짜서 바느질하여 만든다.

① 격식있게 입는 옷 ② 저고리와 치마
③ 옷의 종류 ④ 옷
⑤ 평상시에 입는 옷

93~95 다음 문장에서 빈칸에 들어갈 가장 적절한 한자어(漢字語)는 어느 것입니까?

93. 씨름에서는 상대의 공격 기술이나 움직임을 예측하여 적절한 □□ 자세를 갖추어야 한다.

① 守非 ② 修非 ③ 修備 ④ 守備 ⑤ 受非

94. 나의 어릴 적 희망은 □□□가 되는 것이었다.

① 比行士 ② 飛行士 ③ 比行師 ④ 飛行師 ⑤ 非行士

95. 문화재의 발굴로 새로운 역사적 □□을 알 수 있다.

① 史室 ② 史實 ③ 事室 ④ 使室 ⑤ 使實

96~98 다음 문장에서 한자어(漢字語)의 한자 표기(漢字表記)가 바르지 않은 것은 어느 것입니까?

96. 유교는 ①人間의 ②度理를 밝히고 ③道德과 윤리를 바로잡아 ④理想 사회를 이룩하고자 하는 ⑤思想이다.

97. ①人技 있는 만화의 ②主人公은 ③廣告 ④放送에도 나오고 여러 가지 ⑤商品에서도 볼 수 있다.

98. 오늘날은 ①交通 수단이 ②發達하여, 전국 ③角地에서 생산된 ④農水産物이 그 날로 소비자에게 보내져, 소비자는 늘 ⑤新鮮한 농수산물을 구할 수 있다.

99~101 다음 문장에서 밑줄 친 단어(單語)를 한자(漢字)로 바르게 쓴 것은 어느 것입니까?

99. 금강산은 예로부터 봄에는 금강산, 여름에는 봉래산, 가을에는 풍악산 겨울에는 <u>백설</u>이 쌓여 개골산이라고 불렀다.

① 百雪 ② 白雪 ③ 白說 ④ 百說 ⑤ 百線

100. 김구 선생은 동포들을 걱정하여 '홍커우 폭탄 사건의 책임자는 나 김구다.'라는 <u>성명서</u>를 발표했다.

① 聲明書 ② 城明書 ③ 省名書
④ 聲名書 ⑤ 成明書

101. 앞으로 다가올지도 모르는 물 부족 현상을 막기 위해서는 <u>평소</u>에 물을 아껴 써야 한다.

① 平小 ② 平消 ③ 平素 ④ 平所 ⑤ 平少

102~104 다음 문장에서 밑줄 친 단어(單語)나 어구(語句)의 뜻을 가장 잘 나타낸 한자(漢字) 또는 한자어(漢字語)는 어느 것입니까?

102. 광양 제철소는 큰 배가 닿을 수 있게 수심도 깊어 제철소를 <u>만들기</u>에 적합한 조건을 갖추고 있다.

① 建說 ② 造合 ③ 建設 ④ 造製 ⑤ 乾燥

103. "나는 네 <u>마음을</u> 잘 안다."

① 心政 ② 心定 ③ 心正 ④ 心情 ⑤ 實情

104. 많은 <u>아이들이</u> 놀이터에서 놀고 있다.

① 兒童 ② 兒同 ③ 我東 ④ 我童 ⑤ 兒東

105~107 다음 글을 읽고 물음에 답하시오.

> 휴대 전화를 가지고 있으면 언제 어디서나 상대방과 ㉠통화를 할 수 있다. 그 밖에도 여러 가지 ㉡편리한 점이 있다. 관공서나 ㉢은행 ㉣업무를 볼 수 있으며, 열차표를 구입한다든지, 백화점 등에서 필요한 물건을 ㉤주문하기도 하고, ㉥고속 ㉦도로의 ㉧교통 상황을 알아볼 수도 있다.

105. ㉠'통화'의 한자 표기가 바른 것은?

① 通貨 ② 通話 ③ 統話 ④ 統貨 ⑤ 統化

106. ㉡~㉥ 중에서 한자 표기가 바르지 않은 것은?

① ㉡ 便利 ② ㉢ 銀行 ③ ㉣ 業務
④ ㉤ 注文 ⑤ ㉥ 古速

107. ㉦'도로'와 ㉧'교통'의 한자 표기를 바르게 짝지은 것은?

① 度路 – 教通 ② 都勞 – 交則

③ 道路 – 交通 ④ 都路 – 教則

⑤ 道勞 – 交退

108~110 다음 글을 읽고 물음에 답하시오.

> 전국에서 하룻동안 버려지는 ㉠음식물 쓰레기의 양은 약 1만 2912톤이고, 이를 돈으로 ㉡환산하면 약 10조 원이나 된다. 만약, 우리가 꼭 필요한 만큼만 음식을 만들고, 만든 음식은 다 먹으려고 노력한다면, 음식물 쓰레기로 인한 환경 오염도 막을 수 있을 뿐 아니라, 이를 처리하는 데 드는 비용도 많이 ㉢줄일 수 있다.

108. ㉠'음식물' 한자 표기가 바른 것은?

① 音食物 ② 飲食物 ③ 飲植物
④ 音式物 ⑤ 音植物

109. ㉡'환산'의 '산'과 같은 한자를 사용한 한자는?

① 過大 ② 晝夜 ③ 午後 ④ 産業 ⑤ 算出

110. ㉢'줄일 수 있다' 뜻을 나타낸 것은?

① 節電 ② 節水 ③ 絕半 ④ 節約 ⑤ 絕命

111~115 다음 글을 읽고 물음에 답하시오.

유엔은 선거가 가능한 지역만이라도 총선거를 ㉠實施하여 정부를 ㉡세울 것을 결의하였다. 이에 따라 1948년 5월 10일에 남한만의 총선거를 통해 국회 의원이 선출되었고, 그 해 7월 17일에 헌법이 ㉢공포되었다. 또, 8월 15일에는 이승만을 ㉣초대 대통령으로 하는 대한 민국 정부가 세워졌다. 한편, 북한에는 김일성이 이끄는 ㉤공산주의 ㉥정권이 들어섰다.
남한의 대한 민국 정부는 유엔으로부터 ㉦승인을 받고 민주주의 국가로의 발전을 꾀하였다. 그러나 북한은 남한과 다른 ㉧이념을 가지고 있었기 때문에 서로 갈등과 ㉨반목이 ㉩깊어 갔다.

111. ㉠'實施'의 독음이 바른 것은?

① 시설 ② 시행 ③ 실시 ④ 실천 ⑤ 실행

112. ㉡'세울'의 뜻을 가진 한자어는?

① 建造 ② 乾達 ③ 擧行 ④ 脚色 ⑤ 樹立

113. ㉢~㉧ 중 한자 표기가 바르지 않은 것은?

① ㉢ 公布 ② ㉣ 招待 ③ ㉥ 政權
④ ㉦ 承認 ⑤ ㉧ 理念

114. ㉤'공산주의'와 ㉨'반목'의 한자표기를 바르게 짝지은 것은?

① 共算主義 - 半目 ② 公算主義 - 半目
③ 空産主義 - 半目 ④ 公産主義 - 反目
⑤ 共産主義 - 反目

115. ㉩'깊어'의 뜻을 가진 한자는?

① 但 ② 柳 ③ 深 ④ 免 ⑤ 擧

116~120 다음 글을 읽고 물음에 답하시오.

을사조약 이후 일본은 고종 ㉠皇帝(을)를 ㉡강제로 물러나게 하고 군대를 ㉢해산시켰다. 이후 일본은 조선 ㉣총독부를 두고 ㉤헌병 ㉥경찰을 ㉦동원하여 우리 민족을 ㉧탄압했으며, 농민들이 조상 대대로 물려받은 토지를 제 때에 신고하지 않았다는 이유로 빼앗았다. 또, 우리 국민에게 일본을 우러러보고 섬기게 하는 식민지 교육을 하였다.
이런 상황에서도 우리 겨레는 나라 잃은 슬픔과 분노를 삭이면서 독립 운동을 펴 나갔다. 또, 일본에 대항하는 비밀 ㉨단체를 ㉩조직하여 국내에서 독립 운동의 ㉪기반을 마련하거나, 만주와 연해주 지역에서 독립군 단체를 조직하여 무장 투쟁을 벌였다.
제1차 세계 대전 후 민족 자결주의의 ㉫영향을 받아, 일본에 있는 유학생들이 독립을 요구하는 선언서를 발표하였다. 국내 독립 운동가들의 움직임도 활발해져, 1919년 3월 1일에는 온 겨레가 ㉬참여한 독립 만세 운동이 일어났다.

116. ㉠'皇帝' 독음이 바른 것은?

① 천황 ② 대왕 ③ 임금 ④ 황제 ⑤ 황위

117. ㉡'강제'의 한자 표기가 바른 것은?

① 講製 ② 强制 ③ 鋼製 ④ 强製 ⑤ 康制

118. ㉢~㉦ 의 한자 표기가 바르지 않은 것은?

① ㉢ 解散 ② ㉣ 總督府 ③ ㉤ 憲兵
④ ㉥ 驚察 ⑤ ㉦ 動員

119. ㉧'탄압'의 '압'과 같은 한자를 사용한 한자어는?

① 老翁 ② 溫柔 ③ 禁煙 ④ 押收 ⑤ 壓迫

120. ㉨~㉬ 중 한자 표기가 바르지 않은 것은?

① ㉨ 單體 ② ㉩ 組織 ③ ㉪ 基盤
④ ㉫ 影響 ⑤ ㉬ 參與

일—사瀉
천千리里

한자시험 실전모의고사 4회

※ 다음 문제를 읽고 알맞는 것을 고르시오.

제1영역 漢 字

1~2 다음 필순(筆順)에 대한 설명에 가장 알맞은 한자는 어느 것입니까?

1. 왼쪽에서 오른쪽으로 쓴다.

① 外 ② 客 ③ 究 ④ 量 ⑤ 景

2. 좌우의 모양이 같을 때에는 가운데를 먼저 쓴다.

① 月 ② 競 ③ 界 ④ 出 ⑤ 軍

3~4 다음 한자(漢字)의 획수(劃數)는 모두 몇 획입니까?

3. 勤 : ① 10획 ② 11획 ③ 12획 ④ 13획 ⑤ 14획

4. 禁 : ① 12획 ② 13획 ③ 14획 ④ 15획 ⑤ 16획

5~6 다음 한자(漢字)의 부수(部首)는 무엇입니까?

5. 個 : ① 亻 ② 襾 ③ 目 ④ 八 ⑤ 古

6. 結 : ① 士 ② 土 ③ 口 ④ 糸 ⑤ 吉

7~8 다음 한자(漢字)와 그 조자(造字)의 방식이 같은 한자는 어느 것입니까?

> 〈보기〉 日 : ① 山 ② 休 ③ 下 ④ 江 ⑤ 回
>
> 〈보기〉에 제시된 한자 '日(해의 모습을 본떠서 만들었음)'처럼 구체적인 사물의 모습을 본떠서 만든 상형자(象形字)는 '山(산의 모습을 본떠서 만들었음)'이다. 따라서 정답 ①을 골라 답란에 표기하면 된다.

7. 老 : ① 九 ② 萬 ③ 賞 ④ 原 ⑤ 始

8. 序 : ① 音 ② 本 ③ 素 ④ 洋 ⑤ 刀

9~14 다음 한자(漢字)의 음(音)은 무엇입니까?

9. 德 : ① 도 ② 덕 ③ 득 ④ 직 ⑤ 대

10. 到 : ① 도 ② 실 ③ 지 ④ 치 ⑤ 차

11. 東 : ① 과 ② 속 ③ 당 ④ 중 ⑤ 동

12. 等 : ① 등 ② 사 ③ 시 ④ 죽 ⑤ 상

13. 列 : ① 렬 ② 얼 ③ 일 ④ 알 ⑤ 연

14. 留 : ① 누 ② 루 ③ 류 ④ 우 ⑤ 국

15~19 다음의 음(音)을 가진 한자는 어느 것입니까?

15. 률 : ① 分 ② 律 ③ 林 ④ 末 ⑤ 仙

16. 면 : ① 婦 ② 夫 ③ 勉 ④ 首 ⑤ 各

17. 방 : ① 臣 ② 歲 ③ 飛 ④ 防 ⑤ 君

18. 대 : ① 旅 ② 代 ③ 若 ④ 逆 ⑤ 明

19. 야 : ① 往 ② 氏 ③ 店 ④ 以 ⑤ 夜

20~24 다음 한자(漢字)와 음(音)이 같은 한자는 어느 것입니까?

20. 然 : ① 義 ② 雄 ③ 最 ④ 志 ⑤ 研

21. 榮 : ① 英 ② 藝 ③ 五 ④ 玉 ⑤ 協

22. 容 : ① 六 ② 牛 ③ 用 ④ 肉 ⑤ 虎

23. 因 : ① 前 ② 益 ③ 海 ④ 貨 ⑤ 引

24. 孝 : ① 治 ② 衆 ③ 效 ④ 片 ⑤ 後

25~30 다음 한자(漢字)의 뜻은 무엇 것입니까?

25. 恩 :

① 은혜 ② 바치다 ③ 인하다 ④ 생각하다 ⑤ 표현하다

26. 飮 :

① 하품 ② 쉬다 ③ 마시다 ④ 모자라다 ⑤ 뒤쳐지다

27. 帝 :

① 잠깐 ② 오늘 ③ 어제 ④ 만들다 ⑤ 임금

28. 材 :

① 못 ② 재목 ③ 세월 ④ 나이 ⑤ 호수

29. 貯 :

① 조개 ② 흩다 ③ 쌓다 ④ 멈추다 ⑤ 비치다

30. 展 :

① 굽다 ② 눕다 ③ 줍다 ④ 춥다 ⑤ 펴다

31~35 다음의 뜻을 가진 한자(漢字)는 어느 것입니까?

31. 다투다 : ① 全 ② 製 ③ 册 ④ 祖 ⑤ 爭

32. 일찍 : ① 早 ② 造 ③ 足 ④ 卒 ⑤ 丹

33. 왼쪽 : ① 走 ② 左 ③ 右 ④ 注 ⑤ 句

34. 근심 : ① 同 ② 兵 ③ 線 ④ 云 ⑤ 患

35. 하다 : ① 省 ② 長 ③ 師 ④ 爲 ⑤ 尙

36~40 다음 한자(漢字)와 뜻이 비슷한 한자는 어느 것입니까?

36. 初: ① 位 ② 番 ③ 度 ④ 始 ⑤ 共

37. 語: ① 落 ② 言 ③ 官 ④ 姓 ⑤ 方

38. 告: ① 報 ② 詩 ③ 少 ④ 建 ⑤ 庭

39. 體: ① 蟲 ② 價 ③ 洞 ④ 應 ⑤ 身

40. 産: ① 充 ② 送 ③ 生 ④ 陸 ⑤ 再

제2영역 語彙

41~45 다음 한자어(漢字語)와 발음(發音)이 같은 한자어는 어느 것입니까?

41. 正道 : ① 獨島 ② 精度 ③ 讀圖 ④ 別堂 ⑤ 建立

42. 上士 : ① 相思 ② 相生 ③ 死生 ④ 三聖 ⑤ 手話

43. 時調 : ① 試所 ② 始祖 ③ 式典 ④ 曲調 ⑤ 船貨

44. 佳景 : ① 觀光 ② 家慶 ③ 古經 ④ 尊敬 ⑤ 逢別

45. 主管 : ① 主權 ② 主觀 ③ 主導 ④ 主張 ⑤ 蜜蜂

46~47 다음 괄호 속 한자(漢字)의 음(音)이 다르게 발음 되는 것은 어느 것입니까?

46. ① 私(見) ② 後(見)人 ③ (見)解 ④ (見)聞 ⑤ (見)齒

47. ① (數)學 ② (數)年 ③ 頻(數) ④ 奇(數) ⑤ (數)次

48~57 다음 단어들의 '□'에 공통으로 들어갈 알맞은 한자(漢字)는 어느 것입니까?

48. □要, □化, 富□ : ① 强 ② 重 ③ 深 ④ 感 ⑤ 義

49. □良, □善, □定 : ① 獨 ② 安 ③ 改 ④ 次 ⑤ 法

50. □住, □植, □動 : ① 入 ② 移 ③ 運 ④ 雄 ⑤ 察

51. 樂□, 公□, 花□ : ① 草 ② 圖 ③ 元 ④ 園 ⑤ 省

52. □滿, □分, □實 : ① 事 ② 未 ③ 過 ④ 充 ⑤ 考

53. □反, 色□, 位□ : ① 感 ② 相 ③ 患 ④ 則 ⑤ 接

54. □一, □合, □計 : ① 統 ② 都 ③ 集 ④ 有 ⑤ 化

55. □氣, 快□, □動 : ① 運 ② 活 ③ 生 ④ 樂 ⑤ 方

56. □究, □問, □訪 : ① 研 ② 深 ③ 探 ④ 禮 ⑤ 驚

57. □大, □張, □散 : ① 巨 ② 擴 ③ 分 ④ 伸 ⑤ 補

58~65 다음 한자어(漢字語)와 뜻이 반대(反對)이거나 상대(相對)되는 한자어는 어느 것입니까?

58. 君子 : ① 大人 ② 聖人 ③ 美人 ④ 小人 ⑤ 不死

59. 復學 : ① 休學 ② 修學 ③ 無學 ④ 退學 ⑤ 調節

60. 希望 : ① 絕望 ② 大望 ③ 所望 ④ 展望 ⑤ 忠情

61. 都市 : ① 都邑 ② 都城 ③ 鄕村 ④ 故鄕 ⑤ 保守

62. 同意 : ① 同調 ② 異意 ③ 意圖 ④ 意向 ⑤ 低調

63. 減少 : ① 加減 ② 增減 ③ 增加 ④ 所得 ⑤ 私的

64. 單純 : ① 多數 ② 複雜 ③ 複數 ④ 單數 ⑤ 傾斜

65. 短縮 : ① 短期 ② 年長 ③ 延長 ④ 壽命 ⑤ 賃貸

66~70 다음 성어(成語)에서 '□'에 들어갈 알맞은 한자(漢字)는 어느 것입니까?

66. 勢不□立 : ① 兩 ② 名 ③ 親 ④ 故 ⑤ 街

67. □一知十 : ① 門 ② 問 ③ 聞 ④ 文 ⑤ 賣

68. 四通八□ : ① 達 ② 刀 ③ 月 ④ 大 ⑤ 堂

69. □下老人 : ① 木 ② 月 ③ 日 ④ 古 ⑤ 雲

70. 固定觀□ : ① 公 ② 戰 ③ 念 ④ 信 ⑤ 例

71~75 다음 성어(成語)의 뜻풀이로 적절한 것은 어느 것입니까?

71. 四海兄弟

① 네 바다로 형제가 떠나다.
② 바다의 형제들은 사이가 좋다.
③ 사해를 통해서 형제들이 교류한다.
④ 형제들이 바다를 넘어간다.
⑤ 온 세상 사람이 모두 형제와 같다.

72. 多多益善

① 엎친 데 덮친 격
② 객지에서 겪는 많은 고생
③ 좋은 일이 겹쳐서 생김
④ 많으면 많을수록 좋음
⑤ 일이 많아서 사는 것이 피곤함

73. 各人各色

① 큰 차이 없이 거의 비슷함
② 사람의 견문이 매우 좁음
③ 사람마다 각기 다름
④ 한 사람이 여러 재주나 복을 다 가질 수 없음
⑤ 각각의 사람들은 결국 큰 차이가 없이 같다

74. 三寒四溫

① 세 번 찬물을 마시고 네 번 따뜻한 물을 마심
② 사흘 동안 춥고 나흘 동안 따뜻함
③ 크게 될 사람은 늦게 이루어짐
④ 세 번은 찬물에 네 번은 따뜻한 물에 목욕함
⑤ 철 없는 어린 아이같이 변덕이 심함

75. 一問一答

① 한 번은 질문하고 다음에는 대답함
② 지나친 것은 미치지 못한 것과 같음
③ 한 번 질문에 대하여 한 번 대답함
④ 한번 실패한 사람이 세력을 회복하여 재기함
⑤ 적은 수효로 많은 수효를 대적하지 못함

76~80 다음의 뜻을 가장 잘 나타낸 성어(成語)는 어느 것입니까?

76. 총이나 활을 쏠 때마다 겨눈 곳에 다 맞다.

① 百發百中 ② 一石二鳥
③ 自業自得 ④ 士農工商
⑤ 山川草木

77. 여러 가지 일도 많고 어려움도 많다.

① 多才多能 ② 多事多難 ③ 父傳子傳
④ 山戰水戰 ⑤ 世上萬事

78. 여러 가지의 잘잘못을 옳고 그름을 따지며 다툼

① 獨不將軍 ② 一言半句 ③ 敬老孝親
④ 是是非非 ⑤ 無所不知

79. 나쁜 일에 대한 소문은 빠르게 널리 펴져 알려짐

① 十中八九 ② 惡事千里 ③ 八道江山
④ 自由自在 ⑤ 形形色色

80. 한 사람이 여러 가지 재주나 복을 다 가질 수 없음

① 客反爲主 ② 二八青春 ③ 皮骨相接
④ 無爲自然 ⑤ 角者無齒

제3영역 讀解

81~86 다음 문장에서 한자어(漢字語)의 음(音)은 무엇입니까?

81. 학생 모두가 일어서서 校歌를 제창하였다.

① 축가 ② 답가 ③ 교가 ④ 가요 ⑤ 국가

82. 국민은 투표로써, 자신의 意見을(를) 표시한다.

① 의사 ② 견해 ③ 의견 ④ 사상 ⑤ 감정

83. 매만 맞고 돌아온 흥부는 스스로의 힘으로 살아가기로 <u>決心</u>하고 열심히 일을 하였습니다.

① 계획 ② 결심 ③ 각오 ④ 결단 ⑤ 결정

84. 나는 모아 둔 일기장을 챙기면서 옛날에 쓴 <u>日記</u>들을 살펴보았습니다.

① 일지 ② 일기 ③ 편지 ④ 수기 ⑤ 메모

85. 자원의 개발과 산업의 발전은 우리 생활을 <u>向上</u>시켜 주지만, 한편으로는 여러 문제점이 생기고 있다.

① 항상 ② 발전 ③ 발상 ④ 상승 ⑤ 향상

86. 탐스럽고 화려한 꽃으로 모란이나 장미가 있고, <u>香氣</u>가 좋은 꽃으로 백합과 라일락이 있다.

① 향수 ② 향기 ③ 색기 ④ 향취 ⑤ 향내

87~92 다음 문장에서 밑줄 친 한자어(漢字語)의 뜻풀이로 적절한 것은 어느 것입니까?

87. 할아버지의 <u>春秋</u>가 어떻게 되느냐는 질문에 일흔이십니다라고 대답하였습니다.

① 봄과 가을 ② 나이 ③ 일년 ④ 세월 ⑤ 경력

88. 그의 <u>長技</u>는 뭐니 뭐니 해도 명창에 비길만한 소리이다.

① 평범한 재주 ② 오래 할 수 있는 놀이
③ 가장 잘하는 재주 ④ 시간이 오래 걸리는 기술
⑤ 오랜 시간 익힌 재주

89. 막동은 내색하지 않으려고 무던히 애를 쓰고 있었지만 <u>內心</u> 공포에 가까운 불안을 알고 있었던 것이다.

① 몰래 ② 드러나는
③ 이성적으로 ④ 마음속으로
⑤ 무의식적으로

90. 시조는 우리 민족만이 짓고 부르던 고유한 <u>形式</u>의 노래이다.

① 기능의 단위 ② 장르 ③ 겉모양
④ 모양과 성질 ⑤ 문장의 구성

91. 일단 합의를 통해 결정된 일에는 모두가 믿고 따르며 <u>協力</u>해야 한다.

① 한 곳에 모임 ② 같이 모임
③ 마음을 모음 ④ 생각을 모음
⑤ 힘을 합쳐 서로 도움

92. 필요 없는 전등 하나를 끄면, 그만큼 돈도 <u>節約</u>할 수 있다.

① 아끼어 씀 ② 알맞게 조절함
③ 부지런히 일함 ④ 절약해 모아둠
⑤ 적당히 씀

93~95 다음 문장에서 빈칸에 들어갈 가장 적절한 한자어(漢字語)는 어느 것입니까?

93. 요즈음 어린이들은 겉으로 보기에는 건강한 것 같아도 온실의 □□처럼 몸이 허약하다.

① 花園 ② 化草 ③ 花初 ④ 花草 ⑤ 和草

94. 우리 □□의 대부분은 산으로 되어 있다.

① 國民 ② 國土 ③ 農土 ④ 國地 ⑤ 國士

95. 육식 □□인 악어는 사람을 해치는 것은 물론이고 짐승이나 물고기도 닥치는 대로 먹어치운다.

① 冬物 ② 同物 ③ 毒物 ④ 童物 ⑤ 動物

96~98 다음 문장에서 한자어(漢字語)의 한자 표기(漢字表記)가 바르지 않은 것은 어느 것입니까?

96. 모든 ①生物이 그렇듯이, ②人間도 적절한 ③校育을 받음으로써 사회화되고 ④內在된 ⑤自我의 폭을 넓히게 되는 것이다.

97. ① 問學 ② 作品이 인간의 ③ 生活 모습을 담아 낸다면, 작품의 ④ 登場 인물들 간에도 갈등이 ⑤ 存在할 것이다.

98. 태풍이 ① 南海안을 ② 强打하여 많은 ③ 財産 피해와 ④ 多數의 ⑤ 人名 피해를 냈다.

99~101 다음 문장에서 밑줄 친 단어(單語)를 한자(漢字)로 바르게 쓴 것은 어느 것입니까?

99. 어린이들은 일반적으로 영양이 많은 생선을 <u>충분</u>히 먹지 않는다.

① 育分 ② 養育 ③ 充分 ④ 忠分 ⑤ 安分

100. <u>정치</u>를 하는 사람 중에서 자기의 이익만을 추구하는 사람이 있다.

① 正治 ② 正致 ③ 政致 ④ 政治 ⑤ 情致

101. 어느덧 소년은 자라 청년이 되었습니다.

① 唱年 ② 情年 ③ 青年 ④ 清年 ⑤ 春年

102~104 다음 문장에서 밑줄 친 단어(單語)나 어구(語句)의 뜻을 가장 잘 나타낸 한자(漢字) 또는 한자어(漢字語)는 어느 것입니까?

102. 안중근 의사는 1879년 황해도 해주에서 태어났습니다.

① 發生 ② 出生 ③ 先生 ④ 學生 ⑤ 相生

103. 진희는 집에서 맏딸입니다.

① 長男 ② 長女 ③ 次男 ④ 次女 ⑤ 子女

104. 우리 나라의 명절 가운데에서 설, 한가위가 큰 명절입니다.

① 秋夕 ② 下午 ③ 上午 ④ 正午 ⑤ 秋分

105~110 다음 글을 읽고 물음에 답하시오.

계백은 ㉠죽음을 각오한 병사 오천 명을 가려 ㉡뽑아서, ㉢출전하였다. 계백은 출전하기에 앞서 자기 처와 어린 자녀들을 모두 죽여버렸다. 좌우 사람들이 크게 놀라 그 까닭을 물으니 계백이 다음과 같이 답했다."이제 신라와 당의 ㉣많은 병사들을 맞아 싸우게 되니 ㉤국가의 ㉥존망을 나로서도 예측할 수 없어, 싸움에 패했을 때 처자가 적에게 욕을 당하느니 차라리 내 손에 죽는 것이 낫다고 생각했소."이를 안 오천의 결사대는 비장한 각오로 ㉦전의를 불태우며 황산벌에 ㉧도착했다. 계백이 이끄는 결사대는 네 번 싸워 네 번 모두 ㉨승리를 거두었다. 그러나 반굴과 관창의 전사로 분기탱천한 신라군이 노도와 같이 다섯 번째 공격을 감행하니, 마침내 계백과 결사대도 그 힘을 다하여 ㉩싸움에 지고 말았다.

105. 문맥에 맞는 ㉠'죽음'의 뜻을 나타내는 한자어는?

① 短命 ② 戰死 ③ 病死 ④ 死亡 ⑤ 生死

106. ㉡'뽑아서'의 뜻을 가진 것은?

① 守 ② 賣 ③ 選 ④ 殺 ⑤ 射

107. ㉢'출전'의 한자 표기가 바른 것은?

① 快勝 ② 史官 ③ 登山 ④ 出戰 ⑤ 出兵

108. ㉣'많은 병사'의 뜻을 가장 잘 나타낸 것은?

① 大君 ② 大軍 ③ 對戰 ④ 移動 ⑤ 大戰

109. ㉤~㉨ 중에서 한자의 표기가 바르지 않은 것은?

① ㉤ 國家 ② ㉥ 存亡 ③ ㉦ 戰意
④ ㉧ 到着 ⑤ ㉨ 勝理

110. ㉩'싸움에 지고 말았다'의 한자 표기가 바른 것은?

① 滿期 ② 速步 ③ 風波 ④ 敗北 ⑤ 將軍

111~115 다음 글을 읽고 물음에 답하시오.

고려 청자의 뛰어난 예술적 가치는 오늘날의 ㉠첨단 과학으로도 재현해 낼 수 없는 신비의 비취색과 유약을 입히는 ㉡세련된 ㉢기술, 그릇 표면에 무늬를 파고 그 속에 백토나 ㉣흑토를 메워 넣는 화려한 상감 ㉤기법 ㉥개발 등 고려인만의 독창성에서 비롯된 것이다. 청자 문화를 주도했던 중국에서조차 천하의 ㉦명품으로 중국 북부 지방의 정요 백자를 꼽으면서도 ㉧유독 청자만은 고려의 것을 으뜸으로 쳤을 정도다. 이런저런 ㉨경로로 ㉩각국에 숨겨져 있다가 소더비나 크리스티나 등 세계적 ㉪경매장에서 ㉫등장하는 고려청자가 한 점에 수천만원을 ㉬호가하는 것도 뛰어난 예술성과 희귀성 때문이리라.

111. ㉠'첨단'의 '단'과 같은 한자를 사용한 한자어는?

① 但書 ② 丹田 ③ 短期 ④ 單純 ⑤ 端正

112. ㉡'세련'의 한자표기로 바른 것은?

① 細練 ② 新綠 ③ 洗練 ④ 洗浪 ⑤ 細浪

113. ㉢~㉦ 중에서 한자표기가 바르지 않은 것은?

① ㉢ 技淑 ② ㉣ 黑土 ③ ㉤ 技法
④ ㉥ 開發 ⑤ ㉦ 名品

114. ㉧~㉫ 중에서 한자표기가 바르게 된 것은?

① ㉧ 唯獨 ② ㉨ 耕路 ③ ㉩ 皆國
④ ㉪ 輕買場 ⑤ ㉫ 燈場

115. ㉬'호가'의 한자표기로 바른 것은?

① 乎佳 ② 戶假 ③ 或佳 ④ 亥價 ⑤ 呼價

116~120 다음 글을 읽고 물음에 답하시오.

성탄절 무렵에 가장 널리 불리는 캐럴이 바로 '고요한 밤, 거룩한 밤'이다. 오스트리아 오번도르프 마을의 성 니콜라우스 교회 ㉠성가대원들에 의해 1818년 처음 선보인 이래 ㉡무려 300개 이상의 언어로 ㉢번역되어 애창되고 있다. 제1차 세계대전 당시 대치중이던 영국과 독일군 ㉣병사들이 참호에서 이 노래를 부르느라 ㉤잠시 휴전했다는 ㉥일화는 유명하다. 더욱이 성탄절이면 노래의 탄생지를 찾아 이 시골 마을에 관광객들이 밀린다니 그 ㉦위력을 보여 주는 셈이다.

이 노래가 아니더라도 ㉧성탄절을 앞두고는 ㉨백화점이나 쇼핑몰이 ㉩밀집한 대도시 중심가마다 흥겹고 ㉪경쾌한 각종 캐럴이 울려 퍼지게 마련이다. 굳이 예수 탄생이 ㉫함축하는 종교적인 의미를 떠나서도 일반인들은 캐럴과 ㉬구세군의 종소리를 들으며 또다시 세밑이 다가왔음을 피부로 느끼게 된다.

116. ㉠'성가대원'의 한자 표기가 바른 것은?

① 聲歌帶員 ② 聖歌臺員 ③ 聲歌隊員
④ 聖歌隊員 ⑤ 聖歌帶員

117. ㉡~㉥ 중 한자 표기가 바르지 않은 것은?

① ㉡ 無慮 ② ㉢ 飜譯 ③ ㉣ 兵師
④ ㉤ 暫時 ⑤ ㉥ 逸話

118. ㉧'성탄절'의 한자 표기가 바른 것은?

① 四旬節 ② 聖誕節 ③ 釋誕節
④ 復活節 ⑤ 聖彈節

119. ㉦~㉫ 중에서 한자표기가 바르지 않은 것은?

① ㉦ 偉力 ② ㉨ 百和店 ③ ㉩ 密集
④ ㉪ 輕快 ⑤ ㉫ 含蓄

120. ㉬'구세군'의 '구'자의 한자 표기가 바른 것은?

① 救 ② 求 ③ 拘 ④ 究 ⑤ 俱

한자시험 실전모의고사 5회

※ 다음 문제를 읽고 알맞는 것을 고르시오.

제1영역 漢字

1~2 다음 필순(筆順)에 대한 설명에 가장 알맞은 한자는 어느 것입니까?

1. 위에서 아래로 쓴다.

① 月 ② 工 ③ 故 ④ 例 ⑤ 曲

2. 가로 획과 세로 획이 교차될 때에는 가로 획을 먼저 쓴다.

① 土 ② 理 ③ 向 ④ 血 ⑤ 八

3~4 다음 한자(漢字)의 획수(劃數)는 모두 몇 획입니까?

3. 雨 :

① 7획 ② 8획 ③ 9획 ④ 10획 ⑤ 11획

4. 落 :

① 10획 ② 11획 ③ 12획 ④ 13획 ⑤ 14획

5~6 다음 한자(漢字)의 부수(部首)는 무엇입니까?

5. 經 : ① 巛 ② 糸 ③ 小 ④ 一 ⑤ 二

6. 男 : ① 田 ② 力 ③ 刀 ④ 丨 ⑤ 大

7~8 다음 한자(漢字)와 그 조자(造字)의 방식이 같은 한자는 어느 것입니까?

> 〈보기〉 日 : ① 山 ② 休 ③ 下 ④ 江 ⑤ 回
>
> 〈보기〉에 제시된 한자 '日(해의 모습을 본떠서 만들었음)'처럼 구체적인 사물의 모습을 본떠서 만든 상형자(象形字)는 '山(산의 모습을 본떠서 만들었음)'이다. 따라서 정답 ①을 골라 답란에 표기하면 된다.

7. 豆 : ① 本 ② 多 ③ 川 ④ 好 ⑤ 念

8. 非 : ① 雨 ② 太 ③ 間 ④ 定 ⑤ 上

9~14 다음 한자(漢字)의 음(音)은 무엇입니까?

9. 客 : ① 명 ② 석 ③ 객 ④ 각 ⑤ 액

10. 見 : ① 패 ② 목 ③ 일 ④ 막 ⑤ 견

11. 毛 : ① 필 ② 수 ③ 발 ④ 모 ⑤ 목

12. 俗 : ① 곡 ② 숙 ③ 속 ④ 욕 ⑤ 옥

13. 量 : ① 리 ② 량 ③ 용 ④ 탁 ⑤ 루

14. 午 : ① 작 ② 사 ③ 상 ④ 일 ⑤ 오

15~19 다음의 음(音)을 가진 한자는 어느 것입니까?

15. 습 : ① 絕 ② 罪 ③ 忠 ④ 色 ⑤ 習

16. 위 : ① 祝 ② 立 ③ 位 ④ 恩 ⑤ 賣

17. 종 : ① 章 ② 種 ③ 重 ④ 取 ⑤ 都

18. 이 : ① 斗 ② 己 ③ 武 ④ 世 ⑤ 移

19. 자 : ① 自 ② 兩 ③ 談 ④ 浴 ⑤ 步

20~24 다음 한자(漢字)와 음(音)이 같은 한자는 어느 것입니까?

20. 雲 : ① 勤 ② 運 ③ 英 ④ 河 ⑤ 完

21. 素 : ① 守 ② 所 ③ 順 ④ 場 ⑤ 圖

22. 香 : ① 幸 ② 鄉 ③ 勝 ④ 仕 ⑤ 國

23. 丹 : ① 久 ② 單 ③ 果 ④ 革 ⑤ 街

24. 告: :① 吉 ② 夫 ③ 固 ④ 壯 ⑤ 京

25~30 다음 한자(漢字)의 뜻은 무엇입니까?

25. 去 : ① 가다 ② 오다 ③ 먹다 ④ 사다 ⑤ 지나다

26. 期 : ① 그 ② 타다 ③ 기약 ④ 말하다 ⑤ 바둑

27. 變 : ① 불 ② 자다 ③ 식다 ④ 변하다 ⑤ 식히다

28. 姓 : ① 성 ② 성품 ③ 재주 ④ 참다 ⑤ 추다

29. 字 : ① 글자 ② 아들 ③ 계집 ④ 낮다 ⑤ 높다

30. 物 : ① 밥 ② 곡식 ③ 물건 ④ 계곡 ⑤ 학문

31~35 다음의 뜻을 가진 한자(漢字)는 어느 것입니까?

31. 금하다 : ① 禁 ② 金 ③ 可 ④ 元 ⑤ 善

32. 아이 : ① 番 ② 兒 ③ 屋 ④ 調 ⑤ 有

33. 헤아리다 : ① 歌 ② 財 ③ 料 ④ 科 ⑤ 弱

34. 골 : ① 骨 ② 題 ③ 親 ④ 谷 ⑤ 平

35. 마을 : ① 進 ② 存 ③ 寸 ④ 除 ⑤ 村

36~40 다음 한자(漢字)와 뜻이 비슷한 한자는 어느 것입니까?

36. 育: ① 解 ② 養 ③ 友 ④ 容 ⑤ 强

37. 考: ① 失 ② 擧 ③ 名 ④ 奉 ⑤ 思

38. 察: ① 省 ② 收 ③ 訪 ④ 父 ⑤ 童

39. 設: ① 夕 ② 交 ③ 施 ④ 面 ⑤ 式

40. 法: ① 郡 ② 方 ③ 住 ④ 典 ⑤ 黃

제2영역 語彙

41~45 다음 한자어(漢字語)와 발음(發音)이 같은 한자어는 어느 것입니까?

41. 救命 : ① 口令 ② 童心 ③ 救國 ④ 救助 ⑤ 究明

42. 消亡 : ① 藥草 ② 所望 ③ 滿月 ④ 萬一 ⑤ 誠意

43. 人和 : ① 引下 ② 人家 ③ 入會 ④ 引火 ⑤ 陽數

44. 干支 : ① 產地 ② 間紙 ③ 散在 ④ 存在 ⑤ 否定

45. 叛徒 : ① 半天 ② 反射 ③ 反動 ④ 半島 ⑤ 浮雲

46~47 다음 괄호 속 한자(漢字)의 음(音)이 다르게 발음 되는 것은 어느 것입니까?

46. ① (讀)書 ② 句(讀) ③ 速(讀) ④ 一(讀) ⑤ (讀)者

47. ① 嫌(惡) ② 憎(惡) ③ (惡)寒 ④ 好(惡) ⑤ (惡)臭

48~57 다음 단어들의 '□'에 공통으로 들어갈 알맞은 한자(漢字)는 어느 것입니까?

48. 談□, 失□, 冷□ : ① 水 ② 笑 ③ 敗 ④ 言 ⑤ 甘

49. 形□, □紙, □益 : ① 便 ② 利 ③ 用 ④ 體 ⑤ 物

50. □世, □安, 完□ : ① 全 ② 治 ③ 結 ④ 平 ⑤ 清

51. □度, 上□, 有□ : ① 溫 ② 席 ③ 角 ④ 限 ⑤ 香

52. 解□, 論□, □法 : ① 海 ② 說 ③ 强 ④ 政 ⑤ 追

53. □造, □藥, 手□ : ① 急 ② 農 ③ 題 ④ 製 ⑤ 財

54. □筆, 先□, □近 : ① 遠 ② 後 ③ 親 ④ 文 ⑤ 考

55. □擧, 競□, 初□ : ① 爭 ② 快 ③ 等 ④ 選 ⑤ 成

56. □達, □送, □統 : ① 傳 ② 正 ③ 通 ④ 移 ⑤ 風

57. □改, □恨, 後□ : ① 回 ② 會 ③ 懷 ④ 悔 ⑤ 菌

58~65 다음 한자어(漢字語)와 뜻이 반대(反對)이거나 상대(相對)되는 한자어는 어느 것입니까?

58. 肉體 : ① 精神 ② 主體 ③ 光體 ④ 物體 ⑤ 愛族

59. 古代 : ① 現代 ② 中世 ③ 古來 ④ 古今 ⑤ 復古

60. 問題 : ① 設問 ② 問答 ③ 解答 ④ 不問 ⑤ 野望

61. 正門 : ① 城門 ② 人文 ③ 後門 ④ 門下 ⑤ 夜行

62. 實名 : ① 失名 ② 假名 ③ 佳名 ④ 失明 ⑤ 慶事

63. 清潔 : ① 不潔 ② 清明 ③ 快晴 ④ 純潔 ⑤ 街路

64. 與黨 : ① 野黨 ② 朋黨 ③ 新黨 ④ 作黨 ⑤ 破散

65. 浪費 : ① 消費 ② 貯蓄 ③ 濫費 ④ 貯水 ⑤ 破壞

66~70 다음 성어(成語)에서 '□'에 들어갈 알맞은 한자(漢字)는 어느 것입니까?

66. 萬事太□ : ① 義 ② 意 ③ 平 ④ 利 ⑤ 飲

67. 因果□報 : ① 陽 ② 食 ③ 洋 ④ 養 ⑤ 應

68. 至誠□天 : ① 皮 ② 判 ③ 此 ④ 感 ⑤ 解

69. 青山□水 : ① 死 ② 流 ③ 各 ④ 肉 ⑤ 有

70. 一日三□ : ① 秋 ② 想 ③ 天 ④ 理 ⑤ 春

71~75 다음 성어(成語)의 뜻풀이로 적절한 것은 어느 것입니까?

71. 主客一體

① 주인과 손님이 같이 길을 떠남
② 주체와 객체가 하나가 됨
③ 주체는 객체를 하나로 품어야 함
④ 주인과 손님의 자리가 바뀜
⑤ 주체는 객체가 있어야 성립할 수 있음

72. 東問西答

① 물음과는 전혀 상관없는 엉뚱한 대답
② 움직임을 쉽게 알 수 없음
③ 간사한 꾀로 남을 속임
④ 여기저기 떠돌아다님
⑤ 동쪽에서 답이 생겨남

73. 馬耳東風

① 큰 차이 없이 거의 비슷함
② 남의 말을 지나치게 의식함
③ 남의 말을 귀담아 듣지 않고 흘려 버림
④ 두 사물이 낫고 못함을 정하기 어려움
⑤ 말이 봄바람을 들음

74. 一進一退

① 쉬운 일부터 시작함
② 한 번 들어 둘을 얻음
③ 치우침이 없는 공정한 자세
④ 모든 일은 반드시 바른 데로 돌아감
⑤ 한 번 앞으로 나아갔다 한 번 뒤로 물러섰다함

75. 各自爲政

① 사람이 각자 자기대로 함
② 하찮은 존재
③ 천리 길도 한걸음부터
④ 백지장도 맞들면 낫다.
⑤ 하늘이 맑고 모든 것이 풍성함

76~80 다음의 뜻을 가장 잘 나타낸 성어(成語)는 어느 것입니까?

76. 늙지 아니하고 오래 살다.

① 十年窓下 ② 青天白日 ③ 三十六計
④ 不老長生 ⑤ 一波萬波

77. 변명할 말이 없거나 변명을 못하다.

① 有口無言 ② 人山人海 ③ 以熱治熱
④ 出天大孝 ⑤ 進退兩難

78. 간 곳이나 방향을 모름

① 無所不爲 ② 出告反面 ③ 行方不明
④ 家書萬金 ⑤ 見聞一致

79. 자기의 마음과 가치를 알아주는 참다운 친구

① 高山流水 ② 明明白白 ③ 無所不能
④ 權不十年 ⑤ 上行下效

80. 하는 일에는 뜻이 없고 다른 생각만 함

① 大書特筆 ② 十目所視 ③ 以實直告
④ 讀書亡羊 ⑤ 自古以來

제3영역 讀解

81~86 다음 문장에서 한자어(漢字語)의 음(音)은 무엇입니까?

81. 교통 사고 <u>現場</u>을 직접 보니 남의 일 같지 않았다.

① 현재 ② 현실 ③ 현장 ④ 시대 ⑤ 상황

82. 어떤 사람은 훌륭한 사람이 되는가 하면 <u>反對</u>로 어떤 사람은 쓸모 없는 사람이 되기도 한다.

① 절대 ② 상대 ③ 대체 ④ 반사 ⑤ 반대

83. 우리는 땅의 모양과 도시의 위치를 알고 싶을 때 흔히 <u>地圖</u>를 찾아본다.

① 지리 ② 지세 ③ 사전 ④ 지도 ⑤ 약도

84. 한복에서 두드러지는 것은 부드럽고 우아한 曲線의 아름다움이다.

① 주선 ② 곡선 ③ 직선 ④ 등선 ⑤ 내선

85. 洞口 밖에 커다란 느티나무 한 그루가 있다.

① 동구 ② 입구 ③ 통구 ④ 출구 ⑤ 당구

86. 섬유질 자체는 별 영양가가 없지만, 창자의 活動을 활발하게 해 주는 구실을 한다.

① 활동 ② 운동 ③ 동작 ④ 활력 ⑤ 작동

87~92 다음 문장에서 밑줄 친 한자어(漢字語)의 뜻풀이로 적절한 것은 어느 것입니까?

87. 철새들은 이동할 때에 산줄기나 바닷가를 따라서 날아가는 것이 例事입니다.

① 보통있는 일 ② 예외적인 일 ③ 뜻밖의 일
④ 갑작스러운 일 ⑤ 특별한 일

88. 이번에 박팀장이 作成한 보고서가 사내에 큰 반향을 불러왔다.

① 사회적으로 성공하다 ② 서류, 원고 등을 만들다
③ 성인을 불러내다 ④ 작품을 완성하다
⑤ 근거를 만들다

89. 사람은 태어나면서 누구나 한 가정의 家族이 되는 동시에 한 국가의 국민이 된다.

① 같은 동네에 사는 사람들
② 한 집에 사는 사람들
③ 같이 사는 사람들
④ 집 주인
⑤ 혈연과 혼인 등으로 이룬 사람들의 집단

90. 登山이 취미인 아버지께서는 매주 일요일 아침에 저를 데리고 산에 가신다.

① 들을 거닒 ② 산에 오름 ③ 학교에 감
④ 정상에 오름 ⑤ 사냥을 감

91. 행복이란 먼 곳에 있는 것도 아니며, 먼 未來에 있는 것도 아니다.

① 이전의 인생 ② 지나간 시간
③ 아직 다가오지 않은 때 ④ 이르지 못한 곳
⑤ 지금 이곳

92. 신문 기사를 오리고 나서 오린 종이 뒤에는 兩面 테이프를 붙였다.

① 옆면 ② 한 쪽 ③ 이중으로 된
④ 앞면과 뒷면, 양쪽 ⑤ 두 겹

93~95 다음 문장에서 빈칸에 들어갈 가장 적절한 한자어(漢字語)는 어느 것입니까?

93. 친구에게 거짓말을 한 민철이는 □□의 가책을 느꼈다.

① 内面 ② 兩心 ③ 良心 ④ 內心 ⑤ 養心

94. 산업이 발달하면 국민 생활이 향상되고, □□이 강해진다.

① 體力 ② 國力 ③ 國民 ④ 國訪 ⑤ 體防

95. 버스는 확 트인 □□위를 신나게 달렸다.

① 車道 ② 人道 ③ 步道 ④ 車線 ⑤ 馬道

96~98 다음 문장에서 한자어(漢字語)의 한자 표기(漢字表記)가 바르지 않은 것은 어느 것입니까?

96. 우리 나라도 경제 ①開發의 ②初期에는 ③外國으로부터 자본과 기술의 ④協力을 받아 경제 ⑤發前을 이룩하였다.

97. ①家庭은 ②國家를 이루는 ③最小 ④集合이기 때문에 사회가 ⑤建全하려면 가정이 건강해야 한다.

98. 한 ①民族이 다른 민족의 간섭을 받지 않으려는 것은, ②歷史에 ③公通으로 나타나는 각국의 ④獨立 ⑤事例에서도 알 수 있다.

99~101 다음 문장에서 밑줄 친 단어(單語)를 한자(漢字)로 바르게 쓴 것은 어느 것입니까?

99. 상쇠는 늘 농악대의 선두에 선다.

① 先首 ② 先頭 ③ 善頭 ④ 洗頭 ⑤ 增益

100. 국민들은 선거에서 동등한 한 표를 행사한다.

① 平等 ② 平登 ③ 同等 ④ 同登 ⑤ 加增

101. 한글은 만든 방법이 아주 독창적이고, 구성 원리가 과학적이다.

① 原里 ② 元理 ③ 原理 ④ 元利 ⑤ 法文

102~104 다음 문장에서 밑줄 친 단어(單語)나 어구(語句)의 뜻을 가장 잘 나타낸 한자(漢字) 또는 한자어(漢字語)는 어느 것입니까?

102. 영재는 전구불을 켰다, 불빛이 밝았다.

① 法 ② 應 ③ 明 ④ 日 ⑤ 白

103. 글을 쓸 때에는 읽는 사람에 맞추어서 글을 써야한다.

① 讀者 ② 對話 ③ 獨子 ④ 大化 ⑤ 讀圖

104. 그는 어떤 어려움이 닥쳐도 마음먹은 것을 그만둘 줄을 모르는 사람이었다.

① 傳念 ② 絕望 ③ 中止 ④ 希望 ⑤ 單念

105~107 다음 글을 읽고 물음에 답하시오.

> ㉠중국은 아시아 ㉡대륙의 중앙부에서 동쪽으로 ㉢태평양의 서쪽 끝에 이르는 넓은 국토를 가진 국가이다. ㉣정식 국가 명칭은 중화인민공화국이지만, 흔히 중국이라고 약칭한다. 중국의 국토 면적은 약 960만㎢로 세계 3위이며, 인구는 약 13억 명으로 세계 1위이다. 동쪽으로 ㉤북한, 북쪽으로 몽골-러시아-카자흐스탄-키르기스스탄-타지키스탄, 서쪽으로 아프가니스탄-파키스탄-인도-네팔-부탄, 남쪽으로 미얀마-라오스베트남 등과 국경을 접하고 있다. 중국의 ㉥서울은 베이징이며, 오랜 ㉦역사를 자랑하는 ㉧도시이다. ㉨요즘 들어서는 상하이가 경제의 중심지로서 급부상하고 있다.

105. ㉠~㉤의 한자 표기가 바르지 않은 것은?

① ㉠ 中國 ② ㉡ 大陸 ③ ㉢ 太平洋
④ ㉣ 政式 ⑤ ㉤ 北韓

106. ㉥'서울'과 ㉨'요즘'의 뜻을 가진 한자어끼리 바르게 짝지어진 것은?

① 首都 - 近來 ② 水道 - 未來
③ 水都 - 勤來 ④ 首道 - 遠近
⑤ 首都 - 未來

107. ㉦'역사'와 ㉧'도시'의 한자 표기를 바르게 짝지어진 것은?

① 易使 - 道示 ② 逆事 - 度視
③ 歷事 - 度市 ④ 逆史 - 都視
⑤ 歷史 - 都市

108~110 다음 글을 읽고 물음에 답하시오.

> 어떤 집단이나 ㉠회의 등에서 의사를 ㉡결정할 때 구성원의 다수가 찬성한 결정을 ㉢전체의 ㉣의사로 인정하는 방식을 다수결의 ㉤원칙이라고 합니다. 다수결의 원칙은 이른 시기부터 의회 중심의 민주주의가 발달하기 시작한 ㉥영국에서 ㉦유래하였습니다. ㉧중세 영국에서는 대헌장이 탄생한 이래 민주주의의 싹이 트기 시작하였습니다.

108. ㉠~㉤ 중에서 한자표기가 바르지 않은 것은?

① ㉠ 會議 ② ㉡ 決定 ③ ㉢ 全體
④ ㉣ 議思 ⑤ ㉤ 原則

109. ㉥'영국'의 '영'과 같은 한자를 사용한 것은?

① 光榮 ② 永久 ③ 應答 ④ 熱誠 ⑤ 英特

110. ㉦'유래'와 ㉧'중세'의 한자표기를 바르게 짝지은 것은?

① 有來 - 中世 ② 有來 - 重世
③ 由來 - 中世 ④ 由來 - 重世
⑤ 以來 - 衆世

111~115 다음 글을 읽고 물음에 답하시오.

> 몇 해 전 미국의 ㉠탐사팀이 ㉡지중해 760m ㉢심해에서 기원전 로마시대의 무역선과 ㉣유물을 발굴해 낸 일이 있었다. 타이타닉호와 독일전함 비스마르크호를 탐사한 경험에다 미 해군의 장비들을 ㉤활용함으로써 10년 전에는 상상할 수 없었던 심해탐사에 ㉥성공한 것이다. 앞으로는 해저 6,000m까지 살펴볼 수 있는 최첨단 기술이 ㉦적용된다니 전설의 해저보물선이 하나둘 ㉧실체를 드러내게 됐다. 미국 워싱턴 인근 체서피크만과 맬로만의 바닥에는 수백 대의 ㉨난파선이 수장돼 있다고 한다. 18세기 초 플로리다의 근해에서 허리케인을 만나 침몰한 12척의 스페인 선단에서는 7년 전 수백만 페소의 보물이 ㉩인양됐다. 17세기 ㉪중엽에 난파된 스페인 범선 '기적의 마리아'호는 금과 에메랄드가 30~40t 정도 실린 것으로 추정되는데 탐사선 승무원이 한 경매에 내다판 보물만 1백50만 달러에 이른다.

111. ㉠'탐사팀'의 '탐'과 같은 한자를 사용한 한자어는?

① 脫皮 ② 他關 ③ 連打 ④ 泰然 ⑤ 探訪

112. ㉡~㉥ 중에서 한자표기가 바르지 않은 것은?

① ㉡ 地中海 ② ㉢ 甚海 ③ ㉣ 遺物
④ ㉤ 活用 ⑤ ㉥ 成功

113. ㉦'적용'과 ㉧'실체'의 한자표기를 바르게 짝지은 것은?

① 赤用 – 室體 ② 適用 – 實體
③ 敵用 – 失體 ④ 錢用 – 舌體
⑤ 的用 – 室體

114. ㉨'난파선'의 한자표기가 바른 것은?

① 暖波船 ② 暖破先 ③ 難波先
④ 難破船 ⑤ 難波船

115. ㉩'인양'과 ㉪'중엽'의 한자표기를 바르게 짝지은 것은?

① 印揚 – 中葉 ② 印揚 – 中亦
③ 引揚 – 中葉 ④ 引揚 – 中猶
⑤ 引洋 – 中炎

116~120 다음 글을 읽고 물음에 답하시오.

> 지난 봄 영국 노동당과 ㉠보수당의 '엘리트 논쟁'은 ㉡학맥사회의 ㉢단면을 드러냈다. ㉣공방은 ㉤우수한 공립고교 여학생이 옥스퍼드대 입시에서 낙방하자 영국의 명문대를 포기하고 미국 하버드대에 뛰어난 ㉥성적으로 합격한 데서 비롯됐다. 집권 노동당은 사회 각 분야의 주요 자리를 ㉦독점하면서 명문사립고를 우대하는 옥스브리지 출신들의 엘리트주의가 우수한 학생을 외국으로 내몰았다며 엘리트 집단의 ㉧폐쇄성을 공격했다.보수당과 옥스퍼드대는 노동당이 '무분별한 ㉨계급전쟁'을 선포한다며 맞섰다. 자녀의 교육을 통해 ㉩기득권을 지키려는 ㉪ 상류층과 '장래가 ㉫보장되는 학교'로 2세를 보내 신분 ㉬ 상승을 해보려는 서민의 욕망, 엘리트주의와 평등주의라는 두 얼굴을 엿볼 수 있는 ㉭사건이었다.

116. ㉠'보수당'의'당'과 같은 한자를 사용한 한자어는?

① 當到 ② 唐詩 ③ 糖類 ④ 堂堂 ⑤ 黨派

117. ㉡~㉥ 중에서 한자표기가 바르지 않은 것은?

① ㉡ 學麥 ② ㉢ 斷面 ③ ㉣ 攻防
④ ㉤ 優秀 ⑤ ㉥ 成績

118. ㉦'독점'과 ㉧'폐쇄성'의 한자표기를 바르게 짝지은 것은?

① 獨點 – 閉刷性 ② 獨占 – 閉鎖性
③ 獨漸 – 幣刷性 ④ 篤占 – 肺鎖性
⑤ 督漸 – 閉鎖姓

119. ㉨~㉬ 중에서 한자표기가 바른 것은?

① ㉨ 皆級 ② ㉩ 祈得權 ③ ㉪ 上流層
④ ㉫保章 ⑤ ㉬ 上承

120. ㉭'사건'의 한자표기가 바른 것은?

① 捨件 ② 史健 ③ 斯建 ④ 詐健 ⑤ 事件

한자시험 실전모의고사 6회

※ 다음 문제를 읽고 알맞는 것을 고르시오.

제1영역 漢字

1~2 다음 필순(筆順)에 대한 설명에 가장 알맞은 한자는 어느 것입니까?

1. 왼쪽에서 오른쪽으로 쓴다.

① 可 ② 川 ③ 句 ④ 君 ⑤ 車

2. 좌우의 모양이 같을 때에는 가운데를 먼저 쓴다.

① 廣 ② 故 ③ 求 ④ 歌 ⑤ 去

3~4 다음 한자(漢字)의 획수(劃數)는 모두 몇 획입니까?

3. 參 : ① 10획 ② 11획 ③ 12획 ④ 13획 ⑤14획

4. 最 : ① 12획 ② 13획 ③ 14획 ④ 15획 ⑤16획

5~6 다음 한자(漢字)의 부수(部首)는 무엇입니까?

5. 衆 : ① 丶 ② 皿 ③ 血 ④ 亻 ⑤ 豕

6. 眞 : ① 乙 ② 匕 ③ 八 ④ 目 ⑤ 六

7~8 다음 한자(漢字)와 그 조자(造字)의 방식이 같은 한자는 어느 것입니까?

〈보기〉 日 : ① 山 ② 休 ③ 下 ④ 江 ⑤ 回

〈보기〉에 제시된 한자 '日(해의 모습을 본떠서 만들었음)'처럼 구체적인 사물의 모습을 본떠서 만든 상형자(象形字)는 '山(산의 모습을 본떠서 만들었음)'이다. 따라서 정답 ①을 골라 답란에 표기하면 된다.

7. 九 : ① 街 ② 角 ③ 技 ④ 下 ⑤ 犬

8. 首 : ① 利 ② 線 ③ 土 ④ 仙 ⑤ 病

9~14 다음 한자(漢字)의 음(音)은 무엇입니까?

9. 竹 : ① 숙 ② 죽 ③ 축 ④ 측 ⑤ 작

10. 速 : ① 직 ② 족 ③ 식 ④ 숙 ⑤ 속

11. 親 : ① 신 ② 진 ③ 친 ④ 찬 ⑤ 추

12. 快 : ① 결 ② 괘 ③ 상 ④ 쾌 ⑤ 쇄

13. 打 : ① 다 ② 정 ③ 타 ④ 성 ⑤ 자

14. 敗 : ① 패 ② 부 ③ 복 ④ 포 ⑤ 북

15~19 다음의 음(音)을 가진 한자는 어느 것입니까?

15. 풍 : ① 好 ② 幸 ③ 豊 ④ 復 ⑤ 防

16. 협 : ① 兄 ② 協 ③ 惠 ④ 湖 ⑤ 界

17. 호 : ① 和 ② 貨 ③ 畫 ④ 號 ⑤ 感

18. 조 : ① 原 ② 熱 ③ 接 ④ 耳 ⑤ 朝

19. 인 : ① 仁 ② 用 ③ 溫 ④ 位 ⑤ 羊

20~24 다음 한자(漢字)와 음(音)이 같은 한자는 어느 것입니까?

20. 回 : ① 孝 ② 會 ③ 訓 ④ 興 ⑤ 改

21. 己 : ① 料 ② 科 ③ 希 ④ 起 ⑤ 備

22. 花 : ① 都 ② 談 ③ 吉 ④ 火 ⑤ 比

23. 精 : ① 兆 ② 政 ③ 帝 ④ 族 ⑤ 永

24. 注 : ① 處 ② 宇 ③ 宙 ④ 取 ⑤ 出

25~30 다음 한자(漢字)의 뜻은 무엇입니까?

25. 救 :

① 아홉 ② 청하다 ③ 다하다

④ 건너다 ⑤ 구원하다

26. 貴 : ① 다니다 ② 귀하다 ③ 비싸다
④ 가난하다 ⑤ 착하다

27. 根 : ① 잎 ② 꽃 ③ 줄기 ④ 뿌리 ⑤ 잎새

28. 今 : ① 그제 ② 어제 ③ 이제 ④ 아직 ⑤ 모레

29. 邑 : ① 빈틈 ② 다하다 ③ 바람 ④ 미루다 ⑤ 고을

30. 節 : ① 절 ② 마디 ③ 모시다 ④ 가지다 ⑤ 지키다

31~35 다음의 뜻을 가진 한자(漢字)는 어느 것입니까?

31. 적다 : ① 漁 ② 念 ③ 記 ④ 金 ⑤ 合

32. 골짜기 : ① 洞 ② 冷 ③ 良 ④ 德 ⑤ 指

33. 지나다 : ① 禮 ② 列 ③ 西 ④ 歷 ⑤ 別

34. 옳다 : ① 殺 ② 民 ③ 冊 ④ 妻 ⑤ 是

35. 빠르다 : ① 速 ② 成 ③ 信 ④ 晴 ⑤ 植

36~40 다음 한자(漢字)와 뜻이 비슷한 한자는 어느 것입니까?

36. 想: ① 案 ② 則 ③ 助 ④ 思 ⑤ 論

37. 話: ① 禁 ② 斗 ③ 凶 ④ 設 ⑤ 說

38. 童: ① 兒 ② 田 ③ 追 ④ 統 ⑤ 曲

39. 究: ① 氏 ② 研 ③ 勉 ④ 身 ⑤ 材

40. 聲: ① 藥 ② 體 ③ 後 ④ 皮 ⑤ 音

제2영역 語彙

41~45 다음 한자어(漢字語)와 발음(發音)이 같은 한자어는 어느 것입니까?

41. 先頭 : ① 年頭 ② 賣上 ③ 路頭 ④ 到達 ⑤ 船頭

42. 星雲 : ① 洗眼 ② 成案 ③ 聖運 ④ 聲音 ⑤ 暗算

43. 修業 : ① 作業 ② 大業 ③ 授業 ④ 主業 ⑤ 園藝

44. 居士 : ① 居住 ② 居處 ③ 擧事 ④ 巨大 ⑤ 降下

45. 敎導 : ① 陶工 ② 敎大 ③ 忌避 ④ 敎壇 ⑤ 敎徒

46~47 다음 괄호 속 한자(漢字)의 음(音)이 다르게 발음 되는 것은 어느 것입니까?

46. ① 音(樂) ② 食道(樂) ③ 歡(樂) ④ (樂)園 ⑤ (樂)觀

47. ① (刺)客 ② (刺)殺 ③ (刺)絲 ④ (刺)字 ⑤ (刺)刻

48~57 다음 단어들의 '□'에 공통으로 들어갈 알맞은 한자(漢字)는 어느 것입니까?

48. □堂, 禁□, 原□ : ① 書 ② 畵 ③ 止 ④ 晝 ⑤ 家

49. 直□, □步, 前□ : ① 後 ② 速 ③ 方 ④ 進 ⑤ 案

50. 接□, 引□, □容 : ① 首 ② 願 ③ 受 ④ 授 ⑤ 初

51. □氣, □次, 禮□ : ① 時 ② 節 ③ 法 ④ 香 ⑤ 草

52. 風□, □長, 電□ : ① 波 ② 化 ③ 單 ④ 退 ⑤ 圖

53. 合□, 建□, 會□ : ① 意 ② 義 ③ 議 ④ 元 ⑤ 究

54. 洋□, □上, 家□ : ① 族 ② 醫 ③ 平 ④ 屋 ⑤ 效

55. □選, 市□, □俗 : ① 風 ② 官 ③ 民 ④ 場 ⑤ 特

56. □業, □學, 成□ : ① 巖 ② 就 ③ 移 ④ 嚴 ⑤ 貞

57. □推, □似, 種□ : ① 類 ② 別 ③ 近 ④ 履 ⑤ 促

58~65 다음 한자어(漢字語)와 뜻이 반대(反對)이거나 상대(相對)되는 한자어는 어느 것입니까?

58. 放學 : ① 開學 ② 開放 ③ 下學 ④ 留學 ⑤ 無益

59. 生食 : ① 中食 ② 朝食 ③ 火食 ④ 間食 ⑤ 工人

60. 小兒 : ① 過少 ② 少女 ③ 兒童 ④ 成人 ⑤ 世界

61. 內面 : ① 過勞 ② 內助 ③ 外向 ④ 外面 ⑤ 登校

62. 同質 : ① 同姓 ② 同化 ③ 異名 ④ 異質 ⑤ 苦生

63. 白色 : ① 色度 ② 黑色 ③ 黃色 ④ 綠色 ⑤ 私益

64. 輕率 : ① 愼重 ② 輕薄 ③ 虛構 ④ 妄動 ⑤ 拳鬪

65. 供給 : ① 提供 ② 必要 ③ 婚需 ④ 需要 ⑤ 冠帶

66~70 다음 성어(成語)에서 '□'에 들어갈 알맞은 한자(漢字)는 어느 것입니까?

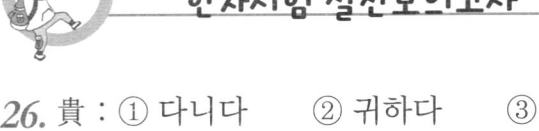

66. 知行□一 : ① 合 ② 一 ③ 能 ④ 告 ⑤ 村

67. □上命令 : ① 紙 ② 至 ③ 地 ④ 指 ⑤ 情

68. □定不變 : ① 固 ② 着 ③ 追 ④ 血 ⑤ 浴

69. 美風□俗 : ① 來 ② 好 ③ 良 ④ 人 ⑤ 卵

70. 十年知□ : ① 天 ② 治 ③ 致 ④ 己 ⑤ 其

71~75 다음 성어(成語)의 뜻풀이로 적절한 것은 어느 것입니까?

71. 南風不競

① 남풍이 불면 싸우지 않는다.
② 남쪽 지방의 세력이 부진하다.
③ 남쪽 지방으로 출동한다.
④ 남풍이 불면 전쟁이 시작된다.
⑤ 남풍은 불지 않는다.

72. 殺身成仁

① 자기의 욕심을 누르고 예의 범절을 따르다.
② 끝까지 최선을 다하다.
③ 괴로움도 즐거움도 함께 하다.
④ 자기의 몸을 희생하여 인을 이루다.
⑤ 인을 이루는 것은 어렵지 않다.

73. 自手成家

① 의지할 곳 없는 외로운 홀몸
② 가족끼리 화목하게 지내다.
③ 자기 혼자 힘으로 집안을 일으키고 재산을 모으다.
④ 혼자의 힘으로 어떤 일을 이루기 어렵다.
⑤ 자신의 손으로 집안에 화를 부르다.

74. 養虎後患

① 하룻강아지 범 무서운 줄 모른다.
② 호랑이를 길러서 근심을 가지다.
③ 말로는 친한 듯 하면서 속으로 해치려 하다.
④ 아첨하는 말과 알랑거리는 태도
⑤ 훗날을 도모하기 위하여 본인의 마음을 감추다.

75. 無所不至

① 남편을 깍듯이 공경하다.
② 다다르는 곳이 없다.
③ 두 사물이 비슷하여 낫고 못함을 정하기 어렵다.
④ 뛰어나게 아름다운 미인
⑤ 이르지 아니한 데가 없다.

76~80 다음의 뜻을 가장 잘 나타낸 성어(成語)는 어느 것입니까?

76. 부부의 인연을 맺어주는 중매인

① 月下氷人 ② 兵家常事 ③ 以血洗血
④ 見物生心 ⑤ 歲寒三友

77. 선업을 쌓으면 반드시 좋은 과보가 따른다.

① 七步成詩 ② 善因善果 ③ 萬不成說
④ 萬古江山 ⑤ 速戰速決

78. 나라의 경제력을 넉넉하게 하고 군사력을 튼튼하게 하는 일

① 富國强兵 ② 生面不知 ③ 三位一體
④ 欲速不達 ⑤ 全知全能

79. 지식과 행동이 어긋나지 않고 맞음

① 一字千金 ② 千變萬化 ③ 知行一致
④ 空山明月 ⑤ 無骨好人

80. 게을러서 아무 일도 하지 아니함

① 十指不動 ② 年末年始 ③ 千軍萬馬
④ 自己滿足 ⑤ 向陽花木

제3영역 讀解

81~86 다음 문장에서 한자어(漢字語)의 음(音)은 무엇입니까?

81. 디딜방아는 지렛대의 원리를 利用한 것이다.

① 응용 ② 이용 ③ 사용 ④ 활용 ⑤ 적용

82. 물질 萬能 주의가 우리 사회를 지배하고 있다.

① 전능 ② 만족 ③ 만사 ④ 만족 ⑤ 만능

83. 우리 나라는 임업과 수산업을 發達시키기에 좋은 조건을 갖추고 있다.

① 발달 ② 발전 ③ 향상 ④ 성장 ⑤ 발굴

84. 식품의 낭비를 막기 위해서는 식품의 분량을 정확히 計量해야 한다.

① 개량 ② 계량 ③ 개선 ④ 경시 ⑤ 측량

85. 소음은 집중력 방해, 수면 방해, 소화 不良 등 건강에 영향을 준다.

① 휴일 ② 불량 ③ 불능 ④ 불퇴 ⑤ 장량

86. 태권도는 몸과 마음을 닦는 武藝이자 운동이다.

① 원예 ② 도예 ③ 곡예 ④ 무예 ⑤ 무도

87~92 다음 문장에서 밑줄 친 한자어(漢字語)의 뜻풀이로 적절한 것은 어느 것입니까?

87. 전설 중에는 특정한 풍속의 由來를 설명하는 것이 많다.

① 일의 결과 ② 시기 ③ 사물의 내력
④ 미래 ⑤ 이유

88. 결혼한 여성에게 가정과 직장의 兩立은 무척 힘든 일이다.

① 두 가지를 포기하다.
② 둘 중에 하나만 존재하다.
③ 둘 중에 우선 순위를 정하다.
④ 두 가지가 동시에 존재하다.
⑤ 두 개가 망하다

89. 그 학생은 이해력이 부족하므로 설명한 뒤 항상 實例를 들어주어야만 했다.

① 보충 설명 ② 가상의 예시 ③ 질문
④ 실제의 본보기 ⑤ 상상력의 발휘

90. 우리의 생활 주변에는 옷장, 책장, 책꽂이와 같이 木材를 이용하여 만든 물건들이 많이 있다.

① 나무로 된 재료 ② 돌로 된 재료
③ 어떤 것의 재료 ④ 주제의 재료
⑤ 철로 된 재료

91. 글을 읽는 目的을 명확히 하면, 글을 읽는 방법을 선택할 수 있다.

① 계기 ② 이유
③ 생각 ④ 이루려 하는 일
⑤ 도달하기 위한 수단

92. 우리가 독서의 필요성, 책을 선택하는 요령, 읽는 방법 등을 잘 알고 책을 읽으면, 훨씬 效果적인 독서를 할 수 있다.

① 보람있는 기능 ② 일의 보람
③ 보람있는 결과 ④ 쓸모
⑤ 실망스러운 결과

93~95 다음 문장에서 빈칸에 들어갈 가장 적절한 한자어(漢字語)는 어느 것입니까?

93. 남극 □□은 미지의 땅이다.

① 對陸 ② 代陸 ③ 大陸 ④ 大地 ⑤ 大洋

94. 연날리기는 오래 된 □□ 놀이의 하나로서, 연의 모양은 민족과 나라에 따라 다르다.

① 民速 ② 民俗 ③ 過去 ④ 國家 ⑤ 大衆

95. 풍력 발전은 바람의 에너지를 이용하여 풍차를 회전시켜서 전기를 □□시키는 것이다.

① 變化 ② 發生 ③ 感少 ④ 增加 ⑤ 發火

96~98 다음 문장에서 한자어(漢字語)의 한자 표기(漢字表記)가 바르지 않은 것은 어느 것입니까?

96. 우리는 우리 ① 先朝들이 남긴 ② 文化財를 통하여, 자랑스런 ③ 祖上들의 숨결을 느낄 수 있고, 그 ④ 後孫이 된 ⑤ 榮光과 자부심을 가질 수 있게 된다.

97. ① 韓國 현대문학은 ②不行히도 ③日帝 강점 아래서 ④形成되어 ⑤展開되었다.

98. ①自由와 ②平等은 ③男女, ④地位, 빈부의 차, ⑤種敎, 피부색 등에 관계없이 모든 사람이 고루 누려야 한다.

99~101 다음 문장에서 밑줄 친 단어(單語)를 한자(漢字)로 바르게 쓴 것은 어느 것입니까?

99. 로마나 그리스는 반도였지만 위대한 인류 문화의 발상지였다.

① 半島 ② 反島 ③ 半圖 ④ 半道 ⑤ 北漢

100. 돈은 집에 보관하는 것보다 은행에 예금하는 것이 유리하다.

① 有利 ② 不利 ③ 利益 ④ 有理 ⑤ 分明

101. 외가에 가서 외할머니와 외삼촌 내외분께 문안 인사를 드렸다.

① 門安 ② 安否 ③ 問安 ④ 文案 ⑤ 名品

102~104 다음 문장에서 밑줄 친 단어(單語)나 어구(語句)의 뜻을 가장 잘 나타낸 한자(漢字) 또는 한자어(漢字語)는 어느 것입니까?

102. 영철이는 글짓기에 뛰어난 재능을 가지고 있다.

① 作成 ② 作文 ③ 文章 ④ 文體 ⑤ 作法

103. 재숙이는 다른 나라로 이민을 갔다.

① 外國 ② 外交 ③ 國內 ④ 海洋 ⑤ 國外

104. 옛날에 대부분의 토지는 양반들이 가지고 있었다.

① 財産 ② 富者 ③ 所有 ④ 月日 ⑤ 材産

105~107 다음 글을 읽고 물음에 답하시오.

> 터키 정부는 ㉠전 국민을 집 밖으로 못나오게 하는 '㉡가택 연금령'을 내렸다. 가게와 영화관이 문을 닫은 것은 물론 ㉢열차와 버스 등 모든 ㉣교통수단도 ㉤통금과 함께 ㉥운행이 금지됐다. 통금이 ㉦실시된 14시간 동안 터키 전역은 그야말로 '유령의 나라'로 변했다. 정확한 인구 ㉧조사를 위해서였다.

105. ㉠~㉤ 중에서 한자표기가 바르지 않은 것은?

① ㉠全國民 ② ㉡家宅 ③ ㉢列車
④ ㉣交通 ⑤ ㉤統禁

106. ㉥'운행'과 ㉦'실시'의 한자표기를 바르게 짝지은 것은?

① 遺行 – 序施 ② 運行 – 實施
③ 遺行 – 實施 ④ 運行 – 序施
⑤ 位行 – 失施

107. ㉧'조사'의 '조'와 같은 한자를 사용한 것은?

① 祖宗 ② 調節 ③ 朝服 ④ 早達 ⑤ 鳥集

108~110 다음 글을 읽고 물음에 답하시오.

> ㉠현대인의 하루 ㉡생활을 분류해 보면 대략 ㉢업무, 휴식, 여가, ㉣식사, 수면 ㉤시간 등으로 나눌 수 있을 것이다. 하지만 ㉥선진국이냐 후진국이냐, ㉦정치 · 경제 · 사회 · 문화적 ㉧배경이 어떠냐, 평일이냐 휴일이냐, 혹은 남녀노소나 소득정도 등에 따라 하루 24시간 내 이들 항목에 배정되는 시간이나 내용들은 크게 달라진다.

108. ㉠~㉤ 중에서 한자표기가 바르지 않은 것은?

① ㉠現代人 ② ㉡ 生活 ③ ㉢ 業無
④ ㉣ 食事 ⑤ ㉤ 時間

109. ㉥'선진국'과 ㉦'정치'의 한자표기를 바르게 짝지은 것은?

① 先進國 – 正治 ② 失進國 – 正治
③ 失進國 – 政治 ④ 先直國 – 正治
⑤ 先進國 – 政治

110. ㉧'배경'의 '경'과 같은 한자를 사용한 한자어는?

① 造景 ② 慶事 ③ 東京 ④ 競選 ⑤ 神經

111~115 다음 글을 읽고 물음에 답하시오.

> 조선 후기에 서양 ㉠문물의 ㉡전래로 실학자들은 새로운 세상에 눈을 뜨게 되었다. 실학자들은 ㉢당시의 ㉣학문이 ㉤백성들의 삶에서 멀어진 것을 염려하고 비판하면서, 실제로 백성들이 잘살도록 하고, 또 나라의 힘을 기르기 위해 가장 필요한 것이 무엇인지에 대해 생각하였다.
> 박제가는 나라의 발전을 위해 상공업을 발달시키고 중국의 새로운 기술과 문물을 받아들일 것을 주장하였다. 홍대용은 지동설을 주장하는 등 서양의 근대적인 천문학에 ㉥관심을 가졌다. 한편, 김정호는 직접 해안을 걸어다니고 높은 산에 오르며 우리 나라 지도를 ㉦완성하였는데, 이 지도는 과학적인 측량 방법을 이용하여 만든 오늘날의 지도와 비교해도 큰 ㉧차이가 없을 만큼 정확하고, 산맥, 하천, 도로망이 ㉨자세히 표시되어 있다.
> 이처럼 실학은 나라를 다스리는 데에만 관심을 기울이지 않고, 생활에 필요한 것을 연구하여 실용적인 학문으로서 자리를 잡아 갔다. 그러나 ㉩권력을 잡고 있는 세력의 반대로 정치 개혁안은 국가 정책에 적극적으로 반영되지 못했다.

111. ㉠~㉤ 중에서 한자표기가 바르지 않은 것은?

① ㉠ 文物　② ㉡ 前來　③ ㉢ 當時
④ ㉣ 學問　⑤ ㉤ 百姓

112. ㉥'관심'과 ㉦'완성'의 한자표기를 바르게 짝지은 것은?

① 癸心 – 尤成　② 渴心 – 往成
③ 坤心 – 吟成　④ 均心 – 元成
⑤ 關心 – 完成

113. ㉧'차이'의 '이'와 같은 한자를 사용한 한자어는?

① 推移　② 耳順　③ 判異　④ 理財　⑤ 深以廣

114. ㉨'자세히'의 '세'와 같은 한자를 사용한 한자어는?

① 免稅　② 洗顔　③ 歲拜　④ 細柳　⑤ 情勢

115. ㉩'권력'의 한자표기로 바른 것은?

① 勸力　② 權力　③ 勤力　④ 氣力　⑤ 經歷

116~120 다음 글을 읽고 물음에 답하시오.

> 닥나무를 원료로 한 우리 고유의 ㉠ 한지는 조선 후기까지 중국으로 보내는 주요 ㉡ 수출품 가운데 하나였다. 뿐만 아니라, ㉢ 관청의 주요 물품으로 ㉣ 수요가 늘자, 나라에서는 특산품으로 한지 생산을 ㉤ 장려하기도 하였다. 몇십 년 전만 하더라도 한지는 한옥 ㉥ 온돌방의 도배지나 ㉦ 제사 때에 지방 쓰는 종이로, 또는 ㉧ 창호지나 붓글씨용 종이로 생활 ㉨ 주변에서 쉽게 볼 수 있었다. 하지만 양지 제조 기술이 전래되면서 번거로운 제조 ㉩ 과정을 거쳐야 하는 한지는 설 자리를 잃고 말았고, 전통 한지의 맥을 ㉪ 잇고 있는 장인을 찾아보기도 어렵게 되었다. 그러다가 요즈음 와서는 한지의 우수성이 알려지면서 한지를 이용하여 공예 작품이나 생활용품을 만들기도 한다.

116. ㉠~㉤ 중에서 한자 표기가 바르지 않은 것은?

① ㉠ 韓紙　② ㉡ 輸出品　③ ㉢ 官廳
④ ㉣ 需要　⑤ ㉤ 獎諒

117. ㉥'온돌방'의 '돌'과 같은 한자를 사용한 한자어는?

① 突破　② 挑發　③ 豚肉　④ 敦厚　⑤ 篤實

118. ㉦'제사'와 ㉧'창호지'의 한자표기를 바르게 짝지은 것은?

① 祭司 – 倉戶紙　② 祭祀 – 窓戶紙
③ 際詞 – 倉互紙　④ 提査 – 創胡池
⑤ 際社 – 窓浩池

119. ㉨'주변'과 ㉩'과정'의 한자표기를 바르게 짝지은 것은?

① 杜邊 – 果征　② 珠辨 – 誇訂
③ 周邊 – 過程　④ 奏辨 – 果程
⑤ 株辯 – 過政

120. ㉪'잇고 있는' 뜻을 가장 잘 나타낸 것은?

① 繼承　② 係昇　③ 械承　④ 桂昇　⑤ 啓承

일一사瀉 천千리里

한자시험 실전모의고사 7회

※ 다음 문제를 읽고 알맞는 것을 고르시오.

제1영역 漢 字

1~2 다음 필순(筆順)에 대한 설명에 가장 알맞은 한자는 어느 것입니까?

1. 왼쪽에서 오른쪽으로 쓴다.

① 見 ② 農 ③ 功 ④ 官 ⑤ 登

2. 좌우의 모양이 같을 때에는 가운데를 먼저 쓴다.

① 古 ② 水 ③ 告 ④ 金 ⑤ 毛

3~4 다음 한자(漢字)의 획수(劃數)는 모두 몇 획입니까?

3. 武 : ① 10획 ② 9획 ③ 8획 ④ 7획 ⑤ 6획

4. 聞 : ① 15획 ② 14획 ③ 13획 ④ 12획 ⑤ 11획

5~6 다음 한자(漢字)의 부수(部首)는 무엇입니까?

5. 料 : ① 十 ② 木 ③ 米 ④ 斗 ⑤ 刀

6. 流 : ① 氵 ② 亠 ③ 厶 ④ 川 ⑤ 充

7~8 다음 한자(漢字)와 그 조자(造字)의 방식이 같은 한자는 어느 것입니까?

〈보기〉 日 : ① 山 ② 休 ③ 下 ④ 江 ⑤ 回

〈보기〉에 제시된 한자 '日(해의 모습을 본떠서 만들었음)'처럼 구체적인 사물의 모습을 본떠서 만든 상형자(象形字)는 '山(산의 모습을 본떠서 만들었음)'이다. 따라서 정답 ①을 골라 답란에 표기하면 된다.

7. 好 : ① 育 ② 觀 ③ 工 ④ 飛 ⑤ 大

8. 二 : ① 半 ② 的 ③ 寸 ④ 接 ⑤ 山

9~14 다음 한자(漢字)의 음(音)은 무엇입니까?

9. 發 : ① 갈 ② 달 ③ 불 ④ 팔 ⑤ 발

10. 拜 : ① 미 ② 배 ③ 상 ④ 수 ⑤ 박

11. 番 : ① 반 ② 빈 ③ 번 ④ 분 ⑤ 북

12. 分 : ① 리 ② 할 ③ 반 ④ 빈 ⑤ 분

13. 復 : ① 보 ② 복 ③ 포 ④ 표 ⑤ 피

14. 變 : ① 번 ② 변 ③ 본 ④ 회 ⑤ 후

15~19 다음의 음(音)을 가진 한자는 어느 것입니까?

15. 비 : ① 不 ② 非 ③ 寺 ④ 訪 ⑤ 密

16. 사 : ① 序 ② 留 ③ 殺 ④ 仕 ⑤ 權

17. 산 : ① 算 ② 師 ③ 想 ④ 西 ⑤ 服

18. 무 : ① 室 ② 野 ③ 勢 ④ 投 ⑤ 舞

19. 판 : ① 每 ② 判 ③ 到 ④ 貝 ⑤ 校

20~24 다음 한자(漢字)와 음(音)이 같은 한자는 어느 것입니까?

20. 仙 : ① 姓 ② 城 ③ 鮮 ④ 速 ⑤ 早

21. 誠 : ① 星 ② 首 ③ 順 ④ 習 ⑤ 必

22. 少 : ① 送 ② 授 ③ 俗 ④ 素 ⑤ 草

23. 課 : ① 電 ② 宗 ③ 造 ④ 質 ⑤ 過

24. 今 : ① 意 ② 唱 ③ 禁 ④ 害 ⑤ 學

25~30 다음 한자(漢字)의 뜻은 무엇입니까?

25. 勝 : ① 낫다 ② 낮다 ③ 놓다 ④ 넣다 ⑤ 치다

26. 是 : ① 장하다 ② 그르다 ③ 바르다 ④ 만들다 ⑤ 정하다

27. 視 : ① 듣다 ② 보다 ③ 적다 ④ 만지다 ⑤ 느끼다

28. 信 : ① 상 ② 말씀 ③ 소식 ④ 따르다 ⑤ 이끌다

29. 示 : ① 넘다 ② 들리다 ③ 보이다 ④ 훔치다 ⑤ 초원

30. 烏 : ① 새 ② 언덕 ③ 비다 ④ 비둘기 ⑤ 까마귀

31~35 다음의 뜻을 가진 한자(漢字)는 어느 것입니까?

31. 새롭다 : ① 新 ② 親 ③ 藥 ④ 案 ⑤ 現

32. 약속하다 : ① 羊 ② 洋 ③ 善 ④ 約 ⑤ 形

33. 낚다 : ① 魚 ② 漁 ③ 齒 ④ 逆 ⑤ 知

34. 범 : ① 能 ② 虎 ③ 達 ④ 呼 ⑤ 空

35. 해 : ① 凶 ② 皇 ③ 年 ④ 歡 ⑤ 堂

36~40 다음 한자(漢字)와 뜻이 비슷한 한자는 어느 것입니까?

36. 惠 : ① 藝 ② 兆 ③ 恩 ④ 商 ⑤ 都

37. 加 : ① 干 ② 遺 ③ 消 ④ 增 ⑤ 基

38. 作 : ① 製 ② 油 ③ 業 ④ 冷 ⑤ 便

39. 貨 : ① 限 ② 財 ③ 支 ④ 行 ⑤ 季

40. 動 : ① 慶 ② 眞 ③ 醫 ④ 福 ⑤ 運

제2영역 語 彙

41~45 다음 한자어(漢字語)와 발음(發音)이 같은 한자어는 어느 것입니까?

41. 病死 : ① 東史 ② 名士 ③ 兵士 ④ 三四 ⑤ 功勞

42. 貴中 : ① 外勤 ② 遠近 ③ 對等 ④ 充實 ⑤ 貴重

43. 命名 : ① 亡命 ② 明命 ③ 病名 ④ 勉學 ⑤ 船稅

44. 各色 : ① 名色 ② 誤判 ③ 顔色 ④ 終末 ⑤ 脚色

45. 花間 : ① 混亂 ② 和姦 ③ 畫幅 ④ 化身 ⑤ 捕獲

46~47 다음 괄호 속 한자(漢字)의 음(音)이 다르게 발음 되는 것은 어느 것입니까?

46. ① (省)禮 ② (省)中 ③ (省)察 ④ (省)視 ⑤ (省)問

47. ① (差)別 ② (差)額 ③ 隔(差) ④ 參(差) ⑤ (差)異

48~57 다음 단어들의 '□'에 공통으로 들어갈 알맞은 한자(漢字)는 어느 것입니까?

48. □日, □戰, □校 : ① 學 ② 休 ③ 交 ④ 來 ⑤ 對

49. 經□, □代, □史 : ① 歷 ② 野 ③ 前 ④ 後 ⑤ 童

50. 宿□, □令, 絕□ : ① 名 ② 父 ③ 望 ④ 使 ⑤ 命

51. 客□, □地, □活 : ① 生 ② 室 ③ 死 ④ 土 ⑤ 太

52. 街□, 王□, 得□ : ① 道 ② 都 ③ 權 ④ 失 ⑤ 登

53. 記□, □願, 一□ : ① 念 ② 子 ③ 者 ④ 所 ⑤ 富

54. □文, □理, 言□ : ① 語 ② 一 ③ 原 ④ 論 ⑤ 德

55. 奉□, □子, 入□ : ① 仕 ② 養 ③ 出 ④ 命 ⑤ 義

56. 短□, 玉□, 全□ : ① 私 ② 片 ③ 長 ④ 便 ⑤ 篇

57. □懷, 詳□, 敍□ : ① 述 ② 細 ③ 毀 ④ 換 ⑤ 墳

58~65 다음 한자어(漢字語)와 뜻이 반대(反對)이거나 상대(相對)되는 한자어는 어느 것입니까?

58. 多幸 : ① 不幸 ② 幸運 ③ 屋上 ④ 料理 ⑤ 身長

59. 强勢 : ① 勢力 ② 强力 ③ 弱勢 ④ 陸地 ⑤ 音聲

60. 少年 : ① 年少 ② 老少 ③ 來年 ④ 老年 ⑤ 體重

61. 祖上 : ① 後孫 ② 先頭 ③ 後退 ④ 列擧 ⑤ 神聖

62. 將軍 : ① 恒用 ② 將士 ③ 追從 ④ 光陰 ⑤ 兵士

63. 早期 : ① 婚期 ② 失期 ③ 晩期 ④ 早起 ⑤ 寒熱

64. 靜肅 : ① 貞淑 ② 騷亂 ③ 治亂 ④ 靜寂 ⑤ 浪費

65. 好況 : ① 常況 ② 陰散 ③ 狀況 ④ 活況 ⑤ 不況

66~70 다음 성어(成語)에서 '□'에 들어갈 알맞은 한자(漢字)는 어느 것입니까?

66. 有□無患 : ① 備 ② 悲 ③ 飛 ④ 用 ⑤ 分

67. 事君以□ : ① 孝 ② 親 ③ 君 ④ 忠 ⑤ 私

68. 指天□魚 : ① 知 ② 射 ③ 成 ④ 萬 ⑤ 士

69. 有無□通 : ① 師 ② 意 ③ 方 ④ 身 ⑤ 相

70. 春秋□法 : ① 半 ② 求 ③ 筆 ④ 食 ⑤ 通

71~75 다음 성어(成語)의 뜻풀이로 적절한 것은 어느 것입니까?

71. 行動擧止

① 가고 오는 사람들
② 몸을 움직여 하는 모든 것
③ 스스로 자제하는 행동
④ 일을 위해 해야 하는 여러 가지 행동
⑤ 방종하는 몸가짐

72. 集思廣益

① 많으면 많을수록 더욱 좋다.
② 어떤 일을 생각만 하고 시작하지 아니하다.
③ 여러 일에 모두 능하다.
④ 여러 사람의 뜻을 모아 더 큰 이익을 얻는다.
⑤ 생각을 넓히고 행동을 크게 한다.

73. 樂山樂水

① 들어갈수록 점점 재미가 있다.
② 산수의 자연을 즐기고 좋아하다.
③ 어진 자의 덕행이 높다.
④ 음악을 매우 좋아하다.
⑤ 산에서 음악을 즐긴다.

74. 出將入相

① 문무를 다 갖추어 장상의 벼슬을 두루 겸한다.
② 공든 탑이 무너지랴
③ 매우 하찮고 보잘 것 없는 것
④ 엄청난 차이가 나다.
⑤ 나가면 장차 서로 만나게 된다.

75. 落心千萬

① 쓸데없는 헛수고
② 어떤 일이라도 끊임없이 노력하면 이루어진다.
③ 몹시 실망하다.
④ 지나친 것은 미치지 못한 것과 같다.
⑤ 정성을 들이면 큰 일을 이룰 수 있다.

76~80 다음의 뜻을 가장 잘 나타낸 성어(成語)는 어느 것입니까?

76. 사태가 막다른 곳에 다다라 더 이상 어쩔 수가 없게 되다.

① 水落石出 ② 凶惡無道 ③ 理判事判
④ 萬不近理 ⑤ 長者風度

77. 모든 사람의 의견이 같다.

① 萬夫不當 ② 說往說來 ③ 去者必反
④ 得意滿面 ⑤ 滿場一致

78. 아주 오랜 세월 동안 바뀌지 아니함

① 萬古不易 ② 長長秋夜 ③ 結義兄弟
④ 單獨一身 ⑤ 富貴在天

79. 일체의 상념을 떠나 담담한 상태

① 行雲流水 ② 讀書尙友 ③ 亡子計齒
④ 春風秋雨 ⑤ 無念無想

80. 이렇게 할만도 하고 저렇게 할만도 하다.

① 天方地方 ② 可東可西 ③ 德本財末
④ 擧一反三 ⑤ 萬死一生

제3영역 讀解

81~86 다음 문장에서 한자어(漢字語)의 음(音)은 무엇입니까?

81. 석주명은 오직 나비 研究에 몰두하였다.

① 의지 ② 연마 ③ 연구 ④ 탐구 ⑤ 탐색

82. 소설과 같이 말의 가락을 직접 느낄 수 없는 글을 散文이라고 한다.

① 문장 ② 산문 ③ 운문 ④ 수필 ⑤ 장문

83. 장기자랑에서 대상을 受賞하였다.

① 수상 ② 수여 ③ 수수 ④ 증정 ⑤ 장문

84. 대동여지도는 생명의 원천인 물줄기를 중심으로 地形을 나타내고 있다.

① 지리 ② 상형 ③ 지상 ④ 지도 ⑤ 지형

85. 지금으로부터 100여 년 전에 서양 <u>文物</u>이 들어오면서 우편 제도가 도입되었다.

① 문화 ② 문호 ③ 문물 ④ 문명 ⑤ 사물

86. 우리가 지금 긴요하게 쓰고 있는 <u>石油</u>나 석탄도 수십 년 후에는 바닥이 난다.

① 석회 ② 유전 ③ 등유 ④ 석유 ⑤ 정유

87~92 다음 문장에서 밑줄 친 한자어(漢字語)의 뜻풀이로 적절한 것은 어느 것입니까?

87. 그는 <u>每事</u>에 빈틈이 없다.

① 가끔 ② 몇몇 일 ③ 모든 일
④ 전혀 ⑤ 돈에 관한 일

88. <u>目前</u>의 이익만을 생각하다.

① 미래 ② 과거 ③ 직전 ④ 눈앞 ⑤ 먼 미래

89. 대부분의 가정은 결혼한 <u>夫婦</u>가 살림을 시작하는 데서부터 이룩된다.

① 결혼한 여자 ② 결혼한 남자
③ 막 결혼함 ④ 아버지와 어머니
⑤ 남편과 아내

90. 요즈음 시골에서는 일손이 <u>不足</u>하다.

① 부족함이 없이 흐뭇함 ② 가득차서 막힘
③ 넉넉하지 않음 ④ 모자람이 없음
⑤ 가득함

91. 교통 사고 중에서 어린이가 당하는 사고는 높은 <u>比重</u>을 차지하고 있다고 한다.

① 비교 ② 비교값
③ 비교함 ④ 비교시 중요성의 정도
⑤ 견주어 봄

92. 남극이나 북극의 바다에는 산같이 큰 <u>氷山</u>이 떠 있습니다.

① 언 땅 ② 얼음 길
③ 얼음 계곡 ④ 얼음덩이
⑤ 얼음 물

93~95 다음 문장에서 빈칸에 들어갈 가장 적절한 한자어(漢字語)는 어느 것입니까?

93. 우리 사회에는 나쁜 사람보다는 □□한 사람이 더 많다.

① 决白 ② 極惡 ③ 善良 ④ 選良 ⑤ 無良

94. 타고르는 자기의 전 재산으로 '자연 속의 학교'를 □□하였다.

① 設立 ② 建說 ③ 開業 ④ 改設 ⑤ 自立

95. 명상은 철학적 □□와 연결되어 있다.

① 思考 ② 行動 ③ 行爲 ④ 動作 ⑤ 决白

96~98 다음 문장에서 한자어(漢字語)의 한자 표기(漢字表記)가 바르지 않은 것은 어느 것입니까?

96. ①身體와 ②精神이 건강해야만 ③自身의 ④能歷을 마음껏 발휘하여 ⑤家門와 나라를 위해 큰 일을 할 수 있는 것입니다.

97. ①車道와 ②仁道가 구분되지 않은 ③道路는 매우 혼잡해서 ④事故의 ⑤可能性이 더욱 크다.

98. ①禮法은 ②時代와 ③場所, ④上對에 따라 ⑤多少 달라질 수도 있다.

99~101 다음 문장에서 밑줄 친 단어(單語)를 한자(漢字)로 바르게 쓴 것은 어느 것입니까?

99. 성묘란 <u>산소</u>에 가서 조상께 인사를 드리는 것이다.

① 産所 ② 山所 ③ 事用 ④ 山小 ⑤ 史用

100. 눈으로 하얗게 덮여진 겨울 산의 <u>설경</u>은 무척이나 아름답습니다.

① 說經 ② 雪景 ③ 雪京 ④ 雪競 ⑤ 說景

101. 반성을 하는 습관는 자기 <u>발전</u>에 많은 도움이 된다.

① 半聲 ② 發電 ③ 發田 ④ 發展 ⑤ 半展

102~104 다음 문장에서 밑줄 친 단어(單語)나 어구(語句)의 뜻을 가장 잘 나타낸 한자(漢字) 또는 한자어(漢字語)는 어느 것입니까?

102. 현식이는 많은 <u>책</u>을 읽어서 아는 것이 많습니다.

① 國語 ② 文章 ③ 圖畵 ④ 圖書 ⑤ 英語

103. 신변잡기적인 내용만 죽 늘어놓으면 좋은 수필이 되기 어렵습니다.

① 列擧 ② 事例 ③ 用例 ④ 一例 ⑤ 次例

104. 그가 선거에 입후보하면 뽑힐 것이 확실하다.

① 出立 ② 落選 ③ 選擧 ④ 決選 ⑤ 出馬

105~107 다음 글을 읽고 물음에 답하시오.

> 어른들은 ㉠숫자를 좋아한다. 새로 사귄 친구 이야기를 할 때면 그들은 가장 ㉡중요한 것은 물어 보는 법이 없다. 어른들은 "그 애 목소리는 어떻지? 그 애가 좋아하는 놀이는 무엇이지? 그 애는 나비를 수집하니?"라는 말은 ㉢절대로 물어 보지 않는다. ㉣대신 "나이가 몇이지? ㉤형제는 몇이고? ㉥체중은 얼마지? 아버지 ㉦수입은 얼마야?"라고 묻는다. 그제야 그 친구가 어떤 사람인지 알게 된 줄로 생각하는 것이다. 만약 어른들에게 "분홍빛의 벽돌집을 보았어요."라고 말하면, 그들은 그 집이 어떤 집인지 ㉧상상하지 못한다. "십만 프랑짜리 집을 보았어요."라고 말해야만 한다. 그러면 어른들은 "아, 참 좋은 집이구나!" 하고 소리친다.

105. ㉠'숫자'와 ㉡'중요'의 한자표기를 바르게 짝지은 것은?

① 數字 – 重要 ② 受子 – 中要
③ 受字 – 衆要 ④ 守子 – 重要
⑤ 授字 – 中要

106. ㉢~㉦ 중에서 한자표기가 바르지 않은 것은?

① ㉢ 絕對 ② ㉣ 代身 ③ ㉤ 兄弟
④ ㉥ 體中 ⑤ ㉦ 收入

107. ㉧'상상'의 앞의 '상'과 같은 한자를 사용한 한자어는?

① 眞相 ② 施賞 ③ 發想 ④ 協商 ⑤ 上流

108~110 다음 글을 읽고 물음에 답하시오.

> 선글라스를 '라이방'이라고 부르던 때가 있었다. 미국 바슈롬사가 1930년 미 공군으로부터 의뢰받아 ㉠개발한 보안경 '레이 밴'이 日本을 거쳐 들어오면서 '라이방'으로 굳어진 것이다. ㉡광선(Ray)을 차단(Ban)한다는 뜻으로 '레이 밴'으로 이름붙인 것이 선글라스의 대명사로 굳어진 것이다. 원래는 ㉢비행사용으로 개발됐지만 맥아더 장군과 비틀스 등이 ㉣이용하면서 더욱 유명해졌다.

108. ㉠'개발'과 ㉡'광선'의 한자표기를 바르게 짝지은 것은?

① 改發 – 共線 ② 開發 – 光線
③ 改訪 – 光仙 ④ 開訪 – 弓善
⑤ 間發 – 共先

109. ㉢'비행사'의 '비'와 같은 한자를 사용한 한자어는?

① 守備 ② 非難 ③ 對比 ④ 基本 ⑤ 雄飛

110. ㉣'이용'의 '용'과 같은 한자를 사용한 한자어는?

① 使用 ② 勇退 ③ 浴室 ④ 形容 ⑤ 來往

111~115 다음 글을 읽고 물음에 답하시오.

> 동서양을 ㉠막론하고 복권의 ㉡역사는 매우 길다. 기원전 3세기 때 진시황이 만리장성을 쌓기 위하여 복권을 팔았다는 이야기가 있다. 또 로마의 ㉢초대 ㉣황제인 아우구스투스(기원전 63~서기 14)는 연회 손님들에게 추첨을 통해 ㉤상품을 주었고, 5대 황제인 네로는 수시로 ㉥대중적 추첨행사로 직업이나 땅, 노예, ㉦선박 등을 나누어 주었다고 한다.
> 번호가 적힌 현대식 복권은 15세기 이후 네덜란드, 이탈리아를 거치며 자리를 잡았다. ㉧즉석복권은 스위스에서 시작했는데 1974년 미국에서 나온 긁어내기식은 순식간에 전세계로 번져나갔다. 우리나라는 1947년에 올림픽대회 ㉨參加경비를 마련하기 위하여 처음 발행하였다.

111. ㉠'막론'의 '막'과 같은 한자를 사용한 한자어는?

① 晩暮 ② 莫强 ③ 卯酒 ④ 忘德 ⑤ 買收

112. ㉡~㉥ 중에서 한자표기가 바르지 않은 것은?

① ㉡ 亦史 ② ㉢ 初代 ③ ㉣ 皇帝
④ ㉤ 賞品 ⑤ ㉥ 大衆的

113. ㉦'선박'의 '선'과 같은 한자를 사용한 한자어는?

① 私淑 ② 精舍 ③ 代謝 ④ 鐵絲 ⑤ 風船

114. ⓞ'즉석'의 한자표기로 바른 것은?

① 只石 ② 只惜 ③ 卽昔 ④ 卽席 ⑤ 卽惜

115. ⓩ'參加'에서 '參'의 부수로 바른 것은?

① 彡 ② 厶 ③ 又 ④ 人 ⑤ 參

116~120 다음 글을 읽고 물음에 답하시오.

> 오늘날 ㉠서민술의 ㉡대명사가 된 ㉢소주는 조선조까지만 해도 사치스런 술로 통해 권력가와 ㉣부유층만이 즐길 수 있었다. ㉤고려말 원나라에서 들어온 소주는 서민들에게는 어쩌다 ㉥약용으로 쓰는 게 고작이었다고 한다. ㉦약골이었던 ㉧단종이 왕에 오른 뒤 대신들이 보양을 위해 소주를 권했다는 기록도 있다. 성종때는 서민들이 소주 마시는 것을 두고 ㉨어전에서 ㉩과소비논쟁이 벌어지기도 했다. 소주의 격이 떨어진 것은 일제와 과도기를 거치면서 소주의 주조법이 증류식에서 ㉪희석식으로 바뀌면서다. 당시 소주는 지금의 서울 공덕동 자리에서 주로 만들어졌는데, 대량 생산돼 값이 떨어지면서 서민들도 즐겨 마시게 된 것이다.

116. ㉠'서민'의 '서'와 같은 한자를 사용한 한자는?

① 徐行 ② 部署 ③ 容恕 ④ 庶幾 ⑤ 頭緖

117. ㉡'대명사'와 ㉢'소주'의 한자표기를 바르게 짝지은 것은?

① 大名詐 – 召酒 ② 代名詞 – 燒酒
③ 大明詞 – 昭酒 ④ 代明詞 – 召酒
⑤ 大名詞 – 燒酒

118. ㉣~ⓞ중에서 한자표기가 바르지 않은 것은?

① ㉣ 富有層 ② ㉤ 高麗末 ③ ㉥ 藥用
④ ㉦ 弱骨 ⑤ ㉧ 端宗

119. ㉨'어전'과 ㉩'과소비'의 한자표기를 바르게 짝지은 것은?

① 於前 – 過掃費 ② 御轉 – 科掃費
③ 於轉 – 誇消費 ④ 御前 – 科消費
⑤ 御前 – 過消費

120. ㉪'희석'의 한자표기로 바른 것은?

① 喜釋 ② 稀析 ③ 喜析 ④ 戱析 ⑤ 稀釋

일一사瀉 천千리里 한자시험 실전모의고사 8회

※ 다음 문제를 읽고 알맞는 것을 고르시오.

제1영역 漢字

1~2 다음 필순(筆順)에 대한 설명에 가장 알맞은 한자는 어느 것입니까?

1. 왼쪽에서 오른쪽으로 쓴다.

① 令 ② 選 ③ 吉 ④ 休 ⑤ 干

2. 좌우의 모양이 같을 때에는 가운데를 먼저 쓴다.

① 小 ② 來 ③ 久 ④ 賣 ⑤ 果

3~4 다음 한자(漢字)의 획수(劃數)는 모두 몇 획입니까?

3. 往 : ① 10획 ② 9획 ③ 8획 ④ 7획 ⑤ 6획

4. 右 : ① 8획 ② 7획 ③ 6획 ④ 5획 ⑤ 4획

5~6 다음 한자(漢字)의 부수(部首)는 무엇입니까?

5. 熱 : ① 土 ② 儿 ③ 九 ④ 灬 ⑤ 丸

6. 榮 : ① 火 ② 炎 ③ 冖 ④ 木 ⑤ 十

7~8 다음 한자(漢字)와 그 조자(造字)의 방식이 같은 한자는 어느 것입니까?

〈보기〉 日 : ① 山 ② 休 ③ 下 ④ 江 ⑤ 回

〈보기〉에 제시된 한자 '日(해의 모습을 본떠서 만들었음)'처럼 구체적인 사물의 모습을 본떠서 만든 상형자(象形字)는 '山(산의 모습을 본떠서 만들었음)'이다. 따라서 정답 ①을 골라 답란에 표기하면 된다.

7. 方 : ① 間 ② 身 ③ 定 ④ 助 ⑤ 律

8. 四 : ① 地 ② 林 ③ 上 ④ 住 ⑤ 獨

8~14 다음 한자(漢字)의 음(音)은 무엇입니까?

9. 油 : ① 류 ② 누 ③ 유 ④ 우 ⑤ 욱

10. 應 : ① 긍 ② 능 ③ 승 ④ 응 ⑤ 앙

11. 醫 : ① 술 ② 의 ③ 예 ④ 유 ⑤ 육

12. 充 : ① 충 ② 양 ③ 음 ④ 향 ⑤ 흥

13. 得 : ① 은 ② 인 ③ 간 ④ 근 ⑤ 득

14. 恩 : ① 온 ② 운 ③ 윤 ④ 은 ⑤ 안

15~19 다음의 음(音)을 가진 한자는 어느 것입니까?

15. 인 : ① 結 ② 敬 ③ 面 ④ 第 ⑤ 因

16. 제 : ① 存 ② 章 ③ 正 ④ 弟 ⑤ 相

17. 보 : ① 戰 ② 保 ③ 典 ④ 政 ⑤ 百

18. 감 : ① 改 ② 建 ③ 考 ④ 良 ⑤ 感

19. 석 : ① 比 ② 犬 ③ 勝 ④ 席 ⑤ 同

20~24 다음 한자(漢字)와 음(音)이 같은 한자는 어느 것입니까?

20. 祖 : ① 罪 ② 竹 ③ 早 ④ 次 ⑤ 車

21. 宗 : ① 種 ② 左 ③ 着 ④ 責 ⑤ 家

22. 晝 : ① 窓 ② 注 ③ 指 ④ 察 ⑤ 光

23. 度 : ① 救 ② 亡 ③ 末 ④ 寺 ⑤ 道

24. 其 : ① 味 ② 務 ③ 氣 ④ 愛 ⑤ 洗

25~30 다음 한자(漢字)의 뜻은 무엇입니까?

25. 神 : ① 맑다 ② 개다 ③ 푸르다 ④ 제사 ⑤ 귀신

26. 秋 : ① 봄 ② 여름 ③ 가을 ④ 겨울 ⑤ 순환

27. 忠 : ① 용서 ② 충성 ③ 가운데 ④ 꺼리다 ⑤ 배신

28. 取 : ① 팔다 ② 사다 ③ 가지다 ④ 마시다 ⑤ 비기다

29. 治 : ① 부수다 ② 태우다 ③ 어지럽다 ④ 다스리다 ⑤ 가두다

30. 弓 : ① 활 ② 화살 ③ 활동 ④ 이르다 ⑤ 달리다

31~35 다음의 뜻을 가진 한자(漢字)는 어느 것입니까?

31. 크다 : ① 犬 ② 宅 ③ 太 ④ 八 ⑤ 教

32. 오줌 : ① 便 ② 品 ③ 夏 ④ 河 ⑤ 軍

33. 풀다 : ① 幸 ② 解 ③ 向 ④ 香 ⑤ 到

34. 일하다 : ① 命 ② 問 ③ 事 ④ 防 ⑤ 勞

35. 홑 : ① 丹 ② 單 ③ 受 ④ 數 ⑤ 死

36~40 다음 한자(漢字)와 뜻이 비슷한 한자는 어느 것입니까?

36. 會: ① 朝 ② 例 ③ 集 ④ 參 ⑤ 波

37. 全: ① 線 ② 完 ③ 回 ④ 鮮 ⑤ 難

38. 所: ① 族 ② 俗 ③ 公 ④ 銀 ⑤ 處

39. 服: ① 衣 ② 星 ③ 店 ④ 留 ⑤ 質

40. 特: ① 期 ② 答 ③ 旅 ④ 英 ⑤ 移

제2영역 語 彙

41~45 다음 한자어(漢字語)와 발음(發音)이 같은 한자어는 어느 것입니까?

41. 空名 : ① 工藝 ② 公算 ③ 空山 ④ 公明 ⑤ 參星

42. 得道 : ① 古樂 ② 高落 ③ 每番 ④ 苦樂 ⑤ 得度

43. 詩草 : ① 史草 ② 時調 ③ 水草 ④ 始初 ⑤ 俗畫

44. 散文 : ① 三門 ② 山門 ③ 尙文 ④ 詩文 ⑤ 悅樂

45. 狂奔 : ① 鑛分 ② 光背 ③ 流配 ④ 掛鐘 ⑤ 粉筆

46~47 다음 괄호 속 한자(漢字)의 음(音)이 다르게 발음 되는 것은 어느 것입니까?

46. ① 細(說) ② (說)話 ③ 假(說) ④ 異(說) ⑤ 遊(說)

47. ① (布)施 ② (布)木 ③ 公(布) ④ 宣(布) ⑤ (布)教

48~57 다음 단어들의 '□'에 공통으로 들어갈 알맞은 한자(漢字)는 어느 것입니까?

48. □工, □快, □備 : ① 防 ② 完 ③ 木 ④ 有 ⑤ 血

49. □性, □體, □人 : ① 個 ② 合 ③ 身 ④ 心 ⑤ 古

50. □聞, □習, 高□ : ① 風 ② 學 ③ 豊 ④ 低 ⑤ 弱

51. □園, 家□, 親□ : ① 族 ② 田 ③ 庭 ④ 訓 ⑤ 現

52. 目□, 貴□, □位 : ① 上 ② 重 ③ 下 ④ 人 ⑤ 出

53. 例□, 主□, □目 : ① 題 ② 意 ③ 耳 ④ 文 ⑤ 加

54. □開, □示, 發□ : ① 退 ② 視 ③ 明 ④ 展 ⑤ 達

55. □期, □足, 豊□ : ① 年 ② 手 ③ 滿 ④ 充 ⑤ 獨

56. 壯□, 極□, 强□ : ① 烈 ② 列 ③ 限 ④ 士 ⑤ 辛

57. □結, □死, □傷 : ① 秘 ② 豚 ③ 壓 ④ 懼 ⑤ 凍

58~65 다음 한자어(漢字語)와 뜻이 반대(反對)이거나 상대(相對)되는 한자어는 어느 것입니까?

58. 不法 : ① 立法 ② 說法 ③ 合法 ④ 文藝 ⑤ 明示

59. 生花 : ① 生命 ② 造花 ③ 生氣 ④ 和色 ⑤ 思考

60. 原因 : ① 事故 ② 結果 ③ 因果 ④ 季節 ⑤ 移民

61. 自動 : ① 人工 ② 自然 ③ 作動 ④ 決勝 ⑤ 手動

62. 非凡 : ① 凡人 ② 農夫 ③ 育英 ④ 平凡 ⑤ 他殺

63. 伐木 : ① 誰何 ② 渴望 ③ 移植 ④ 植木 ⑤ 殺蟲

64. 眞實 : ① 虛僞 ② 僞證 ③ 記憶 ④ 大暑 ⑤ 階段

65. 閑暇 : ① 細菌 ② 局面 ③ 醜惡 ④ 尋常 ⑤ 奔走

66~70 다음 성어(成語)에서 '□'에 들어갈 알맞은 한자(漢字)는 어느 것입니까?

66. □友以信 : ① 交 ② 親 ③ 愛 ④ 眞 ⑤ 別

67. □土不二 : ① 神 ② 身 ③ 臣 ④ 人 ⑤ 式

68. 言中有□ : ① 心 ② 固 ③ 骨 ④ 力 ⑤ 業

69. □過自責 : ① 密 ② 引 ③ 尙 ④ 勉 ⑤ 限

70. 經世致□ : ① 至 ② 止 ③ 支 ④ 藥 ⑤ 用

71~75 다음 성어(成語)의 뜻풀이로 적절한 것은 어느 것입니까?

71. 誠心誠意

① 마음과 뜻을 버리다
② 마음과 뜻이 다르다.
③ 악한 마음을 번지르르한 말로 꾸민다.
④ 성실한 듯이 남을 속이다.
⑤ 참되고 성실한 마음과 뜻

72. 事實無根

① 근거 없는 말
② 우려하던 일이 발생하다.
③ 소문이 사실로 판명되다.
④ 기초가 튼튼하지 않고 약하다.
⑤ 확실한 근거에 의거하여 말하다.

73. 非一非再

① 잘못하고 고치지 않는다.
② 한두 사람의 노력으로는 바뀌지 않는다.
③ 일을 하다가 중도에 포기하다.
④ 같은 현상이 한두 번이 아니고 많다.
⑤ 한 번 일어난 일은 다시 일어나지 않는다.

74. 白首北面

① 외물과 자아가 어울려 하나가 되다.
② 경치가 좋기로 이름난 곳
③ 가냘프고 고운 여자의 손이 가리키는 곳
④ 배움에는 나이가 없으므로 노인이 되어서도 배워야 한다.
⑤ 북쪽을 등지고 앉다.

75. 命在朝夕

① 뛰어난 재주를 가진 어린 아이
② 아침이나 저녁에 숨이 끊어질 지경
③ 아침과 저녁의 실력이 다르다.
④ 몸이 매우 허약하다.
⑤ 아침에 명을 받아 저녁에 떠난다.

76~80 다음의 뜻을 가장 잘 나타낸 성어(成語)는 어느 것입니까?

76. 커다란 전체 중 드러난 작은 부분

① 百日天下 ② 氷山一角 ③ 大義名分
④ 衆心成城 ⑤ 四書三經

77. 세상에 비길 데 없이 훌륭한 말

① 立春大吉 ② 物心兩面 ③ 男女有別
④ 萬古絕談 ⑤ 自力回向

78. 어리고 하잘 것 없음

① 黃口小兒 ② 場中得失 ③ 萬古風雪
④ 南面出治 ⑤ 百死一生

79. 말하지 않아도 알 수 있음

① 雪上加雪 ② 萬古絕色 ③ 空谷足音
④ 不言可知 ⑤ 大書特記

80. 계획하여 보나 소득이 없음

① 密雲不雨 ② 萬不成說 ③ 計無所出
④ 春夏秋冬 ⑤ 同聲相應

제3영역 讀解

81~86 다음 문장에서 한자어(漢字語)의 음(音)은 무엇입니까?

81. 우리 조상은 세계 어느 민족에도 뒤지지 않는 찬란한 <u>文化</u>를 이룩하였다.

① 문호 ② 문화 ③ 문명 ④ 문물 ⑤ 변화

82. 우리는 조상으로부터 뛰어난 슬기를 물려받은 <u>後孫</u>이다.

① 자손 ② 손자 ③ 후손 ④ 후배 ⑤ 후예

83. 사람은 살아가는 동안 권리와 <u>義務</u>의 주체가 된다.

① 희생 ② 복무 ③ 의무 ④ 임무 ⑤ 회생

84. 오늘날의 논에는 <u>水路</u>가 잘 만들어져 있다.

① 수도 ② 수맥 ③ 수로 ④ 육로 ⑤ 퇴로

85. 농구는 공격과 수비의 전환이 빠르게 진행되는 <u>競技</u>이다.

① 운동 ② 구기 ③ 기술 ④ 경기 ⑤ 종목

86. 보다 성숙한 정치를 위해서는, 국민 모두가 <u>對話</u>와 타협의 태도를 지녀야 한다.

① 대담 ② 담화 ③ 면화 ④ 좌담 ⑤ 대화

87~92 다음 문장에서 밑줄 친 한자어(漢字語)의 뜻풀이로 적절한 것은 어느 것입니까?

87. 그 문제는 <u>未決</u>로 남았다.

① 아직 해결되지 않다. ② 확실히 해결되다.
③ 곧 해결될 것이다. ④ 해결 가능성이 없다.
⑤ 해결하는 중이다.

88. 우리는 조상의 <u>美風</u>을 이어가야 한다.

① 약하게 부는 바람 ② 아름다운 풍속
③ 아름다운 자연 ④ 버려야 할 관습
⑤ 아름다운 바람

89. 동해의 여름철 <u>水溫</u>은 서해나 남해보다 낮다.

① 물의 오염도 ② 물결
③ 파도 ④ 물의표면
⑤ 물의 온도

90. 자전거는 걷는 것보다 빨라 작은 <u>失手</u>에도 크게 다칠 수 있다.

① 잘못된 계획 ② 능력이 없음
③ 생각의 착오 ④ 부주의한 잘못
⑤ 예의에 벗어난 행동

91. 어머니로부터 <u>料理</u> 솜씨를 전수받았다.

① 옷을 만듦
② 일을 처리함
③ 일을 해결함
④ 맛있는 음식을 만듦
⑤ 맛없는 음식

92. 이번 여행의 <u>宿所</u>는 저번보다 깨끗하다.

① 단체로 묵고있는 집
② 자고 먹음
③ 객지에서 머물러 묵는 곳
④ 태어난 곳
⑤ 근거지

93~95 다음 문장에서 빈칸에 들어갈 가장 적절한 한자어(漢字語)는 어느 것입니까?

93. 씨름은 두 사람이 상대방의 샅바를 잡고 □□를 겨루는 경기이다.

① 元氣 ② 勝數 ③ 失敗 ④ 武技 ⑤ 勝敗

94. 공동체 의식이란, 모든 사람이 서로 도우며 한 □□처럼 아끼고 사랑하는 마음을 말한다.

① 百族 ② 家族 ③ 身體 ④ 會社 ⑤ 百家

95. 오늘은 하루 □□ 업무에 시달렸다.

① 終日 ② 每日 ③ 始初 ④ 同案 ⑤ 最終

96~98 다음 문장에서 한자어(漢字語)의 한자 표기(漢字表記)가 바르지 않은 것은 어느 것입니까?

96. ①讀書는 즐거움, ②教訓, ③知食과 ④情報를 얻기 위하여 반드시 ⑤必要하다.

97. 그는 ①物利學 ②分野에서 ③世界的으로 ④有名한 ⑤人物이다.

98. ①圖書 목록을 ②作成해 두면 ③效果적인 ④讀後 ⑤活動을 할 수 있다.

99~101 다음 문장에서 밑줄 친 단어(單語)를 한자(漢字)로 바르게 쓴 것은 어느 것입니까?

99. 상대방을 <u>무시</u>해서는 안 된다.

① 無始 ② 無時 ③ 無視 ④ 務時 ⑤ 務始

100. 나라마다 <u>인사</u>하는 법이 다르다.

① 人士 ② 人師 ③ 仁事 ④ 人事 ⑤ 仁師

101. 농악은 농사를 지을 때 어려움을 덜고 <u>작업</u>의 능률을 올리기 위해서 생긴 것이다.

① 事業 ② 作動 ③ 動作 ④ 行動 ⑤ 作業

102~104 다음 문장에서 밑줄 친 단어(單語)나 어구(語句)의 뜻을 가장 잘 나타낸 한자(漢字) 또는 한자어(漢字語)는 어느 것입니까?

102. 수영이는 얼굴이 온통 빨개졌다.

① 每事 ② 全體 ③ 每番 ④ 尙用 ⑤ 順番

103. 내가 산 주식 값이 계속해서 떨어졌다.

① 敗北 ② 算出 ③ 代打 ④ 下落 ⑤ 退去

104. 교통이 혼잡해서 차에서 내리는 사람도 있다.

① 新人 ② 下山 ③ 下車 ④ 上馬 ⑤ 下馬

105~107 다음 글을 읽고 물음에 답하시오.

> 계속되는 불황으로 인해 ㉠생산과 소비가 갈수록 위축되고 좀처럼 나아질 기미가 보이지 않고 있다. ㉡청년 ㉢실업자의 수도 역시 상당히 높고, 임금㉣근로자 가운데 임시 및 일용근로자가 차지하는 ㉤비중이 커지고 있으며, 일자리가 없어 ㉥구직을 포기하는 사람도 매우 늘어나고 있는 ㉦추세이다.

105. ㉠~㉤ 중에서 한자표기가 바르지 않은 것은?

① ㉠ 生算 ② ㉡ 青年 ③ ㉢ 失業者
④ ㉣ 勤勞者 ⑤ ㉤ 比重

106. ㉥'구직'의 '구'와 같은 한자를 사용한 한자어는?

① 未久 ② 救出 ③ 結句 ④ 追究 ⑤ 追求

107. ㉦'추세'의 '세'와 같은 한자를 사용한 한자어는?

① 歲豊 ② 身世 ③ 情勢 ④ 洗雪 ⑤ 說明

108~110 다음 글을 읽고 물음에 답하시오.

> 우리 나라 ㉠최초의 전등은 1887년 경복궁에 가설되었다. 1887년 3월 6일 어스름이 짙게 깔린 경복궁 내 건청궁, 작은 불빛 하나가 깜빡깜빡하는가 싶더니 처음 보는 눈부신 조명이 갑자기 주위를 밝혔다. 주위에 모여들어 있던 ㉡남녀노소들은 모두 놀라고 말았다. 마침내 우리나라 최초로 전등이 점화된 것이다. 에디슨이 백열전등을 ㉢발명한 지 ㉣불과 8년만에 서울에 전등이 켜졌으니 당시로는 획기적인 사건이 아닐 수 없었다. 그때만해도 ㉤전기는 문명의 ㉥총아라 해도 지나친 말이 아닐 정도로 전등 가설에는 큰 돈이 들었다. 궁정에 제일 먼저 전기불이 켜진 것도 그런 ㉦이유에서였던 것이다. 향원정 연못가에 세워진 발전 설비는 당시 동양에서 가장 ㉧성능이 뛰어난 것이었다고 한다.

108. ㉠~㉤ 중에서 한자표기가 바르지 않은 것은?

① ㉠ 最初 ② ㉡ 男女老小 ③ ㉢ 發明
④ ㉣ 不過 ⑤ ㉤ 電氣

109. ㉥'총아'의 '아'와 같은 한자를 사용한 한자어는?

① 育兒 ② 學園 ③ 雨期 ④ 順位 ⑤ 要因

110. ㉦'이유'와 ㉧'성능'의 한자표기를 바르게 짝지은 것은?

① 里有 - 姓能 ② 里由 - 性能
③ 理有 - 聲能 ④ 理油 - 姓能
⑤ 理由 - 性能

111~115 다음 글을 읽고 물음에 답하시오.

> 화투의 12월 비 스무끗짜리에는 우산을 쓴 선비가 수양버들 가지를 향해 뛰어오르는 개구리를 바라보는 그림이 나온다. 흔히 '우중영감'이라고 부르는 이 그림의 주인공은 서기 10세기 일본 헤이안시대의 명필 오노 도후이다. 붓글씨 ㉠연습에 ㉡진력이 나서 우산을 쓰고 나섰다가 개구리가 수십 번을 ㉢실패한 끝에 마침내 수양버들 가지로 뛰어오르는 것을 보고 ㉣대오각성, 일본 최고의 ㉤명필이 되었다는 교훈을 담은 그림이다.
> 일본은 무슨 일이든지 한 가지 일에 ㉥정진, 일가를 이룬 사람을 높이 받들고 기리는 ㉦전통을 가꾸어 오고 있다. 이른바 '천하제일' 전통으로, 어떤 기술이나 특정 ㉧物品 제조 분야에는 반드시 천하제일이 있고 그 사람이 만든 작품을 손에 넣는 데는 천금도 아끼지 않는다는 것이다. 도자기나 일본도는 말할 것도 없고 기와, ㉨분재, 도장 등 온갖 기능마다 천하제일의 명장이 있다.

111. ㉠'연습'의 한자표기로 바른 것은?

① 煙拾 ② 練拾 ③ 練習 ④ 悅習 ⑤ 煙習

112. ㉡'진력'의 한자표기로 바른 것은?

① 盡歷 ② 辰力 ③ 辰歷 ④ 眞力 ⑤ 盡力

113. ㉢~㉦ 중에서 한자표기가 바르지 않은 것은?

① ㉢ 失敗　② ㉣ 大吾　③ ㉤ 名筆
④ ㉥ 精進　⑤ ㉦ 傳統

114. ㉧'物品'에서 '物'의 부수로 바른 것은?

① 牛　② 勿　③ 二　④ 十　⑤ 勹

115. ㉨'분재'의 '재'와 같은 한자를 사용한 한자어는?

① 快哉　② 植栽　③ 赤貧　④ 低俗　⑤ 除外

116~120 다음 글을 읽고 물음에 답하시오.

> 세계적으로 카지노의 대명사로 통하는 곳이 미국 라스베이거스다. ㉠사막 한복판에 세워진 도시이건만 카지노장의 휘황찬란한 불빛으로 ㉡불야성이다. 각국에서 몰려든 ㉢도박사들이 스스로의 ㉣행운을 믿으며 슬롯머신이나 룰렛, 카드 게임에 매달리다가 결국 지갑을 축내고 마는 곳이기도 하다. ㉤공항에도 게임기가 ㉥설치되어 있어 ㉦비행기로 떠나기 직전 마지막 ㉧동전 몇 푼까지도 털어내고야 만다.
> 1920년대 후반까지만 해도 ㉨광부들이 떼 지어 옮겨 다니며 살던 작은 마을에 지나지 않았던 이곳이 ㉩지금과 같은 ㉪면모를 갖추게 된 것은 당시 미국을 휩쓸었던 대공황을 ㉫극복하기 위해 네바다 주정부가 도박을 합법화하면서부터였다.

116. ㉠'사막'과 ㉡'불야성'의 한자표기를 바르게 짝지은 것은?

① 沙幕 – 不耶成　② 捨漠 – 不夜成
③ 沙漠 – 不夜城　④ 寫幕 – 不耶城
⑤ 蛇漠 – 不也城

117. ㉢'도박사'의 '박'과 같은 한자를 사용한 한자어는?

① 該博　② 拍車　③ 驅迫　④ 肉薄　⑤ 宿泊

118. ㉣~㉧ 중에서 한자표기가 바르지 않은 것은?

① ㉣ 幸運　② ㉤ 空巷　③ ㉥ 設置
④ ㉦ 飛行機　⑤ ㉧ 銅錢

119. ㉨'광부'와 ㉩'지금'의 한자표기를 바르게 짝지은 것은?

① 狂夫 – 池今　② 狂負 – 之今
③ 廣夫 – 之今　④ 鑛負 – 池今
⑤ 鑛夫 – 只今

120. ㉪'면모'와 ㉫'극복'의 한자표기를 바르게 짝지은 것은?

① 面冒 – 劇服　② 面貌 – 克服
③ 面某 – 克腹　④ 面侮 – 劇腹
⑤ 面模 – 克卜

한자시험 실전모의고사 9회

※ 다음 문제를 읽고 알맞는 것을 고르시오.

제1영역 漢字

1~2 다음 필순(筆順)에 대한 설명에 가장 알맞은 한자는 어느 것입니까?

1. 왼쪽에서 오른쪽으로 쓴다.

① 夫 ② 勞 ③ 湖 ④ 國 ⑤ 石

2. 좌우의 모양이 같을 때에는 가운데를 먼저 쓴다.

① 豆 ② 樂 ③ 救 ④ 性 ⑤ 命

3~4 다음 한자(漢字)의 획수(劃數)는 모두 몇 획입니까?

3. 香 : ①7획 ②8획 ③9획 ④10획 ⑤ 11획

4. 獨 : ①12획 ②13획 ③14획 ④15획 ⑤ 16획

5~6 다음 한자(漢字)의 부수(部首)는 무엇입니까?

5. 現 : ①玉 ②目 ③儿 ④見 ⑤ 日

6. 號 : ①口 ②儿 ③几 ④虍 ⑤广

7~8 다음 한자(漢字)와 그 조자(造字)의 방식이 같은 한자는 어느 것입니까?

> 〈보기〉 日 : ① 山 ② 休 ③ 下 ④ 江 ⑤ 回
>
> 〈보기〉에 제시된 한자'日(해의 모습을 본떠서 만들었음)'처럼 구체적인 사물의 모습을 본떠서 만든 상형자(象形字)는 '山(산의 모습을 본떠서 만들었음)'이다. 따라서 정답 ①을 골라 답란에 표기하면 된다.

7. 竹 : ① 己 ② 年 ③ 移 ④ 節 ⑤ 洞

8. 長 : ① 住 ② 三 ③ 里 ④ 人 ⑤ 期

9~14 다음 한자(漢字)의 음(音)은 무엇입니까?

9. 訓 : ① 순 ② 준 ③ 천 ④ 훈 ⑤ 학

10. 始 : ① 희 ② 소 ③ 애 ④ 락 ⑤ 시

11. 價 : ① 고 ② 가 ③ 매 ④ 무 ⑤ 배

12. 慶 : ① 강 ② 갱 ③ 경 ④ 형 ⑤ 봉

13. 各 : ① 각 ② 객 ③ 명 ④ 종 ⑤ 상

14. 街 : ① 고 ② 가 ③ 규 ④ 로 ⑤ 수

15~19 다음의 음(音)을 가진 한자는 어느 것입니까?

15. 경 : ① 界 ② 競 ③ 歌 ④ 希 ⑤ 消

16. 구 : ① 校 ② 陸 ③ 觀 ④ 究 ⑤ 射

17. 계 : ① 市 ② 課 ③ 季 ④ 共 ⑤ 滿

18. 두 : ① 斗 ② 式 ③ 卵 ④ 船 ⑤ 收

19. 비 : ① 旅 ② 武 ③ 安 ④ 氏 ⑤ 比

20~24 다음 한자(漢字)와 음(音)이 같은 한자는 어느 것입니까?

20. 禁 : ① 內 ② 金 ③ 連 ④ 基 ⑤ 育

21. 南 : ① 東 ② 圖 ③ 屋 ④ 男 ⑤ 兩

22. 單 : ① 短 ② 堂 ③ 德 ④ 冬 ⑤ 卒

23. 願 : ① 章 ② 者 ③ 重 ④ 最 ⑤ 遠

24. 傳 : ① 青 ② 參 ③ 典 ④ 表 ⑤ 充

25~30 다음 한자(漢字)의 뜻은 무엇입니까?

25. 童 : ① 움직이다 ② 같다 ③ 아이 ④ 종 ⑤ 두텁다

26. 頭 : ① 콩 ② 말 ③ 꼬리 ④ 머리 ⑤ 턱

27. 登 : ① 같다 ② 날다 ③ 오르다 ④ 내리다 ⑤ 달리다

28. 冷 : ① 덥다 ② 덮다 ③ 차다 ④ 우두머리 ⑤ 뜨겁다

29. 例 : ① 찢다 ② 법식 ③ 맵다 ④ 벌이다 ⑤ 돌다

30. 質 : ① 방울 ② 머리 ③ 고개 ④ 거느리다 ⑤ 바탕

31~35 다음의 뜻을 가진 한자(漢字)는 어느 것입니까?

31. 흐르다 : ① 流 ② 留 ③ 望 ④ 每 ⑤ 鮮

32. 쌀 : ① 番 ② 拜 ③ 米 ④ 密 ⑤ 君

33. 옷 : ① 備 ② 服 ③ 奉 ④ 材 ⑤ 曲

34. 춤 : ① 效 ② 活 ③ 情 ④ 舞 ⑤ 處

35. 밥 : ① 形 ② 直 ③ 調 ④ 爲 ⑤ 食

36~40 다음 한자(漢字)와 뜻이 비슷한 한자는 어느 것입니까?

36. 宙 : ① 然 ② 洗 ③ 右 ④ 宇 ⑤ 士

37. 識 : ① 要 ② 知 ③ 序 ④ 分 ⑤ 敗

38. 誠 : ① 選 ② 書 ③ 精 ④ 展 ⑤ 着

39. 造 : ① 製 ② 臣 ③ 學 ④ 決 ⑤ 開

40. 益 : ① 成 ② 廣 ③ 雄 ④ 味 ⑤ 加

제2영역 語彙

41~45 다음 한자어(漢字語)와 발음(發音)이 같은 한자어는 어느 것입니까?

41. 手技 : ① 主氣 ② 手記 ③ 再起 ④ 吉運 ⑤ 多量

42. 養母 : ① 先親 ② 羊毛 ③ 代母 ④ 國母 ⑤ 速達

43. 正式 : ① 正直 ② 習俗 ③ 宿食 ④ 定食 ⑤ 生鮮

44. 講和 : ① 決定 ② 鷄卵 ③ 强化 ④ 但書 ⑤ 溪谷

45. 傾向 : ① 加勢 ② 長考 ③ 惡手 ④ 御馬 ⑤ 京鄕

46~47 다음 괄호 속 한자(漢字)의 음(音)이 다르게 발음 되는 것은 어느 것입니까?

46. ① (暴)力 ② (暴)徒 ③(暴)惡 ④ (暴)雨 ⑤ (暴)利

47. ① 規(則) ② 罰(則) ③ 然(則) ④ 原(則) ⑤ 準(則)

48~57 다음 단어들의 '□'에 공통으로 들어갈 알맞은 한자(漢字)는 어느 것입니까?

48. □達, □來, □着 : ① 近 ② 先 ③ 到 ④ 傳 ⑤ 石

49. □實, 熱□, □意 : ① 成 ② 眞 ③ 心 ④ 誠 ⑤ 歲

50. □川, 氷□, 運□ : ① 水 ② 河 ③ 山 ④ 行 ⑤ 月

51. 結□, 雲□, □計 : ① 合 ② 海 ③ 末 ④ 集 ⑤ 油

52. 多□, 不□, □運 : ① 幸 ② 小 ③ 武 ④ 安 ⑤ 事

53. 早□, □場, 勇□ : ① 能 ② 期 ③ 感 ④ 進 ⑤ 退

54. □言, 內□, 一□ : ① 失 ② 容 ③ 助 ④ 無 ⑤ 動

55. □目, □落, □擧 : ① 下 ② 列 ③ 名 ④ 科 ⑤ 典

56. 假□, 回□, 思□ : ① 相 ② 上 ③ 想 ④ 霜 ⑤ 緣

57. □宮, □惑, 昏□ : ① 迷 ② 疑 ③ 睡 ④ 龍 ⑤ 聘

58~65 다음 한자어(漢字語)와 뜻이 반대(反對)이거나 상대(相對)되는 한자어는 어느 것입니까?

58. 進化 : ① 進展 ② 退化 ③ 相反 ④ 修習 ⑤ 使命

59. 勝戰 : ① 敗戰 ② 文章 ③ 復習 ④ 勝敗 ⑤ 患難

60. 質問 : ① 對答 ② 對話 ③ 永遠 ④ 問罪 ⑤ 友好

61. 先學 : ① 進學 ② 學生 ③ 曲線 ④ 新進 ⑤ 後學

62. 歡待 : ① 歡聲 ② 冷溫 ③ 威嚴 ④ 冷待 ⑤ 冷情

63. 投手 : ① 脫走 ② 打者 ③ 天弓 ④ 敗者 ⑤ 賣買

64. 壓勝 : ① 慘敗 ② 壓倒 ③ 惜敗 ④ 敗因 ⑤ 甚大

65. 未納 : ① 納稅 ② 納期 ③ 完納 ④ 代納 ⑤ 薄待

66~70 다음 성어(成語)에서 '□'에 들어갈 알맞은 한자(漢字)는 어느 것입니까?

66. 安分□足 : ① 止 ② 知 ③ 志 ④ 己 ⑤ 鄕

67. 自信滿□ : ① 江 ② 給 ③ 滿 ④ 萬 ⑤ 調

68. 身言書□ : ① 判 ② 生 ③ 面 ④ 板 ⑤ 若

69. □處春風 : ① 旅 ② 歷 ③ 銀 ④ 到 ⑤ 元

70. □十春光 : ① 一 ② 五 ③ 七 ④ 場 ⑤ 九

71~75 다음 성어(成語)의 뜻풀이로 적절한 것은 어느 것입니까?

71. 各得其所

① 각각 바라는 바가 다르다
② 그 곳에 각자 이른다.
③ 서로 평안히 지내다.
④ 각자 멋대로 행한다.
⑤ 저마다 제자리를 얻다.

72. 改過自新

① 나에게 해를 끼치는 사람
② 해롭기만 하고 이로운 바가 없다.
③ 근심 없이 편안히 지내다.
④ 허물을 고쳐 스스로 새롭게 하다.
⑤ 지나간 허물을 새롭게 들추다.

73. 一心同體

① 큰 차이 없이 거의 같다.
② 각기 다른 모양과 색깔
③ 비슷한 것이 많으나 서로 같지는 않다.
④ 서로 굳게 결합하다.
⑤ 하나의 마음이나 모양은 다르다.

74. 十生九死

① 계획이나 결정을 자주 바꾸다.
② 변화가 많아서 예측하기 어렵다.
③ 이익만을 추구하다.
④ 일부를 보면 전체를 알다.
⑤ 위태로운 지경을 겨우 벗어남

75. 金石爲開

① 정신을 집중해서 전력을 다하면 어떤 일도 성공할 수 있다.
② 도읍의 화려하고 번화한 모습
③ 고국의 멸망을 한탄하다.
④ 맛있는 음식을 즐기다.
⑤ 방어 시설이 잘 되어 있는 요새

76~80 다음의 뜻을 가장 잘 나타낸 성어(成語)는 어느 것입니까?

76. 법을 바꾸면 일도 고쳐야 한다.

① 萬古千秋 ② 不言可想
③ 殺身立節 ④ 兵農一致
⑤ 改玉改行

77. 옛 것을 익혀서 새로운 것을 알다.

① 溫故知新 ② 曲直不問
③ 萬古絕唱 ④ 電光石火
⑤ 大字特書

78. 실제로 쓰는 말과 글로 적은 말이 일치하는 것

① 四通五達 ② 同氣相求
③ 百年言約 ④ 言文一致
⑤ 上山求魚

79. 말을 여러 번 주고받음

① 朝變夕改 ② 言三語四
③ 以食爲天 ④ 一去一來
⑤ 竹馬交友

80. 날마다 앞서가고 달마다 앞으로 걸어감

① 日進月步 ② 自過不知
③ 大材小用 ④ 木人石心
⑤ 別無長物

제3영역 讀解

81~86 다음 문장에서 한자어(漢字語)의 음(音)은 무엇입니까?

81. 야유회 場所가 월드컵공원으로 정해졌다.

① 처소 ② 자리 ③ 장소 ④ 위치 ⑤ 장치

82. 정부는 장애인의 사회적 再活에 조금 더 투자를 해야 한다.

① 부활 ② 재활 ③ 재생 ④ 부흥 ⑤ 복할

83. 문종은 在位 2년만에 세상을 떠났다.

① 임기 ② 즉위 ③ 자립 ④ 재위 ⑤ 재석

84. 取材가 끝난 기자는 기사문을 작성한다.

① 취재 ② 취제 ③ 소재 ④ 일과 ⑤ 취조

85. 제 1, 2차 세계 대전은 엄청난 생명과 財産의 피해를 가져왔다.

① 생명 ② 재물 ③ 재화 ④ 문명 ⑤ 재산

86. 戰爭이 끝나자, 가시 철망이 겹겹이 처진 휴전선이 생겼다.

① 전술 ② 전쟁 ③ 투쟁 ④ 전란 ⑤ 간쟁

87~92 다음 문장에서 밑줄 친 한자어(漢字語)의 뜻풀이로 적절한 것은 어느 것입니까?

87. 잃어버린 아이를 찾으려고 百方으로 수소문하고 다녔다.

① 한 가지 방법 ② 여러 사람
③ 여러 가지 도구 ④ 여러 가지 방법
⑤ 여러 가지 형식

88. 곧 그의 非行이 모두 밝혀질 것이다.

① 잘한 행위 ② 숨겨진 행위
③ 잘못된 행위 ④ 독특한 행위
⑤ 비범한 행위

89. 동물들은 여러 가지 材料를 써서 집을 짓는다.

① 근원이 되는 소재 ② 가공한 재료
③ 여러 원료 ④ 재료로 쓰는 나무
⑤ 물건을 만드는 원료

90. 電話나 라디오, 텔레비전을 통해서 세계 곳곳에서 일어나는 일들을 곧 알 수 있다.

① 전화기 ② 전보 ③ 전신기
④ 신문기사 ⑤ 잡지

91. 연날리기는 오랜 옛날부터 정초에 全國에서 행해지는 놀이이다.

① 나라전체 ② 서울 ③ 일부지역 ④ 지방 ⑤ 외국

92. 우리 나라의 長官은 너무 자주 바뀐다.

① 행정각부의 책임자 ② 군대의 지휘관
③ 장사하는 사람 ④ 회사의 우두머리
⑤ 국가원수

93~95 다음 문장에서 빈칸에 들어갈 가장 적절한 한자어(漢字語)는 어느 것입니까?

93. 복도에 □□되어 있는 사진들이 우리의 눈길을 끌었다.

① 全開 ② 展開 ③ 前示 ④ 展示 ⑤ 全示

94. 우리는 그 의견에 □□적으로 반대하였다.

① 同意 ② 同感 ③ 絶對 ④ 對等 ⑤ 上代

95. 막이 열리면 무대 □□에 동굴이 보인다.

① 建設 ② 正面 ③ 以前 ④ 正式 ⑤ 後期

96~98 다음 문장에서 한자어(漢字語)의 한자 표기(漢字表記)가 바르지 않은 것은 어느 것입니까?

96. 우리 ①歷史는 빛나는 ②傳統과 ③獨特한 ④文化를 ⑤創調해 온 과정이다.

97. ① 祖上이 남긴 거룩한 ② 遺産을 ③ 保存, 보호하고 그것을 바탕으로 더욱 새로운 우리의 전통 문화를 창조해 나가는 일이야말로 우리의 책임인 ④同視에 ⑤義務이다.

98. 선비 정신은 ①物質보다는 ②精神, ③利得보다는 ④命分을 ⑤重視하는 깨끗하고 맑은 정신이다.

99~101 다음 문장에서 밑줄 친 단어(單語)를 한자(漢字)로 바르게 쓴 것은 어느 것입니까?

99. 우리 집은 정원이 넓다.

① 定原 ② 庭園 ③ 正園 ④ 情園 ⑤ 正原

100. 말은 기쁨, 슬픔, 노여움 같은 감정도 전달해 줍니다.

① 感情 ② 感定 ③ 感精 ④ 感動 ⑤ 感正

101. 우리가 조금만 노력하면 합성 세제를 쓰지 않아도 만족스럽게 생활할 수 있습니다.

① 不足 ② 滿足 ③ 萬足 ④ 滿族 ⑤ 萬族

102~104 다음 문장에서 밑줄 친 단어(單語)나 어구(語句)의 뜻을 가장 잘 나타낸 한자(漢字) 또는 한자어(漢字語)는 어느 것입니까?

102. 진만이는 희재와 싸우고 난 후에 교제를 끊어 버렸습니다.

① 修交 ② 外交 ③ 絕交 ④ 親善 ⑤ 親交

103. 집 뒤편의 앵두나무에 열매가 주렁주렁 매달려 있습니다.

① 落 ② 金 ③ 化 ④ 實 ⑤ 卵

104. 영철이가 호수에 돌을 던지자 파문이 일었습니다.

① 川 ② 水 ③ 河 ④ 冷 ⑤ 湖

105~110 다음 글을 읽고 물음에 답하시오.

지난 1971년 8월23일 한낮, 라디오에서 ㉠다급한 목소리의 아나운서가 뉴스㉡속보를 전했다. '㉢정체㉣불명의 무장괴한들이 서울 영등포 대방동에서 ㉤군경과 ㉥교전하고 있다'는 것이었다. 순간 ㉦국민들의 뇌리에는 ㉧자동적으로 '또 무장 남파간첩들일 것'이라는 짐작이 스쳐 지나갔다. 김신조 등 ㉨북한 124군부대의 무장㉩간첩들이 청와대를 습격하기 위해 남파된 지 불과 3년이 지난 때였던 것이다. 그러나 ㉪사실은 ㉫정반대로 무장괴한들은 이른바 '북파㉬공작원'들이었다. 북한 무장간첩 청와대습격사건에 박정희 당시 대통령의 분노는 극에 달했고 이에 중앙정보부가 ㉭공군에 ⓐ지시하여 보복공격을 위한 특수부대를 창설하고 길러낸 요원들이었던 것이다.

105. ㉠'다급'의 '다'와 같은 한자를 사용한 한자는?

① 同參 ② 意圖 ③ 多角 ④ 半島 ⑤ 首都

106. ㉡~㉦ 중에서 한자표기가 바르지 않은 것은?

① ㉡ 速報 ② ㉢ 政體 ③ ㉣ 不明
④ ㉥ 交戰 ⑤ ㉦ 國民

107. ㉤'군경'의 '군'과 같은 한자를 사용한 한자어는?

① 夫君 ② 郡守 ③ 基調 ④ 軍師 ⑤ 課外

108. ㉧'자동적'과 ㉨'북한'의 한자표기를 바르게 짝지은 것은?

① 自動的 - 北韓 ② 自重的 - 北漢
③ 自東的 - 北限 ④ 自東的 - 北韓
⑤ 自動的 - 北漢

109. ㉩'간첩'의 '간'과 같은 한자를 사용한 한자어는?

① 干求 ② 重午 ③ 再開 ④ 問議 ⑤ 日間

110. ㉪~ⓐ 중에서 한자표기가 바르지 않는 것은?

① ㉪ 事實 ② ㉫ 正半對 ③ ㉬ 工作
④ ㉭ 空軍 ⑤ ⓐ 指示

111~115 다음 글을 읽고 물음에 답하시오.

블라디미르 푸틴 러시아 ㉠대통령은 일본 도쿄 ㉡정상㉢회담 때 일본 ㉣유도의 발상지인 고도칸을 찾아 일본 고단자들과 대련을 가져 사람들을 놀라게 한 적이 있다. 어떻게 그가 동양무도인 유도를 배워 6단의 고단자까지 되었던 것일까?
일본 유도가 러시아에 전파되기 ㉤시작한 때는 1897년으로 니콜라이 2세 주재 연회에서 러시아즈재 일본 ㉥무관 히로세 ㉦중령이 유도의 ㉧위력을 보여준 뒤부터다. 유도 3단인 그는 ㉨당시 자신보다 몸집이 훨씬 큰 러시아 레슬링선수 3명을 순식간에 연회장 바닥에 메다꽂아 감탄한 황제가 유도교육을 간청했다는 것이다. 1952년 가난한 노동자 집안에서 태어나 어린 시절 불량소년이었던 푸틴을 러시아의 대통령으로 만든 것도 예를 ㉩崇尙하는 이 유도였다고 한다.

111. ㉠'대통령'의 한자표기로 바른 것은?

① 大通領 ② 大通令 ③ 大統令
④ 大統領 ⑤ 代統領

112. ㉡~㉥ 중에서 한자표기가 바르지 않은 것은?

① ㉡ 貞上 ② ㉢ 會談 ③ ㉣ 柔道
④ ㉤ 始作 ⑤ ㉥ 武官

113. ㉧'중령'과 ㉨'위력'의 한자표기를 바르게 짝지은 것은?

① 中郎 - 危力　② 中浪 - 危力
③ 中領 - 威力　④ 中令 - 威力
⑤ 中浪 - 威力

114. ㉡'당시'의 '당'과 같은 한자를 사용한 한자어는?

① 但只　② 待遇　③ 使徒　④ 終乃　⑤ 適當

115. ㉢'崇尙'에서 '崇'의 부수로 바른 것은?

① 示　② 山　③ 二　④ 宀　⑤ 小

116~120 다음 글을 읽고 물음에 답하시오.

> 삼국지의 주인공인 유비의 휘하에 문무를 ㉠겸비한 마량이라는 이름난 ㉡참모가 있었다. 그는 제갈량과 ㉢절친한 사이로, 한번은 세 치의 혀 하나로 남쪽 ㉣변방의 ㉤凶暴한 오랑캐의 한 무리를 모두 부하로 삼는 등 많은 공을 이루어 낼 정도로 ㉥덕성과 지모가 뛰어난 인물이었다. 오형제 중 장남인 마량은 태어날 때부터 눈썹에 흰 털이 섞여 있었다. 그래서 그는 ㉦고향 사람들로부터 '㉧백미'라는 별명을 얻었다. 그들 오형제는 '읍참마속'으로 유명한 마속을 ㉨포함하여 모두 재주가 ㉩비범했는데 그 중에서도 마량이 가장 뛰어났다. 그래서 사람들은 마씨네 오형제 중에서 '백미'가 가장 뛰어나다며 마량을 특히 ㉪칭송해 마지않았다. 이 때부터 '백미'란 같은 ㉫부류의 여럿 중에서 가장 뛰어난 사람이나 물건을 가리키는 말이 되었다.

116. ㉠'겸비'와 ㉡'참모'의 한자표기를 바르게 짝지은 것은?

① 兼批 - 塹募　② 謙非 - 慘某
③ 謙比 - 慘謀　④ 兼比 - 參某
⑤ 兼備 - 參謀

117. ㉢'절친'과 ㉣'변방'의 한자표기를 바르게 짝지은 것은?

① 切親 - 邊方　② 折親 - 辨方
③ 竊親 - 辯方　④ 切親 - 邊邦
⑤ 折親 - 辨邦

118. ㉤'凶暴'의 '暴'와 음(音)이 같은 것은?

① 暴騰　② 橫暴　③ 暴炎　④ 暴暑　⑤ 暴飮

119. ㉥~㉩ 중에서 한자표기가 바르지 않은 것은?

① ㉥ 德性　② ㉦ 故鄕 ③　㉧ 白眉
④ ㉨ 胞含　⑤ ㉩ 非凡

120. ㉪'칭송'과 ㉫'부류'의 한자표기를 바르게 짝지은 것은?

① 稱訟 - 副類　② 稱頌 - 部類
③ 稱誦 - 付類　④ 稱松 - 府類
⑤ 稱頌 - 赴類

일一사瀉 천千리里

한자시험 실전모의고사 10회

※ 다음 문제를 읽고 알맞는 것을 고르시오.

제1영역 漢字

1~2 다음 필순(筆順)에 대한 설명에 가장 알맞은 한자는 어느 것입니까?

1. 위에서 아래로 쓴다.

① 指 ② 定 ③ 祝 ④ 八 ⑤ 江

2. 바깥쪽을 안쪽보다 먼저 쓴다.

① 九 ② 技 ③ 毛 ④ 弓 ⑤ 同

3~4 다음 한자(漢字)의 획수(劃數)는 모두 몇 획입니까?

3. 近 : ① 7획 ② 8획 ③ 9획 ④ 10획 ⑤ 11획

4. 樂 : ① 13획 ② 14획 ③ 15획 ④ 16획 ⑤ 17획

5~6 다음 한자(漢字)의 부수(部首)는 무엇입니까?

5. 京 : ① 丿 ② 亠 ③ 亅 ④ 口 ⑤ 小

6. 曲 : ① 田 ② 日 ③ 二 ④ 冂 ⑤ 十

7~8 다음 한자(漢字)와 그 조자(造字)의 방식이 같은 한자는 어느 것입니까?

> 〈보기〉 日 : ① 山 ② 休 ③ 下 ④ 江 ⑤ 回
>
> 〈보기〉에 제시된 한자 '日(해의 모습을 본떠서 만들었음)'처럼 구체적인 사물의 모습을 본떠서 만든 상형자(象形字)는 '山(산의 모습을 본떠서 만들었음)'이다. 따라서 정답 ①을 골라 답란에 표기하면 된다.

7. 冊 : ① 寸 ② 着 ③ 竹 ④ 漢 ⑤ 固

8. 好 : ① 角 ② 街 ③ 孝 ④ 母 ⑤ 功

9~14 다음 한자(漢字)의 음(音)은 무엇입니까?

9. 競 : ① 긍 ② 쟁 ③ 경 ④ 각 ⑤ 갱

10. 廣 : ① 확 ② 황 ③ 속 ④ 광 ⑤ 홍

11. 每 : ① 매 ② 회 ③ 일 ④ 양 ⑤ 모

12. 備 : ① 용 ② 보 ③ 통 ④ 시 ⑤ 비

13. 勢 : ① 새 ② 력 ③ 세 ④ 예 ⑤ 무

14. 藥 : ① 락 ② 요 ③ 금 ④ 약 ⑤ 응

15~19 다음의 음(音)을 가진 한자는 어느 것입니까?

15. 경 : ① 功 ② 內 ③ 福 ④ 慶 ⑤ 先

16. 무 : ① 武 ② 半 ③ 說 ④ 愛 ⑤ 奉

17. 서 : ① 章 ② 序 ③ 里 ④ 早 ⑤ 時

18. 상 : ① 代 ② 法 ③ 省 ④ 讀 ⑤ 賞

19. 양 : ① 農 ② 議 ③ 英 ④ 陽 ⑤ 逆

20~24 다음 한자(漢字)와 음(音)이 같은 한자는 어느 것입니까?

20. 住 : ① 位 ② 注 ③ 收 ④ 往 ⑤ 業

21. 朝 : ① 罪 ② 充 ③ 祖 ④ 明 ⑤ 通

22. 冬 : ① 信 ② 洋 ③ 最 ④ 童 ⑤ 遺

23. 容 : ① 店 ② 限 ③ 興 ④ 帝 ⑤ 勇

24. 解 : ① 鳥 ② 進 ③ 至 ④ 支 ⑤ 海

25~30 다음 한자(漢字)의 뜻은 무엇입니까?

25. 角 : ① 뿔 ② 밥 ③ 약 ④ 소 ⑤ 양

26. 吉 : ① 약 ② 사다 ③ 길하다 ④ 흉하다 ⑤ 크다

27. 飮 : ① 팔다 ② 사다 ③ 조개 ④ 변하다 ⑤ 마시다

28. 孫 : ① 손자 ② 조상 ③ 아들 ④ 남매 ⑤ 부부

29. 走 : ① 날다 ② 주인 ③ 임금 ④ 달리다 ⑤ 거닐다

30. 片 : ① 조상 ② 제사 ③ 고기 ④ 썩을 ⑤ 조각

31~35 다음의 뜻을 가진 한자(漢字)는 어느 것입니까?

31. 구원하다 : ① 救 ② 句 ③ 勉 ④ 報 ⑤ 患

32. 쌀 : ① 拜 ② 米 ③ 食 ④ 兒 ⑤ 存

33. 헤아리다 : ① 歌 ② 元 ③ 料 ④ 科 ⑤ 淸

34. 시골 : ① 書 ② 志 ③ 再 ④ 幸 ⑤ 鄕

35. 판단하다 : ① 判 ② 快 ③ 退 ④ 取 ⑤ 移

36~40 다음 한자(漢字)와 뜻이 비슷한 한자는 어느 것입니까?

36. 協 : ① 神 ② 別 ③ 和 ④ 比 ⑤ 寺

37. 大 : ① 對 ② 者 ③ 前 ④ 外 ⑤ 太

38. 等 : ① 衆 ② 的 ③ 結 ④ 窓 ⑤ 景

39. 移 : ① 擧 ② 運 ③ 舞 ④ 谷 ⑤ 順

40. 首 : ① 可 ② 數 ③ 希 ④ 頭 ⑤ 草

제2영역 語彙

41~45 다음 한자어(漢字語)와 발음(發音)이 같은 한자어는 어느 것입니까?

41. 科目 : ① 過日 ② 果木 ③ 課稅 ④ 過客 ⑤ 國難

42. 力戰 : ① 力道 ② 歷傳 ③ 力說 ④ 力作 ⑤ 史觀

43. 先手 : ① 死守 ② 改惡 ③ 聖水 ④ 良好 ⑤ 選手

44. 旣決 : ① 旣往 ② 手決 ③ 旣婚 ④ 起結 ⑤ 應待

45. 至煩 : ① 非番 ② 地番 ③ 當番 ④ 缺番 ⑤ 漫步

46~47 다음 괄호 속 한자(漢字)의 음(音)이 다르게 발음 되는 것은 어느 것입니까?

46. ① (宅)配 ② (宅)地 ③ 住(宅) ④ 貴(宅) ⑤ (宅)兆

47. ① (龜)鑑 ② (龜)船 ③ (龜)裂 ④ (龜)甲 ⑤ (龜)占

48~57 다음 단어들의 '□'에 공통으로 들어갈 알맞은 한자(漢字)는 어느 것입니까?

48. □手, □話, □示 : ① 歌 ② 洗 ③ 談 ④ 訓 ⑤ 銀

49. 生□, 朝□, □明 : ① 食 ② 善 ③ 明 ④ 老 ⑤ 鮮

50. □念, □學, □保 : ① 想 ② 留 ③ 安 ④ 數 ⑤ 金

51. 必□, 全□, 樂□ : ① 勝 ② 的 ③ 敗 ④ 然 ⑤ 受

52. 城□, 正□, 家□ : ① 問 ② 門 ③ 文 ④ 聞 ⑤ 星

53. □動, □作, □初 : ① 造 ② 新 ③ 始 ④ 最 ⑤ 節

54. □主, □子, □臣 : ① 君 ② 父 ③ 忠 ④ 聖 ⑤ 守

55. □能, 發□, 有□ : ① 無 ② 達 ③ 實 ④ 效 ⑤ 賣

56. □待, □德, 重□ : ① 接 ② 厚 ③ 上 ④ 恩 ⑤ 壯

57. 模□, □眞, 透□ : ① 映 ② 寫 ③ 賜 ④ 伸 ⑤ 弊

58~65 다음 한자어(漢字語)와 뜻이 반대(反對)이거나 상대(相對)되는 한자어는 어느 것입니까?

58. 强大 : ① 各個 ② 强弱 ③ 弱化 ④ 弱體 ⑤ 弱小

59. 放火 : ① 齒科 ② 消火 ③ 消化 ④ 善防 ⑤ 理致

60. 年上 : ① 素服 ② 年度 ③ 年下 ④ 部下 ⑤ 存在

61. 滿足 : ① 滿場 ② 萬石 ③ 不滿 ④ 效果 ⑤ 逆戰

62. 奇異 : ① 野菜 ② 平民 ③ 異人 ④ 平凡 ⑤ 破婚

63. 未決 : ① 決算 ② 給料 ③ 完全 ④ 茂盛 ⑤ 解決

64. 承諾 : ① 承認 ② 拒絶 ③ 牽制 ④ 否認 ⑤ 怪奇

65. 債權 : ① 篤實 ② 權限 ③ 雁書 ④ 債務 ⑤ 條約

66~70 다음 성어(成語)에서 '□'에 들어갈 알맞은 한자(漢字)는 어느 것입니까?

66. □者三友 : ① 名 ② 益 ③ 人 ④ 德 ⑤ 因

67. 忠言□耳 : ① 過 ② 逆 ③ 入 ④ 到 ⑤ 足

68. 前代□聞 : ① 後 ② 城 ③ 風 ④ 未 ⑤ 展

69. 萬古天□ : ① 紙 ② 地 ③ 德 ④ 談 ⑤ 下

70. 三□吾身 : ① 世 ② 藥 ③ 烏 ④ 醫 ⑤ 省

71~72 다음 성어(成語)의 뜻풀이로 적절한 것은 어느 것입니까?

71. 朝令夕改

① 아침부터 저녁까지 일관되다.
② 아침 꽃이 저녁에는 지고 없다.
③ 일관성 없이 자주 바뀌어 믿을 수 없다.
④ 아침저녁으로 명을 받들어 분주하다.
⑤ 아침에는 저녁을 생각하지 않는다.

72. 敗家亡身

① 싸움에 패한 장수
② 싸울 때마다 계속하여 패하다.
③ 마음에 매우 차지 아니하다.
④ 재산을 다 없애고 몸을 망치다.
⑤ 오랜 싸움으로 마음과 몸이 지치다.

73. 死生有命

① 노력하면 안 되는 일이 없다.
② 남의 운명을 쥐고 있다.
③ 목숨이 끊어지다.
④ 사람이 죽고 사는 것은 운명에 달려 있다.
⑤ 죽다가 살아나다.

74. 種豆得豆

① 간사한 꾀로 남을 속여 희롱하다.
② 콩 심은 데 콩 나고 팥 심은 데 팥 난다.
③ 예상하지 못한 이익이 생기다.
④ 적에게 완전 포위당한 상태
⑤ 하나를 심어 두 개를 얻다.

75. 九天直下

① 사납게 서로 다투거나 싸우는 모양
② 고래 싸움에 새우 등 터진다.
③ 모습이 매우 추하고 지저분하다.
④ 까마귀 날자 배 떨어진다.
⑤ 하늘에서 땅을 향하여 일직선으로 떨어지다.

76~80 다음의 뜻을 가장 잘 나타낸 성어(成語)는 어느 것입니까?

76. 태도나 수단이 떳떳하고 정당하다.

① 聞一知十 ② 語不成說 ③ 南男北女
④ 正正堂堂 ⑤ 骨肉相戰

77. 죽은 사람의 이름이 길이 남다.

① 人死留名 ② 山高水長 ③ 以心傳心
④ 自成一家 ⑤ 君子務本

78. 쇠나 돌처럼 굳고 변함없는 약속

① 天長地久 ② 無比一色 ③ 四時春風
④ 百年同樂 ⑤ 金石相約

79. 호랑이라 여기고 돌에 화살을 쏘다.

① 人生三樂 ② 自行自止 ③ 射石爲虎
④ 言往言來 ⑤ 自勝者强

80. 이미 한 말을 자꾸 되풀이하다.

① 水到魚行 ② 七落八落 ③ 一擧兩失
④ 重言復言 ⑤ 不遠萬里

제3영역 讀解

81~86 다음 문장에서 한자어(漢字語)의 음(音)은 무엇입니까?

81. 육지는 산지와 고원, 사막, 草原, 평야 등으로 이루어져 있다.

① 전답 ② 해양 ③ 초원 ④ 산맥 ⑤ 평원

82. 집을 出發한지 한 시간만에 학교에 도착하였다.

① 도착 ② 출동 ③ 출시 ④ 출발 ⑤ 시발

83. 날씨가 너무 더워서 窓門을 열어젖혔다.

① 대문 ② 창문 ③ 정문 ④ 창틀 ⑤ 쪽문

84. 갑자기 내린 비로 인하여 등산 약속이 取消되었다.

① 취하 ② 취소 ③ 철회 ④ 조정 ⑤ 제소

85. 풀은 약이 되기도 하고, 食品이 되기도 한다.

① 즉석 ② 식장 ③ 제품 ④ 작용 ⑤ 식품

86. 비만을 예방하려면 음식을 調節하고 운동을 꾸준히 해야 한다.

① 감소 ② 함량 ③ 조절 ④ 계절 ⑤ 감량

87~92 다음 문장에서 밑줄 친 한자어(漢字語)의 뜻풀이로 적절한 것은 어느 것입니까?

87. 어떤 잘못을 했을 때 그것을 감추는 것보다는 잘못된 점을 是正해서 다시는 그러지 않도록 하는 것이 더 좋습니다.

① 잘못을 바로 잡다.

② 용서를 구하다.

③ 인정하다.

④ 인정하지 않다.

⑤ 적당히 인정하다.

88. 병의 始發은 그때부터였다.

① 옛날에 떠나다.

② 마지막으로 떠나다.

③ 처음으로 시작되다.

④ 최근에 시작되다.

⑤ 마지막으로 처리하다.

89. 평생동안 心血을 바친 사업이 실패로 돌아갔다.

① 모든 재산 ② 온갖 마음과 힘 ③ 건강

④ 모든 지식 ⑤ 많은 돈

90. 일이 계획대로 進行되고 있다.

① 이전의 상태로 돌아감

② 일을 처리해 나감

③ 먼거리를 행진함

④ 앞으로 내보냄

⑤ 먼 곳으로 이동함

91. 진정한 친구라면 忠告를 아끼지 말아야 한다.

① 같이 괴로워 함 ② 괴로운 심정

③ 말을 되풀이 함 ④ 사실을 말함

⑤ 진심으로 타이름

92. 숲은 생태계의 질서를 正常적으로 유지하는 역할을 한다.

① 예사롭지 않음 ② 제대로인 상태

③ 최고의 상태 ④ 뜻밖의 상태

⑤ 비상의 상태

93~95 다음 문장에서 빈칸에 들어갈 가장 적절한 한자어(漢字語)는 어느 것입니까?

93. 개나리와 진달래는 우리 □□의 어디서나 볼 수 있다.

① 指名 ② 現實 ③ 實在 ④ 江山 ⑤ 現在

94. 요즈음에는 옛날의 한복을 활동하기에 보다 편리하게 고친 □□ 한복을 만들어 입는 사람도 있다.

① 改良 ② 在來 ③ 改量 ④ 不便 ⑤ 傳通

95. 경제 성장으로 국민들의 생활이 □□에 비해 넉넉해졌다.

① 現在 ② 過去 ③ 來世 ④ 現金 ⑤ 現世

96~98 다음 문장에서 한자어(漢字語)의 한자 표기(漢字表記)가 바르지 않은 것은 어느 것입니까?

96. 운전하는 사람이나 ①步行者 모두가 ②生命의 ③所重함을 깨닫고 ④交通 질서를 잘 지킨다면 교통 ⑤事古로 목숨을 잃는 일은 거의 없을 것이다.

97. 커다란 ①共場에서 여러 사람의 손을 거쳐 ②自動車가 ③次例로 ④完成되어 가는 ⑤光景은 퍽 인상적이었다.

98. ①歷史的 ②人物과 사건을 ③年對에 따라 알아보려면 연대표를 ④利用하는 것이 ⑤便利하다.

99~101 다음 문장에서 밑줄 친 단어(單語)를 한자(漢字)로 바르게 쓴 것은 어느 것입니까?

99. 가정은 개인의 귀중한 보금자리이다.

① 告貴 ② 貴重 ③ 高貴 ④ 古貴 ⑤ 高重

100. 저 멀리 고속 도로가 보인다.

① 高速 ② 古俗 ③ 考速 ④ 高俗 ⑤ 古速

101. 장애인을 위한 운동 경기는 고대 그리스의 히포크라테스 시대부터 의료의 목적으로 실시되었다.

① 活動 ② 運動 ③ 運同 ④ 行動 ⑤ 行同

102~104 다음 문장에서 밑줄 친 단어(單語)나 어구(語句)의 뜻을 가장 잘 나타낸 한자(漢字) 또는 한자어(漢字語)는 어느 것입니까?

102. 박과장은 다른 은행으로 돈을 부쳤다.

① 送金 ② 代金 ③ 出金 ④ 利子 ⑤ 收金

103. 타자는 투수가 던진 공을 기다렸다는 듯이 통렬히 쳐냈다.

① 追 ② 授 ③ 打 ④ 技 ⑤ 爲

104. 개발도상국에서 선진국으로 발돋움하는 것은 그리 쉬운 일이 아니다.

① 更新 ② 路上 ③ 開放 ④ 直線 ⑤ 容易

105~110 다음 글을 읽고 물음에 답하시오.

> ㉠삼국사기, 삼국유사 등에 '빈녀양모(貧女養母)'의 설화가 나온다. ㉡신라 한기부 사람 연권(連權)의 딸로, 어려서 아버지를 여의고 홀어머니를 ㉢봉양하면서 살아간 ㉣효녀 지은(知恩)의 얘기다. ㉤설화에 따르면 지은은 결국 가난을 이기지 못해 쌀 열 섬 을 받는 ㉥대가로 ㉦자신을 부잣집 종으로 판다. 실로 오랜만에 이밥을 입에 대본 어머니는"밥맛은 좋으나 간장을 칼로 찌르는 것 같으니 어찌된 것인가"라며 ㉧연유를 물었다. ㉨자초지종을 듣고 통곡하니 그 소리가 나라님의 귀에 들어가 효행의 ㉩보상을 받는다는 권선징악 이야기이다. 이 설화는 훗날 고전소설 심청전(沈淸傳)의 모티브가 된다.

105. ㉠'삼국사기'의 '사'와 같은 한자를 사용한 한자어는?

① 女史 ② 設使 ③ 注射 ④ 出仕 ⑤ 醫師

106. ㉡'신라'의 '신'과 같은 한자를 사용한 한자어는?

① 神經 ② 所信 ③ 革新 ④ 功臣 ⑤ 良識

107. ㉢~㉦ 중에서 한자표기가 바르지 않은 것은?

① ㉢ 奉養 ② ㉣ 考女 ③ ㉤ 說話
④ ㉥ 代價 ⑤ ㉦ 自身

108. ㉧'연유'의 '유'와 같은 한자를 사용한 한자어는?

① 得由 ② 保有 ③ 流星 ④ 遺傳 ⑤ 精油

109. ㉨'자초지종'의 '자초'와 ㉪'고전'의 한자표기를 바르게 짝지은 것은?

① 自草 - 故典 ② 字初 - 故前
③ 字草 - 古前 ④ 者初 - 古典
⑤ 自初 - 古典

110. ㉩'보상'의 '보'와 같은 한자를 사용한 한자어는?

① 行步 ② 保留 ③ 報復 ④ 服務 ⑤ 拜面

111~115 다음 글을 읽고 물음에 답하시오.

> 최근 들어 결혼 연령이 ㉠계속 높아지고 있다. 결혼 연령이 높아지는 가장 큰 ㉡이유로는 ㉢남성은 주로 경제적 부담을 꼽은 ㉣반면 여성은 ㉤자아 ㉥성취 ㉦욕구 ㉧상실 때문이라고 답해 결혼을 미루는 이유가 성별에 따라 큰 격차를 보인다. 특히 IMF 이후 경제적인 어려움이 사회 전반에 ㉨파급되면서 늘기 시작한 ㉩晩婚 추세가 이제는 완전히 자리잡고 있는 모습을 볼 수 있다.

111. ㉠'계속'의 '속'과 같은 한자를 사용한 한자어는?

① 哀惜 ② 急速 ③ 脫俗 ④ 憶昔 ⑤ 持續

112. ㉡~㉥ 중에서 한자표기가 바르지 않은 것은?

① ㉡ 理由 ② ㉢ 男性 ③ ㉣ 反面
④ ㉤ 自我 ⑤ ㉥ 成吸

113. ㉦'욕구'와 ㉧'상실'의 한자표기를 바르게 짝지은 것은?

① 浴求 - 傷失 ② 欲求 - 喪失
③ 欲救 - 常失 ④ 浴救 - 喪實
⑤ 欲九 - 霜室

114. ㉨'파급' 의 한자표기로 바른 것은?

① 破急 ② 波及 ③ 破及 ④ 破給 ⑤ 波給

115. ㉩'晩婚'의 '晩'의 부수로 바른 것은?

① 儿 ② 免 ③ 罒 ④ 日 ⑤ 刀

116~120 다음 글을 읽고 물음에 답하시오

전쟁의 ㉠참화가 채 ㉡복구되지 않은 1955년, 서울에서 열린 제36회 전국 체전은 성화가 처음으로 등장한 대회였다. 단군이 쌓아 ㉢제천㉣의식을 치렀던 성지, 마니산 정상의 참성단에서 ㉤채화돼 전국을 돌며 봉송되는 성화를 보며 사람들은 민족의 ㉥기상을 생각했다.
참성단은 조선 인조 때와 숙종 때 각각 중수 한 ㉦기록이 있어 조정에서도 정성들여 ㉧관리해 왔음을 알 수 있다. 그러나 일제는 한민족의 뿌리를 ㉨상징하는 참성단을 의도적으로 ㉩훼손했는데 이를 보수하고 지킨 사람들이 바로 강화의 기독교도였다. 그들은 참성단에서 부흥사 경회를 가질 때마다 ㉪보수할 돌을 등에 지고 마니산을 오르며 찬송을 했다고 한다. 그들은 민족 신앙과 ㉫기독교 복음을 조화시킬 줄 알았던 것이다.

116. ㉠~㉤ 중 한자 표기가 바르지 않은 것은?

① ㉠ 慘禍　② ㉡ 復舊　③ ㉢ 祭天
④ ㉣ 宜息　⑤ ㉤ 採火

117. ㉥'기상'과 ㉦'기록'의 한자표기를 바르게 짝지은 것은?

① 氣詳 - 記祿　② 氣像 - 記錄
③ 氣祥 - 記鹿　④ 氣裳 - 記祿
⑤ 氣桑 - 記錄

118. ㉧'관리'의 '관'과 같은 한자를 사용한 한자어는?

① 館舍　② 冠詞　③ 寬待　④ 貫子　⑤ 管掌

119. ㉨'상징'과 ㉩'훼손'의 한자표기를 바르게 짝지은 것은?

① 象徵 - 毁損　② 像徵 - 毁孫
③ 象懲 - 毁損　④ 像懲 - 毁孫
⑤ 床徵 - 毁損

120. ㉪'보수'와 ㉫'기독교'의 한자표기를 바르게 짝지은 것은?

① 寶修 - 基毒教　② 普修 - 基篤教
③ 譜修 - 企督教　④ 補修 - 基督教
⑤ 補輸 - 豈督教

일一사瀉 천千리里 **한자시험 실전모의고사 11회**

※ 다음 문제를 읽고 알맞는 것을 고르시오.

제1영역 漢字

1~2 다음 필순(筆順)에 대한 설명에 가장 알맞은 한자는 어느 것입니까?

1. 바깥쪽을 안쪽보다 먼저 쓴다.

① 止 ② 春 ③ 忠 ④ 因 ⑤ 夫

2. 가운데를 꿰뚫는 획은 나중에 쓴다.

① 手 ② 世 ③ 室 ④ 十 ⑤ 林

3~4 다음 한자(漢字)의 획수(劃數)는 모두 몇 획입니까?

3. 街 : ① 9획 ② 10획 ③ 11획 ④ 12획 ⑤ 13획

4. 勤 : ① 12획 ② 13획 ③ 14획 ④ 15획 ⑤ 16획

5~6 다음 한자(漢字)의 부수(部首)는 무엇입니까?

5. 考 : ① 丿 ② 老 ③ 土 ④ 人 ⑤ 七

6. 比 : ① 比 ② 匕 ③ 亠 ④ 一 ⑤ 亡

7~8 다음 한자(漢字)와 그 조자(造字)의 방식이 같은 한자는 어느 것입니까?

〈보기〉 日 : ① 山 ② 休 ③ 下 ④ 江 ⑤ 回

〈보기〉에 제시된 한자'日(해의 모습을 본떠서 만들었음)'처럼 구체적인 사물의 모습을 본떠서 만든 상형자(象形字)는'山(산의 모습을 본떠서 만들었음)'이다. 따라서 정답 ①을 골라 답란에 표기하면 된다.

7. 東 : ① 姓 ② 本 ③ 立 ④ 藥 ⑤ 味

8. 馬 : ① 鳥 ② 安 ③ 語 ④ 古 ⑤ 等

9~14 다음 한자(漢字)의 음(音)은 무엇입니까?

9. 經 : ① 흠 ② 객 ③ 가 ④ 영 ⑤ 경

10. 課 : ① 언 ② 어 ③ 고 ④ 과 ⑤ 구

11. 洞 : ① 장 ② 도 ③ 두 ④ 동 ⑤ 당

12. 病 : ① 상 ② 호 ③ 병 ④ 인 ⑤ 봉

13. 雪 : ① 목 ② 수 ③ 촌 ④ 두 ⑤ 설

14. 育 : ① 육 ② 월 ③ 운 ④ 교 ⑤ 욱

15~19 다음의 음(音)을 가진 한자는 어느 것입니까?

15. 방 : ① 例 ② 願 ③ 防 ④ 名 ⑤ 生

16. 성 : ① 研 ② 價 ③ 位 ④ 誠 ⑤ 先

17. 웅 : ① 番 ② 貯 ③ 雄 ④ 章 ⑤ 有

18. 택 : ① 集 ② 浴 ③ 兆 ④ 蟲 ⑤ 宅

19. 응 : ① 平 ② 初 ③ 應 ④ 化 ⑤ 由

20~24 다음 한자(漢字)와 음(音)이 같은 한자는 어느 것입니까?

20. 固 : ① 快 ② 鄉 ③ 高 ④ 勝 ⑤ 美

21. 島 : ① 到 ② 各 ③ 苦 ④ 富 ⑤ 舞

22. 務 : ① 毛 ② 武 ③ 藝 ④ 園 ⑤ 利

23. 射 : ① 選 ② 光 ③ 朴 ④ 巳 ⑤ 短

24. 郡 : ① 半 ② 良 ③ 洗 ④ 幸 ⑤ 軍

25~30 다음 한자(漢字)의 뜻은 무엇입니까?

25. 景 : ① 서울 ② 경치 ③ 엮다 ④ 이기다 ⑤ 밝다

26. 卵 : ① 알 ② 동물 ③ 뿌리 ④ 잎 ⑤ 이제

27. 冷 : ① 덥다 ② 차다 ③ 이슬 ④ 따뜻하다 ⑤ 뜨겁다

28. 形 ① 입다 ② 나누다 ③ 탐하다 ④ 가난 ⑤ 형상

29. 增 : ① 덜다 ② 승려 ③ 더하다 ④ 살피다 ⑤ 베풀다

30. 特 : ① 가다 ② 찾다 ③ 모이다 ④ 만나다
⑤ 특별하다

31~35 다음의 뜻을 가진 한자(漢字)는 어느 것입니까?

31. 벼슬 : ① 波 ② 官 ③ 臣 ④ 洋 ⑤ 對

32. 머리 : ① 打 ② 守 ③ 頭 ④ 熱 ⑤ 建

33. 짓다 : ① 作 ② 衆 ③ 窓 ④ 種 ⑤ 起

34. 종이 : ① 調 ② 以 ③ 紙 ④ 皮 ⑤ 責

35. 가르치다 : ① 雲 ② 會 ③ 谷 ④ 貨 ⑤ 敎

36~40 다음 한자(漢字)와 뜻이 비슷한 한자는 어느 것입니까?

36. 死 : ① 城 ② 現 ③ 易 ④ 韓 ⑤ 殺

37. 王 : ① 君 ② 取 ③ 歌 ④ 罪 ⑤ 仕

38. 往 : ① 故 ② 去 ③ 氣 ④ 節 ⑤ 史

39. 午 : ① 貴 ② 骨 ③ 指 ④ 晝 ⑤ 婚

40. 素 : ① 血 ② 白 ③ 時 ④ 榮 ⑤ 休

제2영역 語彙

41~45 다음 한자어(漢字語)와 발음(發音)이 같은 한자어는 어느 것입니까?

41. 內助 : ① 年初 ② 來朝 ③ 子女 ④ 歷史 ⑤ 精算

42. 新鮮 : ① 新設 ② 性善 ③ 責善 ④ 失神 ⑤ 神仙

43. 利害 : ① 理解 ② 飮福 ③ 仁政 ④ 發展 ⑤ 接着

44. 輕動 : ① 運動 ② 驚動 ③ 泰東 ④ 鳴動 ⑤ 口錢

45. 戒世 : ① 追擊 ② 末世 ③ 家勢 ④ 季世 ⑤ 買收

46~47 다음 괄호 속 한자(漢字)의 음(音)이 다르게 발음 되는 것은 어느 것입니까?

46. ① (行)軍 ② (行)列 ③ (行)路 ④ (行)星 ⑤ (行)樂

47. ① (沈)沒 ② (沈)黙 ③ (沈)潛 ④ (沈)氏 ⑤ (沈)滯

48~57 다음 단어들의 '□'에 공통으로 들어갈 알맞은 한자(漢字)는 어느 것입니까?

48. □南, □水, 江□ : ① 門 ② 湖 ③ 北 ④ 入 ⑤ 住

49. 惡□, 親□, □答 : ① 問 ② 庭 ③ 人 ④ 對 ⑤ 筆

50. □城, □地, □俗 : ① 大 ② 都 ③ 風 ④ 土 ⑤ 族

51. 活□, 通□, □上 : ① 達 ② 行 ③ 路 ④ 道 ⑤ 土

52. □目, 作□, 名□ : ① 曲 ② 德 ③ 成 ④ 家 ⑤ 色

53. □客, 美□, □望 : ① 希 ② 絕 ③ 色 ④ 觀 ⑤ 間

54. □雪, □夜, 空□ : ① 晝 ② 白 ③ 百 ④ 同 ⑤ 第

55. □行, □力, 競□ : ① 走 ② 爭 ③ 流 ④ 步 ⑤ 別

56. □文, □物, 祝□ : ① 憂 ② 祭 ③ 散 ④ 帝 ⑤ 顔

57. 跳□, 飛□, □進 : ① 徐 ② 行 ③ 前 ④ 退 ⑤ 躍

58~65 다음 한자어(漢字語)와 뜻이 반대(反對)이거나 상대(相對)되는 한자어는 어느 것입니까?

58. 上行 : ① 逆流 ② 下行 ③ 同生 ④ 順行 ⑤ 下車

59. 能動 : ① 結論 ② 能力 ③ 反感 ④ 作動 ⑤ 受動

60. 共同 : ① 共用 ② 獨善 ③ 公同 ④ 單獨 ⑤ 主意

61. 車道 : ① 車路 ② 人道 ③ 風車 ④ 車線 ⑤ 定義

62. 低俗 : ① 低溫 ② 古俗 ③ 高尙 ④ 和尙 ⑤ 實用

63. 舊式 : ① 公式 ② 新式 ③ 典式 ④ 方式 ⑤ 放心

64. 詳述 : ① 著述 ② 詳細 ③ 略式 ④ 略述 ⑤ 總名

65. 入黨 : ① 愚鈍 ② 入堂 ③ 朋黨 ④ 脫出 ⑤ 脫黨

66~70 다음 성어(成語)에서 '□'에 들어갈 알맞은 한자(漢字)는 어느 것입니까?

66. 子孫□代 : ① 滿 ② 萬 ③ 百 ④ 白 ⑤ 毛

67. 無□通達 : ① 急 ② 由 ③ 己 ④ 不 ⑤ 未

68. □死留皮 : ① 考 ② 方 ③ 虎 ④ 進 ⑤ 容

69. 三□太守 : ① 馬 ② 出 ③ 外 ④ 向 ⑤ 鮮

70. 山明□淸 : ① 地 ② 多 ③ 家 ④ 身 ⑤ 水

71~75 다음 성어(成語)의 뜻풀이로 적절한 것은 어느 것입니까?

71. 時不可失

① 때가 오지 않았다.
② 때가 지난 줄을 모른다.
③ 때를 잃어버리면 안됨
④ 시류에 흔들려 나를 잃지 않는다.
⑤ 시류에 편승하여 이익을 도모한다.

72. 好衣好食

① 좋은 옷을 입고 좋은 음식을 먹는다.
② 목표를 이루기 위해 꾸준히 노력하다.
③ 용모가 아름다운 여자
④ 남달리 뛰어나고 고아한 풍채
⑤ 좋은 것이 좋은 것이다.

73. 不求聞達

① 소식을 들어 아는 바가 없다.
② 바람결에 떠도는 소문
③ 한 귀로 듣고 한 귀로 흘려버리다.
④ 출세하여 세상에 이름 떨치기를 바라지 않는다.
⑤ 소문과 사실이 다르다.

74. 安心立命

① 값비싼 물건을 손에 넣다.
② 나무가 매우 튼튼하다.
③ 귀한 자손을 얻다.
④ 한창 기운이 성하다.
⑤ 삶과 죽음을 초월함으로써 마음의 편안함을 얻다.

75. 雲心月性

① 구름과 달처럼 부지런히 학문과 덕행을 닦다.
② 처음에 세운 뜻을 끝까지 밀고 나가다.
③ 구름과 달을 보며 자나 깨나 잊지 못하다.
④ 맑고 깨끗하여 욕심이 없다.
⑤ 구름따라 달따라 길을 나서다.

76~80 다음의 뜻을 가장 잘 나타낸 성어(成語)는 어느 것입니까?

76. 여러 방면에 능통한 사람

① 東西古今 ② 多事多難 ③ 八方美人
④ 風林火山 ⑤ 言去言來

77. 임자 없는 빈 산

① 千萬多幸 ② 空山明月 ③ 無主空山
④ 萬分多幸 ⑤ 惡衣惡食

78. 오랫동안 두문불출하고 열심히 공부한 세월

① 朝花月夕 ② 長長春日 ③ 十年寒窓
④ 萬事無心 ⑤ 一國三公

79. 하나하나의 행동이나 동작

① 天道是非 ② 五言長城 ③ 一日千里
④ 前古未聞 ⑤ 一擧一動

80. 실현성이 없는 허황된 이론

① 天下一色 ② 紙上兵談 ③ 自作自受
④ 百戰老將 ⑤ 千年一淸

제3영역 讀解

81~86 다음 문장에서 한자어(漢字語)의 음(音)은 무엇입니까?

81. 비정규직 증가는 최근 고용<u>市場</u>의 일반적인 추세이다.

① 장소 ② 시장 ③ 사회 ④ 상황 ⑤ 사회

82. <u>大氣</u> 오염이 날로 심각해지고 있다.

① 환경 ② 수질 ③ 대기 ④ 공기 ⑤ 대양

83. 지난 140년간 지구 地面 온도는 0.~0.8도, 평균 0.6도 상승했다.

① 지면 ② 수면 ③ 표면 ④ 지상 ⑤ 정면

84. 여성들의 사회 진출은 결혼관에 큰 變化를(을) 가져왔다.

① 변동 ② 변이 ③ 변경 ④ 변화 ⑤ 문화

85. 그는 모든 것을 宿命에 맡기고 노력하지 않았다.

① 운명 ② 숙명 ③ 천운 ④ 운수 ⑤ 천명

86. 그는 주위의 人物을 경계하는 버릇이 있다.

① 인간 ② 인적 ③ 인상 ④ 인성 ⑤ 인물

87~92 다음 문장에서 밑줄 친 한자어(漢字語)의 뜻풀이로 적절한 것은 어느 것입니까?

87. 모든 일에는 長短이 있기 마련이다.

① 장점과 단점 ② 길게 함
③ 장점 ④ 단점
⑤ 짧게 함

88. 그는 永永 돌아오지 않았다.

① 곧바로 ② 즉시
③ 영원히 ④ 온전히
⑤ 제대로

89. 언어적 表現에는 절대적인 참이 있는 것이 아니다.

① 자기도 모르게 드러남
② 속의 것을 숨김
③ 생각이나 느낌을 드러내어 나타냄
④ 말을 아낌
⑤ 갑자기 나타나다

90. 1957년 10월 세계 最初의 인공위성인 스푸트니크 1호가 발사되었다.

① 가장 오래됨 ② 가장 작음
③ 처음으로 ④ 가장 큼
⑤ 가장 길다

91. 출산 및 육아에 대한 정부 지원이 대폭 强化될 전망이다.

① 특별히 두드러짐
② 값이 오름
③ 양이나 수가 늘어남
④ 우세하거나 뛰어난 점
⑤ 더 강하고 튼튼하게 함

92. 동북 아시아의 정치적 상황은 끓어 넘치기 直前의 단계에 와 있다.

① 어떤 일이 일어난 바로 후
② 지금 곧
③ 그 자리에서 바로
④ 행해지는 바로 그 때
⑤ 어떤 일이 일어나기 바로 전

93~95 다음 문장에서 빈칸에 들어갈 가장 적절한 한자어(漢字語)는 어느 것입니까?

93. 인간의 본성에는 싸움을 불러일으키는 세 가지의 □□가 있음을 알 수 있다.

① 要所 ② 必要 ③ 要素 ④ 成分 ⑤ 要望

94. 15세기 후반 조선에서는 사회 경제적 변화에 조응하여 새로운 정치 세력이 대두하기 □□하였다.

① 始作 ② 出發 ③ 開始 ④ 完成 ⑤ 完結

95. 조선 후기에 도시 시장과 농촌장시가 성장하고, 포구 상업이 새로운 □□으로 발전하였다.

① 次元 ② 決定 ③ 經過 ④ 變德 ⑤ 村落

96~98 다음 문장에서 한자어(漢字語)의 한자 표기(漢字表記)가 바르지 않은 것은 어느 것입니까?

96. ①東羊에서는 언제나 ②人間이 ③中心이 되며 ④本位가 되며 ⑤主體가 된다.

97. ①競爭心은 인간으로 하여금 ②利得을 보기 위해, ③小心함은 ④安全을 보장 받기 위해, 명예욕은 좋은 ⑤平判을 듣기 위해 남을 해치도록 유도한다.

98. 귀납과 연역의 ①質的 차이가 확률치의 ②量的 차이로 ③解消되어 버릴 수 있는가는 더 더욱 ④儀文스러운 ⑤問題이다.

99~101 다음 문장에서 밑줄 친 단어(單語)를 한자(漢字)로 바르게 쓴 것은 어느 것입니까?

99. 오늘의 한국 민주 주의가 제자리 걸음을 하고 있는 가장 큰 원인은 무엇인가?

① 原人 ② 遠人 ③ 遠因 ④ 原因 ⑤ 原仁

100. 유럽 대륙이 유럽(Europe)이라는 이름을 가지게 된 연유는 그리스의 신화에 등장하는 에우로페(Europe)라는 여자 이야기로부터 시작된다.

① 神話 ② 信和 ③ 神和 ④ 神貨 ⑤ 信貨

101. 데이터마이닝이란 대량의 데이터로부터 쉽게 드러나지 않는 유용한 정보들을 추출하는 과정을 말한다.

① 流用 ② 有用 ③ 有勇 ④ 有容 ⑤ 流勇

102~104 다음 문장에서 밑줄 친 단어(單語)나 어구(語句)의 뜻을 가장 잘 나타낸 한자(漢字) 또는 한자어(漢字語)는 어느 것입니까?

102. 영철이가 사는 곳은 어촌이라 항상 바다 바람이 심하게 불어옵니다.

① 海風 ② 陸風 ③ 大風 ④ 長風 ⑤ 小風

103. 민선이는 아침 일찍 영화를 보러 극장에 갔습니다.

① 朝朝 ② 朝夕 ③ 早期 ④ 早朝 ⑤ 早夕

104. 이번만큼은 그냥 보아 넘길 문제가 아니다.

① 果然 ② 王位 ③ 重視 ④ 以前 ⑤ 今番

105~107 다음 글을 읽고 물음에 답하시오.

> 신라의 선덕여왕은 지혜로운 임금으로 유명하다. 그 중에 다음과 같은 ㉠일화가 있다. 여왕이 ㉡즉위하기 전 당에 다녀 온 사신이 모란꽃 그림과 그 씨를 가져왔는데, 당시 신라에는 아직 모란꽃이 없었다. 궁녀들은 그림을 보며 이 모란이란 꽃은 그림으로 보아 꽃송이가 크고 빛도 고우니, ㉢향기도 아주 좋을 것이라고 이야기하고 있었다. 그러나 여왕은 이 꽃은 향기가 없는 꽃일 것이라고 말했다. "다른 그림의 꽃에는 나비가 있는데, 여기 모란꽃 그림에는 나비가 한 마리도 없다. 모란꽃에는 향기가 없다는 증거가 아니냐?" 궁녀들이 여왕의 말을 믿지 않았다. 그러나 모란꽃 씨를 심은 후 꽃이 ㉣만개하자 과연 모란꽃에는 향기가 없었고, 사람들은 여왕의 지혜에 감탄하였다.

105. ㉠'일화'의 '화'와 같은 한자를 사용한 한자는?

① 談話 ② 花園 ③ 和答 ④ 畵報 ⑤ 貨物

106. ㉡'즉위'의 '위'와 같은 한자를 사용한 한자는?

① 作爲 ② 良識 ③ 舞童 ④ 旅情 ⑤ 單位

107. ㉢'향기와 ㉣'만개'의 한자 표기를 바르게 짝지은 것은?

① 向氣 – 萬開 ② 鄕氣 – 滿改
③ 向技 – 萬個 ④ 香氣 – 滿開
⑤ 鄕其 – 萬改

108~110 다음 글을 읽고 물음에 답하시오.

> 이제마는 조선 ㉠말기의 한의학자로 사상 ㉡의학으로 특히 ㉢유명하다. 어려서부터 유교 ㉣경전을 비롯하여 의약과 점술 등에 환히 ㉤통달했으며, 무인이 되기를 원해 군사관계 서적도 많이 읽었다. 19세기 말 군관직을 거쳐, 현감을 거쳤으며 ㉥관기를 바로잡는 데 힘썼다. 그러나 얼마 안 되어 사직하고 서울에 돌아와 사상 의학을 ㉦정립시키기 위해 저술을 시작하여 이듬해 유명한 〈동의수세보원〉을 완성하였다. 그 뒤 일생을 의학 연구와 ㉧제자들을 기르는 데 보냈다.

108. ㉠~㉤ 중에서 한자표기가 바르지 않은 것은?

① ㉠ 末起 ② ㉡ 醫學 ③ ㉢ 有名
④ ㉣ 經典 ⑤ ㉤ 通達

109. ㉥'관기'의 '관'과 같은 한자를 사용한 한자어는?

① 愛唱 ② 景觀 ③ 追加 ④ 原告 ⑤ 次官

110. ㉦'정립'과 ㉧'제자'의 한자표기를 바르게 짝지은 것은?

① 庭立 – 帝子 ② 情立 – 題子
③ 定立 – 弟子 ④ 政立 – 第子
⑤ 精立 – 製子

111~115 다음 글을 읽고 물음에 답하시오.

> 일본 '사무라이(侍)'는 그 한자어에 함축돼 있듯이 원래 ㉠귀족이나 ㉡영주에게 ㉢봉사하는 측근을 뜻했다. 그

러던 것이 중세 가마쿠라막부의 군사㉣정권 시대에 ㉤농민봉기를 다스리고, 영주들 사이의 전쟁을 수행하는 임무가 ㉥부여되면서 허리에 늘 칼을 차는 것이 허용된 무사계급으로 ㉦정착된 것이다. 잘 알려진 것처럼 사무라이의 이미지는 '㉧잔인함과 ㉨비장함'이다. 아랫사람이 잘못했을 경우 차고 있는 칼로 ㉩가차 없이 그 목을 칠 수 있는 권한이 주어졌으며 자신이 궁지에 빠지면 스스로 배를 갈라 명예를 지켰던 것이다.

111. ㉠~㉤ 중에서 한자표기가 바르지 않은 것은?

① ㉠ 貴族 ② ㉡ 領主 ③ ㉢ 逢謝
④ ㉣ 政權 ⑤ ㉤ 農民

112. ㉥'부여'의 '여'와 같은 한자를 사용한 한자어는?

① 餘波 ② 余等 ③ 汝矣島 ④ 如意 ⑤ 與否

113. ㉦'정착'의 한자표기가 바른 것은?

① 丁着 ② 貞着 ③ 停着 ④ 定着 ⑤ 正着

114. ㉧'잔인'의 '인'과 같은 한자를 사용한 한자어는?

① 忍苦 ② 丙寅 ③ 承認 ④ 印朱 ⑤ 引出

115. ㉨'비장'과 ㉩'가차'의 한자표기를 바르게 짝지은 것은?

① 鼻壯 – 佳借 ② 悲壯 – 假且
③ 鼻壯 – 佳此 ④ 悲壯 – 假借
⑤ 悲壯 – 佳且

116~120 다음 글을 읽고 물음에 답하시오.

㉠인류가 전쟁에서 ㉡지뢰를 사용하기 시작한 것은 15세기 중국 명나라 때부터다. 유럽에서도 지뢰가 사용되었다는 ㉢주장이 있지만 뚜렷한 ㉣기록으로 남아 있는 것은 없다. 근대전에서 지뢰가 ㉤본격적인 ㉥무기로 쓰이기 시작한 것은 1904년 러일전쟁 때부터라고 한다. 그리고 보면 땅속에 ㉦폭약을 묻어 병사의 생명을 노리는 살상무기로서의 지뢰 역사는 겨우 100년도 안 되는 셈이다. 그런데도 지금은 전 세계 105개국에 2억5천만 개의 지뢰가 묻혀 있으며 매달 2,000여 민간인의 목숨을 앗아간다는 통계가 나와 있다.
지뢰는 기본적으로 적군의 접근을 ㉧차단하는 방어 무기이지만 직접적인 ㉨침략㉩위협을 받지 않는 나라들도 많은 양의 지뢰를 보유하고 있다. 지뢰 최다 보유국인 중국은 1억 1천만 개로 인구 10명당 1개꼴이라는 것이 국제 지뢰 금지 운동 본부의 추산이다. 지뢰에 의한 피해를 줄이기 위해 세계 각국은 ㉪□□ 지뢰 금지 ㉫□□까지 체결했지만 이렇다 할 성과를 올리지 못하고 있다.

116. ㉠~㉤ 중에서 한자표기가 바르지 않은 것은?

① ㉠ 人類 ② ㉡ 地賴 ③ ㉢ 主張
④ ㉣ 記錄 ⑤ ㉤ 本格

117. ㉥'무기'와 ㉦'폭약'의 한자표기를 바르게 짝지은 것은?

① 武祈 – 爆躍 ② 武畿 – 幅躍
③ 武紀 – 幅藥 ④ 武欺 – 爆約
⑤ 武器 – 爆藥

118. ㉧'차단'의 '단'과 같은 한자를 사용한 한자어는?

① 裁斷 ② 團束 ③ 講壇 ④ 檀紀 ⑤ 段落

119. ㉨'침략'과 ㉩'위협'의 한자표기를 바르게 짝지은 것은?

① 沈掠 – 緯脅 ② 浸掠 – 違脅
③ 侵略 – 威脅 ④ 寢略 – 僞脅
⑤ 枕略 – 衛脅

120. ㉪과 ㉫에 들어갈 적절한 한자어끼리 바르게 짝지은 것은?

① 國堤 – 租約 ② 國制 – 照約
③ 國濟 – 組約 ④ 國際 – 條約
⑤ 國提 – 操約

한자시험 실전모의고사 12회

※ 다음 문제를 읽고 알맞는 것을 고르시오.

제1영역 漢字

1~2 다음 필순(筆順)에 대한 설명에 가장 알맞은 한자는 어느 것입니까?

1. 가로획과 세로획이 교차할 때에는 가로획을 먼저 쓴다.

① 七 ② 獨 ③ 防 ④ 夫 ⑤ 刀

2. 왼쪽에서 오른쪽으로 쓴다.

① 首 ② 番 ③ 奉 ④ 步 ⑤ 得

3~4 다음 한자(漢字)의 획수(劃數)는 모두 몇 획입니까?

3. 限 : ① 8획 ② 9획 ③ 10획 ④ 11획 ⑤ 12획

4. 東 : ① 5획 ② 6획 ③ 7획 ④ 8획 ⑤ 9획

5~6 다음 한자(漢字)의 부수(部首)는 무엇입니까?

5. 充 : ① 儿 ② 厶 ③ 亠 ④ 充 ⑤ 丿

6. 唱 : ① 口 ② 日 ③ 曰 ④ 昌 ⑤ 唱

7~8 다음 한자(漢字)와 그 조자(造字)의 방식이 같은 한자는 어느 것입니까?

> 〈보기〉 日 : ① 山 ② 休 ③ 下 ④ 江 ⑤ 回
>
> 〈보기〉에 제시된 한자 '日(해의 모습을 본떠서 만들었음)'처럼 구체적인 사물의 모습을 본떠서 만든 상형자(象形字)는 '山(산의 모습을 본떠서 만들었음)'이다. 따라서 정답 ①을 골라 답란에 표기하면 된다.

7. 子 : ① 門 ② 律 ③ 發 ④ 陸 ⑤ 神

8. 四 : ① 月 ② 十 ③ 位 ④ 恩 ⑤ 景

9~14 다음 한자(漢字)의 음(音)은 무엇입니까?

9. 號 : ① 학 ② 한 ③ 호 ④ 후 ⑤ 홍

10. 婚 : ① 곤 ② 돈 ③ 온 ④ 혼 ⑤ 훈

11. 建 : ① 건 ② 선 ③ 전 ④ 천 ⑤ 군

12. 廣 : ① 왕 ② 광 ③ 동 ④ 탕 ⑤ 공

13. 患 : ① 관 ② 환 ③ 완 ④ 뢰 ⑤ 곤

14. 急 : ① 읍 ② 흡 ③ 급 ④ 즙 ⑤ 음

15~19 다음의 음(音)을 가진 한자는 어느 것입니까?

15. 매 : ① 木 ② 末 ③ 童 ④ 每 ⑤ 令

16. 저 : ① 要 ② 仕 ③ 素 ④ 城 ⑤ 貯

17. 수 : ① 良 ② 始 ③ 受 ④ 式 ⑤ 章

18. 려 : ① 榮 ② 統 ③ 左 ④ 旅 ⑤ 體

19. 연 : ① 追 ② 節 ③ 次 ④ 題 ⑤ 然

20~24 다음 한자(漢字)와 음(音)이 같은 한자는 어느 것입니까?

20. 陽 : ① 光 ② 養 ③ 眞 ④ 起 ⑤ 則

21. 元 : ① 究 ② 買 ③ 遠 ④ 毛 ⑤ 若

22. 種 : ① 聞 ② 宗 ③ 反 ④ 拜 ⑤ 弱

23. 晝 : ① 接 ② 處 ③ 片 ④ 宙 ⑤ 畫

24. 足 : ① 議 ② 往 ③ 韓 ④ 害 ⑤ 族

25~30 다음 한자(漢字)의 뜻은 무엇입니까?

25. 不 : ① 날다 ② 생각 ③ 슬프다 ④ 아니다 ⑤ 기리다

26. 聲 : ① 말 ② 발 ③ 소리 ④ 머리 ⑤ 다리

27. 實 : ① 꽃 ② 풀 ③ 나무 ④ 열매 ⑤ 뿌리

28. 研 : ① 돌 ② 피다 ③ 풀다 ④ 갈다 ⑤ 파다

29. 死 : ① 냄새 ② 죽다 ③ 마시다 ④ 흘리다 ⑤ 늘리다

30. 地 : ① 땅 ② 구름 ③ 하늘 ④ 시내 ⑤ 바다

31~35 다음의 뜻을 가진 한자(漢字)는 어느 것입니까?

31. 낱 : ① 京 ② 個 ③ 計 ④ 官 ⑤ 可

32. 주다 : ① 基 ② 郡 ③ 授 ④ 救 ⑤ 達

33. 도읍 : ① 都 ② 勢 ③ 鮮 ④ 農 ⑤ 能

34. 높다 : ① 宇 ② 革 ③ 庭 ④ 常 ⑤ 高

35. 얼굴 : ① 興 ② 午 ③ 爭 ④ 早 ⑤ 面

36~40 다음 한자(漢字)와 뜻이 비슷한 한자는 어느 것입니까?

36. 增 : ① 理 ② 病 ③ 益 ④ 至 ⑤ 密

37. 見 : ① 武 ② 視 ③ 烏 ④ 相 ⑤ 客

38. 君 : ① 效 ② 出 ③ 願 ④ 打 ⑤ 皇

39. 江 : ① 河 ② 飮 ③ 快 ④ 是 ⑤ 復

40. 年 : ① 親 ② 拜 ③ 鄕 ④ 歲 ⑤ 席

제2영역 語彙

41~45 다음 한자어(漢字語)와 발음(發音)이 같은 한자어는 어느 것입니까?

41. 課題 : ① 果然 ② 課外 ③ 過熱 ④ 景福 ⑤ 科題

42. 單身 : ① 多才 ② 短信 ③ 勤農 ④ 技能 ⑤ 論難

43. 算數 : ① 山寺 ② 三省 ③ 山水 ④ 筆順 ⑤ 歌手

44. 射手 : ① 小數 ② 湖水 ③ 死守 ④ 車主 ⑤ 敢行

45. 辭免 : ① 洗面 ② 四面 ③ 小滿 ④ 紙面 ⑤ 補助

46~47 다음 괄호 속 한자(漢字)의 음(音)이 다르게 발음 되는 것은 어느 것입니까?

46. ① (北)極 ② (北)進 ③ 敗(北) ④ (北)伐 ⑤ (北)斗

47. ① (糖)分 ② 製(糖) ③ 雪(糖) ④ 乳(糖) ⑤ (糖)精

48~57 다음 단어들의 '□'에 공통으로 들어갈 알맞은 한자(漢字)는 어느 것입니까?

48. 同□, □土, □校 : ① 貴 ② 農 ③ 等 ④ 末 ⑤ 鄕

49. □去, 罪□, □失 : ① 名 ② 過 ③ 退 ④ 手 ⑤ 富

50. □家, □敎, □親 : ① 近 ② 下 ③ 宗 ④ 善 ⑤ 商

51. □量, 速□, 進□ : ① 多 ② 道 ③ 光 ④ 度 ⑤ 最

52. 冷□, 母□, 性□ : ① 運 ② 對 ③ 子 ④ 情 ⑤ 天

53. □加, □進, □大 : ① 增 ② 戰 ③ 重 ④ 打 ⑤ 文

54. 單□, 時□, 定□ : ① 價 ② 代 ③ 一 ④ 義 ⑤ 質

55. □例, □重, □等 : ① 同 ② 北 ③ 道 ④ 色 ⑤ 比

56. □心, 初□, □服 : ① 衣 ② 霜 ③ 傷 ④ 喪 ⑤ 胸

57. □聘, □待, □請 : ① 招 ② 召 ③ 覆 ④ 付 ⑤ 捉

58~65 다음 한자어(漢字語)와 뜻이 반대(反對)이거나 상대(相對)되는 한자어는 어느 것입니까?

58. 自然 : ① 自爲 ② 油然 ③ 人爲 ④ 事理 ⑤ 接受

59. 到着 : ① 出發 ② 到達 ③ 出席 ④ 交着 ⑤ 後者

60. 學生 : ① 學校 ② 教師 ③ 教習 ④ 學習 ⑤ 修身

61. 事前 : ① 史傳 ② 重要 ③ 死後 ④ 事典 ⑤ 事後

62. 開業 : ① 事業 ② 經歷 ③ 成業 ④ 興業 ⑤ 閉業

63. 正當 : ① 堂堂 ② 當然 ③ 不當 ④ 適當 ⑤ 在野

64. 快樂 : ① 歡樂 ② 快然 ③ 苦痛 ④ 苦樂 ⑤ 頂端

65. 經度 : ① 緯度 ② 輕度 ③ 危道 ④ 經緯 ⑤ 借邊

66~70 다음 성어(成語)에서 '□'에 들어갈 알맞은 한자(漢字) 어느 것입니까?

66. 上天下□ : ① 地 ② 百 ③ 明 ④ 德 ⑤ 聲

67. 五日京□ : ① 人 ② 者 ③ 神 ④ 兆 ⑤ 法

68. 養□後患 : ① 虎 ② 犬 ③ 魚 ④ 午 ⑤ 羊

69. 言往說□ : ① 去 ② 落 ③ 流 ④ 忠 ⑤ 來

70. □文不通 : ① 幸 ② 處 ③ 一 ④ 宇 ⑤ 富

71~75 다음 성어(成語)의 뜻풀이로 적절한 것은 어느 것입니까?

71. 立身出世

① 몸을 세우나 세상이 돌아보지 않는다.
② 세상의 모진 풍파를 만나다.
③ 자신의 존재를 드러내고 세상에 나가다.
④ 하룻밤 사이에 서리가 세상을 덮었다.
⑤ 뜻을 세워으나 때를 만나지 못했다.

72. 空前絕後

① 의지할 곳이 없는 외로운 홀몸
② 이전에도 없었고 앞으로도 없다.
③ 결함이 없이 완전하다.
④ 등잔 밑이 어둡다.
⑤ 불운을 딛고 훗날을 도모하다.

73. 是非曲直

① 주변의 사물을 다양한 관점에서 바라보다.
② 낡은 생각을 고집하여 어리석다.
③ 매우 위태로운 상황
④ 그른 것을 바르게 하고, 굽은 것을 펴다.
⑤ 옳고 그르고 굽고 곧음, 잘잘못.

74. 言中有言

① 말 가운데 비유로 뜻을 풀이함
② 아주 가까운 거리
③ 말은 도리에 맞게 사용해야 한다.
④ 저주의 말을 원수에게 퍼 붓다.
⑤ 예사로운 말 속에 어떤 풍자와 암시가 들어 있음

75. 牛往馬往

① 소가 간 길을 말이 간다.
② 심지가 굳어 흔들리지 아니하다.
③ 머리가 어지럽고 정신이 혼미하다.
④ 함부로 온갖 곳을 다 쫓아다닌다.
⑤ 소와 말이 거리를 더럽힌다.

76~80 다음의 뜻을 가장 잘 나타낸 성어(成語)는 어느 것입니까?

76. 원고, 피고, 증인이 모여서 하는 무릎맞춤

① 上意下達 ② 君臣有義 ③ 不知體面
④ 三造對質 ⑤ 五言金城

77. 공을 논하여 그에 알맞은 상을 주다.

① 前無後無 ② 不必多言 ③ 運數大通
④ 論功行賞 ⑤ 一擧二得

78. 천년에 한 번 올까 말까한 한 번의 때

① 一字不識 ② 進退無路 ③ 天下絕色
④ 特筆大書 ⑤ 千歲一時

79. 글자 하나의 값이 백금의 가치가 있다.

① 三代日月 ② 一發必中 ③ 不知歲月
④ 一字百金 ⑤ 一文不知

80. 정성이 지극하면 하늘도 감동한다.

① 多才多病 ② 大經大法 ③ 至誠感天
④ 別有風景 ⑤ 四面八方

제3영역 讀解

81~86 다음 문장에서 한자어(漢字語)의 음(音)은 무엇입니까?

81. 教育은 공간적으로 가정과 학교 그리고 사회에서 동시 다발적으로 일어나는 것이다.

① 교실 ② 교수 ③ 양성 ④ 교육 ⑤ 교양

82. 현대 스포츠에서는 승자만이 話題의 중심이 되고 역사 속에 기록된다.

① 주제 ② 기사 ③ 화제 ④ 화두 ⑤ 논란

83. 일반적으로 스포츠에 영향을 주는 날씨 요소는 크게 溫度, 습도, 바람, 기압 등이 꼽힌다.

① 기온 ② 온도 ③ 체온 ④ 정도 ⑤ 풍도

84. 제품의 설계 단계에서부터 환경 친화적 技法을 적용하였다.

① 방법 ② 기술 ③ 수법 ④ 작법 ⑤ 기법

85. 그 가수는 일년 간의 空白을 깨고 마침내 다시 무대에 섰다.

① 휴식 ② 공백 ③ 여백 ④ 공간 ⑤ 공존

86. 나의 행동은 故意라기보다는 작은 실수였다.

① 임의 ② 범의 ③ 과실 ④ 주의 ⑤ 고의

87~92 다음 문장에서 밑줄 친 한자어(漢字語)의 뜻풀이로 적절한 것은 어느 것입니까?

87. 범죄자는 지위 高下를 막론하고 처벌받아야 한다.

① 나이가 많고 적다.
② 신분이 높다.
③ 성능이 좋고 나쁘다.
④ 신분의 높고 낮음
⑤ 많고 적음

88. 이야기하는 내용의 중요 骨子를 파악해야 한다.

① 말이나 일의 중심이 되는 줄기
② 뼈를 이루는 부분
③ 주변 부분
④ 기본적인 부분
⑤ 개별 내용

89. 유기적이라는 말은 구성 요소가 잘 조직되어 있어서 하나 더하기 하나가 둘이 아니라 둘 이상이 되었을 때 使用하는 말이다.

① 자신의 이익을 위해 씀
② 대상에 따라 씀
③ 목적이나 기능에 맞게 씀
④ 사사롭게 씀
⑤ 능숙하게 마음대로 씀

90. 환경 특성에 대한 정확한 평가 기준이 과학적으로 設定되어야 한다.

① 기관이나 조직을 만듦
② 계획을 세움
③ 법률 따위를 만듦
④ 사람을 세움
⑤ 만들어 정해 둠

91. 배드민턴은 자신의 능력과 체력에 맞게 운동량을 調節할 수 있어 재미와 즐거움을 더할 수 있다.

① 균형에 맞게 바로 잡음
② 기본이 되는 표준
③ 조합하여 만듦
④ 두루 간섭함
⑤ 고쳐서 사용함

92. 현재 지구상에는 약 4,500~5,000개 정도의 言語가 있다고 알려져 있다.

① 사투리
② 표준어
③ 생각, 느낌의 전달도구
④ 전달의 최소단위
⑤ 생각, 느낌 등을 전달하는 음성, 문자수단

93~95 다음 문장에서 빈칸에 들어갈 가장 적절한 한자어(漢字語)는 어느 것입니까?

93. 그는 음악가가 되어 언제 들어도 심금을 울리는 □□을 남기고 싶어했다.

① 明曲 ② 曲流 ③ 名曲 ④ 名畵 ⑤ 明歌

94. 돈만을 좇아가며 살던 그는 인간의 행복이 □□에만 있지 않다는 것을 깨달았다.

① 家庭 ② 富貴 ③ 世上 ④ 幸運 ⑤ 始祖

95. 재판부가 엄정하게 □□를(을) 진행한 뒤 공정한 판결을 한다면 아무도 법정에서 항의하지 않을 것이다.

① 工判 ② 公判 ③ 公務 ④ 工作 ⑤ 工務

96~98 다음 문장에서 한자어(漢字語)의 한자 표기(漢字表記)가 바르지 않은 것은 어느 것입니까?

96. 지조란 것은 순일한 ①精神을 지키기 위한 ②熱情어린 ③信念이요, 눈물겨운 ④情誠이며, 냉철한 확집이요, ⑤高貴한 투쟁이기까지 하다.

97. 우리들 대부분에게 ①家族은 항상 ②便安한 안식처이고, 사랑의 ③共同體이며, 가족구성원간의 기쁨과 즐거움을 추구 하는 ④共間으로 ⑤認知된다.

98. 스무 살이 되던 해, 윤봉길은 ①書堂에서는 더 ②以上 배울 것이 없다고 생각되어, ③讀學으로 ④新學問을 ⑤工夫하기로 하였다.

99~101 다음 문장에서 밑줄 친 단어(單語)를 한자(漢字)로 바르게 쓴 것은 어느 것입니까?

99. 저가부터 고가까지 다양한 휴대폰을 출시되고 있다.

① 固價 ② 高價 ③ 高家 ④ 高加 ⑤ 固加

100. 두 국가가 공존을 꾀하였다.

① 共存 ② 共在 ③ 公存 ④ 工存 ⑤ 公在

101. 맹진사는 급히 뜰로 내려가 과객을 맞이 했다.

① 過客 ② 科客 ③ 果客 ④ 課客 ⑤ 官客

102~104 다음 문장에서 밑줄 친 단어(單語)나 어구(語句)의 뜻을 가장 잘 나타낸 한자(漢字) 또는 한자어(漢字語)는 어느 것입니까?

102. 장사는 서로 간에 믿고 거래할 수 있어야 한다.

① 回信 ② 書信 ③ 信用 ④ 信者 ⑤ 受信

103. 수영이는 책을 빨리 읽는 것에 능합니다.

① 速讀 ② 代讀 ③ 一讀 ④ 速記 ⑤ 通讀

104. 지난밤에 아버지께서 고개를 넘다 발을 헛딛으시는 바람에 옷이 흙투성이가 되어 돌아오셨다.

① 落失 ② 失手 ③ 失足 ④ 失敗 ⑤ 失言

105~110 다음 글을 읽고 물음에 답하시오.

미국의 웨스트 버지니아주 ㉠출신 로버트 버드 상원의원은 한 때 대통령 후보 ㉡물망에까지 올랐던 7선 의원으로 워싱턴 ㉢정가의 거물 중 거물이다. 그가 남의 차를 들이받은 '㉣죄목'으로 ㉤법정에서 온갖 잡범들과 함께 ㉥차례를 기다린 뒤 재판을 받은 사실이 ㉦보도돼 ㉧신선한 충격을 준 적이 있다. 원래 상원의원은 ㉨의사당을 오가며 일으킨 사건에 대해서는 이른바 '㉩면책 ㉪특권을 갖는다. 교통경관이 ㉫현장에서 그를 체포하지 않은 것은 이 때문이었다. 하지만 버드는 사고 10여 일 뒤 스스로 법원에 나가 "나를 재판하라"고 요구한 것이다. 버드 의원의 '㉬미담'이 미국언론에선 취급조차 되지 않을 정도로 구미 선진국에선 '법 앞에 만인이 평등하다'는 인식이 보편화돼 있다.

105. ㉠~㉤ 중에서 한자표기가 바르지 않은 것은?

① ㉠ 出信 ② ㉡ 物望 ③ ㉢ 政街
④ ㉣ 罪目 ⑤ ㉤ 法庭

106. ㉥'차례'와 ㉦'보도'의 한자표기를 바르게 짝지은 것은?

① 次禮 – 保度 ② 次列 – 步度
③ 者例 – 保道 ④ 次例 – 報道
⑤ 者禮 – 報度

107. ㉧'신선'과 ㉨'의사당'의 한자표기를 바르게 짝지은 것은?

① 信仙 – 義使堂 ② 神線 – 議使堂
③ 新先 – 意使堂 ④ 新仙 – 意事堂
⑤ 新鮮 – 議事堂

108. ㉩'면책'의 '책'과 같은 한자를 사용한 한자어는?

① 慶祝 ② 近處 ③ 責務 ④ 致命的 ⑤ 充電

109. ㉪'특권'과 ㉫'현장'의 한자표기를 바르게 짝지은 것은?

① 特勤 – 現將 ② 特權 – 現場
③ 特觀 – 現章 ④ 宅權 – 現長
⑤ 宅勤 – 見場

110. ㉬'미담'의 '담'과 같은 한자를 사용한 한자어는?

① 對話 ② 調和 ③ 序論 ④ 談笑 ⑤ 詩歌

111~115 다음 글을 읽고 물음에 답하시오.

> 학창시절에 노란 은행잎을 주어 책갈피에 끼워놓은 ㉠기억들이 있다. ㉡계절도 느낄 수 있지만 실제로 은행잎은 ㉢방충 효과가 있어 좀이 책을 쏘는 것을 막는다. 은행나무는 ㉣공해에 강하여 ㉤도심의 ㉥가로수로 ㉦적합하다. 열매인 ㉧은행은 익혀 먹으면 폐를 다습게 하고 기를 돋우며 천식과 기침을 다스린다고 '본초강목'은 전한다. 은행잎에서 혈액순환을 돕는 약까지 생산하니 버릴 게 없다. 은행나무는 고생대에도 자랐고 10여종이 있었으나 동아시아에 1종만 남아 있다. '살아 있는 化石'으로 불리는 이유다. ㉨원산지인 중국에서는 옛날부터 절의 마당에 많이 심었고 우리 나라에는 고려 시대 이전 승려들이 중국에서 씨를 가져와 퍼뜨린 것으로 ㉩추정된다.

111. ㉠'기억'의 한자표기로 바른 것은?

① 記億 ② 幾億 ③ 既憶 ④ 記憶 ⑤ 既億

112. ㉡~㉥ 중에서 한자표기가 바르지 않은 것은?

① ㉡ 季節 ② ㉢ 防蟲 ③ ㉣ 公害
④ ㉤ 都心 ⑤ ㉥ 街路秀

113. ㉦'적합'의 한자표기로 바른 것은?

① 敵合 ② 赤合 ③ 適合 ④ 的合 ⑤ 執合

114. ㉧'은행'의 '은'과 같은 한자를 사용한 한자어는?

① 銀河水 ② 承恩 ③ 暗黑 ④ 着眼 ⑤ 移讓

115. ㉨'원산지'와 ㉩'추정'의 한자표기를 바르게 짝지은 것은?

① 圓産地 - 丑定 ② 原産地 - 推定
③ 怨産地 - 推貞 ④ 園産地 - 丑頂
⑤ 遠産地 - 推靜

116~120 다음 글을 읽고 물음에 답하시오.

> 고려와 조선시대에는 청렴과 ㉠강직을 선비의 가장 큰 ㉡덕목으로 받들어 ㉢청빈한 관리는 후대까지 기리게 했다. 청백리제도가 바로 그것이다. 세종 때의 황희와 맹사성, 성종 때의 허종 등 장기간 정승을 지냈으면서도 초라하고 궁핍한 생활을 마다않은 이들이 청백리의 대표적인 인물이다. 요즘도 가뭄에 콩 나듯 ㉣염리의 얘기가 들려오긴 하지만 언제부턴가 청렴한 사람을 보면 답답한 사람, 강직한 이는 융통성 없는 사람으로 ㉤치부하는 ㉥세태가 자리 잡기 시작했다. ㉦직위를 이용해 사리㉧사욕 채우기에 바쁜 사람들의 청탁과 ㉨압력, 뇌물과 ㉩구문으로 얽힌 ㉪사건이 언론의 단골 메뉴가 된지 오래다.

116. ㉠'강직'과 ㉡'덕목'의 한자표기로 바르게 짝지은 것은?

① 康直 - 屯目 ② 剛直 - 德目
③ 鋼直 - 豚目 ④ 降直 - 擔目
⑤ 綱直 - 端目

117. ㉢'청빈'의 '빈'과 같은 한자를 사용한 한자어는?

① 賓廳 ② 奴婢 ③ 卑劣 ④ 頻繁 ⑤ 貧窮

118. ㉣'염리'의 '염'과 같은 한자를 사용한 한자어는?

① 鹽素 ② 汚染 ③ 廉恥 ④ 炎症 ⑤ 念慮

119. ㉤~㉨ 중에서 한자표기가 바르지 않은 것은?

① ㉤ 値簿 ② ㉥ 世態 ③ ㉦ 職位
④ ㉧ 私慾 ⑤ ㉨ 壓力

120. ㉩'구문'과 ㉪'사건'의 한자표기를 바르게 짝지은 것은?

① 具文 - 事健 ② 球文 - 似件
③ 俱文 - 査件 ④ 口文 - 事件
⑤ 構文 - 辭件

일一사寫 천千리里 **기출문제 1회**

※ 다음 문제를 읽고 알맞는 것을 고르시오.

제1영역 한자(漢字)

1~2 다음 필순(筆順)에 대한 설명에 가장 알맞은 한자는 어느 것입니까?

1. 가로획과 세로획이 교차할 때는 가로획을 먼저 쓴다.

① 去 ② 回 ③ 谷 ④ 念 ⑤ 永

2. 받침은 나중에 쓴다.

① 勝 ② 賣 ③ 起 ④ 送 ⑤ 飛

3~4 다음 한자(漢字)의 획수(劃數)는 모두 몇 획입니까?

3. 讀 : ① 20 ② 21 ③ 22 ④ 23 ⑤ 24

4. 務 : ① 7 ② 8 ③ 9 ④ 10 ⑤ 11

5~6 다음 한자(漢字)의 부수(部首)는 무엇입니까?

5. 虎 : ① 虍 ② 七 ③ 厂 ④ 虎 ⑤ 儿

6. 歷 : ① 厂 ② 止 ③ 禾 ④ 歷 ⑤ 一

7~8 다음 한자(漢字)와 그 조자(造字)의 방식이 같은 한자는 어느 것입니까?

〈보기〉 日 : ① 山 ② 休 ③ 下 ④ 江 ⑤ 回

〈보기〉에 제시된 한자'日(해의 모습을 본떠서 만들었음)'처럼 구체적인 사물의 모습을 본떠서 만든 상형자(象形字)는 '山(산의 모습을 본떠서 만들었음)'이다. 따라서 정답 ①을 골라 답란에 표기하면 된다.

7. 利 : ① 鳥 ② 上 ③ 武 ④ 村 ⑤ 田

8. 卵 : ① 林 ② 末 ③ 河 ④ 犬 ⑤ 雲

9~14 다음 한자(漢字)의 음(音)은 무엇입니까?

9. 勢 : ① 열 ② 집 ③ 역 ④ 숙 ⑤ 세

10. 增 : ① 증 ② 승 ③ 토 ④ 회 ⑤ 성

11. 支 : ① 기 ② 지 ③ 상 ④ 절 ⑤ 시

12. 務 : ① 궁 ② 부 ③ 무 ④ 력 ⑤ 순

13. 藝 : ① 세 ② 운 ③ 극 ④ 교 ⑤ 예

14. 施 : ① 타 ② 방 ③ 야 ④ 시 ⑤ 치

15~19 다음 음(音)을 가진 한자는 무엇입니까?

15. 난 : ① 難 ② 歌 ③ 變 ④ 若 ⑤ 獨

16. 근 : ① 個 ② 觀 ③ 親 ④ 勤 ⑤ 接

17. 저 : ① 射 ② 貯 ③ 逆 ④ 廣 ⑤ 拜

18. 혁 : ① 蟲 ② 湖 ③ 革 ④ 追 ⑤ 勞

19. 욕 : ① 競 ② 害 ③ 浴 ④ 選 ⑤ 禁

20~24 다음 한자(漢字)와 음(音)이 같은 한자는 어느 것입니까?

20. 製 : ① 醫 ② 密 ③ 判 ④ 題 ⑤ 患

21. 皇 : ① 省 ② 量 ③ 章 ④ 最 ⑤ 黃

22. 責 : ① 冊 ② 宙 ③ 賞 ④ 敗 ⑤ 貨

23. 限 : ① 根 ② 干 ③ 韓 ④ 退 ⑤ 都

24. 兆 : ① 刀 ② 造 ③ 斗 ④ 消 ⑤ 紙

25~30 다음 한자(漢字)의 뜻은 무엇입니까?

25. 皮 : ① 얼굴 ② 가죽 ③ 신발 ④ 종이 ⑤ 나무

26. 授 : ① 주다 ② 뺏다 ③ 돌다 ④ 집다 ⑤ 치다

27. 春 : ① 봄 ② 여름 ③ 가을 ④ 겨울 ⑤ 아침

28. 禁 : ① 싸우다 ② 놀라다 ③ 금하다 ④ 쪼개다 ⑤ 훔치다

29. 店 : ① 학교 ② 서당 ③ 창고 ④ 가게 ⑤ 점집

30. 舞 : ① 다투다 ② 느끼다 ③ 말하다 ④ 어질다 ⑤ 춤추다

31~35 다음의 뜻을 가진 한자(漢字)는 무엇입니까?

31. 혼인하다 : ① 新 ② 姓 ③ 婦 ④ 好 ⑤ 婚

32. 굳세다 : ① 改 ② 讀 ③ 强 ④ 賣 ⑤ 溫

33. 수컷 : ① 屋 ② 雄 ③ 權 ④ 研 ⑤ 將

34. 쌀 : ① 米 ② 氷 ③ 味 ④ 卵 ⑤ 貝

35. 차다 : ① 波 ② 河 ③ 洞 ④ 冷 ⑤ 洗

36~40 다음 한자(漢字)와 뜻이 비슷한 한자는 어느 것입니까?

36. 望 : ① 連 ② 貴 ③ 願 ④ 短 ⑤ 列

37. 路 : ① 罪 ② 道 ③ 丹 ④ 救 ⑤ 卒

38. 起 : ① 助 ② 易 ③ 然 ④ 最 ⑤ 興

39. 協 : ① 和 ② 識 ③ 號 ④ 祝 ⑤ 唱

40. 察 : ① 飮 ② 榮 ③ 防 ④ 省 ⑤ 爲

제2영역 어휘(語彙)

41~45 다음 한자어(漢字語)와 발음(發音)이 같은 한자어는 어느 것입니까?

41. 詩歌 : ① 是非 ② 短期 ③ 念頭 ④ 市街 ⑤ 變數

42. 防禁 : ① 方今 ② 運送 ③ 意識 ④ 宇宙 ⑤ 敗走

43. 新鮮 : ① 獨善 ② 神仙 ③ 姓氏 ④ 期間 ⑤ 勞使

44. 驚異 : ① 耕地 ② 急速 ③ 堅持 ④ 暴露 ⑤ 輕易

45. 霧散 : ① 戊辰 ② 墓域 ③ 茂山 ④ 韻致 ⑤ 睡眠

46~47 다음 괄호 속 한자(漢字)의 음(音)이 다르게 발음되는 것은 어느 것 입니까?

46. ① (殺)傷 ② 暗(殺) ③ 射(殺) ④ (殺)到 ⑤ (殺)伐

47. ① (衰)顔 ② 盛(衰) ③ 齊(衰) ④ (衰)微 ⑤ (衰)殘

48~57 다음 단어들의 '□'에 공통으로 들어갈 알맞은 한자(漢字)는 어느 것입니까?

48. 前□, □半, 晝□ : ① 權 ② 骨 ③ 夜 ④ 爲 ⑤ 進

49. □官, 女□, 歷□ : ① 變 ② 人 ③ 經 ④ 可 ⑤ 史

50. □中, □實, 目□ : ① 的 ② 命 ③ 得 ④ 豆 ⑤ 市

51. □歲, □業, 兵□ : ① 士 ② 卒 ③ 句 ④ 夜 ⑤ 丹

52. 水□, □蟲, 殺□ : ① 虎 ② 路 ③ 軍 ④ 害 ⑤ 春

53. □理, 反□, □語 : ① 表 ② 論 ③ 處 ④ 目 ⑤ 英

54. 文□, □骨, 强□ : ① 官 ② 若 ③ 弱 ④ 科 ⑤ 郡

55. 長□, □期, □身 : ① 訪 ② 研 ③ 增 ④ 窓 ⑤ 短

56. □雨, □氣, 百□ : ① 降 ② 獸 ③ 穀 ④ 熱 ⑤ 麥

57. 勇□, □禽, □將 : ① 敢 ② 家 ③ 敗 ④ 猛 ⑤ 斷

58~65 다음 한자어(漢字語)와 뜻이 반대(反對)이거나 상대(相對)되는 한자어는 어느 것입니까?

58. 改良 : ① 在來 ② 江河 ③ 存亡 ④ 善意 ⑤ 不幸

59. 發達 : ① 成長 ② 來歷 ③ 協助 ④ 退步 ⑤ 列强

60. 獨白 : ① 漁夫 ② 對話 ③ 美食 ④ 罪目 ⑤ 告白

61. 容易 : ① 視覺 ② 逆順 ③ 難解 ④ 間接 ⑤ 勝戰

62. 溫暖 : ① 講席 ② 鷄鳴 ③ 迎新 ④ 伐採 ⑤ 寒冷

63. 實存 : ① 訓練 ② 熟眠 ③ 立證 ④ 假想 ⑤ 招待

64. 靜寂 : ① 騷亂 ② 緊縮 ③ 警戒 ④ 回顧 ⑤ 戱劇

65. 多辯 : ① 恐懼 ② 沈默 ③ 憐憫 ④ 屢次 ⑤ 倒置

66~70 다음 성어(成語)에서 '□'에 들어갈 알맞은 한자(漢字)는 어느 것입니까?

66. 見利思□ : ① 義 ② 功 ③ 仁 ④ 信 ⑤ 位

67. 古□今來 : ① 前 ② 往 ③ 寺 ④ 久 ⑤ 着

68. 九牛一□ : ① 犬 ② 蟲 ③ 羊 ④ 角 ⑤ 毛

69. 多多益□ : ① 書 ② 線 ③ 善 ④ 設 ⑤ 最

70. □人成虎 : ① 三 ② 四 ③ 五 ④ 六 ⑤ 七

71~75 다음 성어(成語)의 뜻풀이로 적절한 것은 어느 것입니까?

71. 見物生心

① 싼 값에 물건을 삼
② 물건을 싫어하는 마음
③ 사물과 사람의 마음은 다름
④ 물건을 여러 사람들이 사려고 함
⑤ 물건을 보면 가지고 싶은 욕심이 생김

72. 敬天勤民

① 하늘은 스스로 돕는 자를 도움
② 하늘이 두려워 백성들에게 잘 대해 줌
③ 하늘을 공경하고 백성을 위해 부지런히 일함
④ 한 하늘 아래 함께 살아갈 수 없는 원수 사이
⑤ 자신의 할 일을 다 해 놓고 하늘의 명을 기다림

73. 難兄難弟

① 우열을 가리기 어려움 ② 형제끼리 몹시 싸움
③ 형이 동생을 이김 ④ 동생이 형을 이김
⑤ 가까운 동족끼리 서로 싸움

74. 不立文字

① 글자를 모름
② 글자가 발명되지 않은 시대
③ 마음과 마음으로 서로 통함
④ 말을 가지고 서로 의사소통을 함
⑤ 윗사람이 아랫사람에게 글을 써서 명령함

75. 安分知足

① 근심이 많음
② 가난하게 살아감
③ 공평하게 나누어 가짐
④ 자신의 분수를 지키며 만족할 줄을 앎
⑤ 눈은 높으나 재주가 그것에 미치지 못함

76~80 다음의 뜻을 가장 잘 나타낸 성어(成語)는 어느 것입니까?

76. 막기 어려울 정도로 여러 사람들이 마구 지껄임

① 永久不變 ② 富貴在天 ③ 月下氷人
④ 身土不二 ⑤ 衆口難防

77. 묻지 않아도 알 수 있음

① 一擧兩得 ② 一片丹心 ③ 說往說來
④ 不問可知 ⑤ 自業自得

78. 어떤 분야의 일에 대해서 전혀 모름

① 門外漢 ② 無所不知 ③ 進退兩難
④ 一日三省 ⑤ 門前成市

79. 아무리 가르쳐 주어도 알아듣지 못함

① 骨肉相爭 ② 樂山樂水 ③ 牛耳讀經
④ 實事求是 ⑤ 敎外別傳

80. 은혜를 잊지 않고 반드시 갚음

① 平地風波 ② 結草報恩 ③ 靑天白日
④ 山戰水戰 ⑤ 行雲流水

제3영역 독해(讀解)

81~86 다음 문장에서 한자어(漢字語)의 음(音)은 무엇입니까?

81. 그는 전란이 발생하자 호국의 <u>干城</u>이 되어 나라를 구했다.

① 간성 ② 주인 ③ 장성 ④ 인물 ⑤ 장군

82. 그는 <u>權貴</u>한 집안의 자손답지 않게 겸손하다.

① 존귀 ② 건실 ③ 부귀 ④ 부유 ⑤ 권귀

83. 정월 초하룻날, 부모님은 할아버지께 <u>歲拜</u>(을)를 올렸다.

① 인사 ② 현찰 ③ 세배 ④ 문안 ⑤ 음식

84. 헬리콥터는 좁은 면적에도 <u>着陸</u>할 수 있다.

① 비행 ② 착륙 ③ 출발 ④ 이륙 ⑤ 도착

85. 아버지의 음악적 자질이 자식에게 <u>遺傳</u>되었다.

① 계승 ② 교육 ③ 전수 ④ 유전 ⑤ 전파

86. 그의 진심이 무엇인지 <u>判別</u>할 수 없다.

① 구별 ② 판별 ③ 짐작 ④ 판단 ⑤ 추정

87~92 다음 문장에서 밑줄 친 한자어(漢字語)의 뜻풀이로 적절한 것은 어느 것입니까?

87. 사치 풍조를 <u>根絕</u>하자.

① 완전히 없애 버림
② 적극적으로 도와 줌
③ 일정기간 동안만 없애 버림
④ 여러 사람들이 힘을 합쳐 막음
⑤ 양자가 합의하여 공평하게 나누어 가짐

88. 오랜만에 <u>同窓</u>을 만났다.

① 같은 학교에서 공부한 사람
② 같은 과목을 좋아했던 사람
③ 같은 마을에서 살았던 사람
④ 같은 집에서 하숙했던 사람
⑤ 같은 회사에서 근무했던 사람

89. 그는 올림픽에 처음 출전하여 우승하는 <u>快擧</u>를 이루었다.

① 빨리 이룬 행위
② 통쾌하고 장한 행위
③ 운이 좋아 이룬 행위
④ 노력의 대가로 이룬 행위
⑤ 생각지도 않았는데 얻은 행위

90. 개인은 각자의 이익을 <u>追求</u>하기 마련이다.

① 기원함
② 남몰래 구함
③ 많이 축적해 둠
④ 남과 힘을 합쳐 구함
⑤ 목적을 이룰 때까지 뒤쫓아 가서 구함

91. 그는 현지의 기후 상황을 본사로 <u>打電</u>했다.

① 번개가 내리침
② 사람을 보내 연락함
③ 편지로 연락함
④ 무선이나 전보를 침
⑤ 번개처럼 재빨리 연락함

92. 김형사는 사건을 <u>早期</u>에 수습하였다.

① 아침 시간에
② 저녁 시간에
③ 늦은 시기에
④ 이른 시기에
⑤ 적절한 시기에

93~95 다음 문장에서 빈칸에 들어갈 가장 적절한 한자어(漢字語)는 어느 것입니까?

93. 철수는 여러 번의 □□ 끝에 마침내 성공을 거두었다.

① 運動 ② 例示 ③ 失敗 ④ 公衆 ⑤ 湖水

94. 그 회사는 신문에 일할 사람을 찾는 구인 □□를 냈다.

① 廣告 ② 開放 ③ 商品 ④ 飛行 ⑤ 勝利

95. 발사 명령에 □□(은)는 방아쇠를 당겼다.

① 家屋 ② 最近 ③ 送舊 ④ 射手 ⑤ 視線

96~98 다음 문장에서 한자어(漢字語)의 한자표기(漢字表記)가 바르지 않은 것은 어느 것입니까?

96. ①科去나 지금이나 ②自然은 ③生活의 ④空間이며서 ⑤同時에 아름다움의 대상이다.

97. 광해군 ①末年에 ②東大門 문루가 북서쪽으로 기울어졌다. 사람들은 ③變考의징조라며 쑥덕거렸는데, ④果然 얼마 후 인조 ⑤反正이 일어났다.

98. ①國軍은 국가의 ②安全을 위해 ③存才하며 ④政治的으로는 ⑤中立性을 유지해야 한다.

99~101 다음 문장에서 밑줄 친 단어(單語)를 한자(漢字)로 바르게 쓴 것은 어느 것입니까?

99. 남북 양측 대표들은 구면인 덕분에 비교적 자연스러운 분위기에서 회담을 시작하였다.

① 口面 ② 舊勉 ③ 久面 ④ 舊面 ⑤ 句面

100. 건설회사는 아파트 분양가를 산정하였다.

① 算庭 ② 産定 ③ 算正 ④ 産正 ⑤ 算定

101. 우리집을 방문한 사람은 뜻밖의 인물이었다.

① 放門 ② 訪問 ③ 放問 ④ 訪聞 ⑤ 放文

102~104 다음 문장에서 밑줄 친 단어(單語)나 어구(語句)의 뜻을 가장 잘 나타낸 한자(漢字) 또는 한자어(漢字語)는 어느 것입니까?

102. 목이 쉰 그는 높은 가락의 노래를 부를 수 없었다.

① 高調 ② 最高 ③ 古祖 ④ 樂曲 ⑤ 協助

103. 그녀는 가벼운 눈인사를 남기고 나를 지나갔다.

① 視力 ② 人事 ③ 目禮 ④ 注目 ⑤ 反目

104. 경기장은 관중들의 열기로 가득 차 있다.

① 對備 ② 滿期 ③ 善處 ④ 論理 ⑤ 充滿

105~107 다음 글을 읽고 물음에 답하시오.

조선시대 ㉠호구 통계의 기초자료가 되는 호적은 국가 ㉡차원에서 신분제의 동요를 막고 양반층에 의한 지배체계를 확고히 하고자 하는 ㉢의도를 지닌 자료이다. 그러므로 호적에는 ㉣개개인의 직역이 등재되어 있었다. 따로 ㉤신분을 기록하지 않더라도 호적에 등재된 직역을 통해 그 사람의 신분을 확인할 수 있게 하였다. 예컨대, ㉥평민인 경우에는 군역을 기록하였는데, ㉦보병, 기병, 포보 등의 ㉧예가 그것이다.

105. ㉠'호구'의 '구'와 같은 한자를 사용한 한자어는?

① 重九 ② 究理 ③ 救命 ④ 句文 ⑤ 口味

106. ㉡'차원'과 ㉢'의도'의 한자 표기를 바르게 짝지은 것은?

① 次元 – 意圖 ② 次遠 – 議圖
③ 車元 – 醫圖 ④ 車原 – 意度
⑤ 次願 – 意道

107. ㉣~㉧ 중에서 한자 표기가 바르지 않은 것은?

① ㉣ 個個人 ② ㉤身分 ③ ㉥ 平民
④ ㉦ 保兵 ⑤ ㉧例

108~110 다음 글을 읽고 물음에 답하시오.

㉠백성을 사랑하는 ㉡근본은 씀씀이를 ㉢절약함에 있고, 씀씀이를 절약하는 근본은 ㉣검소함에 달려 있다. 검소한 뒤에야 청렴할 수 있고 청렴한 뒤에야 인자할 수 있으니 검소함은 백성을 다스림에 있어 가장 먼저 힘써야 할 바이다.

108. ㉠'백성'과 ㉡'근본'의 한자 표기를 바르게 짝지은 것은?

① 白姓 –近本 ② 百姓– 根本
③ 百誠 –觀本 ④ 白成 –結本
⑤ 白省 –現本

109. ㉢'절약'의 '약'과 같은 한자를 사용한 것은?

① 藥師 ② 弱孫 ③ 密約 ④ 自若 ⑤ 反逆

110. ㉣'검소'의 '소'와 같은 한자를 사용한 것은?

① 取消 ② 所望 ③ 平素 ④ 老少 ⑤ 小子

111~115 다음 글을 읽고 물음에 답하시오.

의사 박인국 ㉠박사는 일본 ㉡제국 대학을 우수한 성적으로 졸업한 ㉢수재이다. 그는 ㉣개업을 하여 일본 사람처럼 ㉤행세하는 한편, ㉥환자를 받는 데도 선별한다. 형무소에서 병보석으로 나온 환자들, 일본인들이 마땅치 않게 여길 환자나 치료비 부담 능력 등이 없어 보이는 환자는 무슨 ㉦구실을 붙이든 받지 않는다. 대신에 일본인들의 치료에는 발 벗고 나선다. 그 결과 그는 황국신민이란 칭찬을 받은 친일파로 득세한다.
고향인 ㉧이북에서 해방을 맞자 민족 반역자로 몰려 감

> 옥에 갇힌다. 마침 감옥에 이질이 만연되자 그는 형무소장의 명령으로 응급치료실에서 일하게 되는데, 감옥에서 러시아어를 열심히 공부한 덕으로 스텐코프라는 ㉫軍醫官을 사귀게 된다.

111. ㉠'박사'의 '사'와 같은 한자를 사용한 한자어는?

① 史料 ② 講師 ③ 烈士 ④ 事案 ⑤ 奉仕

112. ㉡~㉥ 중에서 한자 표기가 바르지 않은 것은?

① 諸國 ② 秀才 ③ 開業 ④ 行世 ⑤ 患者

113. ㉦'구실'의 한자 표기로 바른 것은?

① 舊實 ② 口實 ③ 口失 ④ 舊室 ⑤ 口室

114. ㉧'이북'의 한자 표기로 바른 것은?

① 移北 ② 而北 ③ 二北 ④ 以北 ⑤ 已北

115. ㉨'軍醫官'에서 '醫'의 부수로 바른 것은?

① 匸 ② 殳 ③ 醫 ④ 矢 ⑤ 酉

116~120 다음 글을 읽고 물음에 답하시오.

> 연속되는 시간 속에 선택하는 새로운 행동은 또한 끊임없이 새로운 ㉠ 狀況을 부른다. ㉡결국 ㉢특정한 시간에 ㉣대응되는 특정한 행동의 ㉤조합은 하나의 狀況을 ㉥ 구성하는 것이다.
> 그러므로 서로 다른 시간에 처한 동일한 사람과 狀況은 ㉦매순간 다를 수밖에 없다. 우리는 때로 이처럼 변화된 狀況 또는 狀況의 ㉧추이를 다른 사람에게 알려야 할 필요를 느낀다. 狀況의 추이를 ㉨소상하게 아는 사람이 그렇지 못한 사람에게 그 전말을 말이나 글로 표현하는 것을 ㉩□□라고 부른다.
> 이를테면 내가 집에서 학교로 이동한 과정, 낙담한 친구가 이윽고 희망을 가지고 살아가게 된 과정, 전혀 모르던 남녀가 결혼을 하게 된 과정, 강성하던 나라가 멸망해 간 과정 등은 모두 ㉪□□의 좋은 재료가 될 것이다.
>
> 고려대 사고와 표현 편찬위원회 「글쓰기의 기초」

116. ㉠'狀況'의 '狀'과 음(音)이 다른 것은?

① 症狀 ② 狀貌 ③ 罪狀 ④ 辭狀 ⑤ 窮狀

117. ㉡~㉥ 중에서 한자 표기가 바르지 않은 것은?

① 結局 ② 特定 ③ 對應 ④ 組合 ⑤ 俱成

118. ㉦'매순간'의 '순'과 같은 한자를 사용한 한자어는?

① 初旬 ② 一瞬 ③ 巡査 ④ 脣齒 ⑤ 順航

119. ㉧'추이'와 ㉨'소상'의 한자 표기를 바르게 짝지은 것은?

① 推移 – 昭詳 ② 抽移 – 召詳

③ 推夷 – 昭祥 ④ 推以 – 疏詳

⑤ 抽移 – 掃祥

120. ㉩과 ㉪의 빈칸에 공통으로 들어갈 가장 적절한 한자어는?

① 演劇 ② 說得 ③ 敍事 ④ 誘導 ⑤ 飜譯

3급 한자 1800자

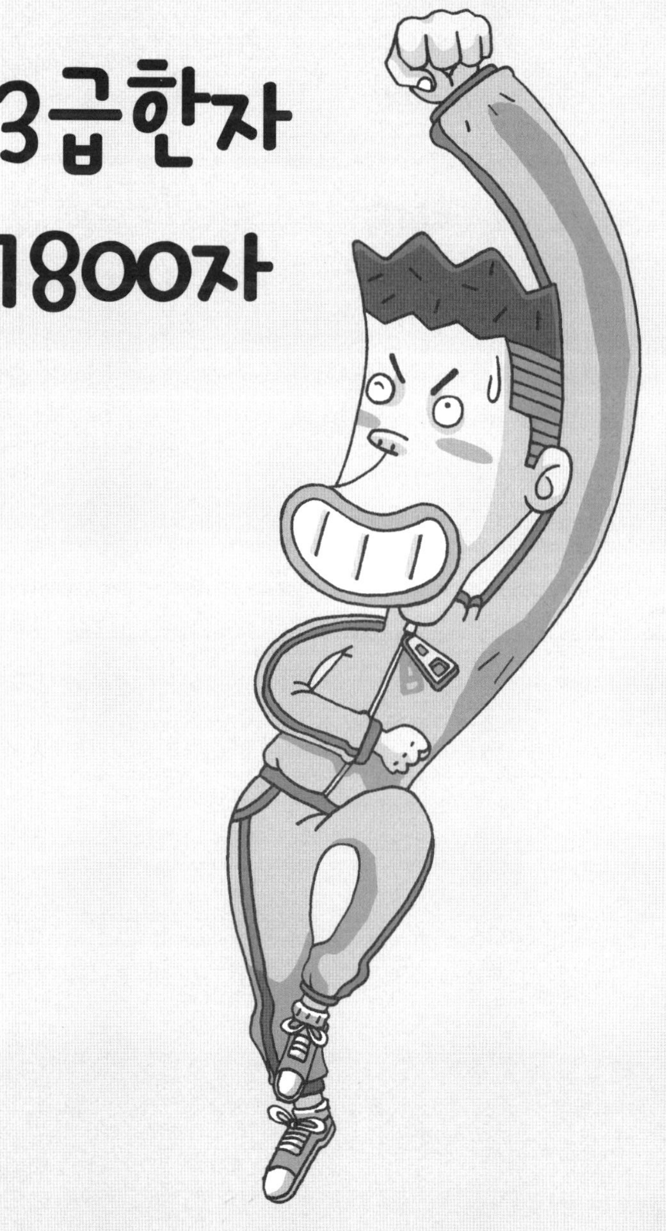

3급한자 1800자

ㄱ

음	한자	훈음
가	暇	틈(겨를) 가
가	架	시렁 가
가	價	값 가
가	街	거리 가
가	假	거짓 가
가	歌	노래 가
가	加	더할 가
가	佳	아름다울 가
가	可	옳을 가
가	家	집 가
각	覺	깨달을 각
각	却	물리칠 각
각	刻	새길 각
각	閣	누각 각
각	各	각각 각
각	脚	다리 각
각	角	뿔 각
간	肝	간 간
간	簡	간략할(대쪽) 간
간	姦	간사할 간
간	懇	간절할 간
간	刊	새길 간
간	幹	줄기 간
간	干	방패 간
간	看	볼 간
간	間	사이 간
갈	渴	목마를 갈
감	鑑	거울 감
감	監	볼 감
감	敢	감히 감
감	感	느낄 감
감	甘	달 감
감	減	덜 감

음	한자	훈음
갑	甲	갑옷 갑
강	鋼	강철 강
강	剛	굳셀 강
강	綱	벼리 강
강	康	편안할 강
강	江	강 강
강	强	강할 강
강	降	내릴 강, 항복할 항
강	講	욀 강
개	介	낄 개
개	槪	대개 개
개	蓋	덮을 개
개	慨	슬퍼할 개
개	改	고칠 개
개	個	낱 개
개	皆	다 개
개	開	열 개
객	客	손 객
갱	更	다시 갱, 고칠 경
거	據	근거 거
거	拒	막을 거
거	距	떨어질 거
거	去	갈 거
거	擧	들 거
거	居	거할 거
거	車	수레 거(차)
거	巨	클 거
건	健	굳셀 건
건	件	물건 건
건	建	세울 건
건	乾	하늘(마를) 건
걸	傑	뛰어날 걸
걸	乞	빌 걸
검	檢	검사할 검
검	儉	검소할 검

음	한자	훈음
검	劍	칼 검
격	隔	사이뜰 격
격	格	격식 격
격	激	격할 격
격	擊	칠 격
견	遣	보낼 견
견	絹	비단 견
견	肩	어깨 견
견	犬	개 견
견	堅	굳을 견
견	見	볼 견, 뵈올 현
견	牽	끌 견
결	缺	이지러질 결
결	決	결단할 결
결	潔	깨끗할 결
결	結	맺을 결
겸	謙	겸손할 겸
겸	兼	겸할 겸
경	鏡	거울 경
경	硬	굳을 경
경	傾	기울 경
경	警	깨우칠 경
경	竟	마침내 경
경	卿	벼슬 경
경	頃	이랑(잠깐) 경
경	境	지경 경
경	徑	지름길 경
경	輕	가벼울 경
경	慶	경사 경
경	敬	공경 경
경	驚	놀랄 경
경	競	다툴 경
경	耕	밭갈 경
경	庚	별(천간) 경
경	景	별 경

음	한자	훈음
경	京	서울 경
경	經	지날(글) 경
계	戒	경계할 계
계	桂	계수나무 계
계	械	기계 계
계	係	맬 계
계	契	맺을 계
계	階	섬돌 계
계	啓	열 계
계	系	맬 계
계	繼	이을 계
계	繫	맬 계
계	季	계절 계
계	鷄	닭 계
계	癸	북방(천간) 계
계	計	셀 계
계	溪	시내 계
계	界	지경 계
고	庫	곳집 고
고	顧	돌아볼 고
고	枯	마를 고
고	鼓	북 고
고	姑	시어미 고
고	孤	외로울 고
고	稿	원고 고
고	告	고할 고
고	固	굳을 고
고	高	높을 고
고	考	생각할 고
고	苦	쓸 고
고	故	연고 고
고	古	예 고
곡	哭	울 곡
곡	穀	곡식 곡
곡	谷	골 곡
곡	曲	굽을 곡
곤	困	곤할 곤
곤	坤	땅 곤
골	骨	뼈 골

음	한자	훈음
공	恭	공손할 공
공	孔	구멍 공
공	恐	두려울 공
공	貢	바칠 공
공	供	이바지할 공
공	攻	칠 공
공	功	공 공
공	公	공평할(공변될) 공
공	空	빌 공
공	工	장인 공
공	共	함께 공
과	誇	자랑할 과
과	寡	적을 과
과	課	공부할(과정) 과
과	科	과목 과
과	果	실과 과
과	過	지날 과
곽	郭	성곽 곽
관	冠	갓 관
관	貫	꿸 관
관	寬	너그러울 관
관	管	대롱(주관할) 관
관	慣	익숙할 관
관	館	집 관
관	關	관계할 관
관	官	벼슬 관
관	觀	볼 관
광	鑛	쇳돌 광
광	狂	미칠 광
광	廣	넓을 광
광	光	빛 광
괘	掛	걸 괘
괴	怪	괴이할 괴
괴	壞	무너질 괴
괴	愧	부끄러울 괴
괴	塊	흙덩이 괴
교	巧	공교할 교
교	郊	들 교
교	矯	바로잡을 교

음	한자	훈음
교	較	비교할(견줄) 교
교	敎	가르칠 교
교	橋	다리 교
교	交	사귈 교
교	校	학교 교
구	具	갖출 구
구	狗	개 구
구	龜	거북 구(귀), 터질 균
구	球	공(옥경) 구
구	區	구분할(지경) 구
구	苟	구차할 구
구	懼	두려워할 구
구	驅	몰 구
구	丘	언덕 구
구	構	얽을 구
구	拘	잡을 구
구	俱	함께 구
구	救	구원할 구
구	求	구할 구
구	句	글귀 구
구	九	아홉 구
구	究	연구할 구
구	舊	예 구
구	久	오랠 구
구	口	입 구
국	菊	국화 국
국	局	판 국
국	國	나라 국
군	群	무리 군
군	郡	고을 군
군	軍	군사 군
군	君	임금 군
굴	屈	굽힐 굴
궁	窮	다할(궁할) 궁
궁	宮	집 궁
궁	弓	활 궁
권	券	문서 권
권	拳	주먹 권
권	權	권세 권

권 勸 권할 권
권 卷 책 권
궐 厥 그 궐
궤 軌 굴대 궤
귀 鬼 귀신 귀
귀 貴 귀할 귀
귀 歸 돌아갈 귀
규 規 법 규
규 叫 부르짖을 규
규 糾 꼴 규
균 菌 버섯 균
균 均 고를 균
극 劇 심할 극
극 克 이길 극
극 極 극진할(다할) 극
근 僅 겨우 근
근 斤 근 근
근 謹 삼갈 근
근 近 가까울 근
근 勤 부지런할 근
근 根 뿌리 근
금 琴 거문고 금
금 錦 비단 금
금 禽 새 금
금 禁 금할 금
금 今 이제 금
금 金 쇠 금, 성 김
급 級 등급 급
급 急 급할 급
급 及 미칠 급
급 給 줄 급
긍 肯 즐길 긍
기 畿 경기 기
기 器 그릇 기
기 旗 기 기
기 奇 기이할 기
기 忌 꺼릴 기
기 企 꾀할 기
기 騎 말탈 기

기 棄 버릴 기
기 紀 벼리 기
기 寄 부칠 기
기 祈 빌 기
기 欺 속일 기
기 豈 어찌 기
기 飢 주릴 기
기 機 틀 기
기 其 그 기
기 記 기록할 기
기 期 기약할 기
기 氣 기운 기
기 幾 몇 기
기 己 몸 기
기 旣 이미 기
기 起 일어날 기
기 技 재주 기
기 基 터 기
긴 緊 긴할 긴
길 吉 길할 길

ㄴ

나 那 어찌 나
낙 諾 허락할 낙
난 暖 따뜻할 난
난 難 어려울 난
남 南 남녘 남
남 男 사내 남
납 納 들일 납
낭 娘 여자 낭
내 耐 견딜 내
내 奈 어찌 내
내 內 안 내
내 乃 이에 내
녀 女 계집 녀
년 年 해 년

념 念 생각 념
녕 寧 편안할 녕
노 奴 종 노
노 努 힘쓸 노
노 怒 성낼 노
농 農 농사 농
뇌 腦 뇌 뇌
뇌 惱 번뇌할 뇌
능 能 능할 능
니 泥 진흙 니

ㄷ

다 茶 차 다(차)
다 多 많을 다
단 斷 끊을 단
단 壇 단 단
단 團 둥글 단
단 檀 박달나무 단
단 旦 아침 단
단 段 층계 단
단 端 끝 단
단 但 다만 단
단 丹 붉을 단
단 短 짧을 단
단 單 홑 단
달 達 통달할 달
담 淡 맑을 담
담 擔 멜 담
담 談 말씀 담
답 畓 논 답
답 踏 밟을 답
답 答 대답 답
당 唐 당나라(당황할) 당
당 黨 무리 당
당 糖 엿 당(탕)
당 當 마땅할 당

당 堂 집(당당할) 당
대 臺 대 대
대 帶 띠 대
대 隊 무리 대
대 貸 빌릴 대
대 待 기다릴 대
대 代 대신 대
대 對 대할 대
대 大 큰 대
덕 德 큰 덕
도 渡 건널 도
도 途 길 도
도 倒 넘어질 도
도 盜 도둑 도
도 逃 달아날 도
도 挑 돋울 도
도 跳 뛸 도
도 稻 벼 도
도 桃 복숭아 도
도 導 인도할 도
도 陶 질그릇 도
도 塗 칠할 도
도 圖 그림 도
도 道 길 도
도 都 도읍 도
도 徒 무리 도
도 度 법도 도, 헤아릴 탁
도 島 섬 도
도 到 이를 도
도 刀 칼 도
독 督 감독할 독
독 篤 도타울 독
독 毒 독 독
독 讀 읽을 독, 구절 두
독 獨 홀로 독
돈 敦 도타울 돈
돈 豚 돼지 돈
돌 突 갑자기 돌
동 銅 구리 동

동 凍 얼 동
동 冬 겨울 동
동 洞 골 동, 밝을 통
동 東 동녘 동
동 童 아이 동
동 動 움직일 동
동 同 한가지 동
두 斗 말 두
두 頭 머리 두
두 豆 콩 두
둔 鈍 둔할 둔
둔 屯 진칠 둔
득 得 얻을 득
등 騰 오를 등
등 燈 등 등
등 等 무리(같을) 등
등 登 오를 등

ㄹ

라 羅 벌릴 라
락 絡 이을 락
락 落 떨어질 락
락 樂 즐길 락, 음악 악
란 欄 난간 란
란 蘭 난초 란
란 亂 어지러울 란
란 卵 알 란
람 濫 넘칠 람
람 覽 볼 람
랑 廊 행랑 랑
랑 浪 물결 랑
랑 郞 사내 랑
래 來 올 래
랭 冷 찰 랭
략 略 간략할 략
략 掠 노략질할 략

량 梁 들보 량
량 諒 살필 량
량 糧 양식 량
량 兩 두 량
량 涼 서늘할 량
량 良 어질 량
량 量 헤아릴 량
려 麗 고울 려
려 慮 생각할 려
려 勵 힘쓸 려
려 旅 나그네 려
력 曆 책력 력
력 歷 지날 력
력 力 힘 력
련 戀 그리워할 련
련 憐 불쌍히여길 련
련 鍊 단련할 련
련 蓮 연꽃 련
련 聯 연이을 련
련 連 이을 련
련 練 익힐 련
렬 劣 못할 렬
렬 裂 찢을 렬
렬 烈 매울 렬
렬 列 벌일 렬
렴 廉 청렴할 렴
렵 獵 사냥할 렵
령 嶺 고개 령
령 零 떨어질 령
령 靈 신령 령
령 領 거느릴 령
령 令 하여금 령
례 隷 종 례
례 例 법식 례
례 禮 예도 례
로 爐 화로 로
로 路 길 로
로 老 늙을 로
로 露 이슬 로

로 勞 일할 로
록 錄 기록할 록
록 祿 복록 록
록 鹿 사슴 록
록 綠 푸를 록
론 論 논할 론
롱 弄 희롱할 롱
뢰 雷 우레 뢰
뢰 賴 의뢰할 뢰
료 了 마칠 료
료 僚 동료 료
료 料 헤아릴 료
룡 龍 용 룡
루 淚 눈물 루
루 樓 다락 루
루 漏 샐 루
루 屢 여러 루
루 累 포갤 루
류 類 무리 류
류 留 머무를 류
류 柳 버들 류
류 流 흐를 류
륙 陸 뭍 륙
륙 六 여섯 륙
륜 輪 바퀴 륜
륜 倫 인륜 륜
률 栗 밤 률
률 率 비율 률, 거느릴 솔
률 律 법칙 률
륭 隆 높을 륭
릉 陵 언덕 릉
리 吏 관리 리
리 離 떠날 리
리 履 밟을 리
리 梨 배 리
리 裏 속 리
리 李 오얏(성) 리
리 理 다스릴 리
리 里 마을 리
리 利 이로울 리
린 隣 이웃 린
림 臨 임할 림
림 林 수풀 림
립 立 설 립

ㅁ

마 磨 갈 마
마 麻 삼 마
마 馬 말 마
막 漠 사막 막
막 幕 장막 막
막 莫 없을 막
만 慢 거만할 만
만 漫 질펀할 만
만 晩 늦을 만
만 萬 일만 만
만 滿 찰 만
말 末 끝 말
망 妄 망령될 망
망 茫 아득할 망
망 罔 없을 망
망 亡 망할 망
망 望 바랄 망
망 忙 바쁠 망
망 忘 잊을 망
매 梅 매화 매
매 埋 묻을 매
매 媒 중매 매
매 妹 누이 매
매 每 매양 매
매 買 살 매
매 賣 팔 매
맥 脈 줄기 맥
맥 麥 보리 맥
맹 孟 맏 맹
맹 盟 맹세 맹
맹 猛 사나울 맹
맹 盲 눈멀(소경) 맹
면 綿 솜 면
면 面 낯 면
면 免 면할 면
면 眠 잘 면
면 勉 힘쓸 면
멸 滅 멸할 멸
명 銘 새길 명
명 冥 어두울 명
명 命 목숨 명
명 明 밝을 명
명 鳴 울 명
명 名 이름 명
모 慕 사모할 모
모 謀 꾀할 모
모 貌 모양 모
모 募 뽑을 모
모 模 본뜰 모
모 某 아무 모
모 冒 무릅쓸 모
모 侮 업신여길 모
모 母 어미 모
모 暮 저물 모
모 毛 터럭 모
목 牧 칠 목
목 睦 화목할 목
목 木 나무 목
목 目 눈 목
몰 沒 빠질 몰
몽 夢 꿈 몽
몽 蒙 어두울 몽
묘 苗 싹 묘
묘 墓 무덤 묘
묘 廟 사당 묘
묘 妙 묘할 묘
묘 卯 토끼 묘
무 貿 무역할 무
무 霧 안개 무
무 茂 무성할 무
무 無 없을 무
무 戊 천간 무
무 舞 춤출 무
무 武 군인(호반) 무
무 務 힘쓸 무
묵 默 잠잠할 묵
묵 墨 먹 묵
문 文 글월 문
문 聞 들을 문
문 門 문 문
문 問 물을 문
물 勿 말 물
물 物 물건 물
미 眉 눈썹 미
미 迷 미혹할 미
미 微 작을 미
미 尾 꼬리 미
미 味 맛 미
미 米 쌀 미
미 未 아닐 미
미 美 아름다울 미
민 憫 민망할 민
민 敏 민첩할 민
민 民 백성 민
밀 蜜 꿀 밀
밀 密 빽빽할 밀

ㅂ

박 博 넓을 박
박 泊 머무를 박
박 朴 소박할(성) 박
박 薄 엷을 박
박 拍 칠 박
박 迫 핍박할 박
반 般 일반 반
반 班 나눌 반
반 返 돌이킬 반
반 叛 배반할 반
반 盤 쟁반 반
반 伴 짝 반
반 反 돌이킬 반
반 半 반 반
반 飯 밥 반
발 拔 뺄 발
발 髮 터럭 발
발 發 필(쏠) 발
방 傍 곁 방
방 芳 꽃다울 방
방 邦 나라 방
방 妨 방해할 방
방 倣 본뜰 방
방 放 놓을 방
방 防 막을 방
방 方 모 방
방 房 방 방
방 訪 찾을 방
배 倍 곱 배
배 配 나눌(짝) 배
배 背 등 배
배 輩 무리 배
배 排 물리칠 배
배 培 북돋울 배
배 杯 잔 배
배 拜 절 배
백 伯 맏 백
백 百 일백 백
백 白 흰 백
번 煩 번거로울 번
번 繁 번성할 번
번 飜 번역할 번
번 番 차례 번
벌 罰 벌할 벌
벌 伐 칠 벌
범 犯 범할 범
범 範 법 범
범 凡 무릇 범
법 法 법 법
벽 壁 벽 벽
벽 碧 푸를 벽
변 邊 가 변
변 辯 말씀 변
변 辨 분별할 변
변 變 변할 변
별 別 다를(나눌) 별
병 竝 나란할 병
병 屛 병풍 병
병 丙 남녘(천간) 병
병 病 병 병
병 兵 병사 병
보 補 기울 보
보 普 넓을 보
보 寶 보배 보
보 譜 족보 보
보 報 갚을(알릴) 보
보 步 걸음 보
보 保 보전할 보
복 複 겹칠 복
복 腹 배 복
복 卜 점 복
복 覆 뒤집을(다시) 복/덮을 부
복 福 복 복
복 伏 엎드릴 복
복 服 옷(복종할) 복
복 復 회복할 복, 다시 부
본 本 근본 본
봉 蜂 벌 봉
봉 峯 봉우리 봉
봉 封 봉할 봉
봉 鳳 새 봉
봉 逢 만날 봉
봉 奉 받들 봉
부 赴 다다를 부

음	한자	훈음
부	府	마을(관청) 부
부	簿	문서 부
부	副	버금 부
부	賦	부세 부
부	付	줄 부
부	符	부적 부
부	附	붙을 부
부	腐	썩을 부
부	負	질 부
부	扶	도울 부
부	部	떼 부
부	浮	뜰 부
부	婦	며느리 부
부	富	부자 부
부	否	아닐 부
부	不	아닐 불(부)
부	父	아비 부
부	夫	지아비 부
북	北	북녘 북. 달아날 배
분	粉	가루 분
분	奔	달릴 분
분	奮	떨칠 분
분	墳	무덤 분
분	憤	분할 분
분	紛	어지러울 분
분	分	나눌 분
불	拂	떨칠 불
불	佛	부처 불
붕	崩	무너질 붕
붕	朋	벗 붕
비	婢	계집종 비
비	卑	낮을 비
비	碑	비석 비
비	批	비평할 비
비	肥	살찔 비
비	秘	숨길 비
비	費	쓸 비
비	妃	왕비 비
비	備	갖출 비
비	比	견줄 비
비	飛	날 비
비	悲	슬플 비
비	非	아닐 비
비	鼻	코 비
빈	賓	손 빈
빈	頻	자주 빈
빈	貧	가난할 빈
빙	聘	부를 빙
빙	氷	얼음 빙

ㅅ

음	한자	훈음
사	邪	간사할 사
사	蛇	뱀 사
사	似	같을(닮을) 사
사	詞	말씀 사
사	辭	말씀 사
사	司	맡을 사
사	沙	모래 사
사	社	모일 사
사	捨	버릴 사
사	寫	베낄 사
사	斜	비낄 사
사	詐	속일 사
사	斯	이 사
사	祀	제사 사
사	査	조사할 사
사	賜	줄 사
사	四	넉 사
사	巳	뱀 사
사	史	역사 사
시	謝	시례할 시
사	私	사사 사
사	思	생각 사
사	士	선비 사
사	仕	섬길 사
사	師	스승 사
사	絲	실 사
사	射	쏠 사
사	事	일 사
사	寺	절 사
사	死	죽을 사
사	舍	집 사
사	使	하여금(부릴) 사
삭	削	깎을 삭
삭	朔	초하루 삭
산	産	낳을 산
산	山	메 산
산	算	셈할 산
산	散	흩을 산
살	殺	죽일 살. 빠를 쇄
삼	三	석 삼
상	償	갚을 상
상	嘗	맛볼 상
상	像	형상 상
상	桑	뽕나무 상
상	床	상 상
상	祥	상서로울 상
상	詳	자세할 상
상	裳	치마 상
상	象	코끼리 상
상	狀	형상 상. 문서 장
상	傷	다칠 상
상	常	항상(떳떳할) 상
상	賞	상줄 상
상	想	생각 상
상	相	서로 상
상	霜	서리 상
상	尙	높일(오히려) 상
상	上	윗 상
상	喪	잃을 상
상	商	장사 상
색	塞	막힐 색. 변방 새
색	索	찾을 색. 새끼줄 삭
색	色	빛 색
생	生	날 생
서	署	마을(관청) 서
서	緖	실마리 서
서	庶	여러 서
서	恕	용서할 서
서	徐	천천히 서
서	敍	펼 서
서	誓	맹세할 서
서	逝	갈 서
서	書	글 서
서	暑	더울 서
서	西	서녘 서
서	序	차례 서
석	析	쪼갤 석
석	釋	풀 석
석	石	돌 석
석	惜	아낄 석
석	昔	옛 석
석	席	자리 석
석	夕	저녁 석
선	旋	돌 선
선	宣	베풀 선
선	禪	고요할 선
선	選	가릴 선
선	鮮	고울 선
선	先	먼저 선
선	船	배 선
선	仙	신선 선
선	線	줄 선
선	善	착할 선
설	舌	혀 설
설	雪	눈 설
설	說	말씀 설. 달랠 세
설	設	베풀 설
섭	涉	건널 섭
섭	攝	당길 섭
성	星	별 성
성	省	살필 성. 덜 생
성	姓	성 성
성	聖	성인 성
성	性	성품 성
성	盛	성할 성
성	聲	소리 성
성	成	이룰 성
성	城	재 성
성	誠	정성 성
세	細	가늘 세
세	稅	세금 세
세	洗	씻을 세
세	世	인간 세
세	歲	해 세
세	勢	형세 세
소	蔬	나물 소
소	蘇	깨어날 소
소	疏	소통할 소
소	騷	떠들 소
소	昭	밝을 소
소	召	부를 소
소	燒	불사를 소
소	掃	쓸 소
소	訴	호소할 소
소	所	바 소
소	素	본디(흴) 소
소	消	사라질 소
소	笑	웃음 소
소	小	작을 소
소	少	적을 소
속	束	묶을 속
속	屬	붙일 속
속	粟	조 속
속	速	빠를 속
속	續	이을 속
속	俗	풍속 속
손	損	덜 손
손	孫	손자 손
송	訟	송사할 송
송	誦	욀 송
송	頌	칭송할 송
송	送	보낼 송
송	松	소나무 송
쇄	鎖	쇠사슬 쇄
쇄	刷	인쇄할 쇄
쇠	衰	쇠할 쇠, 상옷 최
수	囚	가둘 수
수	殊	다를 수
수	遂	드디어 수
수	隨	따를 수
수	輸	보낼 수
수	需	쓰일(쓸) 수
수	帥	장수 수
수	睡	졸음 수
수	獸	짐승 수
수	垂	드리울 수
수	搜	찾을 수
수	收	거둘 수
수	愁	근심 수
수	樹	나무 수
수	誰	누구 수
수	修	닦을 수
수	首	머리 수
수	須	모름지기 수
수	壽	목숨 수
수	水	물 수
수	受	받을 수
수	雖	비록 수
수	秀	빼어날 수
수	數	셈수, 자주 삭
수	手	손 수
수	授	줄 수
수	守	지킬 수
숙	孰	누구 숙
숙	肅	엄숙할 숙
숙	熟	익을 숙
숙	淑	맑을 숙
숙	叔	아재비 숙
숙	宿	잘 숙. 별자리 수
순	瞬	눈깜짝일 순

순 循 돌 순
순 巡 돌(순행할) 순
순 殉 따라죽을 순
순 旬 열흘 순
순 脣 입술 순
순 純 순수할 순
순 順 순할 순
술 術 재주 술
술 述 펼 술
술 戌 개 술
숭 崇 높을 숭
습 襲 엄습할 습
습 濕 젖을 습
습 習 익힐 습
습 拾 주울 습, 열 십
승 昇 오를 승
승 僧 중 승
승 勝 이길 승
승 承 이을 승
승 乘 탈 승
시 侍 모실 시
시 矢 화살 시
시 時 때 시
시 施 베풀 시
시 示 보일 시
시 視 볼 시
시 始 비로소 시
시 詩 시 시
시 試 시험 시
시 是 옳을 시
시 市 시장 시
식 飾 꾸밀 식
식 息 쉴 식
식 食 밥(먹을) 식
식 式 법 식
식 植 심을 식
식 識 알 식, 기록할 지
신 晨 새벽 신
신 伸 펼 신

신 神 귀신 신
신 申 펼 신
신 辛 매울 신
신 身 몸 신
신 信 믿을 신
신 新 새 신
신 臣 신하 신
신 愼 삼갈 신
실 實 열매 실
실 失 잃을 실
실 室 집 실
심 審 살필 심
심 尋 찾을 심
심 深 깊을 심
심 心 마음 심
심 甚 심할 심
십 十 열 십
쌍 雙 쌍 쌍
씨 氏 성씨 씨

ㅇ

아 雅 맑을 아
아 亞 버금 아
아 芽 싹 아
아 牙 어금니 아
아 餓 주릴 아
아 我 나 아
아 兒 아이 아
악 岳 큰산 악
악 惡 악할 악, 미워할 오
안 雁 기러기 안
안 岸 언덕 안
안 顔 얼굴 안
안 眼 눈 안
안 案 책상 안
안 安 편안 안

알 謁 뵐 알
암 巖 바위 암
암 暗 어두울 암
압 壓 누를 압
압 押 도장찍을(누를) 압
앙 央 가운데 앙
앙 殃 재앙 앙
앙 仰 우러를 앙
애 涯 물가 애
애 愛 사랑 애
애 哀 슬플 애
액 厄 재앙 액
액 額 이마 액
야 耶 어조사 야
야 野 들 야
야 夜 밤 야
야 也 어조사 야
약 躍 뛸 약
약 若 같을 약
약 約 약속할 약
약 藥 약 약
약 弱 약할 약
양 樣 모양 양
양 楊 버들 양
양 壤 흙덩이 양
양 養 기를 양
양 揚 날릴 양
양 陽 볕 양
양 讓 사양할 양
양 羊 양 양
양 洋 큰바다 양
어 御 거느릴 어
어 魚 고기 어
어 漁 고기잡을 어
어 語 말씀 어
어 於 어조사 어
억 抑 누를 억
억 億 억 억
억 憶 생각할 억

언 焉 어조사 언
언 言 말씀 언
엄 嚴 엄할 엄
업 業 일 업
여 予 나 여
여 輿 수레 여
여 如 같을 여
여 余 나 여
여 餘 남을 여
여 汝 너 여
여 與 더불, 줄 여
역 譯 번역할 역
역 役 부릴 역
역 驛 역 역
역 疫 전염병 역
역 域 지경 역
역 逆 거스릴 역
역 亦 또 역
역 易 바꿀 역, 쉬울 이
연 鉛 납 연
연 延 끌 연
연 沿 물따라 내려갈 연
연 軟 연할 연
연 緣 인연 연
연 宴 잔치 연
연 燕 제비 연
연 燃 불탈 연
연 演 펼 연
연 硏 갈 연
연 然 그럴 연
연 煙 연기 연
열 閱 볼 열
열 悅 기쁠 열
열 熱 더울 열
염 染 물들 염
염 鹽 소금 염
염 炎 불꽃 염
엽 葉 잎 엽
영 營 경영할 영

영 影 그림자 영
영 映 비칠 영
영 詠 읊을 영
영 泳 헤엄칠 영
영 永 길 영
영 英 꽃부리 영
영 迎 맞을 영
영 榮 영화 영
예 譽 기릴 예
예 銳 날카로울 예
예 豫 미리 예
예 藝 재주 예
오 傲 거만할 오
오 汚 더러울 오
오 嗚 슬플 오
오 娛 즐길 오
오 誤 그르칠 오
오 烏 까마귀 오
오 悟 깨달을 오
오 吾 나 오
오 午 낮 오
오 五 다섯 오
옥 獄 감옥 옥
옥 玉 구슬 옥
옥 屋 집 옥
온 溫 따뜻할 온
옹 翁 늙은이 옹
옹 擁 안을 옹
와 瓦 기와 와
와 臥 누울 와
완 緩 느릴 완
완 完 완전할 완
왈 曰 가로되 왈
왕 往 갈 왕
왕 王 임금 왕
외 畏 두려워할 외
외 外 바깥 외
요 謠 노래 요
요 遙 멀 요

요 腰 허리 요
요 搖 흔들 요
요 要 요긴할 요
욕 辱 욕될 욕
욕 慾 욕심 욕
욕 浴 목욕할 욕
욕 欲 하고자할 욕
용 庸 떳떳할 용
용 勇 날랠 용
용 用 쓸 용
용 容 얼굴 용
우 羽 깃 우
우 優 뛰어날 우
우 愚 어리석을 우
우 郵 우편 우
우 偶 짝 우
우 憂 근심 우
우 尤 더욱 우
우 又 또 우
우 遇 만날 우
우 友 벗 우
우 雨 비 우
우 牛 소 우
우 于 어조사 우
우 右 오른쪽 우
우 宇 집 우
운 韻 운 운
운 雲 구름 운
운 運 옮길 운
운 云 이를 운
웅 雄 수컷 웅
원 源 근원 원
원 援 도울 원
원 員 인원 원
원 院 집 원
원 園 동산 원
원 圓 둥글 원
원 遠 멀 원
원 原 언덕(근원) 원

원 怨 원망할 원
원 願 원할 원
원 元 으뜸 원
월 越 넘을 월
월 月 달 월
위 僞 거짓 위
위 委 맡길 위
위 胃 위장 위
위 緯 씨줄 위
위 違 어길 위
위 圍 에워쌀 위
위 慰 위로할 위
위 謂 이를 위
위 衛 지킬 위
위 威 위엄 위
위 危 위태할 위
위 位 자리 위
위 偉 위대할 위
위 爲 할 위
유 幽 그윽할 유
유 誘 꾈 유
유 愈 나을 유
유 裕 넉넉할 유
유 悠 멀 유
유 維 맬 유
유 惟 생각할 유
유 儒 선비 유
유 乳 젖 유
유 油 기름 유
유 遺 남길 유
유 遊 놀 유
유 酉 닭 유
유 由 말미암을 유
유 柔 부드러울 유
유 幼 어릴 유
유 唯 오직 유
유 猶 오히려 유
유 有 있을 유
육 肉 고기 육

육 育 기를 육
윤 潤 윤택할 윤
윤 閏 윤달 윤
은 隱 숨을 은
은 銀 은 은
은 恩 은혜 은
을 乙 새 을
음 淫 음란할 음
음 陰 그늘 음
음 飮 마실 음
음 音 소리 음
음 吟 읊을 음
읍 邑 고을 읍
읍 泣 울 읍
응 凝 엉길 응
응 應 응할 응
의 儀 거동 의
의 宜 마땅 의
의 疑 의심할 의
의 意 뜻 의
의 矣 어조사 의
의 義 옳을 의
의 衣 옷 의
의 議 의논할 의
의 醫 의원 의
의 依 의지할 의
이 夷 오랑캐 이
이 耳 귀 이
이 異 다를 이
이 二 두 이
이 而 말이을 이
이 以 써 이
이 移 옮길 이
이 已 이미 이
익 翼 날개 익
익 益 더할 익
인 姻 혼인 인
인 引 끌 인
인 印 도장 인

인 寅 범(동방) 인
인 人 사람 인
인 認 알 인
인 仁 어질 인
인 因 인할 인
인 忍 참을 인
일 逸 편안할 일
일 日 날 일
일 一 한 일
임 任 맡길 임
임 賃 품삯 임
임 壬 북방(천간) 임
입 入 들 입

ㅈ

자 姿 모양 자
자 恣 방자할 자
자 玆 이 자
자 紫 자줏빛 자
자 資 재물 자
자 刺 찌를 자(척)
자 字 글자 자
자 者 놈 자
자 慈 사랑 자
자 姉 손위누이 자
자 自 스스로 자
자 子 아들 자
작 爵 벼슬 작
작 酌 술부을(짐작할) 작
작 昨 어제 작
작 作 지을 작
잔 殘 남을 잔
잠 潛 잠길 잠
잠 暫 잠깐 잠
잡 雜 섞일 잡
장 奬 장려할 장

장 藏 감출 장
장 裝 꾸밀 장
장 粧 단장할 장
장 墻 담 장
장 障 막을 장
장 張 베풀 장
장 掌 손바닥 장
장 莊 씩씩할 장
장 丈 어른 장
장 臟 오장 장
장 葬 장사지낼 장
장 腸 창자 장
장 帳 휘장 장
장 章 글 장
장 長 길 장
장 場 마당 장
장 將 장수(장차) 장
장 壯 장할 장
재 載 실을 재
재 裁 마를 재
재 災 재앙 재
재 宰 재상 재
재 再 두 재
재 栽 심을 재
재 哉 어조사 재
재 在 있을 재
재 材 재목 재
재 財 재물 재
재 才 재주 재
쟁 爭 다툴 쟁
저 抵 막을 저
저 底 밑 저
저 著 나타날 저
저 低 낮을 저
저 貯 쌓을 저
적 寂 고요할 적
적 績 길쌈 적
적 賊 도둑 적
적 摘 딸 적

적 籍 문서 적
적 滴 물방울 적
적 跡 발자취 적
적 積 쌓을 적
적 的 과녁 적
적 敵 대적할 적
적 適 맞을 적
적 赤 붉을 적
전 轉 구를 전
전 專 오로지 전
전 殿 큰집 전
전 錢 돈 전
전 田 밭 전
전 電 번개 전
전 典 법 전
전 戰 싸움 전
전 前 앞 전
전 全 온전할 전
전 傳 전할 전
전 展 펼 전
절 折 꺾을 절
절 切 끊을 절, 온통 체
절 竊 훔칠 절
절 絶 끊을 절
절 節 마디 절
점 點 점 점
점 占 점칠(점령할) 점
점 漸 점점 점
점 店 가게 점
접 蝶 나비 접
접 接 접할 접
정 整 가지런할 정
정 程 길 정
정 訂 바로잡을 정
정 亭 정자 정
정 廷 조정 정
정 征 칠 정
정 靜 고요할 정
정 貞 곧을 정

정 淨 깨끗할 정
정 庭 뜰 정
정 情 뜻 정
정 停 머무를 정
정 正 바를 정
정 井 우물 정
정 丁 장정 정
정 政 정사 정
정 頂 정수리 정
정 定 정할 정
정 精 정할 정
제 齊 가지런할 제, 옷자락 자
제 濟 건널 제
제 提 끌 제
제 堤 둑 제
제 制 지을(절제할) 제
제 際 즈음(가) 제
제 除 덜 제
제 諸 모두 제
제 弟 아우 제
제 帝 임금 제
제 題 제목 제
제 祭 제사 제
제 製 지을 제
제 第 차례 제
조 條 가지 조
조 燥 마를 조
조 照 비칠 조
조 操 잡을 조
조 弔 조상할 조
조 租 조세 조
조 潮 조수 조
조 組 짤 조
조 調 고를 조
조 助 도울 조
조 鳥 새 조
조 朝 아침 조
조 兆 억조 조
조 早 이를 조

조 造 지을 조
조 祖 할아비 조
족 族 겨레 족
족 足 발 족
존 尊 높을 존
존 存 있을 존
졸 拙 옹졸할 졸
졸 卒 마칠 졸
종 縱 세로 종
종 宗 으뜸 종
종 終 마칠 종
종 鐘 쇠북 종
종 種 씨 종
종 從 좇을 종
좌 佐 도울 좌
좌 座 자리 좌
좌 坐 앉을 좌
좌 左 왼 좌
죄 罪 허물 죄
주 州 고을 주
주 株 그루 주
주 柱 기둥 주
주 周 두루 주
주 洲 물가 주
주 舟 배 주
주 奏 아뢸 주
주 珠 구슬 주
주 鑄 쇠 불릴 주
주 晝 낮 주
주 走 달릴 주
주 注 부을 주
주 朱 붉을 주
주 住 살 주
주 酒 술 주
주 主 주인 주
주 宙 집 주
죽 竹 대 죽
준 遵 좇을 준
준 俊 준걸 준

준 準 법도(준할) 준
중 仲 버금 중
중 中 가운데 중
중 重 무거울 중
중 衆 무리 중
즉 卽 곧 즉
증 憎 미울 증
증 贈 줄 증
증 症 증세 증
증 蒸 찔 증
증 增 더할 증
증 曾 일찍 증
증 證 증거 증
지 誌 기록할 지
지 遲 더딜(늦을) 지
지 池 못 지
지 智 지혜 지
지 指 가리킬 지
지 枝 가지 지
지 持 가질 지
지 之 갈 지
지 止 그칠 지
지 只 다만 지
지 地 땅 지
지 志 뜻 지
지 知 알 지
지 至 이를 지
지 紙 종이 지
지 支 지탱할 지
직 職 직분 직
직 織 짤 직
직 直 곧을 직
진 振 떨칠 진
진 陳 베풀 진
진 珍 보배 진
진 鎭 진압할 진
진 陣 진칠 진
진 震 진동할(우레) 진
진 進 나아갈 진

진 盡 다할 진
진 辰 별 진, 때 신
진 眞 참 진
질 疾 병 질
질 姪 조카 질
질 秩 차례 질
질 質 바탕 질
집 集 모을 집
집 執 잡을 집
징 徵 부를 징
징 懲 징계할 징

ㅊ

차 差 다를 차, 차별 치
차 且 또 차
차 次 버금 차
차 借 빌(빌릴) 차
차 此 이 차
착 錯 섞일 착
착 捉 잡을 착
착 着 붙을 착
찬 讚 기릴 찬
찬 贊 도울 찬
찰 察 살필 찰
참 慙 부끄러울 참
참 慘 참혹할 참
참 參 참여할 참, 석 삼
창 倉 곳집 창
창 創 비롯할 창
창 蒼 푸를 창
창 暢 화창할 창
창 唱 부를 창
창 窓 창 창
창 昌 창성할 창
채 債 빚 채
채 彩 채색 채

채 菜 나물 채
채 採 캘 채
책 策 꾀 책
책 責 꾸짖을 책
책 冊 책 책
처 處 곳 처
처 妻 아내 처
척 拓 넓힐 척
척 斥 물리칠 척
척 戚 친척 척
척 尺 자 척
천 踐 밟을 천
천 遷 옮길 천
천 薦 천거할 천
천 賤 천할 천
천 川 내 천
천 泉 샘 천
천 淺 얕을 천
천 千 일천 천
천 天 하늘 천
철 哲 밝을 철
철 徹 통할 철
철 鐵 쇠 철
첨 添 더할 첨
첨 尖 뾰족할 첨
첩 妾 첩 첩
청 廳 관청 청
청 晴 갤 청
청 聽 들을 청
청 淸 맑을 청
청 請 청할 청
청 靑 푸를 청
체 替 바꿀 체
체 滯 막힐 체
체 遞 갈마들 체
체 逮 좇을 체
체 體 몸 체
초 肖 닮을(같을) 초
초 超 뛰어넘을 초

초 抄 뽑을 초
초 礎 주춧돌 초
초 秒 초 초
초 招 부를 초
초 初 처음 초
초 草 풀 초
촉 觸 닿을 촉
촉 促 재촉할 촉
촉 燭 촛불 촉
촌 寸 마디 촌
촌 村 마을 촌
총 聰 귀밝을 총
총 總 다 총
총 銃 총 총
최 催 재촉할 최
최 最 가장 최
추 抽 뽑을 추
추 醜 추할 추
추 秋 가을 추
추 推 밀 추
추 追 쫓을(따를) 추
축 蓄 쌓을(모을) 축
축 築 쌓을 축
축 縮 줄일 축
축 畜 짐승 축
축 逐 쫓을 축
축 祝 빌 축
축 丑 소 축
춘 春 봄 춘
출 出 날 출
충 衝 찌를 충
충 蟲 벌레 충
충 充 채울 충
충 忠 충성 충
취 臭 냄새 취
취 趣 뜻 취
취 醉 취할 취
취 取 가질 취
취 就 나아갈 취

취 吹 불 취
측 側 곁 측
측 測 헤아릴 측
층 層 층 층
치 値 값 치
치 置 둘 치
치 恥 부끄러울 치
치 治 다스릴 치
치 齒 이 치
치 致 이를 치
칙 則 법칙 칙, 곧 즉
친 親 친할 친
칠 漆 옻 칠
칠 七 일곱 칠
침 枕 베개 침
침 寢 잘 침
침 浸 잠길 침
침 沈 잠길 침, 성 심
침 侵 침노할 침
침 針 바늘 침
칭 稱 일컬을 칭

ㅋ, ㅌ

쾌 快 쾌할 쾌
타 墮 떨어질 타
타 妥 온당할 타
타 他 다를 타
타 打 칠 타
탁 卓 높을 탁
탁 托 맡길 탁
탁 濯 씻을 탁
탁 濁 흐릴 탁
탄 炭 숯 탄
탄 歎 탄식할 탄
탄 彈 탄알 탄
탄 誕 태어날 탄

탈 奪 빼앗을 탈
탈 脫 벗을 탈
탐 貪 탐낼 탐
탐 探 찾을 탐
탑 塔 탑 탑
탕 湯 끓을 탕
태 殆 위태로울 태
태 怠 게으를 태
태 態 태도(모습) 태
태 太 클 태
태 泰 클 태
택 擇 가릴 택
택 澤 못 택
택 宅 집 택, 댁 댁
토 討 칠 토
토 吐 토할 토
토 土 흙 토
통 痛 아플 통
통 統 거느릴 통
통 通 통할 통
퇴 退 물러날 퇴
투 透 사무칠 투
투 鬪 싸움 투
투 投 던질 투
특 特 특별할 특

ㅍ

파 派 갈래 파
파 罷 마칠 파
파 播 뿌릴 파
파 頗 자못 파
파 把 잡을 파
파 破 깨트릴 파
파 波 물결 파
판 板 널 판
판 版 조각 판
판 販 팔 판
판 判 판단할 판
팔 八 여덟 팔
패 貝 조개 패
패 敗 패할 패
편 遍 두루 편
편 編 엮을 편
편 偏 치우칠 편
편 片 조각 편
편 篇 책 편
편 便 편할 편, 똥오줌 변
평 評 평론할 평
평 平 평평할 평
폐 蔽 가릴 폐
폐 弊 해질 폐
폐 廢 폐할 폐
폐 肺 허파 폐
폐 幣 화폐 폐
폐 閉 닫을 폐
포 浦 물가 포
포 飽 배부를 포
포 胞 태(세포) 포
포 包 쌀 포
포 捕 잡을 포
포 布 베(베풀) 포, 보시 보
포 暴 사나울 폭, 모질 포
포 抱 안을 포
폭 爆 불터질 폭
폭 幅 폭 폭
표 漂 뜰 표
표 票 표 표
표 標 표할 표
표 表 겉 표
품 品 물건 품
풍 風 바람 풍
풍 豊 풍성할 풍
피 被 입을 피
피 疲 지칠 피
피 避 피할 피
피 皮 가죽 피
피 彼 저 피
필 畢 마칠 필
필 必 반드시 필
필 筆 붓 필
필 匹 짝 필

ㅎ

하 荷 멜 하
하 河 물 하
하 下 아래 하
하 何 어찌 하
하 夏 여름 하
하 賀 하례할 하
학 鶴 학 학
학 學 배울 학
한 旱 가물 한
한 汗 땀 한
한 寒 찰 한
한 恨 한 한
한 閑 한가할 한
한 韓 한국 한
한 漢 한수 한
한 限 한할 한
할 割 벨 할
함 咸 다 함
함 含 머금을 함
함 陷 빠질 함
합 合 합할 합
항 巷 거리 항
항 抗 대항할 항
항 航 배 항
항 港 항구 항
항 項 목 항
항 恒 항상 항
해 該 해당할(갖출) 해
해 奚 어찌 해
해 亥 돼지 해
해 海 바다 해
해 解 풀 해
해 害 해할 해
핵 核 씨 핵
행 行 다닐 행, 항렬 항
행 幸 다행 행
향 享 누릴 향
향 響 울릴 향
향 鄕 시골 향
향 香 향기 향
향 向 향할 향
허 虛 빌 허
허 許 허락 허
헌 獻 드릴 헌
헌 憲 법 헌
헌 軒 집 헌
험 驗 시험할 험
험 險 험할 험
혁 革 가죽 혁
현 玄 검을 현
현 縣 고을 현
현 顯 나타날 현
현 懸 매달 현
현 絃 줄 현
현 現 나타날 현
현 賢 어질 현
혈 穴 구멍 혈
혈 血 피 혈
혐 嫌 싫어할 혐
협 脅 으를 협
협 協 화합할 협
형 螢 반딧불 형
형 亨 형통할 형
형 衡 저울대 형
형 兄 형 형
형 刑 형벌 형
형 形 형상 형
혜 慧 지혜 혜
혜 兮 어조사 혜
혜 惠 은혜 혜
호 浩 넓을 호
호 護 도울 호
호 胡 오랑캐 호
호 互 서로 호
호 毫 터럭 호
호 豪 호걸 호
호 虎 범 호
호 呼 부를 호
호 乎 어조사 호
호 號 이름 호
호 好 좋을 호
호 戶 집 호
호 湖 호수 호
혹 惑 미혹할 혹
혹 或 혹 혹
혼 魂 넋 혼
혼 昏 어두울 혼
혼 混 섞을 혼
혼 婚 혼인할 혼
홀 忽 문득 홀
홍 鴻 기러기 홍
홍 洪 넓을 홍
홍 弘 클 홍
홍 紅 붉을 홍
화 禾 벼 화
화 禍 재앙 화
화 畫 그림 화, 그을 획
화 花 꽃 화
화 化 될 화
화 話 말씀 화
화 火 불 화
화 華 빛날 화
화 貨 재물 화
화 和 화할 화
확 穫 거둘 확
확 確 굳을 확
확 擴 넓힐 확
환 環 고리 환
환 還 돌아올 환
환 丸 둥글 환
환 換 바꿀 환
환 患 근심 환
환 歡 기쁠 환
활 活 살 활
황 荒 거칠 황
황 況 상황(하물며) 황
황 黃 누를 황
황 皇 임금 황
회 悔 뉘우칠 회
회 懷 품을 회
회 回 돌아올 회
회 會 모일 회
획 劃 그을 획
획 獲 얻을 획
횡 橫 가로 횡
효 曉 새벽 효
효 效 본받을 효
효 孝 효도 효
후 候 기후 후
후 侯 제후 후
후 厚 두터울 후
후 後 뒤 후
훈 訓 가르칠 훈
훼 毁 헐 훼
휘 輝 빛날 휘
휘 揮 휘두를 휘
휴 携 이끌 휴
휴 休 쉴 휴
흉 胸 가슴 흉
흉 凶 흉할 흉
흑 黑 검을 흑
흡 吸 마실 흡
흥 興 일 흥
희 戲 놀이 희
희 稀 드물 희
희 喜 기쁠 희
희 希 바랄 희

초판 발행 | 2019년 12월 05일
초판 인쇄 | 2019년 12월 10일
펴낸곳 | 도서출판 새희망
펴낸이 | 이석형
기획 | NH기획
디자인 | 디자인 감7
등록번호 | 제2016-000004호
주소 | 경기도 의정부시 송현로 82번길 49
전화 | 02-923-6718 **팩스** | 02-923-6719
E-mail | stonebrother@daum.net

ISBN 979-11-88069-11-8 13710

값 12,000원